演じることから現実へ

Dramatic Play Scenework Role Play Culminating Enactment Dramatic Ritual

ドラマセラピーの
プロセス・技法・上演

R.エムナー 著　尾上明代 訳

北大路書房

ACTING FOR REAL: DRAMA THERAPY, PROCESS,
TECHNIQUE by Renée Emunah
Copyright ©1994 by Renée Emunah

Japanese translation published by arrangement with
Paterson Marsh Ltd. Through The English Agency
(Japan) Ltd.

この本を，共に作り導いてくれた，私のクライエントたちに捧げる。
　とくに，勇気ある物語でページを飾ってくれた人々，そして彼らが教えてくれた可能性のすべてに。

 推薦のことば

ドラマセラピーが日本にやってきた…

高良　聖（明治大学教授・医学博士）

　2006年盛夏，京都でドラマセラピーのワークショップが開かれると聞き，初めて参加したそのときの講師が本書の著者，ルネ・エムナー女史である。大胆さと繊細さ，そして何よりもその暖かい笑顔が印象的なルネは，私たち参加者に1日ワークショップという時間的制約の中でドラマのもつ教育，治療，そして，癒しの神髄を体験させてくれた。もともと，セラピーに集団療法を導入することに関心をいだき，さらに，集団療法にアクションメソッドを取り入れることにこだわりをもってきた私であったが，そこに，新たな「ドラマ・テクニック」の科学を見たようで，新鮮な驚きを感じた。

　本書は，その驚きの所以を理論と実践の解説によって解き明かしたドラマセラピーの教科書である。その解説の中核に位置するのが，本書の第2章に記載されているドラマセラピーの5つの段階である。このプロセスには，ルネの臨床経験から生まれたセラピストとしての卓越した器量が凝縮されている。劇遊び，場面演技，ロールプレイ，最高潮に達する演技，そして，ドラマ的儀式という5つのプロセスがそれである。これはちょうどサイコドラマにおける，ウォーミングアップ，コンフロンテーション，インテグレーションそしてシェアリングというプロセスを想起させ，安全にしかも深くそして効率的にドラマセラピーを行う上での留意点をわかりやすく述べている。

　さらに，そのプロセスを私たち読者に体験的に味わうことを可能にしたのが，数多く登場するクライエントたちの描写であろう。いずれの症例もその圧倒的な真実を提示している。なお，そこでは，第四段階「最高潮に達する演技」においてサイコドラマが実践されており，ドラマセラピーの1つのプロセスの中にサイコドラマの位置づけが明確に記されていたことは興味深かった。すなわち，ドラマセラピーでは，架空の役割から真実の役割の間にいくつもの層が存在しており，ドラマセラピストはその知識と経験そして感性を頼りに瞬時に層の選択に関する判断を下す。そこで求められる能力とは，グループと個人の雰囲気および微細な兆候を感知する嗅覚ともいえるもので，言い換えれば，場への鋭敏な観察眼なくしてドラマセラピストにはなり得ないのである。はたして本書で，女史は，大切なことはその感性上で自分の予定していた課題を押しつけるのではなく，彼らが求めていることに敏感に気づくことであると明言している。この指摘は，ともすると自分の臨床スタイルを頑なに守っている先生たちに陥りやすい独尊を戒めているかのようである。私自身，グループを前にしてそ

の場の雰囲気を読み取り，そのうえで適切な技法を選択するというきわめて場当たり的な臨床スタイルを意識していることもあり，個人的には嬉しい指摘だった。ただし，これは言うは易し行なうは難しである。

　ところで，本書の特筆すべき点としてあげておきたいことは，しばしばルネ自身の言葉や感じたことあるいは心のつぶやきが「私」として登場する点である。そこには強い自信に満ちた判断やときに小さな子どものようにおびえた心が吐露されており，まるで，セラピストが手品の種明かしを同時に見せてくれているような感覚に陥る。読者は，この不思議な感覚を楽しんでみてはいかがかと思う。そして，このルネの「私」の記述を理解することは，そのまま，中級者さらに上級者への道行きである。ドラマセラピストは，適宜のドラマの中に入り，相手役やダブルを演じるのだが，ルネの「私」の記述にはその介入のタイミングやあるいは介入しないで見ているという待ちの判断などが盛り込まれており，このあたりは，中級者，上級者への道行きに役立つ情報が満載なのである。

　なお，即興劇を3パターン（事前計画をした即興劇・役だけ決める即興劇・まったく準備をしない即興劇）に分類してそれぞれの詳細を解説しているところは，役割に有する「制限性—自由性」あるいは「構造的—投影的」というベクトルに基づいた考え方を採用しており，ときとして己の感性に依存しなければならないドラマセラピストの宿命にあって，とくに初心のセラピストに重要な手がかりを提供している。私的には，大人には「事前計画をした即興劇」が，青年には「役だけ決める即興劇」が，そして，子どもには「まったく準備をしない即興劇」が向いているとする指摘に興味をもった。私も臨床的にクライエントの自発性を査定して，すなわちその防衛の強度に応じて，具体的現実的な役割から抽象的空想的な役割までその振り方に差別化を設定することを意識的に行なうことがあるからである。

　また，本書の後半は，具体的なテクニックのすべてについてその適切な使用上のタイミングと留意点が丁寧に述べられている。それらはいずれも初心のセラピストに理解されやすく，かつ，技法の背景にあるものの解説も示されているので，本書が明らかに入門書の役割を果たしていることがうかがえる。この行き届いたサービスにルネのお人柄が出ているように私には思えた。

　さて，本書の訳者，尾上明代さんはアメリカドラマセラピー学会から公認された本邦初のドラマセラピストとして活躍している方である。まさに，彼女が本書の訳出を行なったことは偶然ではなく必然である。一般にアクションメソッドにかかわる心理療法の外国書物を訳すとき，訳者がその技法を体験的に知っているか否かということがきわめて重要な鍵となることは，これまでわが国で刊行された訳本の出来不出来を見れば明らかであろう。そう，そこには，体験した者にしか理解できない一見簡単なテクニカルタームが数多く存在しており，残念ながら，体験のない知識優位の先生

推薦のことば　ドラマセラピーが日本にやってきた… ◆◆◆

方の訳には読むに耐えない部分が多いことを否定できない。その点で，本書は安心して読み進むことができる。おそらく訳出に苦労された箇所は少なからず存在したであろうが，読んでいてそのドラマの光景を自然に思い浮かべることができたことは，訳者である尾上さんがまさにドラマの体験者，すなわちドラマセラピストである証なのである。わが国におけるドラマセラピー普及のためのパイオニアの1人として今後の尾上さんの活躍が期待される。

　最後に私の印象に残ったルネのフレーズを紹介しよう。
　「私がセラピストであるためには，自分自身の内部を考察することも必要になってくる。自分の内部や自分の経験の中で，クライエントを理解し，その人ともっと深くつながることができるものを探し出さなければならないからだ。もちろん演技をするときに，自己と演じる人物との境界が明確でなければいけないのと同じように，セラピーを実践するときも，自己とクライエントとの境界は明確でなければいけない。しかし，それは境界であって，障壁であってはならない」

　ヒラリと舞い降りるかのように，ドラマセラピーが日本にやって来た……。

プロローグ（序幕）

「自分の人生の場面より，ドラマの場面の方がはるかに上手に演じられます」とあるクライエントは言いました。私には，彼の満足と心配の両方が理解できます。確かに舞台には，日常の限界を超えられるという自由があります。しかし，クライエントが演じるドラマは，現実人生での可能性を示すものだということも私にはわかるのです。そして，予期したとおりに，このクライエントは6か月後，私にこう言ったのです。「僕の人生での演じ方は，ようやくドラマに追いついてきました」。

人は，たいていドラマを人生の鏡であると考え，その逆だとは思いません。しかし，ドラマセラピーを受けるクライエントたちは，「ドラマの中にいると思うことで」実際の人生でそれまではとてもむずかしかったり恐かったりしてできなかったことができるようになった，とよく言います。それは，多くの場合，実際には手が届かないと思われたことを，ドラマという設定の中で初めて経験することができたためです。この経験は，ありえない幻想ではなく，彼ら自身の内部にある未開発の部分を具象化したものといえます。劇の場面で即興的に演じられた登場人物は，自分自身の中から現われ出たものだということを，まさに彼ら自身がどこかで感じているのです。その登場人物は，自己の中に制御されながら包み込まれ，やがて自己はその登場人物を**包含するように**なります。演じられた役は，今や自分自身の一部となり，現実人生で到達可能なものとなるのです。

人生において私たちは，決まった行動パターンや習慣的な応対をしがちです。限られた自己認識や，他人が自分に対してもつ期待像に制限され，囚われてしまうのです。しかし，空想上の世界では，このような窮屈さは当てはまりません。そこでは，人生の中で達成するのが非常にむずかしいと思われることを行なう自由があり，許されているのです。つまり，決まりきった行動や役割のパターンを変更することができるのです。役を演じたり，何かのふりをするという装いのもとで，私たちはそのときだけ，新しい方法で演技［＝行動］をすることができます。ドラマが現実人生から少し離れているという距離感を与えてくれることで，現実人生の役割や行動パターンに対する見方が均衡のとれたものになり，別の選択肢を積極的に試みるということができるようになるのです。社会的なものであれ，心理的なものであれ，**ドラマは私たちを閉じこめている箱から自由にしてくれます**。ドラマを演じている瞬間は解放の瞬間となるのです。

人生は有限であり，私たちの経験の数は限られています。時間と状況に制限のある

プロローグ（序幕）◆◆◆

中で，私たちが演じる役，遭遇する状況，実現できる空想や希望は限られています。しかしドラマの中では，夢の中と同じように，可能性は無限になるのです。ドラマも夢も，新しい経験をする機会を与えてくれます。わずか10分の夢の中で，私たちは囚人にも，王女にもなることができ，人生に実在する誰かに対して果てしない怒りや愛を表現することもできるのです。また素晴らしい音楽作品や著作を創り上げることもできます。これらすべては，実際の人生での経験と同様に，鮮明で強烈なものです（かえって，私たちは目覚めたとき，「これらすべてが本当に起こったのではなくて，**単なる夢だった**」と知って驚くことが多いように）。これと同じように，ドラマで演じている間，私たちの感覚，心，身体は，そのときだけ，本物の経験と同じような影響を受けています。夢とドラマは両方とも，私たちの想像する力と視覚化する力を利用しており，現実ではないのに，**まるでそれが実際に起こっているかのように**ものごとを経験できる，主要な現象です。このとき私たちは，経験をするという利益を手に入れながら，結果に対する責任からは免れています。このため私たちの経験は，これらの中で大きく広がっていくのです。この経験こそ，人生の見方を拡大する機能をもち，私たちの人間としてのあり方を拡張してくれるものです。

　私たちのあり方が拡張される理由は，夢（それが鮮明である場合）やドラマ（それが真剣に，誠実に行なわれたとき）が，人生経験の一部になるからです。人生経験と同じように，この2つは，人としての私たちに影響を与える力をもっています。このことを著名な演劇演出家，ジョゼフ・チャイキン（J. Chaikin）は次のように言い表わしています。「昔，演技をするということは，単に仮装をすることであった。仮装を取り除けば，その下にはもとのままの顔があると考えられていた。いまや，仮装はその人を変化させることが明らかになった。仮装としての仮面を取り除いても，それを身につけていたことにより，その人の顔は変化している。舞台の演技は人生での演技に影響を与え，そして人生から影響を受けてもいる」（1984, p.6）。

　私たちが舞台の上で生きるドラマと睡眠中に生きるドラマは，両方とも，私たちの人生を反映しており，また逆に人生に影響を与えてもいます。明晰夢という種類の夢では，人は，自分が夢を見ているという自覚があって，その夢の作成に手を貸しながらも，完全に睡眠状態であるといいます。スタンフォード大学睡眠研究センターのスティーブン・ラバージは，著書『明晰夢――夢見の技法（*Lucid dreaming*）』(LaBerge, 1985) の中で，次のような実験の証拠を示しています「夢，とくに明晰夢の内的世界で起こっていることは，夢を見ている人の脳に対して身体的な影響を及ぼすことができる。その影響は，外部世界の同じような出来事が作り出すものと比べて，決して劣ることはない。実験結果が示すのは…夢の中の行動が脳と身体にもたらす影響は，現実世界の同じような行動がもたらす影響と完全に同等の力をもっているということである。私たちが夢の中で行なう（あるいは行なわないままにする）こと

は，時には私たちが目覚めているときの人生で行なう（あるいは行なわない）ことと同じような深い影響を私たちに与える」(p.98)。

同じことがドラマにも当てはまります。舞台上の行為［＝演技］と人生上の行為との間には強力な関連があり，**ドラマとしての行動**も，脳と身体に影響を与えるのです。つまり，ドラマの中で表現される行動，役，そして感情は，その人の役のレパートリーの一部になり，人生のさまざまな状況に遭遇したときに利用できるということになります。今までの人生の状況に対して，新しい態度をとることはむずかしく，ほとんどできることではありません。しかしドラマの中では，同じ状況に対して新しい態度をとることはそれほどむずかしくはありません。ドラマの場面で新しい態度をとったという経験は，現実人生で同じような態度をとりやすくしてくれるのです。また，ドラマの中では，自然にさまざまな選択肢を見つけることが多く，これが人生での選択肢になることがあります。夢は，「私たちの心理的な状態とそこで起こっている変化の過程を反映するドラマである」と心理学者エルンスト・ロッシは書いています（Rossi, 1985）。夢は「私たちの精神活動にとって変化を試す実験室だ」(p.142)，というロッシの表現はドラマにも当てはまると私は考えています。もちろん，夢は，主として，無意識が創り上げたものであり，ドラマは，主として，意識の創り上げたものです。夢が創り上げるものには制限がありません。夢の舞台装置は，決して複雑でも，わずらわしくもありません。それに比べると，確かにドラマには，実施するにあたって夢よりも制限があります。しかし，覚醒している状態で演じるわけですから，夢と比べて，よりたやすく現実の人生に同化させることができるのです。ドラマと現実の人生との境界は薄く，ドラマという経験は，**ほとんど現実の経験と同じ**です。すべての芸術の中で，ドラマこそ，日常の相互交流に最も近いといえるでしょう。

ドラマは，私たち自身の新しい側面を経験し統合するためだけでなく，私たち自身の抑圧された**影**の側面を表現する媒体でもあります。私たちの人格の中には，他人から，そして，しばしば自分自身からも，覆い隠されているさまざまな側面があり，ドラマで演じる役を通してそれらの縛りから解放されることができるのです。ドラマの役は，それまでは認知されていなかった，または許容されていなかった自己の一面に，声を出させ表現させつつも，その一面をドラマの演技内という安全な場所に包み込んでおいてくれるのです。

私たち自身の未だ生きられていない，認知されていない部分を表現することで，私たちは，お互いの人間性が共通であるということを発見します。架空の人物を演じていても，自分自身を演じていても，あるいは，自分が演じていても，他人の演技を観ていても，ドラマは，私たちが他人と共感したり，一体感を覚えたりする能力を呼び起こします。プロの俳優はこの能力について心の底からよく知っています。心理学者のブライアン・ベイツとのインタビュー（Bates, 1987）において，マーロン・ブラ

ンドは，私たち1人ひとりはこれから演技することになるすべての人物の種をもっていると言っています。シビル・ソーンダイクは，「俳優とは，自分の中に自分以外のすべての人をもっている者である」（p.80）と言い，リヴ・ウルマンは，「他人を知ることができなければ，自分自身を知ることもできない」（p.114）と断言しています。演技をする過程で，私たちの外側にあるすべてのことは，実際は，理解し実現することができる範囲内にあるということを強く意識化できるようになるのです。また，ここで意識化するのは，より深いレベルの思いやりであり，精神性であり，そしてつながっているという感覚なのです。

　生活が複雑で困難な課題に満ちている現在，高度に発達した共感能力と，全体を見渡す力なくしては，私たちは存在することはできません。私たちの間の相互作用，関係，また社会構造をよりよくするために，自分自身を理解する必要があるのみならず，自分たちの人生に登場する他の役者の動機，欲求，そして感情を理解する必要があります。他人の経験を理解する方法の中で，「自分がその人の立場になる」というやり方ほどよい方法はありません。演技を通して他人になることは，その人の状況を自分の心の中で想像することより，はるかに力強く，また，その効果は大きいのです。**ドラマは，その本来の性質からして，共感と客観的な見方を導き出すのです。**

　客観的な見方ができるようになることは，時間とも関係しています。痛みと苦しみを感じるときに，その状況を「大きな見方でとらえる」と，その痛みは和らいでいきます。時には未来のことを想像し，そこから過去のことを想い出すという作業を通してのみ，現在を堪え忍ぶことができることもあるでしょう。未来には変化の可能性があり，いつかはこの状況から抜け出ているだろうと考えることで，私たちは，つかの間とはいえ，救われるのです。過去をふり返ることは，現在をよりよく理解することでもあります。そのときは困難な課題であったものも，実は自分たちを豊かにしてくれた無数の経験であったと，過去をふり返ることで，そのような課題や経験の中から，今度は利用できるものを選び出すことができるようになるのです。同じように，未来という有利な地点から，すでに過去になった現在を見てみると，現在の状況に対する私たちの認識や享受の仕方は，多くの場合，変更されるか強められます。ドラマという方法を使えば，時間は簡単に操作することができるのです。ドラマの中では過去，現在，あるいは未来の好きな時の自分になることができます。たとえば，今から5年後の場面を演じることで，自分の現在の苦境から一歩外に出ることができ，そこからふり返って，「5年前の」自分の経験を想い出すようにすることができるのです。

　演じているとき，私たちは，参加者であり，観察者でもあります。私たちは，感情的には，そのとき演じている世界に引き込まれていながら，同時に，そこで起こっていることの目撃者でもあるのです。一体化することと距離をとること，主観的と客観的，それぞれの程度は，演じられる場面や演じる個人によって異なります。しかし常

に，その両方の要因が作用しているのです。たとえ，その演技に「のめり込んで」いても，それにどう反応しようかと考えることができるほどに，私たちはそこから切り離されてもいるのです。

　私たちの人生では，過小距離（他人と融合してしまうほど過度に同一化する，あるいは自分で制御できない感情に圧倒されてしまう）と，過大距離（他人との境界を硬く維持する，あるいは自分の感情を感じなくなる）との間の適切なバランスが必要です。ロバート・ランディは，著書 "Drama Therapy: Concepts and Practices（ドラマセラピー：概念と実践）" (Landy, 1986) の中で，社会心理学者トーマス・シェフ (Scheff, 1981) が発展させた距離という概念がドラマセラピストの役に立つと考えています。シェフのこの概念は，精神分析と演劇的な理論モデルにその基礎を置いています。ランディは，シェフが「美的距離」［安定した美しい距離］とよんでいるものは，ドラマセラピーが効果的にはたらいたときに達成できる成果である，と表現しています。「この美的距離にいると，人は認識する観察者としての過大距離を保ちつつ，感情的な演技者である過小距離ももつようになる。この2つの部分が同時に起こるとき，心的な緊張感に到達し，それがカタルシスを通して解放される…」(p.100)。

　自分自身でありながら同時に自分自身を外から観察する，異なった新しい現実と同時に今の現実を生きる，自分自身を手放すと同時に自分の中に深く入り込む…このような逆説を生み出せることが，この芸術とセラピーの融合形式［ドラマセラピー］を強力なものにしています。精神治療センターの私のクライエントたちは，ドラマセラピーグループのことを，「私たちが**自分自身の外に出る**場所」といいます。この表現は，彼らにとって役割と行動の反応の仕方が増えていることを暗示し，また今まで受けていた制限を超えることを示しています。しかし，「自分自身の外に出る」ことは，自分自身を発見することも同時に暗示しています。「逆説的ではあるが，自分を手放せば手放すほど，ますます自分になってしまう。自分を保持しようとすることで，人は自分を制限してしまう。というのは，実際には，私は自分を保持することなどできず，自分のイメージを保持するにすぎない。その自分のイメージと思っているものも，実際の自分よりはるかに少ないものしか表わしていないのだから」とマイケル・バーネットは書いています (Barnett, 1973, p.31)。ドラマを逃避であると見る人がいるとすれば，それは少なくとも，より大きな自己認識に導いてくれる逃避であるといえます。興味深いことには，クライエントがドラマセラピーグループを指すときによく使う2つ目の表現は，「私たちが本当に**自分自身になれる**場所」というものなのです。

　ドラマをセラピーとして使うと，解放，拡張，そして展望を促進させるものとなります。ドラマセラピーは，自分自身の中で未だ眠っている側面を発見，統合させ，自分が何者であるかという私たちの概念を広げ，そして，私たちは他人と関係をもつことが本来の姿であるということを経験させてくれます。

プロローグ（序幕）◆◆◆

　このプロセスはまずドラマという形式を使うことから開始されます。しかし，最終的に舞台の幕が開いてしまうと，演劇という保護のもとで開示されたものは，もう舞台を必要としないことに私たちは気づくのです。

ドラマとセラピーは両方とも何層もの重なりで成り立っており，徐々に本質を露わにしていくプロセスです。ともに，表面を覆っている幾重にも重なった層の下にある内面を吟味する，内側へ向かう旅であり，自己と世界の経験を拡大していく，外側へ向かう旅でもあります。いずれも危険に立ち向かう姿勢が必要であり，抵抗や不安を招くこともありますが，同時に信頼と勇気を教えてくれます。

クライエントが安心して内面の表出ができるように，私はドラマセラピストとして，信頼を醸成し，不安を最小にして，安心できる器を創り上げていきます。そうすることで重層的な自己開示と探索が可能になります。また，安心できる美しい流れを創り上げるので治療効果が深まります。そのためにはセッションや演じることが切れ目なく有機的なプロセスで進行することが必要です。導きつつついて行くこと，そして形ある構成を創りつつ参加者の意図に沿うことが，意識されることなく相互に影響しあっていくことが大事です。

本書の原著である "Acting for Real" が出版されてから，第2章が私の仕事の（そしておそらく本書の）中核部分であることにあらためて気がつきました。本書の出版後，第2章の「ドラマセラピーにおける5つの連続段階」は，簡潔な背景理論と適用上の指示を追加して，独立した論文「ドラマセラピーの統合5段階モデル」[1]として発表され，現在ドラマセラピー分野で広く使われるにいたっています。これは実践にとってのモデルとなるだけでなく，ドラマセラピストやそのスーパーバイザーの道しるべとしての役目を果たします。クライエントのニーズを判断し（またグループの中での多様なニーズの間のむずかしいバランスをとり），そして最良の介入が何であるかを決める助けとなります。クライエントやグループの進行度合いを大事にするのはもちろん重要なことです。しかし彼らをうながして，よりむずかしいことに挑戦するように導くことは，治療者としての責任でもあります。本書出版後，私は子どもの親となり，自分が言ってきた，「ついて行きつつ導く」という相互作用がまさに子育てにも当てはまることがわかりました。親は幼児のニーズや手がかりに気がつくと同時に，はっきりとした枠（構成）を設定し，その中で経験をさせるようにしなければなりません。子育てと同じように，ドラマセラピーでの指導とは，相手について行きつつ導くミラーダンスであり，同調しながらも，役のレパートリーの探索と拡大が安全に行なえる器を提供することです。

ドラマセラピーのセッションや連続治療セッションでなされる内面の表出は，美し

日本語版への序文 ◆◆◆

さと大きな関連があります。というのは，1回のセッションにおいても，次第に変化し発展していくプロセスとは，単にいくつものエクササイズを並べるだけの不調和なものではなく，流れを作り出すものだからです。美しさとセラピーが相互に関連していることは，私にとって中心となる大事な考え方です。非常に記憶に残る，意味のあるセッションには，この美学的な美しさが備わっているのです。1回のセッション中の場面が次つぎに深みを増し大きな意味をもつように進行したり，あるいは1つの場面が感動的で詩的に，力強く展開していくことがあります。ぴったりとした同調と流れ，そして日常の現実を超越する感覚のあるところで，はじめて精神性<spirituality>が演技の中に現われ出てきます。自然発生的に，思いがけずに訪れる，このような治療，美しさ，精神性が相互に織りなされることがあるからこそ，私はこの分野での仕事を何十年も続けることができたのです。

美しさ，精神性，治療の交錯したようすがとくに明瞭に現われているドラマセラピーの一方法が，本書で紹介している「自己開示劇」です。この形式の演劇で，私に最も大きな示唆を与えたプロジェクトとそのプロセスについて，本書の第9章で解説しました。本書の出版以来，「自己開示劇」と私が名づけたこの演劇は，ドラマセラピー分野で取り組まれるようになり，多くのドラマセラピストが自分で演じたり，他の人の作品の監督をしたりしています。CIIS〔カリフォルニア統合学研究所（大学院大学）〕のドラマセラピーコースの学生は，卒業前に自己開示劇を創り，公演します。これは，個人の混沌を浄化し，学生からプロになる儀式となります。また内面の痛みを美的な形式を通して表現する能力を認めてもらい，同時に自分と観客への癒しを生み出す場ともなります。

"*Acting for Real*" が米国で出版された後の10年間に，この分野は国際的な拡がりをみせ，成長しています。ますます多くのクライエントがドラマセラピーに参加し，いつの間にか，多くの病院や施設が，クライエントにとってドラマセラピーが大きな意味をもつことを認めてきています。そして，それは臨床現場だけではないのです。ドラマセラピーがもつ有効性は，教育，社会問題，裁判や司法などのあらゆる分野に変化をうながすことができることが認められはじめています。そのような例として私の最近の取り組みを2つ紹介しましょう。1つは，学齢期前の子どもたちにドラマを使ってEQ（こころの知能指数）を教えるカリキュラムの開発です。このカリキュラムによって，幼児期からドラマを使って，社会で必要な技術，対立を解決する技術，そして自分の感情に気づき，またそれを表現したり包み込んで抑える能力を高めることができます。もう1つは，CIISにおいて「変化のための演劇」と名づけたプロジェクトを始めたことです。これは，ドラマセラピー学科の学生が複数の人種のグループで演劇作品を作り，その中で多様性の意識化，抑圧の衝撃，無意識に複雑な現われ方をする人種差別意識，日常見られる特権，そして異なっていることの美しさなどを

訴えるものです。演劇は知識を与えるだけでなく心に届くのです。またドラマというプロセスを目撃したり，その作成に参加することを通して，深い洞察力とともに鋭敏な感情をもちながら，困難な課題に取り組むことができるようになります。

　今，日本の読者の方々のためにこの序文を書いていて，みなさんは本書をどのような文化的なレンズを通してご覧になるのか，そして日本でこの分野が発展するとき，本書のどの側面が使われていくのかと，大いに興味がわいています。アジアの多くの地で，ドラマセラピーの成長と拡大が進んでいく予感があります。関心と意欲の大きさが弾みをつけているように感じられます。日本の文化と伝統に内在している美学的な感覚，豊かな精神性（霊性）が，貴国でのこの分野の発展を支えていくだろうと感じます。そして，ちょうどドラマセラピスト1人ひとりと同じように，それぞれの文化や世界の地域が，本書で提供していることを変化させ，適合させ，再創造することができると信じています。――みなさんが直面する課題，枠組み，パラダイムに当てはまるように。ドラマセラピストはそれぞれの文化，下位文化の中にいるクライエントやグループのニーズに合わせて作業や治療を創造的にあつらえていくものです。まさに，それこそが本から学んだことに命を吹き込むということなのです。

2007年1月10日
ルネ・エムナー

★1　Emunah, R.　2000　The Integrative Five Phase Model of Drama Therapy, in P. Lewis and D. Johnson (Eds.), *Current Approaches in Drama Therapy*. Springfield Illinois: Charles Thomas.

序文

　私が最初にドラマセラピーを体験したのは，1972年，ある州立の精神科病院でのことであった。当時の米国では，まだドラマセラピーという分野は存在していなかった（その後の7年間も同様であった）。そして，この用語が公式に使われているのを初めて耳にしたのは，英国で「ドラマセラピー」の研修が受けられることを知ったときで，私は結局そこで学ぶこととなる。しかし，私が初めてドラマがもつ変革作用の力を自分自身で発見したのは，大学の働きながら学ぶ課程を利用して，その州立病院にいたときだった。私は19歳であった。

　病院の廊下のいたる所に私が貼った，色鮮やかで魅力的なドラマワークショップを「売り出す」ためのポスターに引きつけられて，慢性病，鬱病，嗜眠性の患者や，ショック療法治療中などの患者が，ゾロゾロとセッションが開かれる講堂に集まってきた。そして，1時間もしないうちに彼らは，ドラマという方法を通して患者という自分の役割から解放され，病院の誰もが今まで目撃したことがない彼ら自身の別の面を見せてくれた。固く自分に引きこもっていると思われていた患者が，他の人たちとの交流に熱中した。「普通」のときは最小限の感情情動しか示さない患者が，活気をもって自分を表現した。意欲に欠け無責任だと見られていた患者が，毎回のセッションに誠実に出席をした。

　それは，驚愕すべきことであると同時に，まったく当然のことでもあった。社会心理学者や演劇演出家たちはすでに，特定の人々のグループに演劇を使うときに同様の経験をしていた。社会心理学者のアーヴィング・ゴフマン（Goffman, 1961）は次のように書いている。「監獄や精神科病院の被収容者の中には，引きこもり，非協力，傲慢，けんか好きなどの態度を，壮大な壁のように常に自分の周囲に張り巡らしている者がいる。また，その同じ人物が芝居に喜んで参加し，正気で従順な一般の人を，登場人物として見事に演じるということがある。しかし，この目を見張るような変化そのものも，理解することができる。彼らが演じている人物は，舞台の上で，自分たちの現実の環境とは異なる環境にいるので，役を演じる1人ひとりは，その役になりきることができ，役から離れた本当の自分を感じる必要がなくなるのだ」（p.132）。著名な演劇演出家であるピーター・ブルック（Brook, 1968）は，ある養護施設でドラマワークショップを行なったときにこう書いている。「どんなセッションでも開始から2時間も経つと，そこに参加している人たちのすべての関係がわずかではあるが変化してくる。それは，みんなが放り込まれて一緒に経験したもののせいである。

その結果，何かがもっと活発になり，何かがもっと自由に流れるようになり，それまでは個別に封印されていた魂の間で新たな存在を感じさせるような接触が始まる。部屋を離れるとき，彼らは入ってきたときとはどこか違う人間になっている」(p.134)。

州立病院で行なっていたセッションが，単純な演劇ワークショップでないことに私は気づいていた。というのは，単に「副次的な効用」として見逃したり，類別してしまうことができないほどの強い癒しの力で，舞台は熱気に満ちたからだ。それがサイコドラマとは異なることもわかっていた。そこでは，患者個々人の現実生活上の問題は1つも演技化されていなかったからだ。また自分の中のどこかで，私は今後，これを長い間続けていくことになるだろうとも感じていた。しかし，私には答えられない疑問が無数にあった。行動上の著しい変化はどうして起きたのだろうか？　この変化は，その個人が舞台を離れたときの自己に統合されるのか，それとも食い違ったままであろうか？　短い時間で，多くは1回のセッションで，これほどの劇的な変化があるとすれば，長期の治療においてはどのような発展段階があり得るのだろうか？演劇のプロセスや技法の中で，最大の治療的可能性をもっているのはどれだろうか？　ドラマ形式でセッションを行なっているとき，治療的効果を深めるような介入方法にはどんな種類のものがあるだろうか？

手本もなく，また相談する指導者もいなかった。これは，1979年に米国ドラマセラピー学会（National Association for Drama Therapy）が設立される以前にドラマセラピーを1人で実践していた人たちが経験していたことである。だが手本も指導者もいないことには次のような有利な点もあった。自分の質問には自分で答えを見つける，自分の直感を利用する，「行動しつつ考察する」（ドナルド・シェーン（Schön, 1983）が自分の直感で見つけた決定と判断について意識的に常に考察する態度を名づけた言葉），特定のクライエントのニーズにだけ適した技法とプロセスを創り出す，関連するあらゆる経験から学べることを引き出す，そして関連分野の研究を利用する，これらを余儀なくされたことである。

本書は，私がドラマセラピストとして実践してきた中で発展してきた疑問とその答えのいくつかを示している。この本を書きたいと思った動機は，次のようなことを願ったからである。1)ドラマセラピー実践のための総合的な枠組みを提供して，概念と技法の2つの観点からこの分野に統一性をもたらす。2)ドラマセラピー実践における，各自の傾向や専門にこだわらない，基本的なスキルを紹介する。3)ドラマセラピーの技法を総括的に収集し，あわせて，組み立て方の原則や治療的意味も紹介する。それにより技法が分断されず，むしろ臨床上優秀な技法を統合したかたちで利用できるようにする。4)1回のセッションの過程と同様に，長期のドラマセラピーの発展過程も明確化し，統合された「1つの仕事」としてドラマセラピーセッションを見ることで，治療的な観点からの安定した美しさ［本書の10，94，128，151，320，335頁

などで詳述]を提供する。5) ドラマを使ってセッションを行なっているとき，臨床的な介入はどのようにすべきかを示す。6) ケースを通して，この療法の驚くべき力と美しさを例証する。

　本書は，その第1章で，ドラマセラピーのルーツとなっている，基本的で多方面の学問分野にわたる理論上の出典を考察することから始まり，次にドラマセラピーの統合的な理論の枠組みを紹介し，主要な治療上の目的を概説する。これらの基礎概念は，それらがドラマセラピー実践とどのように関連していて，どのように応用されているかが理解できると，その重要性はますます大きくなる。第2章では，この主要な概念の出典となった分野——劇遊び，演劇，ロールプレイ，サイコドラマ，ドラマ的儀式——を，ドラマセラピーのはっきりと区分けされた5つの段階と関連づけた。また長期のドラマセラピー治療の進展についても記述した。第3章の事例では，これらの段階を明らかにし，ドラマセラピーがその進展にともない，参加者の人生に影響を与えているようすを示した。ドラマセラピーセッションのプロセス全体を見た後の第4章，第5章では，このプロセスを，できるだけ細かく，意味のまとまりのあるところまで分解している。第4章では，ドラマセラピーセッションの展開の仕方を分析し，第5章では，ドラマセラピーの一場面の展開を分析する。

　ドラマセラピーのプロセス全体を理解して初めて，そのさまざまな技法を実際に使うことができる。第II部では，ドラマセラピーで使用する技法の体系的な説明をした。技法の大部分は，即興演劇に由来しているが，治療的な目的に適うように，応用・変更を行なった。多くは，私がクライエントと治療作業をした際に必要に応じて考案し，オリジナルで作ったものである。これらの技法は，臨床で使用したものを基本として，それらに治療上の配慮を加味したうえで，セッション内の段階と治療目標に基づいて分類した。ドラマセラピーのプロセスと技法を具体的に示し，生き生きとしたようすを示すために，第I部と第II部のすべての部分において，臨床例も織り交ぜた。

　ドラマセラピーは，成果指向ではなく，プロセス指向で実践する分野の典型であるが，ドラマセラピーのシリーズ内で劇を公演し，そのプロセスの最高潮にいたるということも，ドラマセラピーの構成要素の1つである。第III部では，上演指向のドラマセラピーについて考察しており，そこでは7人のクライエントの物語と，彼らが自分の人生について創り上げた劇について記述した。

　過程＜process＞，技法＜technique＞，上演＜performance＞は，まさにドラマセラピーそのものであるが，これらと比較すれば，セラピストとクライエントとの間に起こる相互交流の質の方がはるかに重要である。つまり結局は，これらの様式，方法，取り組み方，ツール等が効果をもつかどうかは，すべてそれらを使う実践家の人格次第で決まることになるのだ。クライエント中心療法の創始者であり，またカウンセリング実践の場において人間性心理学を適用することに指導的な役割を果たしたカー

ル・ロジャーズ（Rogers, 1951, 1961）が述べたことに私は賛同する。「治療の最も大事な側面は，セラピストが理論や技法にどれほどの知識をもっているかではなく，むしろセラピストのもつ純粋さ，受容と配慮をする力，他の誰とも異なる1人のクライエントを深く理解する力である」。

目次

推薦のことば　ドラマセラピーが日本にやってきた…　　i
プロローグ（序幕）　　iv
日本語版への序文　　x
序文　xiii

第Ⅰ部　プロセス　　1

第1章　ドラマセラピーの出典となった分野 …………………… 2

ドラマセラピーの基礎概念　2
　　劇遊び／演劇／ロールプレイ／サイコドラマ／ドラマ的儀式
ドラマセラピーの統合的枠組み　27
　　人間性心理学／精神分析／行動主義
治療上の目標　35

第2章　段階：ドラマセラピーにおける5つの連続段階 …………… 38

第一段階：劇遊び＜Dramatic Play＞　38
第二段階：場面演技＜Scenework＞　41
第三段階：ロールプレイ＜Role Play＞　44
第四段階：最高潮に達する演技＜Culminating Enactment＞　47
第五段階：ドラマ的儀式＜Dramatic Ritual＞　49
結び　51

第3章 物語：プロセス指向のグループドラマセラピーにおける個人の成長過程――4つの事例研究 54

- ショーン　55
- イワン　61
- リサ　68
- クリスティン　74

第4章 セッション：1つのセッションの進展について 90

- プロセスと進行　90
- 抵抗　96
- 適切な指示をいつどう選ぶか＜Choice Point＞　102
- 実際に行なわれた2つのセッションの詳述　107
  - 1回目のセッション／15回目のセッション

第5章 場面：即興的演技の展開，指導，そして終結 124

- 即興劇の種類　124
- 即興劇的な場面での治療上の指示について　128
  - 1番目の目標：役の意味を発見する／2番目の目標：別の選択肢や新しい行動を探しだす／3番目の目標：感情を高める，あるいは包み込む／4番目の目標：内面に存在するはぐくみの親を導きだす
- 場面の指導を行なうときのツールと技法　144
  - 役割交換／ダブルを演じる／時間の操作／登場人物を増やす/減らす／役を引き継ぐ／くり返し／その他のツール
- 場面の終結　151

目　次 ◆◆◆

第Ⅱ部　技法　157

はじめに　158

第6章　単独セッション，連続シリーズの開始期 …………… 165

感情の表現　166

グループ内での相互交流　182

身体の活性化　188

信頼　194

観察と集中　202

第7章　単独セッション，連続シリーズの中間期 …………… 211

表現とコミュニケーション　211

登場人物と役の発展　224

グループ内の協力　233

自己開示＜Self-Revelation＞　242

第8章　単独セッション，連続シリーズの終了期 …………… 261

与え・受け取る　261

集団で創造　265

グループ内の相互理解　271

ふり返りと祝福　277

第Ⅲ部　上演——7人の物語り。そして彼らが創り上げた自分たちの人生についての劇—— 283

第9章　グループと劇の発展 ………………………………… 284

演劇とセラピー　284

分析を超えて——グループの初期のプロセス　287
　　最初の二段階／カリンが恐れたこと

メンバーの積極的な参加と健康を維持するという困難な課題　298
　　グループは第三段階に入る／ステイシーの真実

架空の入院と実際の入院　303
　　病院とセラピーの場面／ジェイミーの心の痛み／共有された体験

苦しみを芸術に変える——最高潮に達する場面　314
　　ジェイミーの挑戦／虐待と現実の否認：人を荒廃させる二重奏

上演にいたるプロセス　322
　　上演への思い／リハーサルの過程／本番当日

第10章　自己開示劇 ……………………………………………… 332

第11章　公演後の鬱に対処し、成功を自分に統合する ……… 339

結　び　344

引用文献　349

邦訳が出版されている文献　355

索引　359

訳者あとがき　363

凡　例
1. 原文の（　）はそのまま（　）で示した。
2. 原文においてイタリック体で強調された箇所はゴシック体で示した。
3. ［　］で囲まれた文言は、訳者による補足である。
4. 事例資料に使われる氏名、事実、状況は、匿名性を保つために変更した。

第Ⅰ部
プロセス

第1章 ドラマセラピーの出典となった分野

ドラマセラピーの基礎概念

　ドラマセラピーは，精神的な成長と変化を達成するために，ドラマ／演劇のプロセス［過程］を意図的に，そして系統的に使う手法である。そこで使われるツールは演劇から生まれ，その目標は心理療法を起源としている。ドラマセラピーは，現在の心理療法のほとんどすべての学派の理論的枠組みの中で実践できるが，さらにそれ独自の伝統も作り上げている。そしてその概念の起源は，さまざまな学問分野にまたがる研究成果にさかのぼることができ，その中で最も顕著なものは演劇である。以下，最初に，その概念の出典となった5分野に関して論じる。私の見解では，これらの分野はドラマセラピーと最も根元的な関係をもっており，また私自身の実践とも最も密接に関連している。著名なドラマセラピストの著作や研究の中で，明らかにこれらの分野と関連しているものも，この論考の中でまとめて紹介する。次に，ドラマセラピーの心理療法的な側面を検討し，ドラマセラピーを実践するときに利用可能な，統合された理論的枠組みを提示する。そして，本章の最後に，ドラマセラピー治療の主要な目標について述べる。

　ドラマセラピーの概念に明らかに一番大きな影響を与えている分野は，**演劇**［1番目の分野］を別とすれば，ドラマセラピーの直接の前身である**サイコドラマ**［2番目の分野］だ。3番目の分野は，**劇遊び**であり，人間の発達という意味では演劇よりも根本的な影響を［ドラマセラピーに］与えている。4番目の分野は，**ドラマ的儀式**であり，文明の発達という意味では，演劇やサイコドラマよりも根本的な影響を与えている。5番目の分野である**ロールプレイ**はドラマセラピーにおいて中心的な位置を占めている。つまり，いろいろな役を試して具現化することは，ドラマセラピーの中核となっている。さらに第2章では，これら5つの出典となる分野と，ドラマセラピーの5つに区分けした段階を結びつけて記述する。その前段階として，本章では，出典とな

った分野のそれぞれについて，関連する治療段階を行なう順番で記述する。つまり，劇遊びで始まり，ドラマ的儀式で終了となる。

劇遊び

「演じて表現することは，子ども時代が提供する，自己を癒すための最も自然な方法である」と精神分析学者エリック・エリクソンは書いている（Erikson, 1950, p.222）。子どもたちは，外からの指示や，事前に課せられた形式などがなくても，自然に，ドラマをセラピーとして使っている。子どもたちは劇遊びを次のようなことに用いている。内面の葛藤を象徴として表現し解決する，現実を自分に取り入れる，統御と制御の感覚を手に入れる，鬱積した感情を発散する，破壊的になるかもしれない衝動の制御方法を空想上で学ぶ，受け入れてもらえない自分の一部を表現する，問題への対処の仕方を試し解決策を発見する，現実生活で起こることを事前に練習する，希望や願いを表明する，新しい役割や状況を試してみる，そして，主体性の感覚を発展させる（Courtney, 1968）。これらの機能は，子どもの生活にとって必須であり，またすべての年齢の人にとっても意義がある。多くの点でドラマセラピーという分野は，エリクソンのいう子どもたちの劇遊びがもっている「自然に癒される特質」を考察した結果生まれたともいえる。

劇遊びは，一般の遊びの根本的な構成要素の1つである。これが他の遊びと区別される点は，模倣，同一化（Courtney, 1968），投影（Landy, 1986）に基礎を置くことだ。劇遊びには，人形劇，物語り＜story-telling＞，即興劇，そして役をまねるなどの方法が含まれる。子どもの遊びに使われる媒体（たとえば，人形，指人形，おもちゃ）は，たいていが，本質的にドラマ的なものだ（Landy, 1986）。遊戯療法［心理的な問題をもつ子どもに，遊びを通してかかわり，その改善を図る心理療法的アプローチ］とドラマセラピーは密接な関係がある。ただしドラマセラピーにおいては，焦点が**劇遊び**にあてられている。子どものセラピーに遊びを使用することが急速に広まったのは，子ども劇のパイオニアたち（Slade, 1954；Way, 1967；Ward, 1957）が，子どもの発達においてはドラマが重要な位置を占めることを強調し，子どもの教育にドラマを取り入れはじめた時期とほぼ同じ頃だ。

ドラマ教育者で，その専門家であるリチャード・コートニー（Courtney, 1964, 1967, 1968）は，ドラマの本質について，長年にわたって，さまざまな分野にまたがる徹底的な調査を行なった。彼は，劇遊びが，思考，学習，癒しにとって，さらに生きることのすべての面において，中心的なプロセスであることを見いだした。コートニーは，心理分析の研究を利用して，劇遊びは，感情を直接行動に表わしてしまう行動化＜acting out＞の後に現われる，自我の発達段階の1つであり，その後，昇華という段階に続いていくと説明している。独創性に富んだ彼の著作，"*Play, Drama,* and Thought（遊び，ドラマ，思考）"（1968）の中で，「劇遊びは，無意識を知性に結びつけるときに，中心的なはたらきをしている…それは，本能的に満足することを成熟した思考へと結びつける役目をはたしている」（pp.92-93）と述べている。

　感情を直接行動に表わしてしまうこと［行動化］＜acting out＞と，演技する＜act＞ことの違いはきわめて重要だ。このことは，サイコドラマティストで精神科医のアダム・ブラトナーが明快に述べている。彼は著書"*Acting In*（アクティング・イン）"（Blatner, 1988a）の中でこう書いている。「感情を直接行動に表わしてしまうことは心理的な防衛機制となっており，象徴として，また実際の行動として表現することで，自分の内面にある衝動を解き放っている…この機制を動かしている原理は当人に意識されることがほとんどないので，このような行動をしても，自分を統御できるようになったとか，成長したとか，自分をよく理解するようになったなどの感覚を体験することはない。感情を直接行動に表わしてしまいたいという衝動に方向性を与えることができれば，感情をもっと上手に扱うことができるようになるだろう」（p.1）。ドラマセラピーでは，**演技で感情を行動に表わす**＜act＞という体験をするので，（どのような年齢のクライエントであっても）［現実生活で］**感情を直接行動に表わしてしまう**［行動化する］＜act out＞必要性が減少する。

　ドラマセラピー教育家，実践家，そして研究者であるロバート・ランディ（Landy, 1986）は，劇遊びを「実際の日常的な現実と，想像上の現実との間の対話」であるとし，「（劇の中で）実際の現実が，想像上の現実の中で探索・吟味される」（p.63）といっている。ドラマセラピーの中心概念は，ドラマという**架空のモード**を経由して，現実の出来事を探索してみることである。ある状況を，**あたかも本当のことであるかのように**演じたり，場面をさらに発展させたりする。しかも同時にそれが実際はつくりごとであるということがわかっていることは，ドラマセラピーのプロセスや子どもの劇遊びの根本的な部分である。この二重の意識レベルは，驚くほど早い年齢で人間が獲得する能力であり，ここではこの能力がはたらいている。演技者は，想像的領域と客観的領域の2つに同時に存在していることになる。

　劇遊びに夢中になっている子どもたちを観察していて，私が感嘆するのは，彼らがもっている二重の意識レベル，遊びの中でお互いに伝えられ開示されるすべてのこと，そしてその中で起こる成長と癒しである。しかし，それだけでなく，遊んでいる子どもたちが間違いなく体験している楽しみと喜びにも驚き・感嘆するのだ。同じことがセラピーでも起こる。劇遊びを導入すると，治療を受ける人に高い効果が出ると同時に，セラピーそのものが大いに楽しめるプロセスとなる場合が多い。これは，多くのクライエントが精神治療を有益ではあるが非常な苦しみであると見なしていることとは決定的に異なる！　クライエント自身が楽しめるプロセスを提供することでセラピーに対して肯定的な考えをもたせることができれば，クライエントの受診意欲が高ま

り，より積極的に治療にかかわろうとする姿勢を作り出すことができる。さらに，後に行なわれる治療で，もっと苦しみを伴う自己点検を行なう際にも，心を開いて取り組めるようになる。

アダム・ブラトナーとアリー・ブラトナーの両氏は，その著書 "The Art of Play（遊びとしての劇の技術）" (Blatner & Blatner, 1988) の中で，劇遊びが楽しいのは，前述のように意識が二重レベルになっているからだと述べている。「心は，一見したところ両立不可能と思える対立物（現実と非現実）を自分の中にいだくことで，ある種の喜びを経験するようだ。それは精神的な手品といえる」(p.29)。両ブラトナー氏は，劇遊びを通してそこに本来備わっている，明白な矛盾を乗り越えるという体験の中に，フロイトの喜びの原理が表明されているのだろう，と述べている。両氏は，子どもと同じように大人も劇遊びがもたらす喜びを感じることができるし，また感じることが必要だと指摘して，すべての年齢層の人々に劇遊びを処方箋として提供し，子ども時代の想像力と自発性を回復するための素晴らしい案内役を務めている。

ドラマセラピーの分野で，最も活発に著作活動を行なっている研究者の1人，デービッド・リード・ジョンソンの研究（Johnson, 1981, 1982a, b, 1986, 1991）は，劇遊びとの結びつきが明らかだ。おそらくジョンソンは，劇遊びで根本的な意味をもっている自発性という要素を，ドラマセラピーの構成要素の中で最も重要だと見なしている。ジョンソンは，発展的モデルを使い，即興劇のプロセスを利用して，クライエントの感情や考えが即興的な役の中に反映する「自由劇」という環境を作り出している。彼の診断では，劇の中でクライエントが示した自発性の程度，即興的なロールプレイのやり方，そして，境界の維持の仕方を分析することなどがなされている（この診断方法は，彼の研究と実践において重要な部分となっている）。彼は，**変容**［のちに彼は**発展的変容**＜Developmental Transformations＞と名づけた：以下同］というドラマプロセスを開発している。そこでは，「役と場面が，クライエントの中で進行している意識と内的なイメージの流れに沿って，常に変容し，作り直される」(Johnson, 1991, p.11)。これは，幼い子どもの行なう劇遊びが流動的でどんどん変化していく性質にたいへんよく似ている。

もう1人の著名なドラマセラピストであるエレノア・アーウィンの研究（Irwin, 1975, 1981, 1983）も，そのモデルは発展的というよりは心理分析的なものであるが，やはり劇遊びから大きな影響を受けている。アンナ・フロイト (Freud, 1928)，メラニ・クライン (Klein, 1932)，そしてマーガレット・ローエンフェルド (Lowenfeld, 1935) らが例示した遊戯療法に基づき，アーウィンは，クライエントの診断と治療をするときに，人形劇，物語り，そして砂遊びなどの投影的な仕掛けを重点的に使うことを提唱している。多くの点において，彼女の方法は，より直接的な即興劇を使うジョンソンの手法より，ランディの距離［プロローグ，viii頁参照］を基準

に考える手法に近い。ジョンソンのセッションで行なわれる劇遊びは，典型的な**個人劇**であり，一方，アーウィンとランディは，**投影劇**の重要性を強調する。個人劇と投影劇という用語は，子ども劇と教育演劇の分野のパイオニアであるピーター・スレード（Slade, 1954）が作り出した。スレードは，個人劇を，役を演じるときに自分の「自己／身体」を物理的に積極的に利用するものであると定義した。一方，投影劇では，想像されたドラマ的な状況を外部の物体（たとえば，人形，あやつり人形など）に投影する。さらに，アーウィンとランディは，クライエントと一緒に劇の中に入り込んでしまうジョンソンよりも，クライエントの劇を観察する役であることが多い。ドラマセラピーで距離を基準とするランディの方式は，治療の際に最も適切な劇遊びの種類を決定する助けになる。投影劇は一般に，大きな距離を与える方式であり，自他の境界線がはっきりしていない，あるいは強い恐怖感を与える問題を扱っているクライエントに必要なことが多い。一方，個人劇は，より自由でより多様な表現のある環境を作り出す。

　私は，一連のドラマセラピー治療の初期段階に，劇遊び，とくに，個人劇を導入しており，その影響ははっきりと表われている。第２章で，第一段階として扱っている部分である。ドラマセラピープロセスの初期段階では，創造的な遊びの感覚に満ちた環境を作り上げることを私は大事にしている。そこでは，子どもが遊ぶときに感じる自由さと可能性を再現する。演技を無理強いすることは避け，自発的な動きと相互交流を引き出すように手助けする。

　おそらくセラピストは誰でも，自分の人生の中で癒しの力が最も強かったアプローチ，あるいは自分の個性に合っているアプローチに惹かれるだろう。私は，7歳から15歳にかけて，サラという親友といつも遊んでいた。この年代は，子どもとしては潜伏期［精神分析の用語。性的活動性低下で特徴づけられる。5，6歳から思春期初めまでの時期］で，すでに青年期の初期にかかっており，普通なら劇遊びをやめ，ルールのある競争的なゲームを遊びはじめる時期だが，私たちの遊びはドラマとダンスが中心のままであった。（ピアジェ（Piaget, 1962）によれば，劇遊びの形で遊ばれることの多い**象徴劇**は，7歳の頃に終わり，その後はルールを伴うゲームとして遊ばれることの多い**実践劇**に重点が移っていくが，実際には，この**象徴劇**は，人生の全時代にわたって遊ぶことができるという）。サラと私は筋書きを作り，ダンスの振り付けなどをした。そのいくつかは私たちの母や近所の人に演じて見せたこともある。しかし，ほとんどの場合，私たちは，自分たちの希望や恐れや葛藤についての場面を即興で作り，そのときは筋書きもなく，観客もいなかった。2人の発達段階，下位文化，家族状況に関連していることで，問題となり，注意を引きつけるものは何であれ，私たちの創造のための題材になった。あるときは直接に，あるときは象徴として，私たちがそのときに取り組んでいるさまざまな問題を楽しみながら演技にした。2人の人生は，青

年後期以降，たいへん異なった方向に進んだが，最終的に私たちが選んだ仕事はよく似たものとなった。サラはダンスセラピストになった。相互作用をもつ劇遊びと創作ダンスは，子どもの自然治癒力が現われ出たものとしてそれぞれにとって深い意味があったのだ。大人になって仕事をするときに，私たちは子ども時代の癒しの経験を役立てたのである。

演劇

　「人は自分自身として語るとき最もその人自身から遠ざかっている。仮面を与えよ。そうすれば，人は真実を語るであろう」とオスカー・ワイルドは，この発言がドラマセラピーの分野においてどれほど重要な意味をもつようになるかを知らずに述べた（Ellmann, 1969, p.389）。ちょうどこの仮面のように，演劇に出てくる役や登場人物は，保護と解放の両方のはたらきをし，現実人生の役の下に埋もれてしまっていることを表現させる。「表現をするのが危険であるというような出会いの中では，仮装は何かを隠すというよりは，そのときに許容されるであろうことを，できるだけたくさん開示させるはたらきをする」とゴフマンは述べている（Goffman, 1961, p.77）。演劇に本来備わっている仮装という要素こそ，無限の価値をもつ心理療法の源だとドラマセラピストは見なしている。ドラマセラピーにおいて，自分を隠すことができるものをもつことは，自己表現を妨げる障害になるのではなく，自己表出をうながし，後押ししてくれる道具となる。演劇における幻想は，真実の回避に向かうのではなく，真実と直面することに向かう。

　「それには劇が最もふさわしい。きっとあの王の本心をつかんでやるぞ」とのハムレットの言葉を引用して，ドラマセラピストであるスー・ジェニングズは，演劇とドラマセラピーの両方において，「劇の中の劇」の重要性を強調している（Jennings, 1990）。「ドラマセラピーという方式では，その本質からして，劇の中の劇，さらにその中の劇，というように劇が多重に創り出される。別の言い方をすれば，さまざまな人の人生を抱える世界全体という演劇の場，その中のドラマセラピーグループという場，さらにその中のドラマ，という具合である…」（p.25）。ドラマセラピーの中にある，この劇の多重層こそが，「さまざまな本心がとらえられ，さまざまな真実が開示される」（p.22）局面を作り出すのである。

　演劇は，多くの意味で劇遊びの延長と見ることができる。役と自己との区別は，ドラマセラピーよりは演劇においての方がより明確だ。劇遊びでは，役になったりやめたりするのは無意識に行なわれ，そのやり方は自然で滑らかである。1つの役や場面がどのように発展するかは，あまり重要ではない。しかし演劇では，役と場面の発展が大事にされる。もう1つの相違点は，演劇では観客の存在を暗黙の前提として

いることだ。ところが劇遊びは，一般に集団で行なう創作活動であり，全員が同時に，活動に参加している。ドラマセラピーはプロセスを重視しており，そこでの観客とは単に他のメンバーのことであったり，個人セッションであれば観客はセラピストだけとなる。しかし1人でも数人でも，他人がそばで見ているという状況では，無意識レベルのことが多いとはいえ，より美しいものを作り出そうという意識が高まる。即興演劇は，創作ドラマの原則に従いつつも，相互作用をもつ遊びであるシアターゲーム［アメリカでスポーリンが創始した，即興を中心に行なう演劇的なゲーム］（Spolin, 1983）を発展させて，ドラマにして演じるところまで進めており，これは劇遊びから演劇への移行期の形と見なすことができる。

　劇遊びは，私が行なうセッションの初期に最も多く使用する方法であるが，ドラマセラピーの第二段階と私がよんでいる時期になると，この方法は演劇に道を譲る。この段階で，より発展した内容の演技を行なうことは，役と場面の形で自己のさまざまな側面をさらに十分に表現するのに適した活動だ。ドラマの演技では多くのことが許されるので，多様な表現がたやすくできるようになる。ここでは，役として表現するさまざまな側面を自分のものであると認めなくてはいけないという負担，また行動の結果に責任をとらなくてはいけないという負担から解放されている。仮の姿を使うので，解放と責任免除という，他では得られない経験が可能となる。

　過去数十年間の実験劇場は，作品を上演することだけに焦点をあてるのではなく，演技のプロセスにますます注目をするようになってきた。さまざまな演劇監督や理論家が演技と上演をどのように見てきたかは，ドラマセラピーの発展に重要な影響を与えてきた。著名なロシアの演劇監督，コンスタンチン・スタニスラフスキ（Stanislavski, 1924, 1936）にとって，演技とは，感情的，心理的なプロセスであった。俳優［演技者］には，劇の役と一致する自分自身の一部を探し出して，その役の「内面的真実」を探し，観客の前にさらけ出すことが要求された。同一化が鍵であり，それは俳優と登場人物の間だけではなく，観客と登場人物の間の同一化でもあった。俳優が登場人物の人生環境の中に自分を投影するという，スタニスラフスキの**魔法のもしも**＜magic if＞［もしも自分がこの状況に置かれたらどうするだろうかと考えて演技する手法］という概念は，俳優の想像力と同一化を拡大・延長するために考案された。リハーサル段階での即興練習プロセスを通して，俳優たちは，役に要求される感情と同じような自分自身の人生の経験を思い起こした[1]。　同じように，観客は登場人物と同一化することで感情が高まり，これらの感情と似ている個人的な経験を思い出すようにと

---

[1] 俳優が自分の感情経験を利用して演技を行なうというこの「メソッド」は，スタニスラフスキの愛弟子たち，リチャード・ボルスクスキ（R. Boleskusky）とマイケル・チェーホフ（M. Chekhov）によってアメリカに持ち込まれ，その生徒であるリー・ストラスバーグ（L. Strasberg）とステラ・アドラー（S. Adler）がさらに発展させた。

導かれた。
　一方，ドイツの監督，ベルトルト・ブレヒト（B. Brecht）は，俳優や観客に対して，登場人物と感情的な同一化をしないようにさせた。ブレヒトの目的は，心理的というよりは社会的なものであった。ブレヒトによれば，感情的距離を作ることは，主観的に反応しないで，客観的に考えるために必要であった。そして客観的な思考は，［社会や政治を外から見ることをうながし］社会的・政治的な変化を引き起こすために必要であった。リハーサルでは，ブレヒトの俳優たちは自分が演じる登場人物を三人称で語るようにと要求される。これは，役を自分のものにしていくというスタニスラフスキが俳優と仕事をするときに用いる方法とはまったく対照的であった。ブレヒトは，上演のとき，演技を中断する，演技の最中にスライドでメッセージを映し出す，クライマックス前に場面を止める，仮面や人形を陳列するなどの距離感を増すような仕掛けを使って，**異化効果**を創り出した。これらの仕掛けは，俳優がその役を客観的な方法で上演すること，さらに観客の批判的な考察能力を促進させることを意図していた（Willet, 1964；Roose-Evans, 1970；Landy, 1986）。
　相互に矛盾していると思えるこれらのアプローチは，両方ともドラマセラピーでは重要な意味をもつ使い方ができる。過去の経験に関しての感情から切り離されている人，感情ではなく頭脳で対処する人，また他人と同一化することや共感することに困難を感じる人は，おそらくスタニスラフスキのようなアプローチが役に立つだろう。一方，感情に簡単に圧倒される人，明快な決定や変更を行なうために必要とされる客観的な態度で自分の状況を見ることが困難な人には，ブレヒト的なアプローチが役立つだろう。スタニスラフスキ的方法は，感情表現と解放を重視し，ブレヒト的方法は，感情抑制［包み込み］と観察する自己の発展を重視する。そして，この2つともがドラマセラピーでの主要な治療目標なのだ。
　感情抑制を使用するのは，たとえば，感情を直接行動に表わしてしまう［行動化する；以下同じ］青年たちに演技をさせるときだ。ドラマへの参加に抵抗する開始期を過ぎてしまうと，青年たちは，自分の場面にのめり込んでとても感情的になりやすくなる。感情的に高ぶり爆発する可能性のある演技になったとき，私は，演技の途中で「フリーズ＜freeze＞［そのまま止まって！］」と叫び，演技を止める。その時点で，私は距離を増加させる仕掛けを使う。その仕掛けとは，1）クライエント・演技者に役割交換を指示する（これにより自分の役との同一化を弱め，相手の役をもっと深く理解するようにさせる），2）クライエント・演技者に，あるいはその場面を観ているクライエントたちに，何が起きたか，この次に何が続けて起こるべきかを考えさせる（これにより，思考力を育成し，そして選択肢があることを感じ取らせる），3）クライエント・演技者に，テレビのインタビューショーのスタイルで，自分の役について話すよう頼む（登場人物の客観的な分析を行なうようにうながす）。

第Ⅰ部 ◆◆◆ プロセス

　ドラマセラピーでロバート・ランディが実践する，[役と自分との間などの]距離を使うモデルは，クライエントの変動するニーズがこの距離の物差し上のどこにあるのかをいつも突き止めていなくてはならないドラマセラピストにとって，役に立つ枠組みだ。ランディのモデルは，叙事演劇での距離というブレヒトの考え，および社会心理学者トーマス・シェフの美的な[安定した美しい]距離（これは心理分析と演劇の両方に基礎をおいている）という考えを活用している。シェフ（Scheff, 1981）はこの安定した美しい距離を，過大距離（感情が抑制状態であり，事態を認識することが中心的な活動となっている）と過小距離（抑圧された感情状態から解放され，情動が中心的な活動となっている）との間の均衡状態であると考える。この中間地点でカタルシスが発生するのであり，ドラマセラピストはクライエントと作業をするとき，この地点に向かって進むよう努力する。一般的には，ドラマの仕掛けが演劇的に形式化されるほど，クライエントに過大距離を与え，現実的で自然な仕掛になれば，過小距離を生み出すが，これには厳密な公式があるわけではない（Landy, 1986）。ランディは，たとえば仮面は，通常，過大距離をもたらすが，時には過小距離となる場合があると説明している。このようにセラピーで用いる技法は，状況が異なれば，異なった効果をもたらす。さらに，距離に対するクライエントのニーズも揺れ動いているのでドラマセラピストは治療に細心の注意を払うことが必要となる。前述のように感情を直接行動に表わしてしまう青年たちとの作業では，感情を抑制する過大距離を使うのが一般的であるが，その同じグループがより近い距離を必要とすることもあり，また同じ仕掛けが異なった効果をもたらすこともある。

　ドラマセラピーに重要な影響を与える仕事をしたもう1人の演劇監督がイェジュイ・グロトフスキ（Grotowski, 1968）である。グロトフスキの方法は，俳優の感情プロセスに焦点をあてるという点で，ブレヒトよりはスタニスラフスキに近い。彼自身，スタニスラフスキの仕事に恩恵を受けていると認めており，スタニスラフスキと同様に，俳優に本来備わっている創造力を信じている。しかしグロトフスキにとって演技とは，感情的，心理的プロセス以上のものである。それは，精神的[霊的]なプロセスである。彼は演技を彫刻になぞらえる。これらの制作過程では，両方とも，最も奥にある形を発見し，開示するために，余分なものをすべて削り取っていく。つまりグロトフスキの**聖なる俳優**の作品では，技術を蓄積するのではなく，障壁を取り除くことが必要となる。俳優の集中的な練習を通して，日常で身につけているいろいろな仮面を徐々に取り除いていき，最後にはその本質，中核に到達する。上演するときの俳優は一種の祭司長の役目を担い，観客に対して，この中核，あるいは真実をさらけ出し，供えものとして捧げ，そのことによって観客が，同様の**自己省察**（Grotowski, 1958）と浄化の旅に出発することを期待するのだ。

　グロトフスキのポーランド実験劇場は，フランスの監督であるアントナン・アルト

ー（Artaud, 1958）から影響を受けており，そこでは俳優たちが，観客を魔法の旅に招待し，その旅程において真実が明らかになり，感情と魂の浄化が起こる。アルトーは，言葉と直線的に進行する筋書きが支配していた当時の演劇から離れて，夢，イメージ，ジェスチャー，そして詩などを［伝達用の］言語として使用した。彼はバリ島演劇がもつ祭礼的，儀式的な特質から深い影響を受けた。この演劇は，娯楽というよりは宗教的儀式にはるかに近い。アルトーの作品は，他の多くの重要な監督に影響を与えた（これらの人は後にドラマセラピーに影響を与えた）。その中には，リビング・シアターを創立したジュリアン・ベック（J. Beck）とジュディス・マリナ（J. Malina）がいる。

　グロトフスキとアルトーの作品，そして彼らが影響を与えた多くの舞台芸術家と劇団がドラマセラピーに対してもつ重要な意義は，ドラマが自己の認識を促進し，さらに人が必要とする精神性を与えてくれると提示したことだ。このような演劇は，現実からの逃避になるのではなく，かえって私たちを取り囲み，縛っている偽りの装いを解きほぐす手段となる。また，このような演劇は（私たちの問題，苦しみ，ジレンマ，切望などからの）脱出ではなく，逆に，そのような内面に向かって進行する深い意味をもつ旅である。誠実さをもって演技をすること，また誠実さをもって演技をしている人たちの観客となること，これらは，深い知識と癒しにつながる道だ。私の知る限り，グロトフスキは演劇をセラピーとして使うことをはっきりと言ってはいないが，過去数十年間，彼の実験室で行なわれた疑似演劇的実験において，また徹夜で行なわれる儀式的な勤行において，癒しがあることは暗黙の了解のようである。グロトフスキの影響を受けたドラマセラピーの方法は，スタニスラフスキの影響と同様に，過小距離となるのが普通だ。アルトーのシュールレアリズム，イメージ使用，そして非自然的なスタイルを思わせる方法は，過小距離と過大距離の両方の要素を含んでいる。

　ドラマセラピーは，実験演劇から影響を受けただけではなく，それに影響を与えてもいる。多くの場合，どちらが最初かを区別するのはむずかしい。演劇人やパフォーマンスアーティストたちは，自分たちの仕事が，自分たち自身や観客に対して癒しを与えるという側面があることにますます気がつき始めている★2。そのため，自伝的演劇はますますさかんになってきている。そこで演じられる役は，自分のいくつかの

★2　著書 "The Way of Actor（俳優の方法）" の中で，ブライアン・ベイツ（Bates, 1987）は，現代の多くの俳優が，自分たちの芸術媒体に，心理的そして治療的な影響力があることを知っている，と述べている。心理学者のベイツは次のようにいう。「…創作された登場人物の『内部』に入って演技し，動き，話すということは解放的で，驚くべき経験であり，時には，自分自身にとっても，また，他の人にとっても，奥深い内面を開示する経験である」(p.98)。女優リブ・ウルマンは，ベイツとのインタビューで，こう述べている。「リハーサルや上演期間中，役作りや，架空の人物との対話に触発されて，自分自身の中の今まで知らなかった秘密が前面に出てくるような日がある」(p.100)。マーロン・ブランドはもっと明快に言っている。「演技をすることは，他の何にもまして，自分の暴力性を自覚させてくれ，そして，それを除去してくれた。そして，『乱暴者（あばれもの）』を撮り終えたとき，私の暴力性は完全になくなったと思う」(p.4)。

第Ⅰ部 ◆◆◆ プロセス

側面であったり，その人が現実の人生の中で出会った人であったりする。また，差し迫った社会的，心理的な問題（たとえば，物質乱用や性的虐待など）を取り扱う劇はさらに多く行なわれている。また，プロでない役者による上演がたくさん行なわれている。その多くは「特定の人々＜special populations＞」とよばれていて，たとえば発達障害者や身体障害者グループ，感情障害者グループ，囚人などである。演劇世界でのこれらすべての変化は，ドラマセラピーに影響を与え，またドラマセラピーの変化は演劇世界に影響を与えている。

　子どもの頃，私が体験した演劇は娯楽としてのものであった。この時期は，「パンとパペット劇場」が，巨大なパペットと無料のパンを携えてニューヨークの通りに出る以前のことであり，「リビング・シアター」が観客に対峙して驚かせる前であり，アンナ・ハルプリン（A. Halprin）が群衆を巻き込んで，公の場所でダンスの儀式を行なうよりも前であった。しかし，私が12歳のときに観た，あるオフ・オフ・ブロードウェイ［ニューヨーク，ブロードウェイ周辺の100席以下のミニ劇場］の劇は，それまで私が観ていたミュージカルとは完全に異質なものであった。演技者たちは，回復しつつあった薬物中毒者たち（当時はそうよばれていた）であった。とても劇場とはいえないような，小さな暗い部屋で，30人ほどのこじんまりとした観客を前に，5人のアフリカ系アメリカ人の男性が現実の人生で起こった苦闘を表現した。彼らは，しびれて気持ちいい感覚，愛，更正を求める気持ちについて語った。演技の終了間近になって，1人が突然小さな舞台から降りてきて，前列席まで歩いてきた。彼は私を正面からしっかりと見つめた。私の心臓は，目に見えない第四の壁――俳優と観客，演劇と現実を分離している壁――が次第に崩れるのを感じて，大きく動悸を打ち始めた。彼は，私からほんの十数センチのところに立ち，手を差し伸べた。私たちの手と目がしっかりと結び合ったその瞬間，私たちの間の巨大な相違――年齢，人種，性別，そして階級――は溶けてなくなった。彼と私は，ただ苦しみを理解し，それと闘う2人の人間であり，真剣な希望と期待を経験した2人の人間となった。そのとき，私はこの劇は終わるのではなく，現実の中に溶け出して一緒になるのだと感じた。

　演劇に対して，そして演劇と現実との関係についての新しい見方が，この体験で生み出され，その後ずっと私の中に残った。15年後，私は，以前精神疾患のあった患者たちからなる，演劇集団を結成することになった。彼らは，自分の人生についての劇を一般向けに上演した（第Ⅲ部に詳述する）。私は，これからも，自伝を上演することに特別に魅力を感じ続けるだろう。しかし，一般向けの上演があろうがなかろうが，また，ドラマとしての演技が個人の経験についてであろうがなかろうが，セラピーとしてのドラマこそ，真実が開示され，深いレベルのコミュニケーションと理解が得られ，個人的なことが普遍的なものとなる場を提供するのだと私は考える。

第1章　ドラマセラピーの出典となった分野

ロールプレイ

　さまざまのロール［役］を演じて実験してみることは，ドラマセラピーのプロセスの基本である。連続ドラマセラピーセッションの初期段階で，劇遊びと演劇的な場面が使われる。演じる役は，大部分，架空のものであるが，後の段階になると，これらの役は現実人生の体験の中から選ばれることになる。架空の役であれ，現実的な役であれ，たくさんの役を演じることで，参加者の役のレパートリーの幅が広がり，その人の存在がもっている多くの側面を吟味することが可能となる。それにより［他者と同じ側面を見いだすことで］他者とつながっているという感覚を増幅させることができる。

　サイコドラマの創始者であるジェイコブ・モレノ（Moreno, 1946, 1959）は，人々は［まわりから決められ，期待された］役を引き受ける＜role takers＞だけでなく（これは社会心理学者のジョージ・ハーバート・ミード（Mead, 1934）がかつて提案した）［さまざまな新たな］役を演じる＜role players＞のだと見なした。この違いは，ランディ（Landy, 1990）が強調したことであった。「ミードの考えは，おもに認識的である。その考え方によれば，他人の役を自分の中に取り込み，その他人が自分をどのように見ているかを理解することにより，自己は拡大していく，ということになる。一方，モレノの考えは，より能動的で，ドラマ的である。つまり，異なった私自身の役をたくさん演じることにより，また役割交換で他の人の役をたくさん演じることにより，私という人間は大きくなっていく，ということだ」(p.224)。

　モレノの独創性に富んだ役割理論への貢献に触発されて，サイコドラマティストのアダム・ブラトナー（Blatner, 1991）は，モレノの仕事を拡大，系統化し，ロール・ダイナミックスを開発した。ブラトナーによると（Blatner, 1988b），ロール（役）という概念を使うことにより「複雑でわかりにくい行動をしている自分という感覚と，別の選択肢を選ぶことができる自己の可能性の2つを分離させることができる」(p.103)という。私たちは，演じている役に名前をつけることで，その役からある程度の距離をとることができる。その結果，役を客観視することで，それらの役への理解が深まり，それらを受け入れることがよりよくできるようになる。またその役を再評価し修正することも可能になる。客観化することは，［さまざまな役などからの］分離を意味し，これは伝統的な精神的［霊的］瞑想に類似している。そこでは，思想や感情からの解放が，多くは瞑想を通して実践され，また囚われている状態から自由な状態に移行することが目的とされている。

　ブラトナー（Blatner, 1988b）は人間の経験が多次元であると力説している。私たちは誰でも多様な役を演じている。これらの役を理解し柔軟にこなす能力を高めることで，自己に関する感覚は肯定的に受け入れられ，拡大され，そして実生活上で豊かな経験ができるようになる。ブラトナーの視点と同様に，私はクライエントとのセッ

ションにおいて，ロール・ダイナミックス［役の動的な展開］を重要視している。とくにクライエントが第三段階（第2章で解説する）に進んだときだ。

　社会の演技者の大部分，つまり本当の人生で役を演じている人たちは，自分が演じている役についても，また自分の行動が他の演技者に与える影響についても無自覚である。マンガム（Mangham, 1978）は，組織内における社会の演技者について次のような提案をしている。組織内にいる社会の演技者が，「演劇の枠組みを利用すること，そして『高次演劇的』な見方，つまり演劇を外から見るような見方を採用することを提案している。そうすることで，社会生活の大部分に演劇という側面が内在していることがわかり，自分が社会ドラマの構成員の1人，つまり脚本の創作者，監督，演技者，観客，そして批判者などであることに気づくことができる。認識し自覚することで，変化への可能性が出てくる。新しい脚本，新しい演出，そして新しい演技を作り出す可能性が出てくる」（p.28）。この定式は，ブラトナーのロール・ダイナミクス理論と類似している。

　社会的な行動を考察するために，演劇を比喩表現として使用することは，社会心理学者によって開発された。最もよく知られているのがゴフマン（Goffman, 1959）であり，彼は，人々が演技者として多様な役を演じており，その中で型にはまった演技をくり返すことで，特定の観客には特定の印象のみを与えていると主張した。ドラマセラピーはこの考え方を利用する。つまり演劇という場は，人々が言葉で考えていたことを実際の行動として表現するところであり，また，それを観察し，分析するためにたいへん役に立つ比喩的表現の場になる★3。ドラマセラピーのプロセスの第三段階で，参加者は，実際の相互関係や状況を何度も演技し，また，練習する。抽象的に（私たちの多くが行なうような心の中で）ではなく，ドラマとして演技化することを通して，具体的に行なうのである。ドラマの場面として演じることは，自己認識を高め，また役についての洞察や他者への反応，他者への反応を制御する方法，定式化された行動様式，習慣的となっている脚本などをより深く知ることにつながる。現実の人生では，私たちは自分の役を演じるのに忙しすぎて，自分の行動がどんな風であるのかに気づくのがむずかしい。ところが，ドラマには，内省する地点がいくつか埋め込まれている。場面は終了する，あるいは，どの時点であっても，監督／セラピストによって「そのまま止められる」。その止められた時点で，何が起きたか，どう感じたか，何に気がついたかなどを話すことがごく自然に行なわれる。役割理論家は，現実の人生こそが演劇を反映しているので，演劇は，現実の人生を理解するのを助けて

★3　ウィリアム・シェイクスピアは，最初にあの有名な（そして本書にとっても非常に関連深い）セリフで，演劇の比喩的側面を示してみせた。「すべての世界は舞台の上。その中のすべての男も女も，単に役者にすぎない。退場し，また入場する。一人ひとりが自分の限られた時間で，多くの役を演じるのさ」（「お気に召すまま」より，訳者訳）。

くれる，という。演劇アーティストは，演劇こそが現実の人生を反映しているので，現実の人生は，よい演劇を理解し創作するのを助けてくれる，という。ドラマセラピーでは，その両方ともが真実である。私たちのドラマは私たちの人生を反映する，そして，自分のドラマを通して自分の人生をよりよく理解するようになる。

　ゴフマン（Goffman, 1959, 1961, 1967），マンガム（Mangham, 1978），そしてマコールとシモンズ（McCall & Simmons, 1978）らの提唱は，多くの役割理論家たちの観点——私たちは事前に指示され，決定され，基本的に変更不可能な仕方で自分を社会に合わせている——に異議を申し立てている点で，ドラマセラピーの人間性心理学的アプローチに類似している。"*Identities and Interactions*（アイデンティティと相互作用）"という著書で，マコールとシモンズ（1978）は，実際の状況で実際の役を演じることを，台本のある劇（とくに厳格に台本が決められている古典劇）ではなく，即興劇になぞらえている。これは重要な区別であり，人間は［まわりの環境などによって］決定されることもあるが，自ら決定することもできる存在だという彼らの見解を示している。ある程度の制限があるにしても，人は能動的に自分自身を形づくることができるという人間性心理学的な考えが取り入れられている。同様に，ドラマセラピーにおいても，参加者は即興劇を使って，自分自身をよりよく知るだけでなく，新しい役，行動，そして反応を試み，練習する。

　役のレパートリーが増加することは，自己についての意識が拡大することである。とくに私たちの「自己」とは単に自身が演じるさまざまな役で構成されるという考えに忠実であれば，なおさらそういえる。これが，本質的にはモレノの観点であった。サイコドラマティストのピーター・ピツェレ（Pitzele, 1991）は，モレノの考え方を上手な比喩で言い表している。「1人の人間をたくさんの役の集まりと見なしてもよいとモレノはいっているようだ。ちょうど1人の人間の中に劇団のようなものがあり，さまざまな可能性のある役者をたくさん抱えているかのように」（p.15）。

　ランディ（Landy, 1990）は，最近の著作の中で，役と自己の関係に多くの焦点をあてており，自己とは多数の役をその中に抱えている容器だという初期の見解を変更した。彼は，現在次のように主張している。自己という概念は，どこにも存在しない神話のようなものであり，つまりさまざまな役そのものも，実は「私たちが，社会や想像上のさまざまな世界で，自分や他人についての考えと感情のすべてを入れている容器にすぎない。…その人の完全な姿が現われてくるのは，それぞれ異なった自分を表わしている役のすべてを実行し，見て，受け入れ，そして統合化するというプロセスを通してなのだ」（p.230）。

　ランディは，人生は演劇であるという考え方を発展させたゴフマンやその他の社会心理学者の研究を使って，サービンとアレン（Sarbin & Allen, 1968）による役を演じるときの三次元的見方は，ドラマセラピーに大きな意味があると強調している。こ

の三次元とは，人が演じる役の数，全体にかかわる度合い，そして，占有性［後述］あるいは時間である。人が演じる役の数という考え方は，クライエントが演じることのできる役のレパートリーを広げるというドラマセラピーの目的に類似している。全体にかかわる度合いとは，役を演じるときの集中度や距離を重要視する考え方のことであり，［ドラマセラピーにおいて］クライエントが安定した美しい距離，つまり感情と認識の間のバランスを獲得できるように手助けするという目標を大事にする考え方に類似している。占有性あるいは時間とは，他の役と比較して，ある1つの役に費やす時間のことであり，これはドラマセラピーでクライエントが自分の演じるさまざまな役の間の健全なバランスを作り出せるように指導するという目標に類似している。

　役割理論はおもに社会心理学の領域であるが，役という考え方は，元来，演劇のものである（『エッセンシャル・モレノ——自発性，サイコドラマ，そして集団精神療法へ（*The essential Moreno: Writing on psychodrama, group method and spontaneity*）』，Fox, 1987の中でMoreno, 1987；Landy, 1990）。ランディ（1990）★4は，ドラマセラピストはそのルーツである演劇を十分に使いこなす必要があると主張し，演劇において役がどのように使われてきたか，また，これまでの演劇の歴史に出てきた原型としての役について広範な調査研究を行ない，さらにその研究をドラマセラピーにどのように応用できるかを分析した。ランディにとって，役と物語はドラマセラピーのプロセスにとって，最も根本的なものである。役は，「ドラマセラピーにおいて演技化される必要のある，個人の資質を入れる器である。物語は，言語またはしぐさで表わされ，ほとんどの場合，即興で作られる。その役を表現し，その器［役］に名前をつける。クライエントは，創作者として物語を考案する…役がどんな人物なのかを開示していくための手段として。そうすることで，クライエントは物語が終るときに，自分は何者か？　という質問にきっと答えられるようになるだろう（そのためには，時に，何か月，何年もセラピーを行なうことがある）。そして，その答えには，自分が演じる個々の役を発見すること，そして自分が演じる多くの役を統合することの両方が含まれている」（p.223）。

　ランディが物語に興味をもつのは，サービン（Sarbin, 1986）の影響である。サービンは近年になって，人生を演劇に喩えることをやめ，人生を物語に喩えるようになった。ランディ（Landy, 1990）はサービンの研究を次のように解説している。人間とは役を演じるだけではなく，「自分自身の物語の中で，物語の作家と主役の二役を同時にこなすことで，自分の人生の意味を理解していく語り手でもある」（p.227）。

　この比喩に基づき，サービンと彼の同僚たちは，ナラティブ心理学［物語の内容に重

★4　ランディは役に関して新しい本を書いている。"*Persona and Performance: The meaning of role in drama, therapy, everday life*（ペルソナとパフォーマンス：ドラマ，セラピー，そして日常における役の意味）"（1993）。

点をおき，語りの手法を使う心理学］という新しい分野を提案している。物語と癒しの関係は，心理学，社会学，文学，演劇，そして哲学などを含む多くの分野に関連がある。サービンの研究は，物語りに惹かれた他の多くの研究と共通する面が多い。そのような研究者の 1 人である哲学者で作家のサム・キーン（S. Keen）は，最近次のようなことを提案している。それは，自分の人生について詳しい質問をすることにより無意識下にある筋書きを自覚し，そのうえで，現在生きている自分の人生の物語を意識的に書いていく，という提案だ。

　ドラマセラピーは，本質的に，キーンとバリー＝フォックス（Keen & Valley-Fox, 1989）が表明したいくつかの根本的な考えを活用している。「神経症を考えるうえで有益な方法の 1 つは，それがテープで作られた輪であると見なすことだ。つまり，よくいわれていることだが，私たちは自分自身との対話でも，他人との対話でも，同じようなことをくり返し言う。『だって，私はそんなことができる人じゃない…』『私には絶対できない…』など。人生にいつまでも活気を保つためには，私たちは常に自分自身を創作し続けていかなければならない。新しいテーマを自分の人生物語に織り込み，自分の過去を思い起こし，未来への見通しを作り直し，私たちの生きる糧となっている神話に再び権威を与え続ける必要がある」(pp.xiv-xv)。

　これらの考えは，ドラマセラピーにおける人間性心理学的アプローチとの親和性がとくに強い。そこでは，人間は自分で選び，変化を起こす能力をもっているという考えこそが最も重要である。自己認識（あるいは，役割認識というべきかもしれない）を高めることが，本当の自由と変化を得るために必要な前提となる。私たちが演じる役が多重であり，また，1 つひとつの役も複雑であり，そして，私たちの人生の物語に数多くのテーマや小さなテーマがあると考えると，役柄を自覚し，物語を自覚することは，決して簡単にできることではない。クライエントは，自分が何者であるかについて，表面的には明快な考えをもって治療を受けはじめることがある。しかし最初の考えは強化されるよりは，むしろ分解され，よりシンプルで厳密な素要素の集まりとしての自分を発見していく。そのため，今までまわりから見られていた自分，さらに自分自身に見えていた自分よりもはるかに多くの自分が存在するということを，クライエントが発見するということがよくある。ラム・ダス（Dass, 1989）は，「2 人の人が遭遇するとき，そこには数千人の登場人物がいるかのようだ！」といっている。ドラマセラピーでは，ドラマ的演技とロールプレイを使うことで，私たちが日常生活で演じている多くの役を解きほぐし，発見し，また私たちの内面にいるさまざまな登場人物たちを統合する助けをしている★5。クライエントは，自分は 1 人であるが，多人数を抱える楽団のようなものであり，以前に思っていたより数多くの楽器を弾くことができるし，その一方で，なお一曲のまとまった音楽を作ることもできる，ということに気がつく。このとき，（内在する）指揮者，これは観察する自己に類似

第Ⅰ部 ◆◇◆ プロセス

しているが，これが非常に重要となる。ドラマセラピーでは，クライエントが，音楽家と指揮者，登場人物と作家，役者と監督，そして観客，これらすべてに同時になることを練習する。

　私は若い頃，交流する相手が異なると，自分の中から非常に異なった側面が現われることに気がついた。また，ある人々が私に関してもつ見方が，時には同じように私をよく知る他の人の見方とは，とても違っていることがあった。これは，青年期に最も際立っていた。青年期の多くの若者は，自分のアイデンティティという感覚を手に入れようと必死になり，ある特定の仲間グループにとけ込んでしまわないまでも，加入することが多い。このグループは，排他的な集団であることが多く，他人や自分に対して，自分の独自性を示す役目を果たし，さらに大きな仲間の共同体の中での自分の場所と地位を示す役目を果たす。私は1つだけのグループに入るのではなく，いくつかのグループとつきあった。私は組み込まれつつ，同時に切り離されていた。そして私には，たいへん対照的でそれぞれ別のグループのメンバーである親友たちがいた。それらのグループには，最も「人気のある」グループと，最も「人気のない」グループの両方もあった。確かに，私の友人の何人かは，私の他の友人たちとは決して出会いそうになかった。それぞれの関係，私が演じたそれぞれの役，他の人に私が与えたそれぞれの印象，これらはすべて私にとっては，本物の自分自身であると感じられた。私は（多重人格障害者と名づけられている人たちが感じるようには）自分が分裂しているとは思わなかった。むしろ私のそれぞれの部分は，1つの色のさまざまな濃淡であり，それぞれの部分は，他の部分の存在を自覚していると感じられた。とはいえ，大きく幅広い自分の在り方に，時どき圧倒され混乱していたのも事実だ。時が経つにつれ，とくに後年になって，私はたくさんの私をよりよく把握し，私の保護下に置き，その中のいくつかを強調して発展させ，他のものは後ろに控えさせた。こうして，どれが本質的な自分であるかを識別することができるようになった。そして今では，これらのさまざまな自分は，私の人生のいずれの場面であれ，私を見守っている観客の中に今でも存在していると思う。ブラトナー（Blatner, 1991）の言葉を借りれば，私は「多重人格体制」を安全に保ってくれる，よき「内的マネージャー」を開発できたのだ。このプロセスは，今なお進行中であり，新しい役が登場することを予測し，まだ埋もれている役の発掘を含んでいる。このプロセスこそ，私がクライエントの中においても促進させようとしているものである。

★5　「私たちには，一貫性をもち，統合され，安定した一つの『人格』があるという考えこそ，日常生活において，最も私たちを制限する考えだ」とベイツは書いている（Bates, 1987）。「私たち1人ひとりは，確かに人格の中心，あるいは本質的自己をもっているが，その一方，自分の中には，広範囲で多様な副次的自己や自分自身の別の側面も抱えており，これらは普通，隠され，鍵をかけられ，時に，抑圧されている。しかし役者になるという方法を使うことで，さまざまなこれらの要素が解き放たれる」（pp.80-81）。

第1章　ドラマセラピーの出典となった分野

サイコドラマ

　現文明時代の初期以来，治療目的に演劇を使ったことで一番よく知られているのは，サイコドラマである（Moreno, 1945；Cole, 1975；Johnson, 1982a）。サイコドラマの創始者，ジェイコブ・L・モレノ医師（J. L. Moreno：1889-1974）は，際立った才能をもち，多くの著作を残した，洞察力の深い人であった。彼は心理療法に演技と身体的な行動を取り入れただけでなく，集団精神療法の方法と集団力学［グループ内で変化していく相互関係］（ソシオメトリーとよぶ）を評価する方法を開発し，自発性と創造性が重要であるという考え方に刺激と力を与え，役割理論に対する理解を前進させ，そして（治療者─患者という役割を，監督─主役という役割に変更することを通して）治療における関係の見方を変化させた。彼の仕事の範囲は，並はずれて広大，遠大であり，（教育，社会学，哲学，そして諸芸術などをはじめとして）他の分野に貢献しただけでなく，人生のすべての面を取り扱うものであった。彼が深い関心を寄せていたのは，私たちの精神的なルーツ，相互依存と共同責任，創造的な充足感をもたらす源を私たちの内部に探し出す必要性であった。彼の著者，"*Who Shall Survive? Foundations of Sociometry, Group Psychotherapy and Sociodrama*（誰が生き残るか？ソシオメトリー，集団精神療法とソシオドラマの基礎）"（Moreno, 1953）の中で彼はこう書いている。「私の立場は三重であった。まず，自発性─創造性が人間の進歩をうながす力になるという仮定…，次に，強力で必要不可欠なグループ原理として，仲間がお互いに愛し，分かち合おうという意思をもっていることを信頼するという仮定…，三番目に，これらの原理に基づいたスーパーダイナミック［超力学的］な共同社会がある，という仮定である」(p.xv)。

　1920年代にモレノによって創り出されたサイコドラマは，心理療法の1つで，そこでは個人的な問題を単に語るのではなく，演じる。**主役**（演じる主体）は，**監督**（セラピスト）に導かれ，グループの中の他の人たちは演技の観客として，または演技の中の**補助自我**としての（主役の人生に出てくる他の人，または**ダブル**とよばれている主役の別の自我を演じる）役目を果たす。主役は，実際の演技を通して，自分の人生のさまざまなドラマを表現し，それらを試してみる。内面世界を外在化させることで，主役は，自分自身のジレンマを目の当たりにすることができ，他人にも見せることができる。「私たちは，人の心の中に入って，その個人が何を理解し感じているかを見ることはできない。そのために，私たちはサイコドラマを試みる。患者の協力を得て，その心を個人の「外側」に送り出してもらい，具体的で，制御可能な世界に具象化してもらう…その目的は，行動全体をじかに見て，観察し，そして分析できるようにすることである。そのとき，主役は自分自身と遭遇するための心の準備をしているのだ。…やがて第二段階へと入る。今度は，いったん具象化されたものを，再度

自分のものにし，再編成し，そして再統合することになる」(Moreno, 1970, pp.xii-xxii)。

　人生のドラマを演技化するということは，**人生を再度生きる**ようなものであり，そのことを通して，主役と観客の両方が感情的なカタルシスを経験する。サイコドラマの場面は，苦しみを伴う記憶，子ども時代のトラウマ［心的外傷］，人生の中の未解決で重大なジレンマなどを扱うために，深い感情を引き起こすことが多い（もっと軽い，楽しい演技も行なわれるが）。モレノは，観客／グループが体験するカタルシスについて，アリストテレスのカタルシスの考えにその由来を求めている。そこでは，観客は，悲劇を目撃することにより，その感情が浄化される。主役が体験するカタルシスは，東方宗教における聖者，あるいは救世主が他人に奉仕するために前もって自己浄化をすることにまでさかのぼって考察される (Moreno, 1946)。このように，サイコドラマは，舞台と宗教的儀式の両方の力に依拠している。

　ドラマセラピーとサイコドラマとの間の類似が明白で，また深いものであるので，この2つがどのように異なるのかと尋ねるのは自然なことだ。そして，確かにドラマセラピストが，普通，最初に受ける質問がこれである。ドラマセラピーは，サイコドラマの外に完全に分離しているとか，その外部にある概念だということはできない（またそうする必要もない）のであるが，重要な相違が確かに存在する。サイコドラマは毎回，グループの中の1人に焦点をあてて中心となる役（主役）に選び，主役が現実の人生の場面を，あるいは少なくとも，自分の現実人生上のジレンマと明らかに関係をもっている場面を再現して演じる。グループも，観客あるいは主役のドラマの中の演技者として参加するものの，そこでのセラピーはあくまで個人が対象になる。

　一方ドラマセラピーは，よりグループを対象とする。1人の人に対してよりは，グループのプロセスやグループ内の相互作用に焦点がおかれる。さらに，ドラマセラピーの場面は，本当の人生経験と必ずしも直接に関連していなくてもよい。むしろドラマセラピーでは，架空の場面の即興劇をはるかに多用する。そして演技したり，別人のふりをするときには，自分が自由であり，何をしてもよい，許されていると感じることができるという考え方を利用し，遠回しな形ではあるが，表現や自己開示を促進させる。ドラマセラピーでは，広範囲で多様な演劇プロセスが使われる。その中には，ロールプレイ，再現演技，即興劇だけでなく，シアターゲーム，物語り，人形劇，仮面作りや仮面劇＜mask work＞，パントマイム，そして，台本を使用した劇作りなどがある。ドラマセラピーは，ドラマのさまざまな芸術形式から成長してきたもので，サイコドラマと異なり，ただ1人の創始者が作ったものではない。また，ドラマセラピストとして公認されるには，演劇の素養が必要である（これは，ダンスセラピストにはダンスが，絵画セラピストには絵画の素養が必要なのと同じだ）。ここがサイコドラマとの重要な違いで，サイコドラマでのセラピスト認定には，このような

演劇の経験は必要条件にはなっていない。

　これらの相違は，モレノが当初意図し，方向づけたサイコドラマよりも，今日，一般的に行なわれているサイコドラマの方法に，より鮮明に現われている。モレノが集団力学，演劇性（上演の方法，照明など），そして，自発性に興味をもっていたことを見れば，モレノは，サイコドラマティストというよりは，ドラマセラピストであると思った方がよいかもしれない！　しかし一方で，モレノはサイコドラマが個人に焦点をあてることを明確に述べている。「サイコドラマの中で行なうグループアプローチとよばれるものも，深い意味では，個人をその中心においている…監督の目的は，他人から切り離されて自分自身の世界にいる１人ひとりの個人に到達することである」(Fox, 1987の中の，Moreno, 1946, p.18)。サイコドラマの**ウォームアップ**は，後で行なわれる場面演技＜scene work＞よりは相互交流的で遊び感覚が多い。しかしそれも，主役を選び，グループ全体をサイコドラマの上演に向けて準備させるという目的のために行なっている。さらに，古典的なサイコドラマティストの役割は，あらゆる意味で，監督の役割であるというのが私の印象である。一方，ドラマセラピストは，一般的にクライエントと同じ演技者である。当然ではあるが，個々の実践家にはそれぞれのスタイルがあり，サイコドラマティストの中にも，一緒に演じて直接かかわる人もいる。とはいえ，ドラマセラピストは，ドラマに完全に参加する（そして同時に指導者としての機能も果たす）ということから，舞台を離れてドラマを観察するということまで，自らの身をおく場所，つまり，「演技が行なわれている場所からの距離空間」をより幅広く選ぶ傾向がある (Johnson, 1991)。ドラマセラピーのさまざまな要素は，現在のサイコドラマティストらにますます取り入れられている（そのことをはっきりと指摘しているのは，Blatner, 1988b；Sternberg & Garcia, 1989, Fox, 1987；Leveton, 1991)。そして，サイコドラマが，大部分のドラマセラピストの治療や作業の中で基本的な一要素であることは，改めていうまでもない。私自身の治療や作業でも，サイコドラマは中心となっている。とくに，プロセスの中の特定の時期（第２章でふれる第三段階，第四段階と私がよぶ時期）においてそうである。

　モレノはまたソシオドラマを考案した。これは中間的な形態で，１人の個人的な問題に対してよりは，グループ全体に関連する問題に演技化の焦点をあてるものだ。たとえば，サイコセラピストのグループが，逆転移というテーマについて調べる，あるいは虐待をした経験のある男性たちが身体の虐待を取り上げるということに使える。ソシオドラマは，地域社会・共同体などが社会問題に取り組むときの助けにもなる。地域社会の危機（たとえば，近所での反ユダヤ事件)，あるいは現在今なお問題になっていること（たとえば，人種差別，男女差別，あるいは同性愛者嫌悪）は，ソシオドラマ的なプロセスを使って問題点を効果的に探究できる。

　ソシオドラマの参加者たちは，共有する問題に関連のある架空の状況を使って，社

会的な役を引き受けるのであり、自分の個人的な人生とかかわりのある特定の役を演じるのではない。モレノは、役という概念には、集団的要素と個人的要素の両方が備わっていると説明している。ソシオドラマは、人々が共有している集団的要素を中心に展開する。サイコドラマは、その個人のみに備わっている、私的な要素を中心に展開する (Sternberg & Garcia, 1989)。ソシオドラマは、グループ指向である点で、サイコドラマよりはドラマセラピーにより近い。また、ソシオドラマの場面は、問題が個人的というより集団的である。しかし、明らかに現実人生上のことがらを扱うという点で、ドラマセラピーとは異なっている。

　サイコドラマと同じように、ソシオドラマも私の治療や作業にとって非常に貴重なよりどころであり、青年グループではこれを１番多く使っている。青年は、自分の人生の発達段階に直接関連のある問題（親との葛藤、仲間からの圧力、覚醒剤、デートなど）について、リアルに演技をすることに最も強い関心を示す。しかし仲間との同一化、仲間からの受容を求めて苦闘をしながらも、彼らは個人的なことをさらけ出すことを恐れていることが多い。このため、彼らにとってソシオドラマ的な手法はとくに適切であり、また効果も大きい。これに対して、子どものグループでは、ソシオドラマでもなく、サイコドラマでもない、想像的な場面を使う場合が多い。また、大部分の大人のグループでは、自分の現実世界から、想像上の世界に退却することは、ドラマセラピーの治療プロセスでは必須の構成要素である。感情障害のある大人のグループでは、恐怖を感じさせないで、大いに相互交流が行なえる雰囲気を作ることは、幸福感を生み出し、また信頼とかかわり合いを次第に深めるために最も重要となる。このようなグループを対象とするとき、ソシオドラマは治療が第三段階に、そしてサイコドラマは第四段階に進むまで取り入れない。

　サイコドラマ、ソシオドラマ、そしてドラマセラピーの中核となっているのが、ロールプレイ［役割演技］とロールリバーサル［役割交換］だ。これらの非常に重要なプロセスは、モレノが確立したもので、その恩恵は大きい。これらのプロセスは、他人の立場に立つことで、理解と共感を増大させる。また、自分自身以外の視点で世界を**見**るだけではなく、他人になって世界を**経験**する。さらに深い意義をもつのは、これらのプロセスを通して、お互いの違いを認めつつ、なお共通性があること、人間としてのつながりがあることを見つけることである。ここで、私たちは、自分たちが心理的なものと社会的なものとの間だけでなく、心理的なものと精神的［霊的］なものとの間の境界線に位置していることを知る。モレノが主張したのは、私たちが個性を表現すること、そして、それを超越することの両方であり、私たちの相互関係を高度に意識化することである。さらに意義深いことは、私たちの内部に存在する神性をサイコドラマとして具象化することであった。そして、これは、私たちを神聖な領域へ──つまり、ドラマセラピーの最後の出典、儀式の世界に導いてくれる。

第1章　ドラマセラピーの出典となった分野

ドラマ的儀式

　ドラマセラピーは，米国ドラマセラピー学会の創設が1979年と最近であることもあって新しい専門職と見なされているが，実際は，古代から存在する形式である。古代の社会で，ドラマと癒しは不可分であった。ドラマ的な祭礼や儀式は，共同体社会が恐れに立ち向かい，希望を象徴的に表現し，喜びを祝福し，現実人生での出来事への準備を行なうものであった。そうすることで，自分たちには制御する力がある，そのような権限を与えられているという意識を獲得できたのであった。また，祭礼や儀式は，集団を統合する力でもあった。諸個人をグループにつなぎ，さらに自然に，神に，そして精神世界につなぎ，共同体社会の中に調和という観念を染み込ませた。
　以上の理由から，人類学的な習慣や行事はドラマセラピーの重要な出典となる。演劇の起源そのものが，初期のシャーマン的で宗教的な祭礼と儀式に由来しており，このことはドラマと癒しの間に相互関係があることの例証となる。仮面と衣装を身につけること，他の人間・動物・そして神々の役を演じること，物語をドラマで演じること，これらはあらゆる時代に存在していた（Schechner, 1973）。アートセラピストのショーン・マクニフ（McNiff, 1988）の考えでは，すべての芸術の中で，「身体を使う行動が中心である演劇，この芸術形式こそ，シャーマン的な原型に最も近い」という。マクニフは，演劇とシャーマニズムとの間にこのような関連性が存在していたので，「西洋文明の歴史を通して，演劇という伝統の中に，芸術的な深層心理学が継続されてきたのであろう」といっている（p.286）。儀式とシャーマン的習慣の観点からコール（Cole, 1975）が行なった演劇と演技の分析は，ドラマセラピーの発展に重要な影響を与えた。
　シャーマンがとり行なう儀式的なドラマでは（有史以前の時代から今日の非西洋文化にいたるまで），個人や共同体社会の内的なものや，多くの無意識の闘争が，象徴的に表現され，参加者や観察者が感情を解放しカタルシスを得る手助けをする。象徴的で比喩的な伝達手段は，言葉だけによる表現や，言葉とそれが意味するものが1対1で照合するという通常の枠組みがもつ拘束や制限を越え，多義的で多面的な感情や経験を伝達することを可能にする。ベイツ（Bates, 1987）は，シャーマンを「原初的な演技者」とよび，このシャーマン・演技者が「病気」を感じ取り，具現化するトランス状態を描写し，シャーマンは「高度に集中的なドラマセラピーに類似した方法で癒しを行なう」といっている（p.22）。シャーマン的な文化では病気を魂の喪失と定義しており，マクニフ（McNiff, 1988, p.291）によれば，芸術は，「ロック音楽からクリエイティブアーツセラピー［創造的芸術療法］まで，取りさられて失ってしまった魂を取り戻そうと試みるものである」。
　癒しを行なう儀式には，感情，心と精神，私的なものと普遍的なもの，現世的なも

のと聖なるもの，これらを表現し具現化する能力がある。癒しの対象となる人，グループ，共同体社会は全体として観察され，その状態に影響を与えている多くの側面を個々に区分けして考えることはない。同様に，芸術にも区分けは存在しない。ドラマ，ダンス，美術，音楽，そして詩歌は，統合化された形の表現方法だ。しかしながら，ドラマは，最も明確に他の分野を包含する芸術形式であり，他の分野はそこから発生している。「ドラマは最も古い芸術形式だ。当初は，霊魂，動物，あるいは人間を演じるダンスの動きとしてのドラマであった。そこから，ダンス（演じるときの動作），音楽（演技への伴奏として），そして美術（演技を表わす絵として）が発生する。少なくとも，最も原始的な人間は芸術的な活動をこのようにとらえたのであった」(Courtney, 1968, p.159)。

　不信を停止する，つまり，疑わずにすべてを受け入れるようにすることが，儀式の中で行なうドラマと演劇双方において，最も中心となる要素であり，これが日常の現実から出立する道を作り，発見の旅への出発を準備する。この旅は，普通のもの，つまり現世的なものは後に残して，未知の世界あるいは閾（いき），つまり混沌の世界に入っていく。混沌と暗闇に直面し，その後次第に秩序を創り上げ，光を見いだしていくという，この後に続くプロセスは，旅をする人自身の変革を伴うものだ。人は，影響を受けつつ，しかし危害を受けることなく旅から戻ってくる，そのとき，別の世界で発見したものを現実の世界に持ち帰る。それらの発見は，現実世界の外側，魔法の領域と聖なる領域でしか発掘できなかったものだ。

　ドラマ的儀式は，ある1つの構成を作り上げ，その中には，リミナリティ［移行のための過渡的段階］が含まれており，変革を伴う旅を可能とする。いわゆる原始社会の人々であれ，現代文化世界の人々であれ，あるいはクライエントであれ，セラピストであれ，すべての人は旅をするとき，混沌と暗闇を，空虚と傷心を，不明瞭とあいまいさを，心配と恐れを通過（またはこれらを避けようと）する。しかし，もし誰かを信頼することができ，自分でも，自分の案内人でもいいのだが，その信頼をもって，このリミナリティに耐えることができれば，そこにこそ肥沃な土地が広がっている。創造性と精神を養うための，心理的な洞察と力のための，啓蒙と浄化のための，充足と再生のための肥沃な土地がそこにある。キャンベル（Campbell, 1988）は，神話に言及し次のようにいっている。「深淵の奥底からのみ，救済が行なわれる。暗闇からのみ，光は出現する」（そして，キャンベルによれば，儀式とは，神話を演技化することだ）。シャーマンによる旅は，徹底的に行なう心理療法のプロセスに類似しており，さらに的確にいえば，そこでドラマ的な表現と具現化がなされることを見れば，ドラマセラピーのプロセスに類似している。

　このドラマ的儀式は，私自身の治療の中では連続ドラマセラピーセッションの全体を通して使用している。しかし，それをとくに重視して使うのは最後の第五段階であ

る。この最終段階で，儀式的なプロセスを使うことにより，それまで起こったことのふり返りや要約，祝福を行ないやすくする。連続ドラマセラピーセッションによって触発された，個人やグループの中にある心的，感情的，そして精神的［霊的］な場所は，これらの儀式を通して最大の強さと複雑さをそのままに表現することができる。表現することで，内面化と外面化の両方が起こる。［内面化とは］（自分自身の中で）経験を統合化し，同化することであり，［外面化とは］（他者に向かって）その経験を具体的なものにして表現し，共有することである。

　治療上のプロセスの中に，強力で，多くの場合解釈しがたい感情，表象，そして無意識の連想が出現してくるが，儀式はそれらを入れる器の役目を果たす。これら儀式は大きな船と見なすことができる。その中には，グループの人生が，その多様な変化と移行，対立と危機，達成した偉業と喜びとともに包含されている。連続治療セッションを通して，さまざまなドラマ的儀式がいくつも配置されており，それらはあたかも，いつもそこに戻ってくり返すリフレイン［反復して歌う詩句］のようである。とくに，セッションの終わりには儀式が配置されている。このようにすることで，認知と浄化を行なうことが習慣化され，儀式の機能が初期の文化におけるそれと似てくる。初期の文化では，ドラマ的プロセスが，否定的な力を表現し追放する，そして肯定的な力を認知し祝福するための媒体になっていた。

　円は大部分の古代儀式と，初期ギリシャ演劇の形式である山羊の踊りで使われているが，これはドラマセラピーや一般的な心理療法グループのドラマ的儀式で最もよく使う配置の形でもある（Jennings, 1987）。円は強力な宗教的，精神的，心理的な象徴であり，プシュケー［魂］を反映している（Jung, 1964；Campbell, 1988）。さらにそれは，全体性を象徴している。つまり，時間と空間の全体性であり，出立と帰還，外に向かっての冒険と帰宅，誕生と死と復活を示している（Campbell, 1988）。また，この円は循環を含んでいる★6。ドラマセラピーにおいて，ドラマ的儀式は，開始も終了も円の形で行ない，グループのプロセスの中で起こるさまざまな循環と段階を祝福する。円の形を作ることで，儀式がもたらす，包み込まれている感覚と，継続している感覚がより高まることになる。円は単純な形の中に，グループの複雑さのすべてを包み込み，グループを支える。さらに重要なことは，円はグループ内部の統一と相互のつながりを形として表わし，その感覚を強化する。

　シャーマンと現代のドラマセラピストを比較して考えること，同様に，古代のドラ

★6　古代の，そして現代の非西洋・非テクノロジー文化の多くで，ライフサイクルは儀式で示されている。実際，英語のritual［儀式］という言葉はサンスクリット語の生理（英語ではmenses）という意味のrtuが語源である。そして，英語menses［生理］はラテン語では月（英語のmonth）という意味である。初期の儀式は，女性の毎月の出血に関連していた。この出血は神聖で宇宙的な出来事であると見なされ，魔術的力をもち（Gadon, 1989），（未だ生まれざるものの）育成と補充を象徴していた。

マ的儀式とドラマセラピーで使うドラマ的儀式を比較して考えることには，当然限界がある。両者の社会的な背景には非常に大きな違いがあるからだ。とはいっても，他文化のさまざまな方法を考察し，そこから重要なことを学ぶことは可能だ。ドラマ的儀式を統合して使うことは，私のグループ治療において，また同じように私の個人的な人生においても，ますます中心的な位置を占めてきている。両方の場合とも，私は時の流れの中で重要な意味をもつある時期を記念し，苦痛の時期を受け入れて癒しを行ない，混沌と混乱を包み込み，肯定的なことを祝福するように努力している。

　現代の実践家としての私の役割は，多くの点で，シャーマンとは異なっている。私は司祭ではなく，私の実践と宗教的経験とは融合していない。シャーマンと違って，私はクライエントの病気を自分自身で引き受けるのではなく，クライエントが自身の内面世界を演じて表現するのを助ける。しかし私は，確かに彼らの世界に入り，深い影響を受ける。彼らの苦痛と勇気は私に影響を与え，霊感を与える。そしてシャーマンと同じように，私自身がある種の傷ついた治癒者であり，治療や作業に私自身の苦しみの経験を携えて参加する。

　思いやりと共感は，個人的な苦しみの経験がなくても可能であるが，そのような経験があればより深まることは確かだ。シャーマンは知識を自分の実体験から手に入れる（Halifax, 1982）。「アメリカ合衆国南西部のサン・ホアン・プエブロの長老はそのプロセスを次のように語っている。『私が言おうとしていることは，伝えるのがむずかしく，理解させるのがむずかしい…もしも，もしも，あなたがディープ・キャニオンの断崖に自分で行き，［そこで修行をし］そして傷つかずに［崖から落ちずに無事修行を終え］戻ってきたことがないのであれば』」（p.10）。苦しみを通して感情的に成長することは，樹木が剪定され，その後，爆発的に新たな成長をすることにたとえられてきた（Strauss & Goldfischer, 1988）。人生における傷は，内面の成長と拡大という機会を私たちに提供してくれる。シャーマンであれセラピストであれ，私たちは，自分が癒そうとする者と一緒に行く旅に，自分自身の人生経験から拾い集めたそのすべての試みと勝利を携えて参加するのだ。

　すべての完全な円と同じように，私たちは開始したところに戻ってくる。つまり儀式から再び劇遊びへと。劇遊びの起源は，初期文化のドラマ的儀式にあるとコートニーはいっている（Courtney, 1968）。彼は儀式の霊的，心理的，社会学的機能を，子どもの遊びに結びつけている。このような結びつきと相互関連は，出典となった諸分野の最初の分野と最後の分野との間で見られるだけでなく，これら出典となった分野を1つの円としたとき，その全体を通して見ることができる。たとえば，象徴性豊かで夢のようなアルトーの**演劇**は，結局シャーマンの**儀式的**な旅に類似している（Landy, 1986）；モレノは，おもに幼い子どもらの劇遊びを観察することから**サイコドラマ**を発展させた；**役割理論**の分析は演劇の構成概念をもとにしている；など，このように

次つぎと関連づけができる。

 もちろん，他にも影響を受けた分野があり，その多くはこの項で述べた，概念としての出典となった5つの分野に関連している。そのような分野をいくつかあげると，ドラマ・イン・エデュケーション［ドラマを使う教育］と子ども劇，遊戯療法，ゲシュタルト療法，他のクリエイティブアーツセラピー，そして治療効果のあるレクリエーションなどである。ここでこの5つの分野や，その他関連する分野についてより詳細に考察することは，プロセスと技法に焦点をあてているこの本の領域を超えることになる。

 心理療法のさまざまな学派も，ドラマセラピーの発展と実践に重要な影響を与えてきた。次項で，心理学の3つの主要な勢力の中心概念を統合しているドラマセラピーの理論的枠組みについて紹介しよう。

ドラマセラピーの統合的枠組み

 ドラマセラピーは，心理学の3つの主要な勢力——精神分析，行動主義，人間性心理学——すべてから影響を受けている。これら3つの勢力の主要な原理と価値観，そして，前項で記述したドラマセラピーの5つの出典（劇遊び，演劇，ロールプレイ，サイコドラマ，ドラマ的儀式）を統合することで，私が**ドラマセラピーの統合的枠組み**とよんでいるものが構成される。

 この統合的枠組みは，ドラマセラピー実践のための，中核的な基礎，言い換えれば，本質的な理論的基盤を成している。この基礎から，発展的［のちに彼は発展的変容と名づけた］ドラマセラピー（Johnson, 1982b, 1986），精神分析的ドラマセラピー（Irwin, 1983），あるいは，投影的技法の強調（Landy, 1986）などのより特殊な方法に進むことができる。統合的枠組みは，これらの方法のすべての要素をその中に含んでいる。

 統合的枠組みは，プロセス指向であり（治療中に発生してくる，その時どきのダイナミックな問題を取り上げて行なわれ），また人間主義的で，深く掘り下げられ，そして行動，動きが重要視される。これには公式がない。個々のクライエント自身そして，個々の治療的な関係が，心理療法的プロセスに視座を与えてくれ，もっと広い見方をすれば，人間の状態・状況への新たな洞察と展望を開いてくれる。

 心理療法は癒しの科学であるが，それと同じ程度に癒しの芸術でもある。芸術的な効果として注目されるのは，精妙さ，複雑さ，そして不調和だ。セラピーという芸術では，人それぞれの独自性を注意深く観察しなくてはならない。エリクソン（Erikson, 1958）がいっているように，「患者は，その人1人だけで，1つの宇宙」だ。1人ひとりの多様な側面は，非常に独特な，比較できない存在を形づくっており，セラピストの最大の注意力と洞察力を常に要求する。ある型を当てはめようとす

第Ⅰ部 ◆◆◆ プロセス

れば，セラピストは導き手になるよりは，その人の目くらましの役をしてしまう危険がある。クライエントが，他の人から自己本来の姿を事実通りに見てもらうという経験こそ，効果的な心理療法の中心的な要素なのだ。もしこのことが成されなければ，クライエントは抵抗をするようになる。この抵抗は，マズロー（Maslow, 1968）によれば，「『慣例に当てはめられる』，つまり簡単に分類され，個人の特質や唯一性を奪われることに対する健全な反応だ」(p.126)。

ドラマセラピストは，クライエントがもつ数多くの側面に近づくために，統合的枠組みに組み入れられた数多くの視点を用いる。ある特定の個人やグループの心理力学，特定の人たちのグループや年齢グループの問題，そして治療環境や期間，これらすべてが臨床で使う方法に影響を与える。私自身の治療の中では，ある個人の苦しみが心理療法上の特定の理論的説明で，うまく説明できるということがよくある★7。そして，その理論を適用することで私の理解が進み，その個人の治療ができるようになる。理論的構造とは，個々の治療状況のまわりに構築されるのであり，個々の状況を一定の決まった，事前に決定された構造に当てはめるのではない（Schön, 1983）。

経験のある臨床家にとって，困難であると同時に大事なことは，人を助けるプロセスは常に新しい発見をすることだ，と肝に銘じておくことである。

人間性心理学

心理学の3つの主要な勢力の中で，ドラマセラピー実践の基礎に最も重要な貢献をしているのが人間性心理学である。その理論は，治療上の基本的な姿勢を提供しており，またドラマセラピーのプロセス上で見うけられ，評価されるものの多くと同様のことを説明している。

人間性心理学は，1950年後半に，当時支配的であった2つの学派（精神分析と行動主義）の代わりになるものとして登場した。「第三の勢力」と名づけられた人間性心理学が取り組もうとめざしたのは，人間がもっている創造性・芸術性・精神性・自己実現・変容などの豊かな潜在能力を完全に発現させることであった。人間性心理学には絶対的な，あるいは最終的な答えが一切含まれていない。この学派は，他の多くの心理学理論を排除するのではなく，むしろ包含する。人間性心理学の創始者の1人，マズローは，自分をフロイト派，行動主義者，実存主義者であるといっていた。ある時点で彼は，自分がある1つの「超越心理学＜psychology of transcendence＞」を発展させていると思うとも述べている（Maslow, 1971）。

人間性心理学は，ヨーロッパの実存主義と現象学から発展してきた。そのことはと

★7　統合的枠組みにおいては，精神分析，行動主義，そして，人間主義から取った概念が主流を占めるが，他の理論的方法も導入されている。おもな理論的方法として，以下のものがある。ユングの分析的療法，ゲシュタルト療法，家族システム，そしてもちろんサイコドラマがある。

くにロロ・メイの著作（May, 1961, 1975）で説かれている。実存主義的に，そして人間主義的に心理学を理解することは，両方ともクライエントの主観的経験を尊重し，クライエントの能力を信頼し，そして個人に自由と選択を約束する点で，相互に似たところがある。しかし，実存主義者が，「本来的に存在の意義を欠く世界において，決して手に入れることのない自己証明を創り出そうという選択をしているのではないか，との不安に私たちは直面している」と主張するのに対して，人間主義者は，「私たちは内部に，実現できる特質と可能性をもっており，それを通して存在の意義を発見することができる」と考える（Corey, 1986, p.101）。

　実現化しようとする傾向，つまり人間には成長と健康に向かっていく本来の動きが備わっているという考えが，人間性心理学の基礎となっている。中でも個人心理学の創始者であるアルフレッド・アドラー（Adler, 1924, 1939）は，最初に創造性をもつ自己という概念を取り入れた。人間を全体としてとらえる彼の見解，また，人間には自己実現に向かって努力し変化する能力があるという信念により，彼は，人間性心理学の先駆者と見なされている。「人間の魂の一生は，あるという存在ではなく何かになるという変化だ」と彼は述べている（Adler, 1963, p.ix）。また，サイコドラマの創始者である，ジェイコブ・モレノも，人間性心理学の先駆者と見なすことができる。彼は，1920年という早い時期に，精神医学界において，創造性の重要さを示し，また自発的行動という現象が個人の自由と責任を発展させる鍵になるという考えに注目させた（Blatner, 1988b）。モレノは，「人間の本性の特色は，自発的で創造的な行動ができる，無限の能力をもっていることだ」と信じていた（Fox, 1987, p.39）。

　人間性心理学者は，1人ひとりの個人を，現存と潜在の両方であると見る。つまり，ヨーロッパの実存主義の見方と同じように，現在あるものとあり得るものとの間に隔たりがあると見ている。人間性心理学者は，人間がどこまで自分の潜在能力を実現できるか，つまり自分自身を実現できるかということに関心をもつ。彼らは，人間が個々人の歴史から影響を受けていることは認めながらも，人間には自分自身を形成しようとする能動的な力があると信じている。マズロー（Maslow, 1968）は，次のように書いている。「私たちは，自分自身を探し出して隠れていた自分を発掘すること，さらに自分が何者になるかを決めること，この両方ができる」(p.13)。

　人間性心理学とドラマセラピーをつなぐ主要な関係の1つは，ドラマとして演じることにより，人間の限界と切望との間，つまり今の自分と，なりたい自分との間に橋を架けることができるということである。ドラマとして演じることは，中間的な状態，つまり幻想と現実の間の段階といえる。様式は架空であるが，そこで得る経験は非常に現実的である。この架空の様式が，現実人生ではまだ手に入らないことを可能にしてくれる。たとえば，恐怖の感情を表現する，行動パターンを変更する，あるいは新しい性格を試してみるなど。一度この体験をすると，たとえそれが架空の様式で

あったとしても，この新しい体験は，私たちの現実人生でのレパートリーの一部となる。また，ドラマセラピーで行なう演技表現は，現在の自分や過去の自分だけでなく，未来の自分も含まれている。ドラマセラピーは，人が自分の行動に影響を与える能力，自分の人生の筋書きを変えられる能力を利用するのであるが，これこそ人間主義的哲学が信条としているものである。

マズロー（Maslow, 1968, 1971），ロジャーズ（Rogers, 1951, 1961），ブーラー（Buhler, 1962），メイ（May, 1961, 1975），ムスターカス（Moustakas, 1966, 1967），その他の人間性心理学者たちの研究は，病理のモデルではなく健康なモデルをもとにしている。そして彼らは，人間の本性を生来的に善良で健康であると見なしている。マズロー（1968）によれば，病気とは欠乏の結果，つまり基本的に必要なものを満足させなかった結果生じるものである。私の活動の中心である集団療法では，人生の初期段階で満足させられなかった多くの欲求に取り組む。クライエントは，安全である，受容されている，尊敬されている，支持されている，そして親密な絆で仲間と一緒にいるという感覚を経験する。クライエントが，セラピストとだけではなく，むしろグループの他の多くの人との相互交流を多く行なう経験は，治療的な効果をさらに力強いものにする。

ドラマセラピーグループの初期段階では，安全で人をはぐくむような環境のもとで，人と人との間の相互作用を高めることに焦点があてられる。クライエントが，この安全・はぐくみという栄養物を十分に受け取り，自分の中に取り込み，そして，他の人にも同様にその感覚を与えられることができるようになると，次に，クライエントは，自分自身にこの栄養物を与えようと試み始める。治療後期となるこの段階で行なうドラマとしての演技表現は，1人の人間の中のある部分と別の部分との間で行なわれるプロセスを反映してくる。つまりクライエントは，自分自身の中のさまざまな部分を演じたり，自分の中のある部分が別の部分に語りかけるところを演じたり，「ハイアーセルフ［高位から自分を見る自己］」の役を引き受けたりする。あるいは，単に自分が1人でいるという現実的な場面を即興で演じるだけのときもある。精神的に健康であるためには，他人からのサポート［支援］を受け入れるのと同時に自分自身にサポートを与えることができる必要がある。私たちは，内なる能力を探し出し，新たな自信と力を求めて自分の内面に向かい，最終的には自分自身に頼るということができなくてはならない。

マズローは，2つの先天的に備わっている力について語っている。見知らぬものへの恐怖（これは知っているものにしがみつこうとする力となる），そして成長し変化しようという欲求である。成長しようという欲求は，ちょうど健康な幼児が，自分を安心させてくれる両親の存在を感じるときには冒険をすることができるように，安全であるという感覚のあるところに生まれる。私たちは，行動を起こすための安全基

地があるときに★8，そしてこの基地への帰還がいつでも可能なときに，はじめてそこから思いきって前進をすることができる。安全な基地がなくては，成長しようという欲求は妨害されてしまう。私のセッションでは，まずこの安全な場所を作ることから始める。クライエントの多くは不運なことに，この安全さを経験したことがない。恐怖心が軽減されて成長への欲求が高まるように，ワークの進行はたいへんゆるやかに，1つひとつを丁寧に進めている。それぞれの段階が次の段階への準備であり，クライエントに準備ができたという感覚を与えるとともに，次を期待する感覚を与える。

　人間性心理学者は，正しい要素が存在すれば（初期の子ども時代でも，治療という環境でも），成長への衝動がはっきり現われてくるという仮説を立てている。マズローの「自己実現」（Maslow, 1968），あるいはロジャーズのいう，「十分に機能している」人々（Rogers, 1961）という概念は，彼らによれば，創造力という概念とほとんど同意義である。マズローは，創造的に作り上げた作品［できあがったもの］と対照させて，創造するプロセス［作る過程］について語っている。彼の見解によれば，創造力とは，自発的になる，遊び戯れる，表現する，現在に夢中になる，そして自分の子どもらしさにふれるといった能力を意味している。ロジャーズは，創造しようとする意志を，自己実現への意欲と同一視しており，また，メイは（May, 1975），創造するというプロセスは，「その人の感情の健康状態が最高によいレベルにあることを示しており…正常な人たちが自己実現を行なうときの表現形態」である，と書いている（p.40）。

　ドラマセラピーのプロセス中にたびたび現われ出てくる特質は，創造力に富み，自己実現を行なう個人の特質と同じ種類のものだ。その人の自発性，遊び戯れる心，表現の豊かさ，内面の豊かさ，想像力，ユーモア，共感する心，そして子どもらしさが前面に引き出されるといったことである。これらの性質は，前述のマズローの表現と一致するだけでなく，「インナーチャイルド［内なる子ども］」（アルコール中毒，児童虐待，そして家族療法の研究分野から発展した概念），「本当の自己」（Horney, 1939），そして「真の自己」（Winnicott, 1958；Miller, 1986）という表現とも一致する。人間性心理学の考え方に従いつつ，ドラマセラピーにおいても，人の健康な側面が常に注目され，強調され，そして発展させられる。重篤な障害をもつクライエントたちであっても，このような環境下では，たびたび力強さを示すことがあり，それまでクライエントたちを病理的な観点だけから見てきた職員やスタッフたちを驚かすことがある。極度なトラウマをもっている者も含め，すべてのクライエントの中には，健康の

★8　これは，対象関係論者の理論と同じ考え方である。その中には，ウィニコット（Winnicott, 1958, 1960）のいう「母親的なたっぷりとした世話」と，適切な「保持してくれる環境」，またマーラー（Mahler, 1975）の分析である，分離と個体化がある。

存在を教えてくれるパイロットランプの光が灯っている。その光がどんなにかすかなものであれ，セラピストが到達するのはこの光なのだ。

精神分析

　自分自身の中の，本当の生気のある子どものような部分を回復するというプロセスは，また自分自身の痛みや傷ついた子どものような部分を回復し，それを「再体験し通過する」という意味でもある。基本的な欲求に不十分な注目しか与えられなかったことが病理状態を引き起こす原因になるのと同様に，初期の幼児期における自己愛の損傷（Kohut, 1971）やトラウマも病状の原因となる。1人の人の個人的な歴史と苦しみ，複雑な心の中，そして無意識が果たす役割を，精神分析ほど完全に理解させてくれる分野はない。長期にわたるドラマセラピーでは，過去を発見し，それを現在に結びつけることを強調する精神分析の方法が必要となる。これは，人間性心理学と矛盾するものではない。マズロー自身が，自己の深い部分に入り，自分自身のもっと多くの部分にふれることの必要性を語っている。その中には，一次過程＜primary process＞［根源となる体験の経過］，記憶，夢，無意識が含まれる。彼は，「自分自身を内部の地獄から守ってしまうと，内部の天国からも自分自身を切り離すことになる」（Maslow, 1968, p.142）と語っている。

　ドラマを使う方法は，抑圧された感情を象徴的に表現する手段を与えてくれる。ドラマやその他のクリエイティブアーツ［創造的芸術］のプロセスを使うことで，人の内面的な生活の中で，未だになお，明確に表現されていない，同化されていない，あるいは，意識的・言語的レベルで許容すらされていないさまざまな側面を，安全に取り扱うことができる。ドラマ的技法の多くには，自由連想が含まれており，その最も有名なものが「変容」（Johnson, 1991）である。他のドラマ的方法，とくにサイコドラマ的な演技・表現では，次第に感情的に深い場面を再体験しながら，自分の過去と現在との間の結びつきを，感情的にも認識的にも発見していく。

　このように，精神分析の中心となる特色，そして古典的精神分析から派生した精神力動的心理療法の中心的特色も，ドラマセラピーの人間主義的方法の中に統合することができる。そこで大切にされているのは，初期の母─子間の相互作用と自尊心（Kohut, 1971），幼児期そして初期子ども時代の分離と個体化のプロセス（Mahler, 1975），発達時期の社会的そして環境的な要因（Horney, 1939），そして児童虐待の現実と感情的に深い影響を与える幼児期のトラウマを安全な状態で再体験する必要性である（Miller, 1975）。過去に体験したさまざまな感情を吟味し，また洞察力と自我の力を養うことは，長期のドラマセラピー治療で最も重要で不可欠なことである。ドラマセラピストが［クライエントの演技に］解釈を与える場合には，信頼と受容で成り立つ治療関係の進み具合を考慮し，必要なものを精選して与える。感情転移［クライ

エントが本来の対象でない代理の人（セラピスト）に対して向ける感情］は容認され，注意して見守られるが，精神分析理論でのようにとくに強調されることはない。グループワークでは，セラピストへの感情転移的な関係を重要視するが，それと同じように，グループのメンバーらが，相互に表し合う多重層の反応，そしてこれらの相互関係から派生する学びを重要視している（Yalom, 1985）。

　共感は，カール・ロジャーズの人間主義的クライエント中心療法の中心概念であり（Rogers, 1961），ドラマセラピーの統合的枠組みにおける主要な側面である。古典的精神分析でのクライエント―セラピスト関係に特徴的であった，クライエントに対して中立であることや治療のときに距離をおくこととは対照的に，ドラマセラピストは，積極的にクライエントの痛みへの共感を表明し，さらにクライエントが演技化する人生のドラマに参加することも多い。精神分析と人間主義の間にある隔たりは，現代の精神分析学者が，多くの方法を用いて橋渡しをしている。たとえば，ハインツ・コフトもその1人だ。彼は，治療プロセスにおいて，クライエントの主観的な経験への共感，尊重が，そして「矯正された感情経験」が決定的に重要であると主張している（Alexander & French, 1946；Kahn, 1991）。コフトは次のように書いている（Kohut, 1984）。「共感についての最良の定義は，自分自身が，別の人の内面にある人生の中に入って行くように考え，感じることのできる能力，というものだ」（p.78）。この定義は，人間主義，実存主義の伝統を背景とするロロ・メイの次の主張を思い起こさせる。「セラピストは話を聞くのみでなく，患者が多くの異なったレベルで伝えようとしていることを『経験』する」（Ford & Urban, 1963）。

　セラピストとしての私自身の治療実践では，いったん自我強度が十分にはぐくまれ，グループ内での支持と信頼が十分に発達したクライエントには自分自身の傷ついた部分にふれ，それを抱きしめられるように，そして，自分自身がその傷ついた部分の親のようにふるまえるように，援助をする。このプロセスを支え，彼らへの共感を深め，伝えるために，私はよくクライエントの一側面を，つまりクライエントのダブル（Moreno, 1946）を演じる。また，私自身が，（クライエントの内面の）傷ついた子どもの役を引き受けることさえある。ところで，劇として演技表現するかどうかに関係なく，自分自身の境界を維持しながら，同時に真に別の人の世界に入ることを最も力強く学ぶのに，演じることほど最適なことはない。ドラマセラピストは，演技のトレーニングを受けていることで，すべてのクライエント（そしてすべての内面の傷ついた子ども）が当然にも必要とするような共感を，適切に表明する技術をもっているのである。

　ミラー（Miller, 1986）によれば，この傷ついた子どもの下には，さらに真正なインナーチャイルドが存在している。ドラマセラピーにおいて，クライエントの健康な側面が引き出されることで，感情的に深い影響を与える幼児期の痛み＜primal pain＞と欲求を表現するというクライエントの能力が強められ，そして，幼児期の痛みと欲求にふれることで，さらに深いレベルの自己実現が可能となる。

行動主義

　ドラマセラピーは，幼児期の痛みと隠れた力を発見することだけを重視しているのではない。ドラマセラピーでは，内面の成長を具体的な行動に表わすことにも関心を払っている。ドラマセラピーは行動指向であり，洞察力の育成と感情的成熟をめざすだけではなく，実践的な変化をめざす。古典的行動主義は，表面上は，無意識下の葛藤を否定し，主観的経験の影響を最小化するため，精神分析的な思考やドラマセラピーと矛盾しているように見える。しかし，目に見える変化を重視するという点で，ドラマセラピー実践の基礎的な部分に影響を与えた。行動療法が不適応行動パターンをうちくずし，新しい適応技術を身につけるということに注目していることは，ドラマセラピーの目標と相通じている。コミュニケーション技術，人と人との間のダイナミクス［動的な関係の変化］，そして習慣的反応，これらすべては，ドラマセラピーのセッションで積極的に考察される。クライエントは自己の変化を想像するだけでなく，それを文字通り実践する。行動療法の治療では，伝統的に，現実を模した状況下でロールプレイを行なう。この方法は，セラピストに対しては行動ダイナミクスの明快な実例を提供する試みであり，一方クライエントに対してはこれまでの行動とは異なった行動の方向性を発見させ，その練習の機会を提供する試みだ。この行動療法は，ドラマセラピーの統合的枠組みにおいて重要な構成要素である。

　認知療法は，人がどのように考えるかが，その人の感情と行動を決定すると主張しており（Beck, 1976），現実と向き合い問題に立ち向かうところが行動療法と似ている。しかしながら，行動療法と違って（そして精神力動的療法とは同じように），認知療法では，行動はその人の意識的認識の外側にある信念によって影響を受けていると考えられている（Corsini & Wedding, 1989）。認知療法と行動療法を結び合わせた様式は，出来事についてのクライエントの解釈を検討する点で，また，幸福になることや自己実現を行なおうとするクライエントの能力を制限する［本人に意識されていない］概念を積極的に改善しようと試みる点で，ドラマセラピーの統合的枠組みと相通じるところがある。

　以上をまとめると，ドラマセラピーとは心理療法の行動的，創造的な形式であり，人がもっているさまざまな力と潜在能力を作動させ，埋もれた傷にふれ，抱きしめ，そして新しい人生への態度を練習させ，そのリハーサルをさせてくれる心理療法だといえる。ドラマセラピーの統合的枠組みは，人間性心理学に基づく心理療法，精神力動的心理療法，認知・行動療法のそれぞれの中心的概念を指針としている。私自身の実践においては，感情的カタルシスと統御，認知的な自己洞察，行動上の変化のすべ

てが治療プロセスにとって不可欠で相互に関連し合っている。治療の方向を決定するのは，まず特定のクライエントやグループがもつそれ独自の性質である。加えて幼児期の家庭的，社会的経験，また成長過程での経験が深く影響するという私の確信，そして人間にはすべてのライフサイクルを通して，どの時期であっても自分を変化させる無比の能力が備わっているという私の確信が治療の方向を決定する。

治療上の目標

　治療上の目標は，各個人，あるいはグループが抱える問題，ニーズ，そして強さと弱さを，常に検討していく中で形づくられていく。とはいえ，個別のケースを越えての一般的目標がいくつかある。私自身の臨床的経験と観点に基づき，ドラマセラピー治療における主要な目標の概観を以下簡潔に述べよう。

　最初の目標は，**感情の表現と抑制**［包み込み］に関するものである。ドラマは，しばしば，激しく，そして多様な感情を表現するはけ口になる。恐れの感情も，ドラマという形式の中では安全だと感じられて表現されることが多い。このことが起こる理由は，そのような感情を表現しても現実の人生でのような結果を伴わないからであるが，さらにドラマそのものが，そこで演じられていることからの距離または分離を提供する様式だからでもある。演技者は，強い感情を感じていること，自分の表現を制御していることの2つを同時に体験する。ドラマセラピーは，感情の解放と感情の包み込みの間の相互作用を重要視する。包み込みとは抑圧を意味するのではなく，むしろ自分の感情を統御する，つまり，強い感情を適切で受容可能な道筋を通して解放できるようになることを意味する。人によっては，自分の感情にふれ，それを表現したり，自分の感情とさらに大きなつながりをもつために多くの助けを必要とすることもある。また自分の感情で簡単に興奮し我を忘れてしまい，それを包み込む，または自己統御するために助けが必要な人もいる。多くの人にとって，この2つは相互にからみ合っている。感情を表現することへの抵抗が起こるのは，コントロールを失うかもしれないという恐怖があるからだ。そのような人は，感情の流入と排出に関して，自分ががまんできるレベルがどこなのかを認識し，その判断を信頼しはじめるまで，感情表現と感情の包み込みを同時に，しかも少しずつ経験していく必要がある。

　次に関連のある目標が，**観察する自己**を発達させることである。これは，自分の他の側面を観察し考察できる自分の一部のことだ。ダイクマン（Deikman, 1982）は，観察する自己を，観察する自我と区別し，これは私たちの中のより超越的な部分であるとしている。私はこれを，自分の中にいる監督とよびたい。監督は，広範な視点をもち，感情の大混乱に直面してさえも，理性的に考えることができる。監督は超然としているので，思慮深い応答を行ない，取捨選択をすることができる。監督は拡大さ

れた観点をもっている。その観点は，過去，現在，未来，仲間の演技者，自己の外，そして自己を超えて存在するものすべてとの関係にある自己を包含しており，「より大きな絵」を見ている。このような観点は，一種の精神性［霊性］の意識化であり，信仰とはいわないまでも，希望への道を示していることが多い。心理療法ではしばしば見逃されているが，これは，重要な側面だ。ここでいう希望や信仰は，非現実的なものや，入手不可能なものではない。自分の外側の経験であれ，内面の変化であれ，**可能であり得る**すべてのもののことをいっているのだ。

　3番目の目標は，**役のレパートリー**を拡げることである。私たちが現実人生で行なう役割，反応，そして他人とのダイナミクスは，その数や経験が制限されている。そこでは自分自身のパターン，そして自分の行動パターンに対する他人からの期待の虜になってしまう。しかし，ドラマでは，可能性は無限だ。さまざまな人格になることを実験し，自分自身の性質の中で眠っている側面を発見し，表現し，新しい関係の作り方を練習することが許される。役のレパートリーを拡げることは，たくさんの役を演じるというだけでなく，1つひとつの役をより大きな柔軟性と，自己投入，そして誠実さをもって演じることでもある。役のレパートリーの幅を拡げることで，私たちはより広い範囲の人生の状況を扱い，新しい課題に対処し，そして古い課題に対しては，新しい，創造的な方法で反応できるようになる。融通がきかなかった人がより柔軟に考えられるようになり，行き詰まっていると感じていた分野や，決められたセリフを言うだけの役者であった人に，新しい可能性が吹き込まれる。これまで自分には手の届かないところにあると思われたような人生経験に，より**向き合える**ようになる。さらに意義深いことは，自分の中に存在しているすべてのことに対してますます向き合えるようになることだ。

　役のレパートリーが拡大すると（それが行動的，統合的な方法で行なわれたとき）自己像が変化する。つまり，**自己像の修正**と**拡大**がドラマセラピーのもう1つの目標である。役と自己像の間には強力な関係があり，互いに影響を与えている。私たちの自己像が私たちの役のレパートリーの広さを決定する。そして，私たちの役のレパートリーの広さが私たちの自己像を決定する。クライエントの多くは，子ども時代に，子どもの自分をまるで悪者で無価値であるかのように扱う大人を親としてもっていた。悲惨なことに，これらのクライエントは，他人が自分に向かって投影したイメージに符合するよう自己像を作り上げた。この自己像が彼らの役のレパートリーを決定してしまったのだ。しかし，それよりもたくさんの役にふれていくことにより，自己像に変化が起こる。ここで集団治療の特質が強く表われてくる。まわりの人々が，そのクライエントをもっと大きな状況下でとらえ，ますます肯定的に見てくれるようになるので，彼らに見守られていることや，彼らの見方や考え方が照り返しとなって戻ってくることが，そのクライエントに肯定的な影響を与える。このような集団治療の特質

の影響を受けながら，役のレパートリーを拡大することで，クライエントの自分自身のとらえ方が次第に変化していくのだ。自己像が拡大し，自己評価が改善されてくると，自己の価値をますます高く評価する意識が発生してくる。この中には，私たち人間の多様な側面を知り，理解し，受容し，そして尊重することも含まれる。

　目標の最後は，**社会的な相互作用**を促進し，**対人関係の技術**を発展させることだ。ドラマは，本来，集団的，相互協力的な芸術様式なので，これらの目標を達成するための理想的な形式である。グループで治療をするときはとくに有効だ。精神治療でよく見る引きこもりや社会的な孤立などの症状を示すクライエントとドラマセラピーを行なうとき，この目標が重要なものとなる。言語的にも非言語的にも，他人との関係を作るための自信と能力を高めていく。グループ内で発展した，親密な関係と信頼は，現実世界でもそれが可能であることを示す小宇宙となり，治療に入るときに多くの人が感じている深い疎外感を減少させる。社会的交流に問題がない場合でも，ドラマセラピーは複雑な人間関係を切り開く手段となる。セラピーの中で，また，セラピーとしてドラマを使うことは，他人とのかかわり合いを重要視するプロセスをもたらす。このかかわり合いこそ，すべての人が最も深いレベルの考察や理解にいたることを保証してくれる人生の1つの側面なのだ。

　治療上の基本的な目標である，感情の表現と包み込み，観察する自己の開発，役のレパートリーと自己像の拡大，そして対人関係技術の向上，これらの目標はすべて，ドラマセラピー連続治療セッションのどの段階の中でも扱われている。次章では，本章の最初に検討した5つの主要な出典——劇遊び，演劇，ロールプレイ，サイコドラマ，そしてドラマ的儀式——と結びつけて，長期にわたるドラマセラピーでの諸段階を検討する。

第2章
段階：ドラマセラピーにおける5つの連続段階

　長期間にわたり行なうドラマセラピーにおいて，私はその進展に注目した。患者の内部における進展，そして治療経過の進展の両方である。そのことはドラマによる治療作業の内容と特質に表われている。本章では，ドラマセラピーの連続治療セッションの5つの段階を解説する。各段階の記述内容は，複数のグループを広範囲に観察した結果であり，前もって作った特定の構成や計画を押しつけたものではない。一般に，1つの段階から次の段階への移行は，グループ，または個人のドラマセラピーにおける治療上の成長のしるしであり，治療のプロセスが肯定的に行なわれているしるしだといえる。

　本章で記す5つの段階は，第1章で述べたドラマセラピーの概念の出典となった5つの分野に関連している。概念としての出典となった5分野すべての要素が，それぞれの段階に存在しているのであるが，それでも各分野が1つの特定の段階に最も密接に対応している。第一段階は劇遊びに最も影響を受け，第二段階は演劇に，第三段階はロールプレイに，第四段階はサイコドラマに，そして第五段階はドラマ的儀式に最も影響を受けている。5つの段階に導入されているプロセスは，相互交流的な劇遊びから出発し，そこから発展した演劇的な場面演技へ，個人の状況を扱うロールプレイへと移動し，次に内面深くに潜んでいる問題を探査する，サイコドラマ的なドラマで最高潮に達する演技へ，そして収束につながるドラマ的儀式へと進行する。以上の理由で，各段階を以下のように名づける。1. 劇遊び，2. 場面演技，3. ロールプレイ，4. 最高潮に達する演技，5. ドラマ的儀式。

第一段階：劇遊び＜Dramatic Play＞

　最初の段階で，その後に続く治療作業を支えることができる土台，あるいは基礎を作る。つまり恐怖を感じさせないような，遊び心のある陽気な環境を確立する。そのためのプロセスには，創作劇，即興，相互交流的な楽しいエクササイズ，そして構成

的なシアターゲームが含まれる。エクササイズの多くは，身体を使っての活発なもので，大部分が他の人との関係を作っていくものになっている。ここで個人的なスキルとグループで使うスキルを発達させる。これらのスキルを身につけると，自分自身を信頼でき，自尊心を高め，同時に一緒に参加している人たちのさまざまな能力に気づき，その人たちの真の価値を理解することができるようになる。第一段階は，健全なモデルを基礎としている。つまりこの段階ではクライエントの強い力と健康な部分が引き出される。人間性心理学のパラダイム［概念的な規範］に従い，表現力，遊びを楽しむ力，創造力，自発性，ユーモア，そして活気などの資質がはぐくまれる。これらの資質がはぐくまれることで，クライエントの自我強度［自我がイドや超自我の要求に対処できる強さ］が発達し，その結果，クライエントにはものごとに耐える力が備わり，連続治療セッションが進んだ後に行なわれる，より回帰的な作業に取り組むことが可能となる。というのは，そこでは苦痛を伴う自己考察が含まれることが多いからだ。

　第一段階の期間中に，信頼する感覚が発達しはじめる。自分自身の能力への信頼，グループメンバー間の信頼，そしてセラピストへの信頼である。自己と他人を受け入れること，グループメンバー間のつながりがますます増大すること，またグループとしての統一感をもつことは，グループによるプロセスが成功するためにたいへん重要な特質である。確かにこれらの特質は，普通のグループでも一定の期間が経つと，ゆっくりとした経過の中で，さまざまな障害に出会いながらも，自然にそのグループの中に発生してくることが多い。しかしドラマを使うことは，この経過を加速し強化する独特の方法である。言葉だけを使う集団療法の初期段階では，気まずい雰囲気が強く，メンバー間の相互作用的な関係はほんの少ししか見られないが，ドラマセラピーの中では簡単に作ることができる。ドラマは，集団でお互いに協力して行なう芸術形式であり，ドラマのこの側面が，第一段階のワークにとって中心的で重要な意味をもつのである。ドラマに備わっている人を一体化させる力が利用され，集団による創造性が促進される。グループのメンバーの間で相互作用が起こることにより，また，協同作業を行なうことにより，グループとしての自己意識と相互に支え合うという意識の発達が助けられる。個人対象のドラマセラピーでは，第一段階の相互交流的なドラマを使ったプロセスによってクライエントはセラピストとの関係とセラピストへの信頼を作り上げやすくなる。

　第一段階のワークにとって重要なもう１つの点は自発性である。自発性は即興劇で重要な鍵となる。自発性＜spontaneity＞という語は，ラテン語の"sua sponte"が語源で，内部から発生するその人自身の自由意志，または調和という意味である。自発的な人は，他人の期待に順応するのではなく，自分の中の最も深い内面から出てくる欲求にふれており，それに基づいて行動することができる。自発性なしでは，人は現在の瞬間に［自分独自の］行動をすることができない。それなしでは過去に縛られ，

未来から押し止められてしまう。新しい状況下でも習慣的な反応が引き出されてしまい，それまでと同じ行動パターンが破られないままとなる。スポーリンは次のように書いている（Spolin, 1983）。「自発性を通して，私たちは，自分自身として再度作り直される。それは1つの爆発を生み出し，その爆発で，私たちは使い古された考えの枠組みから，また古い事実ばかりでいっぱいの記憶から，一瞬の間解放される…」（p.4）。マズローも次のようにいう（Maslow, 1967）。「自発性を完全に保つことで，有機体［生物］は初めて，その自由な動きや感情の真の姿を，つまり，1個の独自な存在としての真の姿を表現することができるようになる」（p.54）。

劇遊びは，第一段階に最も影響を与えている概念上の出典であり，自発性を作り，他の人との関係を作り，相互交流を促進する。第一段階で行なうドラマプロセスの大部分は，劇遊びと結びついており，そのさまざまな遊び方を利用している。参加者は，個人的に，または社会的に重要なテーマを，［具体的にではなく］象徴的に，創造的に，他の人と協力しながら演技として表現する。参加者は想像の世界に入っていくのであり，身近なテーマや問題はその人の後ろに残され，まだ登場しない。

第一段階は，全治療セッション中，内容を一番きちんと構成化して行なうものになるときもあれば，その反対に，構成が一番少ないものになるときもある。自由連想と指示を与えない劇というやり方で治療作業が行なわれるとき，構成が最も少ない。クライエントの劇遊びを観察し，それに参加することで，セラピストは潜在している問題とテーマをより深く理解するようになる。この過程を経ることで，セラピストは連続治療セッションの後期において，十分な説明に基づく治療的介入を行なえるようになる。一方，セラピストが診断や解釈を中心にせず，積極的な進行役を引き受け，クライエントの緊張を和らげてドラマセラピーと治療プロセスに適した状態にしようとするとき，最もきちんとした構成を第一段階にもたせる。劇遊びとシアターゲーム（ドラマセラピーに合うように変更されたもの）を構成的に行なうことで，心の底で感じているやりたくない気持ち，恐れ，そして自意識を少なくできることが多い。とくに，子ども時代の劇遊びと断絶してしまった成人クライエントに効果がある。非構成的，構成的のいずれの場合も，この段階ではセラピストが引き受ける役割と技法が，治療のプロセスに重大な影響を与える。しかし，連続治療セッションの後半では，セラピストの行なう介入こそが，どんな技法を使うかよりも，はるかに重要となる。

どの程度の構成をもたせるかは，クライエント自身の必要性だけでなく，セラピストがどんな方法を使うかによっても異なる。私自身は，とくに感情障害［第3章，54頁参照］をもつ成人と行なうグループ治療では，早い時期にこの構成的な方法を使うことが多い。きちんとした構成をもつセッションだとクライエントの心配が軽減され，抵抗が減り（私にとってはこれが優先事項。しかしセラピストによっては，この抵抗に焦点をあてて解釈する方法を選ぶ人もいる），相互作用がたやすく起こるようにな

り，そして逆説的であるが，自発性と創造性が解放される。構成の程度は，連続治療セッションの経過とともに次第に減少していき，最終段階のドラマ的儀式へとつながる。以上の理由で，私が考案した技法の多くは，第一段階に向けて作られている。

最初に行なう活動は，簡単で，興味がそそられ，失敗のない，そして**年齢に適した**ものであることが重要である。ドラマセラピストは，とくに年齢に合った活動を行なうということに注意を払う必要がある。初期の段階でクライエントは（疑い，とまでいわなくても）かなりの慎重さを示すものであるし，劇遊びと「子どもっぽい」劇との違いが紙一重だからである（さらに，クライエントの中の**子どもらしさ**を引き出そうとするときに，**子どもっぽさ**との違いをはっきりと区別することも大事だ）。この時点で不適切な技法を使うと，クライエントの気分を妨げ，抵抗を増加させる可能性があり，そのため，いい加減に参加することになって，そのまま来なくなる人が出てくることが多い。クライエントが最初に感じている心配を容認し，それに配慮をすることが決定的に重要である。何かのセラピーを開始し，あるグループに参加するときに発生する恐れとは別に，**ドラマセラピーのドラマ部分に対する特有の恐れ**もある。子どもっぽく見えるのではないか，演技をしなくてはならない（そして失敗するかもしれない），また，自分自身以外の者になりなさい（あるいは，自分が感じる以外のことを感じなさい）といわれることなどへの恐れである。セラピストは，クライエントたちがこのような恐れを強めてしまうような技法を避けなければいけない。また，クライエントたちの信頼は，この第一段階で手に入れなくてはならない。肯定的でプラスになる治療上の関係を作り上げることが最も重要である。連続治療セッションの後期になると，参加者同士の関係が強くなり，そしてグループ全体の一体感が作られるためもあって，クライエントは治療に積極的に参加し，深いかかわりが維持されるようになる。

第一段階で十分に配慮した指導を受けることで，クライエントは，ちょうど子ども時代の劇遊びで体験したように，なんでも許されている，自由である，喜びに満ちているという感覚を経験する。さらに発達したドラマ的な演技と場面作りを行なう第二段階で，この許しの感覚は，解放の感覚へと拡大していく。

第二段階：場面演技＜Scenework＞

第二段階は，第一段階で行なった自然発生的な即興劇と構成的なドラマゲームから，よりしっかりとしたドラマ的な場面へと進展する。そこでは，役や登場人物がさらに展開される。この段階で使われるドラマプロセスのおもなものは，場面演技であり，即興という形で行なわれることが多い（ドラマセラピストによっては，既存の台本を使うこともある）。劇遊びとの類似性はまだ残っているが，出典となった分野の中で，

第Ⅰ部 ◆◆◆ プロセス

　第二段階の中心となる概念上の分野は演劇である。第二段階で使う構成や技法は、治療目的に手直しされているとはいえ、演劇ワークショップとたいへん似ている。これまで一度も演劇に参加したことのない通常の人たちは、演技することはできないと最初はいうのだが、実際はそれとは反対に、彼らも相当に**演技**ができるということを発見し、たいへん驚く。安全であるという感覚、支援してくれる環境、そして注意深い進展速度と指導、これらの条件さえあれば、すべての人たちは演劇的なプロセスを通して自分自身を表現し、内面を表わすことができるのだ。
　サイコドラマでは、主役がさまざまな状況においての自分自身の役を演じるが、それとは対照的に、第二段階の場面演技では、自分自身の人生を反映しない役を演じる。これにより、役との距離を大きくし、自分の内面をただちに明かす必要を少なくし、信頼と自発性を発展させるのに効果的なステップとなる。
　ドラマの特性の中で、第二段階において中心となるのは、演技が［自分と］「違うものになる」ことを許すという考え方だ。多様な場面と役を行なうことは、クライエントにとって、自分自身の新しい側面を経験し、表明する機会となる。「自分自身の外に一歩踏み出し」て１つの役の中に入ることは、解き放たれることだ。つまりそれは、毎日の生活で、内面的、外面的に発生している束縛からの息抜きであり、解放である。ドラマという流れの中においてこそ、自己の隠れた側面を浮かび上がらせることができ、抑圧した感情を表現することができる。また、今まで望んでいた性質や人格を試し、体現することができる。すべてを認めて可能にする演劇上の役を媒介とすることで、今までその人の「影」であった部分が許容され、声を上げることができるようになるのである。
　この段階で、セラピストが認識していなくてはならない最も重要な点は、自己表現と役の拡大を促進できるような自由を保障することである。より具体的にいうと、セラピストは、言葉による「プロセシング［自分が演じた内容、理由、そのときの内面の感情などを検討・自己評価すること］」をさせたり、あるいは「どの役が自分のどれにあたるか」について言わせたりしてはいけないということだ。自然に、または役の流れの中から発生したすべてのことを自分のことであるという説明を強制することは、［クライエントの自由な発展などを］抑制してしまう。第二段階の開始期は、解放の時であるべきで、抑制の時であってはならない。「変容」を起こしつつある流れそのものを破壊しないことが重要である。
　第二段階の中間期にいたる頃、クライエントたちは、自分たちの場面演技について、自然に意見を言い合うようになり、話し合いを始める。表明される意見で多いのは、場面の中で自分が表現した感情や、自分が演じた人物のタイプにたいへん驚いたというものだ。よく聞く意見は次のようなものである。「あの役の中で、あんなに怒りを表現するなんて、自分でも信じられない」「自分の人生では、あんな風に演じたこと

第2章　段階：ドラマセラピーにおける5つの連続段階

は一度もない」「あれは，自分の普段の行動の仕方とまるで違う」。第二段階の後半になると，クライエントたちは，自分が演じた役に対して，さらに個人的な関連を表明するようになる。個々の意見は次のようなものが多い。「あれは，私の行動パターン。だから，あの役を演じて親しみを覚えた」，あるいは「あの役は，私が今本当に感じている悲しみを表現する助けになった」。この時期は，連続治療セッションの中で刺激的な部分だ。というのは，この時点こそクライエントが，真にドラマとセラピーとの関連に気がつくところであるからだ。彼らにとって，それは「ああ，そうだったんだ」と納得する体験であることが多い。同時に，このとき初めてここでの活動が，ドラマでもありセラピーでもあると理解するのである。私が初めてドラマセラピーの経験をした州立の精神科病院では，患者が演技をしているとき，その情動や行動において目を見張るような変容を示すことがあった。しかし私のグループは，第二段階の後半段階まで到達することはなかった。確かに，第二段階の演劇プロセスによって，許容と解放がそこで起こったことは疑問の余地がない。しかし，演技と現実人生との間に関連がつけられるような討論は起こらなかったのだ。

　第二段階の終わりは，「演技者」の反応だけでなく，「観客」の反応にもその特色が表われる。場面を見ていたクライエントたちが，その場面との連想や，そこでよび起こされた感情，あるいは思い出を表明しはじめる。言い争いをしているカップルについての即興劇を見て自分の離婚のことを思い出すクライエントがいるかもしれない。誰かが亡くなった場面は，悲しみを，そして涙さえ引き出すかもしれない。これはちょうど，映画や演劇を見ることがカタルシスとしての感情の解放を引き起こすのと同じである。これらの場面は，また自分の人生の中で肯定的であったときを思い出させ，それらをグループ全体で共有する機会にもなる。言葉によるプロセシングは強制的にではなく，自然発生的に行なわれる。クライエントたちは，これらの場面をふり返り，話し合いたいという欲求を表明する。

　この時点で，個人的な内面の吐露が起こり，激しい感情的な反応が起こる可能性がある。そのために，第二段階に入るのは，グループ内で，そしてセラピストに対して，ある程度の信頼が確立された後であることが重要である。技術的に熟練したセラピストというのは，単に，各段階が自然に発生してくるのを忍耐強く待つだけではなく，各段階で何を与えなくてはならないかを正しく理解しているものだ。ちょうど，親が自分の子どもの発達する各段階の特性を理解し受け入れるように。

　ドラマセラピーの最初の2つの段階において，ドラマという媒体は，安全装置，または仮装を提供し，この仕掛けのおかげで自己を開示することができるようになる。このような状況にいると，クライエントは，自分自身をさらけ出しつつも，**同時に，日常よりも安全である**と感じることが多い。そしてグループのメンバー間で，またセラピストに対しての信頼が発達し続けていくにつれ，ゆっくりとではあるが，次第に

第Ⅰ部 ◆◆ プロセス

安全装置の必要性がなくなり，さらけ出されたものに**意識的**に耐え，統合することができるようになる。第二段階の終了時点で言葉によるプロセシングを行なうことにより，この場面演技はさらに個人的な方向へと進んでいく。ドラマセラピーのもっと先の段階になると，このドラマという媒体は，個人的な題材をより直接的に探査し，試してみるために使われる。

第三段階：ロールプレイ＜Role Play＞

　第三段階の特徴は，ドラマ化する内容が，それまでの架空のものから現実へと移行することだ。この段階で，自分自身の人生におけるさまざまな状況を吟味するために，ドラマという媒体を利用する準備がクライエントたちに，ようやく整う。今起こっている苦境，葛藤，そして人間関係が提示され，検討される。ドラマと現実人生を隔てる薄い壁が，この時点で，とくにはっきりと意識され，理解されるようになる。現実人生に基づく場面は，「まるで現実」のように思える。しかし，それが現実に起こっていることではなく，架空の演技であるということが，治療上の可能性という意味で決定的な重要性をもつ。舞台は実験室となり，その安全地帯で現実の人生が試され，実験される。作りごとという世界の枠の中で，人はむずかしい状況に立ち向かい，新しい選択肢を試み，現実人生の出来事への準備をする。これらすべては，結果に対する責任を気にすることなく行なうことができる。第三段階の中心となる概念は，人生のリハーサルとしてのドラマという考え方である。

　第三段階で使用するドラマのおもなプロセスは，ロールプレイだ。クライエントは，友人との込み入っている，また気がかりな相互関係を，何度も演じ直したり，採用面接の練習を行なったり，人生で重要な意味をもつ人に対して自分の感情を表明したり，怒りを感じている相手と対峙したりする。そのグループに特有の共通の課題を試すこともできる。たとえば，物質乱用者のグループでは，アルコールや薬物からの誘惑に対処する寸劇をロールプレイすることができる。グループ内の個人間で起こる問題を，ドラマという方法で探査することも，おもに第三段階で行なう領域だ。この段階には，サイコドラマやソシオドラマの多くの手法を取り入れている。

　概念上の出典となった分野の中では，ロールプレイおよび役割理論が，第三段階に最も影響を与えている。ドラマ化することを通して，そしてその後に行なわれる話し合いを通して，クライエントたちは，人生で自分が演じているさまざまな役，またその相互関係から発生する行動パターンについて，より明確に理解するようになる。現実人生の各瞬間が，ドラマの行なわれる明るい照明の下で，拡大され，明白になる。クライエントは，演じること，そして演じている自分を見ることを同時に行なう。現実人生で，このような芸当を常に行なうことはむずかしい。現実から少し離れている

第2章　段階：ドラマセラピーにおける5つの連続段階

という，ドラマが与える距離は，自己を観察する自我の機能を活性化させる。この距離は，場面の途中で，進行をいったん停止することで，あるいは場面が終わったちょうどそのときに作ることができる。このとき演技者たちは，自分の役や行動を見直し，1人ひとりがどのようにお互いの役や行動を解釈し影響を受けたか，また自分の役をどれだけうまくこなしたかなどを考察し合う。マンガム（Mangham, 1978）は，たとえ頭の中でリハーサルをする機会を与えられても，人は制限されたレパートリーしかもっていないことが多いので，（相互間の）行動の大部分が予測できるという。たとえば，「悲観的にものごとを判断する人が，そのような判断の仕方から根本的に離れるような行動をリハーサルすることはたいへん少ない。それゆえ，その人はこれらの考え方を再確認するような行動を選ぶ」（p.28）。ドラマセラピーでは，演劇という様式内で，そのような選択をしていることをその人自身が気づくだけでなく，それを客観的に観ている観察者であるドラマセラピストが側にいることで，そのような行動パターンが見逃されることがなくなる。ドラマセラピストは，徐々に演劇的指導という形をとってドラマへの介入を始め，同じことが延々とくり返されないように，自覚と変化をうながしていく。

　必要に応じてドラマセラピストは，現実人生で実際に行なうための練習としての場面と，セッション内での健康的なカタルシスをうながす場面であり，現実人生で実行するための準備や処方箋ではない場面との区別をはっきりさせることが重要である。この区別をはっきりさせることが必要となるのは，たいてい，クライエントが，後者のタイプの場面を前者と取り違えるときだ。たとえば，虐待的な親に対して怒りを露わにした対決場面を架空の形で経験することは，ある特定のクライエントにとっては助けになるが，現実の人生では，建設的ではなく，また，有害である可能性もある。もしクライエントの演技が，その人（またはその場面を見ているグループメンバー）にとって，その場面を現実の人生でも行なうようにとうながしている（つまりセッションが終わったら外に出て行って「同じことを実際にやってみよう」と思っている）可能性が疑われる，あるいはクライエントが，現実人生で絶対にしたくないことをするようにうながされていると感じられる，またはその演技をすることに躊躇しているようなときには，セラピストは先に述べた違いをはっきりさせることが肝要である。

　クライエントたちは自分自身を演じるだけでなく，自分の人生に登場する他の人物も演じる。たとえば，若者たちは，まず自分の親としてインタビューを受け，それから現在の自身の問題である，親と十代の子どもの衝突を演技化する。他人の役を演じることで，クライエントは新たな視点を手に入れ，他人の反応や動機をよりよく理解するようになる。さらに，第1章でミード（Mead, 1934）の役割理論に関して述べたように，自分の人生に登場する他の人を，自分との関係で演じる（つまり，自分の人生に登場する他の人の目を通して自分自身を見る）ことは，自己概念と自己アイ

デンティティを発展させる助けとなる。また，自分に関係のある誰かを演じる（たとえば，私が自分の兄弟の役を演じ，他の人が私の役を演じる）ことで，自己がもっている多数の役や側面が，他人との関係の中で示されるので，それらを包括的に理解し，受け入れることができるようになるのである。

　第三段階は，行動レベルで行なわれることが多い。たとえば，自己主張訓練のロールプレイは，この第三段階に適した材料と見なされている。しかし，ドラマセラピストがたくみに介入をすることで，他の行動の選択肢を試みるだけでなく，さらに役と行動パターンへの洞察を行なうことも可能になる。この時点で，セラピストは，場面の方向性に慎重な注意を払う必要がある。つまり，クライエントが確実にさらに先まで進んで行けるようにすることが大事であり，現実人生の行動を単純にくり返さないで，他の選択肢を理解し，発見するように導く必要があるのだ。この時点において，一般的に，言葉によるプロセシングは，ドラマ的な作業に密接に統合されるようになる。クライエントは，ドラマ化することと，話し合うことの両方を行なうことで，感情を発散させ，新しい行動を練習する助けとするだけでなく，自己の内面の動きを理解し，それを変えていく助けとするのである。この段階で最も重要なことは，クライエントが自分の人生ドラマの中の役者としてだけではなく，その監督，脚本家，観客，そして評論家となっている自分を体験することだ。

　第三段階の終了間近のこの時期こそ，クライエントが，自分の人生に変化をもたらすことができるという希望をはっきりと感じ取り始めるようになるときだ。この希望は，個人のそれぞれの状況に対しての対応が，現実ではいつも非建設的な対応の仕方に陥ってしまうのに，（ドラマの様式を通して）それとは異なる対応を（想像としてではなく）実際に体験することから生まれる。つまり，彼らがほとんど**現実と同じよ**うな場面でそのような演技ができるのであれば，恐らく**現実世界においても**そのようにふるまうことができるであろう，ということを意味している。ここで再度強調しておくべきことは，第一段階，第二段階で演技技術を磨いておくことがたいへん重要だということである。ドラマを演じるのにある程度熟達していなければ，このような動的な展開が起こるほどに，場面を「本当のものだ」と感じ取れるものではない。そしてクライエントがむずかしい現実の状況に，今までの自分とは違う方法で新たな対処ができたと報告をしてくることが多くなるのもこの時期である。多くのクライエントは，そうできたのは，自分が場面を演じているふりをしたからだったと語る。別の言い方をすれば，これらのクライエントたちは，ドラマの中で示した能力を使って，現実人生の試練に対して，より効果的で健康的に取り組むことができたのだ。

第四段階：最高潮に達する演技＜Culminating Enactment＞

　現在の人生状況における役割，人間関係，葛藤を考察することにより，クライエントは，次第に深いレベルの内省に導かれていく。第三段階で，役割と人生のパターンについてよりよく意識化できるようになったことで，クライエントは自らの無意識の領域に入りやすくなる。人の日常生活という表面の下に何があるのかを訪ねる旅に出かけること，それに伴い，自分が誰であるか・自分は自分をどう見ているのか・どうして今のようにふるまっているのか・どのような環境が自分の感情発達に影響を与えたか，これらの疑問をいだくことは，今までの段階を経過してくれば，自然に向かう方向である。第四段階の特徴は，具体的な今・現在の問題から，その人の人生上の，より中核的な問題へ移行することだ。過去が表面まで近づいてくる，そして無意識下にあった題材が取り扱えるようになる。記憶，夢，連想，イメージ，これらに含まれるのは，家族の相互関係，子ども時代のトラウマ，重要な出来事などであり，それらが，未解決の問題，くり返し表われるテーマ，進行中の争いを，新たな光で照らし出すことになる。第四段階の場面は，その人の現在に影響を与えた，あるいは混乱を与えた経験を中心に展開することが多い。いくつかの場面は，それまでグループ，セラピスト，時には自分自身でもわかっていなかった，その人自身に関することを開示することになる。

　第四段階の最も基本となった概念上の出典分野は，サイコドラマであり，この段階の最も基本のドラマプロセスは，サイコドラマ的な方法である。**主役**の内面の人生がドラマを使って探究され，その物語が再度体験されるにつれ，グループ内の個人への焦点がますます大きくなる。**ダブルを演じる**［二重自我（分身）を演じる］など，モレノのサイコドラマ技術の多くが，第四段階の初期には必要不可欠となる。第四段階の中間期になると，クライエントは**最高潮に達する場面**を演じるようになる。この最高潮に達する場面とは，これまでの段階で登場してきたテーマや，露わになったパターンをより詳細に考察するものであり，さらに深く試みるものである。

　第四段階の最高潮に達する場面はサイコドラマの場面に似ているとはいえ，そこには２つの独自な特徴がある。第１に，クライエントがドラマをすることに習熟し，同時にグループ内で高いレベルの相互信頼が作られた時点でのみ，このような場面を演じることができる。第２に，場面の内容は，これまでのプロセスの中から登場，成長してきたものだということだ。これらの特徴により，サイコドラマで連続治療セッションを開始するときには不可能なレベルの深さ，精妙さ，そして複雑さがもたらされる。場面は，本物らしさを感じさせる具体性を伴って演じられ，演劇のレベルでも，また治療のレベルでも，強烈な力をもってくる。演劇作品の発表をめざすドラマ

第Ⅰ部 ◆◆◆ プロセス

セラピーグループの場合，最終的な上演において，とくにそれが自伝的な劇であるときは，たいてい最高潮に達する場面がその内容となる。

　私が行なう治療では，クライエントが段階的な進化を経てこの段階に到達するようにしている。その大きな理由は，自己表出と感情の強さのレベルは，グループの凝集力や相互支援のレベルと釣り合いがとれていることが最も重要だというのが私の信念だからだ（サイコドラマの場面は，グループメンバー間の［その時点での］つながりのレベルをはるかに超えた力と深さに到達することが多い。実際，1回だけのセッションや「ちょっと参加した」セッションでさえも，感情的に激した場面を見ることがまれではない。ここでの危険は，演じた後に発生する疎外感だ）。さらにドラマセラピーのゆっくりと段階を経て進んでいくプロセスでは，その過程で重要な問題（これは，クライエントもセラピストも事前に予測や処方しておくことはできない）が表われてくるものであり，驚きと発見に満ちた旅となることが多い。他の人になったふりや仮装をすることで，かえって，それまで隠されていた自己の内面が開示され，さらけ出すことができるようになる。ドラマセラピーの初期の段階で利用したこの考え方を，ここで再度強調しておくことは重要だ。ドラマセラピーにおいて，クライエントは，［実際のことを］**再演する**のではなく，［架空のことを］**演じる**ことから始める。［架空のことを］演じることにより，クライエントは，予測可能で自分でも中味を知っている現実の問題を治療としてやり始めないですむ。このように簡単に本人が取り上げる現実の問題は，本当に重要な問題を隠す盾として無意識に使われていることが多い。またこのゆっくりとした，段階的なプロセスを経ることで，強い感情を伴って最高潮に達する第四段階の場面を開始する前に，セラピストはクライエントがどのくらいの強さの感情と自己表出に耐えられるかを計りつつ，同時にこの2つの力を発達させることができる。

　最高潮に達する場面は，グループプロセスにおけるクライマックスのときだ。これまで隠れていた内面の開示，表出，その共有が活発に行なわれる。そして洞察が深まる。埋もれていた感情が現われ，表現できる出口が与えられると，カタルシスの感覚を強力に体験する。治療的な効力の強さは，場面の演劇的な力の強さと比例している。さらに，その両方ともが，グループ内の相互支持とその凝集力のレベルと比例している。内部にある能力，創造力の蓄え，そしてまだ使われていない力が，これらの場面を作り出すために利用される。自分の可能性を試みることには，さまざまな段階とレベルがあり，クライエントによっては，最高潮に達する場面がいくつかの部分に分かれて表われるときもあるので，それを展開するのに一度のセッションでは足りないこともある。大きな苦しみを伴う内容であっても，多くの場合，演技化することにより，芸術的に表現できたという達成感と，同時にそれを自分で統御できるようになったという独特な感覚が得られる。

第四段階の中心であるドラマには重層的な側面がいくつかある。1) 出来事を（単に話すだけでなく）再度生き直すことで，その出来事が起きたときに経験した感情にふれることになる。再演により，抑圧された感情がよみがえってくる。これらの感情が押しつぶされていたのは，当人たちがその時点で対処できなかった，そして／あるいは，そのとき，感情を表明していたら罰を受けたり，他の否定的な結果をもたらしていたであろうという理由であることが多い。しかし，この抑圧は，当人たちに有害な影響を与えてきており，原因を隠している蓋を取り除くことが癒しのプロセスの一部となる。感情体験を話すときにごく普通に見られる，理屈で説明する（あるいは距離を増加させる他の方法を使う）という防衛機制は，ここではたくみに回避される。サイコドラマ的な場面では，感覚，感情，認識が統合されるために，クライエントは，感情問題を取り扱っているときに，認識の世界だけにとどまることはできない。ドラマがもっている表現力はたいへん豊かであり，言葉のみで伝達することに比べて，はるかに多くのニュアンスや複雑なことを伝えることができる。ゆえに統合に向かうプロセスが促進される。2) このようなドラマ化には，即時性と影響力があり，グループ内の他のメンバーとセラピストの共感を高める。共感をもつことは，セラピー上，中心的で重要な意味をもつ。その理由は，セラピストがクライエントを理解するためだけでなく，クライエントが他の人たちの共感を経験することにより，クライエント自身が自分自身との共感を経験できるようになるからである。3) ドラマ化することで，内面が外在化される。自己の内面世界を他の人と共有する，見せるというこのプロセスにより，これまでの苦しみの重荷が軽減し，内面の重圧感が取り除かれる。これまで個人的であったものが，今や他の人にもわかるようになる。そしてクライエントは，それまで自分自身に対しても隠していたものを公表することで，多くの場合，受容され許されたという強い感情を体験する。その後に，今まで抱えていた重圧などからの免責をされた，心的な交流が行なわれたという感覚が引き続いて発生する。個人セラピーにおいては，セラピストが免責をして，セラピストとの心的な交流が起こり，グループ治療では，グループ内での免責と心的交流が起こり，そして，作品上演をめざすドラマセラピーの場合は，外の世界との間の免責・交流が起こる。この感覚と関連して思い起こすのは，原始的な文化で祭式として行なう贖罪の儀式である。そこでは，部族全員が出席する中で，悪霊が追い払われる（Collomb, 1977, Emunah & Johnson, 1983）。第四段階の終了部分を担う儀式的な側面は，連続ドラマセラピー治療セッションの最終段階に向けての移行の役目を果たす。

第五段階：ドラマ的儀式＜Dramatic Ritual＞

第四段階（その長さは治療ごとに大きく異なる）の最高潮に達する場面を演じると

いうクライマックスの後，連続治療セッションは終わりに向かいはじめる。この終了過程は，それ自身が重要な進展プロセスであり，それまでの段階でなされた治療上の経過を統合し，同化することを促進する。第五段階の作業は，クライエントが，これまでのドラマセラピーの中で起こった変化を外部世界に持ち出すときの援助となる。グループの中で獲得したものと，自己内部での変化，この２つの関係が強化される。つまりクライエントは，この治療プロセスが終了して［グループから離れて］も，これらの変化は消え去ることはないと理解するようになる。同時に，治療終了にまつわる多様で複雑な感情が，ここでていねいに吟味される。第五段階は，移行と終了を取り扱う段階だ。

　第五段階は，概念としては，儀式と結びついており，おもなドラマプロセスはドラマ的儀式である。古代の社会で，ドラマ的儀式は，共同体が，変化の徴(きざし)を公にし，願いごとや成功を分かち合い，行事を祝う方法であった。ドラマがもつ，この吉事を祝うという側面こそ，第五段階にとって一番重要である。儀式や他のドラマプロセスを取り入れて，クライエントたちがこの連続治療をふり返り，進展を評価し，お互いに感想を述べ，達成した成果のよさを経験し，そして治療が終了することの悲しみも喜びも表明できるようにする。このプロセスは，グループの統一と親近感を見直し，強める役目も果たす。グループが作り上げた，そのグループ独自の存在性，またグループメンバーの間に独特の相互関係が作られていることが確認され，その価値が認められる。

　ドラマ的儀式は，多くの場合，言葉だけでは表現し得ないことを伝達できる。セラピーの経過とその終結が引き起こす強力な感情，さらにグループの中で体験された深いレベルの親密さ，これらを伝えるには，ドラマ的儀式が最も適していることが多い。グループのメンバーが共同で発展させ，くり返して行なうことのできるような，グループで作り上げたものの中には強力なイメージ，比喩と物語，リズムのある音，そして詩と身体の動きがあり，これまでのセラピーのプロセスでほとんど語られたことがなかった領域の表現を可能にする。それは，精神的［霊的］な領域である。ここで私が述べているのは，内面にあるいくつもの層をはがし，以前には知られていなかったものを発見し，無意識の部分にふれ，痛みを芸術に変換する，このようなことをもたらす治療プロセスの最中に人が感じる畏怖の念のことだ。治療を行なっているときには，小さなことから大きなことまでさまざまな変容が起こる。それは，立ち合って見ている人たちの中で起きたり，自分自身の中で経験したり，グループの中で共有されたりする。これらの変容は，心理的，そして美的な観点から感じられるだけでなく，精神的［霊的］な領域からも感じ取ることができる。

　第五段階の説明の大部分は，連続治療の各セッションの最終段階にも適用できる内容だ。連続治療，そして個別の各セッションを終了するということは，何かの解決が

第2章　段階：ドラマセラピーにおける5つの連続段階

見つかったという意味でもないし，さらに，必ずしも何かの結末に到達したことを意味するのでもない。終了過程は，むしろ明らかになったことをふり返り，それまで経てきたそれぞれの段階を見直し，ドラマセラピーのセッションの外にある自分の現実に移行するための場を提供する過程である。ドラマセラピストは，これまでの過程をふり返るために，独創的な技法を作成して利用する。過去の重要な時点，強力な意味をもった場面，辛かった期間，危機をもたらした対立や難題，重要な洞察，これらすべてを思い出し，さらに消化していく。この追想は，内省のレベルを深め，そして経てきたプロセスすべての側面をより深く認知させるはたらきをもつ。ある意味で，これまでのすべての旅が要約され，そうすることで，クライエントがすべての衝撃とともに，この経験を**把握し，自分のものにする**のを助けてくれる。第五段階の儀式は，治療の単独セッションや連続セッションを包み込む**枠組み**を提供するといえる。

　第五段階の終了までに，クライエントたちは，自分たちが経たプロセスはたいへんよかったと肯定的に受け止めるようになる。ドラマ的儀式は，これをはっきりと達成する助けとなる。というのは，ドラマ的儀式も，すべての儀式と同様に，人生の出来事に刻印を押し，その出来事が忘却の彼方に消え去るのを防いでくれるからである。儀式は，自分の経験をしっかりとつかみ取らせ，その経験が，記録されずに，認識されずに，吸収されずに，指の間からすり抜けるのを防いでくれる。それまでの活動が終了することにより，過ぎ去ってしまったという感覚は確かに生まれるのであるが，同時にそれまでに獲得したものを理解し喜ぶという感覚も生まれる。これらの経験をしたという事実を確認し，そしてこれらの経験が終了したということを認めることにより，最終的には，空虚さはあまり残らず，充実して生きているという感覚が残る。

　第五段階で行なう，強力で注意深く企図された終了プロセスは，クライエントが過去を見つめ直し，統合するのを助けるだけでなく，未来に道が開けたという感覚を創り出す。つまり，人がこれからも旅を続けるにあたり，先に続く道順，可能性，そして希望を指し示す未来への道がそこに現われるのである。

結び

　5つの段階は，それぞれが厳密に独立した分野と見るのではなく，1つの治療プロセスを支えているゆるやかな進展の分析と見るのがよい。それぞれの段階は流動的であり，重なり合うことが多い。たとえば，第一段階は，連続治療セッションを通してある程度ずっと存在し続けている。クライエントがとても感情的な領域に入ってからでさえ，遊びの要素を落とさないようにすることは大事だ。また，たった1回のセッションの中にも，いくつかの段階の要素が一緒に存在することがよく見られる。これらの段階の記述は，ドラマセラピーの処方箋として企図されたものではなく，む

しろ実践にあたってのガイドラインとしての役目を果たし，ドラマセラピストが進行速度を決め，何が必要かを見つけ，進展具合を評価し，適切な技法と介入の仕方を決定するときの補助となるものだ。

　グループとして，これらの5つの段階を通過するための決まった定式があるのではない。たとえば，ある場合には，最初の2つの段階がたいへん簡単なものとなるだろうし，他の場合には，その2つが連続治療セッションの大部分を占めるようになるかもしれない。ある特定のグループにとっては，どれか1つの段階を強調するのがよいのかもしれない。たとえば，子どもや発達障害をもつ人たちのグループでは，第一段階のワークから最も大きな利益を得るだろう。一方，第三段階のワークは，(具体的な問題に取り組んでいる) 高機能の成人クライエントで構成されるサポートグループに最も適切だろう。また施設の治療目的，治療期間に合わせるには，ある1つの段階を使うのがやっとである場合もある。それしかできないのであるから，それが最も適切な段階といえるだろう。

　さらに，個々のドラマセラピストは，自分に合った志向と技術をもっており，ある特定の段階に最も親近感を覚え，他の段階をほとんど使わないという人もいるかもしれない。たとえば，創作劇で経験を積んでいる，または劇や自発的行動が重要であると思っている人たちは，第一段階の活動を多用するだろうし，そのようなセラピストは連続治療セッションの全部を，この第一段階で行なう場合もある。サイコドラマでの経験が多く，突っ込んだ心理療法を好む人たちは，第四段階に焦点をあてるだろう。心理療法を「今ここで」という具体的な方法で行なう人たちは，おそらく，第三段階を最もよく利用するだろう。演劇指向のドラマセラピストであれば，第二段階の活動が最も自然で興味深いであろう。このように，これらの段階はグループ治療における発達の段階としてだけでなく，実践方式の種類としても見ることができる。しかしながら，私が行なう実践では，すべての段階を分け隔てなく使用し，グループの特徴に応じてそのどれかを強調して使っている。感情障害のある人たち，また感情を直接行動に表わしてしまう青年たちのグループでは，第二と第三段階を中心にすることが多い。高機能の成人クライエントグループでは，重点は第四段階におかれることが多い。しかし，メンバーの特徴だけで，どこに重点をおくのかが決められるのではなく，ある特定のグループに集まったクライエントらが創り出す独自の集合形態によっても，何に重点をおくかが決定される。私が扱った患者やクライエントの場合は，ふり返ってみると，これら5つの段階のすべてが驚くほど等しい割合で存在している。

　英国のドラマセラピストであるスー・ジェニングズはドラマセラピーの3つのモデルについて以下のように叙述している (Jennings, 1983)。創造／表現，学習，そして，治療。1番目は，「健康モデル」と見なされ，「ドラマという創造的なプロセスへ積極的に参加するときの治癒力」(p.4) と，創造的な活動を他人と分かち合うと

第2章　段階：ドラマセラピーにおける5つの連続段階

いう共同体的側面に重点をおく。このモデルは，私の説明の第一段階に最も関連が深く，部分的には，第二と第五段階にも関連する。2番目の「学習モデル」は，ドラマ化をするときに身につける技術，とくにさまざまな役をこなせる柔軟さとレパートリーの拡大を強調している。「日常生活のドラマ」を強調するという意味において，これは第三段階に相当する。3番目の「治療モデル」では，潜在的で無意識の問題に焦点をあて，「固定メンバーのグループで，演じたり語り合ったりする心理療法の一形式」と説明されている（p.5）。これは，第四段階に相当する。しかしすべての段階は，創造的であると同時に治療的でもあると私には思える。

　この5つの段階の方式は，決まったグループメンバーで一定の期間をかけて行なう治療作業（一般的に，最低20セッション）を前提としているが，短期間の治療やメンバーが入れ替わるグループにも適用できる。短期治療の場合，第一段階から第三段階までを，早い速度で進むことが多い。この場合，グループが第四段階に入ることはまれであり，第五段階も，長期間で決まったメンバーのときと比べ軽い扱いとなる。通常の場合と比較して，最後の2つの段階が少ないとしても，短期間のドラマセラピーの重要性を減じることはない。数セッションの作業でさえ，他の分野の治療を進展させる重要な触媒となり，また，その人の人生に変化をもたらすことがよく見られる。グループのメンバーが入れ替わるときは，固定メンバーのグループで通常見られるように，各段階を順番に進んでいくのではなく，（セッションごとにグループ内の関係や動き，そして必要性が変化するにつれ）段階の間を移動することが多くなる。メンバーが変われば，第四段階と第五段階が適切に行なわれることはまれとなる。私自身の好みは，固定メンバーのグループである。そこでは，各段階を順番に進めていくことができるし，また相互関係とグループの結びつきを育てることができ，この2つは健康と幸福に向かっての旅において最も重要な役割を果たすと思うからである。

　段階，方式，概念，技法は，これらの意味することが現実に生きている人々の人生とどのような関係があるのかをはっきりと理解するようにならなければ，ほとんど意味をなさない。本章においては，ドラマセラピーの連続治療セッションとしての進行に焦点をあてたが，次章では，固定メンバーのグループで行なう連続ドラマセラピーセッション内で，個々のクライエントがどのような経過をたどるかについて叙述する。そこでは4つの事例の物語を提示したい。人々が苦闘し変化を経験する物語である。

第3章
物語：プロセス指向のグループドラマセラピーにおける個人の成長過程
——4つの事例研究

　本章では，精神科のデイケアで行なった成人クライエントのグループドラマセラピーから，4つの事例を提示する。4人のクライエントは，全員20歳代と30歳代である。各人は，週2回の頻度で連続ドラマセラピーセッションに2〜4シリーズ参加し，その合計の期間は6か月〜1年であった。連続ドラマセラピーの1シリーズは，1回90分のセッションが12週間続く（合計およそ25回のセッション）。これらの事例を，とくに第四段階の最高潮に達する場面に焦点をあてて解説する。名前，事実の一部は，個人の秘密を守るために変更してあるが，セッションやそれぞれの場面は，可能な限り，実際に起こったままに描写している。対話はほとんど実際に話されたとおりに記録した。

　本治療が行なわれたデイケアセンターには，年齢，人種，階級，またその疾患のレベルにおいて，多様な人々が訪れる。大半のクライエントは，これまでに，統合失調症，躁鬱病，境界性人格障害などの感情障害［本書では感情障害とは，精神疾患を含めて要治療の精神的障害全般を指している］を理由として，入院治療を受けた経験をもつ（短期の人もいれば，長期にわたる人，またくり返し入院した人もいる）。クライエントの大部分は，継続的な精神治療薬の投与を受けている。個人で独立して住み，責任ある仕事に就いている人たちもいるが，多くは，食事とケア付きのホームに住み，社会保障の援助を受けている。大部分のクライエントは，外部のセラピストにこのセンターを紹介されているが，センターへの登録自体は任意である。しかし，センターに会員登録をいったん行なうと，その後の治療への参加が義務づけられる。クライエントは，1日7時間，週に3〜5日の頻度で，複数の専門的な治療に参加する（グループや個人セラピー，家族療法，ダンスとドラマセラピー，バイオフィードバック［本来は不随意な自立神経系の反応を，血圧計や脳波計などを使ってモニターすることで，随意的にコントロールする技術］，美術と造形，また気軽な外出と社会的な催しへの参加など）。デイケアセンターへの通院期間は，3か月〜2年までさまざまである。センターが促進していることは，責任を引き受けること，社会的交流の技術を身につけること，感情を認

第3章　物語：プロセス指向のグループドラマセラピーにおける個人の成長過程――4つの事例研究

識しその表現をすること，そして自己尊重の観念を発達させることである。
　本章で紹介する4人は，精神疾患とその治療の病歴がある。しかし，彼らを患者としてのみ見ることは，よく言って制限した見方であり，悪く言えば非人間的な見方だ。1人ひとりは，複雑で多くの側面をもつ人間であり，人生で多くの役を演じている演技者であり，「1人で1つの宇宙」（Erikson, 1958）を成しているのだ。彼らは――私たちみんなと同じように――人生の辛い状況から，自らの発達に深い影響を受けてきた同じ仲間の人間である。演技の訓練経験をもつ私は，彼ら1人ひとりの中に，自分自身の一部を見いだすことができた。同様に，私がセラピストであるためには，自分自身の内部を考察することも必要になってくる。自分の内部や自分の経験の中で，クライエントを理解し，その人ともっと深くつながることができるものを探し出さなければならないからだ。もちろん演技をするときに，自己と演じる人物との境界が明確でなければいけないのと同じように，セラピーを実践するときも，自己とクライエントとの境界は明確でなければいけない。しかし，それは境界であって，障壁であってはならない。
　ショーン，イワン，リサ，クリスティンの中に，私は何層もの苦しみと，何層もの美しさを見いだした。私たちが一緒に支え合った治療が進展していくその瞬間ごとに，彼らへの尊敬，ケア，愛情が大きくなっていくのを感じた。ここに示すのは，苦闘，勇気，そして勝利の物語である。

ショーン

　私はショーンと，週2回の3か月連続治療を4シリーズ，1年間にわたって行なった。彼女は，デイケアセンターのメンバーの中では，交際が活発で言語表現も高度であり，比較的創造的な感覚をもっている人だった。32歳の彼女は，ひときわ明晰で敏感，そして魅力的なオーストラリア人であった。長い，ウェーブのかかった赤毛の髪が彼女の顔の輪郭を作り，驚くほどの美しさと表現力を備えていた。ショーンは20歳代半ばの4年間，自分より15歳年上の芸術家と結婚していたが，その後離婚した。7歳の息子がおり，彼は平日は父親と過ごし，週末は彼女と過ごしていた。
　ショーンは自分のマンションに住み，美術史で高級学位［修士・博士号など］をもち，小さな美術館の館長補佐として一定の成功を収めていた。彼女は，また自殺未遂のために，2回，精神科で短期の入院治療を受けていた。たまに拒食症を起こし，そして何度も自分に切り傷をつけるという形の自傷衝動に屈していた。精神科の診断は，境界性人格障害であった。ショーンの育った家庭は裕福で，親は専門職をもっていた。しかし両親ともにアルコール依存症で，ショーンの世話を継続して行なうことができなかった。母親はすでに死亡しているが，生前は，子どもの世話をせず，感情的にも

親として十分な状態ではなかった。放射線技師の父親は、彼女（ショーン）に対して、感情的な虐待を行なうと同時に、誘惑的な感情をいだいていた（はっきりとした性的な暴行はなかった）。姉が1人おり、有能な音楽家であったが、薬物乱用者でもあった。2人の弟のうち、1人はアルコール依存症、もう1人は弁護士として成功していた。一組の祖父母がまだ生きており、支援をするつもりがあるようだったが、彼らは、ショーンが人生の最初の10年間を過ごした地、オーストラリアに住んでいた。

　治療の初期、ショーンは鬱状態であったが、セッションを重ねることで、彼女の中に埋もれていた本来の遊び心と自発性が出てくるようになった。少なくともセッションが続いている間だけは、鬱が軽くなるようになった。第一段階（劇遊び）で彼女が行なった寸劇は、素晴らしく想像力に富み、独創的だった。うまいと他の参加者から認められたことに、彼女自身驚いていた。彼女がとくに惹かれたのは、劇遊びの中で、怒りを安全に楽しく表現することだった。その1つが、でたらめ語＜Gibberish＞（本当の言葉の代わりに意味のない音、または自分で作り上げた言葉を使う遊び）であり、これを使って怒りを表現することで、彼女の鬱はさらに軽くなった。

　しかし、グループが第二段階（場面演技）に進み、さらに発展した即興場面を作るようになると、ショーンの子ども時代に関連した連想や感情が簡単に引き出されてしまい、彼女はすぐにそれに圧倒されるようになった。たとえば、他のクライエントが、おとぎ話の場面でアルコール依存症の継母を演じた後で、ショーンは何も話さなくなった。その夜、彼女が剃刀で自分の腕に切り傷をつけたのを私は後で知った。彼女が自分の身体を切るのは、感情の痛みから注意をそらすために、また感情的な痛みを具体的にふれることのできる肉体的な痛みに変えるために行なっていると思われた。この時点（約1か月、8回のセッションの後）の治療として、私は彼女に、セッション中に起こってくる感情を明らかにするようにうながしはじめた。これは、彼女にとってむずかしいことであった。というのは、彼女の反応は、時間的に遅れて発生する傾向があったからだ。彼女は、そのときはとりあえず感情を横に置いておき、後になって打ちのめされるような感情に襲われていたのだ。子どもの頃、ショーンは自分の感情を表現することを許されなかった。また家族が感情を表現するのを見たこともなかった。かえって、両親は、感情の表現を避け、またそれを否定するために酒を飲んでいた。私はセッション中、たびたび彼女が「大丈夫か確かめる」ように努め、セッション後も、特別に援助を与えた。また彼女が感じた感情はどんなものでも認めるようにした。このプロセスで彼女は、私への信頼と私の治療への信頼を深めた。

　しかし、私への信頼が深まると同時に、見捨てられるという恐怖も増加してきた。治療セッションの予定変更が告げられたときに彼女が表明する動揺した心、そして見捨てられるという感情の強さの中に、私に対する転移が示されていた。たとえば、私が飛行機に間に合うように、セッションをあと15分で終わらなければならないと言

第3章　物語：プロセス指向のグループドラマセラピーにおける個人の成長過程——4つの事例研究

ったとき，あるいは感謝祭の後の金曜日はセッションをお休みにすると1か月前に発表したとき，ショーンは，私が彼女やそのグループのことを気にかけていないのだと非難した。私は彼女に，この転移の中身を説明するのではなく，むしろ常に変わらない支援とケアを行なうからと言って，彼女を安心させるようにした。

　グループワークの多くが第三段階（ロールプレイ）に移行すると，感情に圧倒され，自傷に向かうような状況をショーン自身が事前に予測できるようになる作業を中心に行なった。当初，彼女自身，このような行動がいつ発生するか，ほとんどわからず，また自分を守ろうとするほど自分のことを心配していなかった。たとえば彼女は，この数年会っていない父親のところに，次のクリスマスに行く旅の計画を立てていた。そこで私は，グループの他のメンバーを使って，この訪問がどのようになるかという演技場面の監督を彼女にしてもらった。父親が酒を飲み，猥褻になるようすが演技化されるのを見ているうちに，2つのことが次第に彼女にとって明らかになってきた。まずはっきりしたのは，この演技化で引き起こされる感情に彼女が上手に対処するのはとてもむずかしく，そして彼女には，現実にこの訪問をする心の準備はまったくできていないということだった。2つ目は，自分の拒食症，自傷行為は，父親が母親より自分をひいきにすること，とくに自分の肉体について父親が性的なコメントをすることへの罪の意識に結びついている，ということであった。

　この時点で私は，彼女が過去の感情を引き起こす場面の後には，必ずこの感情にどう対処するかの場面を引き続いて行なうようにした。父親を訪問する場面の後に，私たちはその日の夜，彼女が1人でどのように感じるか，自分の体を切らないでそれに対処するにはどうしたらいいかという場面を行なった。このようにして，彼女は自分の反応を予測できるようになり，また自分が感じる痛みに反応する新しい方法を練習することができるようになった。

　自分の体を切るという行為への洞察は，自分の中のいくつかの部分を彫像として表わす（**自己彫像**）［第Ⅱ部参照］の中で深まった。ショーンの彫像の中で支配的な役となったのは，罰を与える部分であった。私は，ショーンにこの彫像に入ってもらい，この部分を演じるように言った。彼女は，この役を演じているとき，思わず「私はあなたのお母さんよ！」と大きな声で叫んで，自分自身とグループのメンバーをびっくりさせた。次のセッションで，彼女はすでに亡くなっている自分の母親に，電話をかける劇的な場面を演じた（**電話**）［第Ⅱ部参照］。母親は地獄にいた。距離を作る方法として少しユーモアを加えながら，彼女は，母親が自分に対して否定的で懲罰的な態度をとることに直面した。彼女は母親の自己破壊的な態度について，また母親が自分（ショーン）にも，感情的に死ぬように願っていたのではないかと感じていたことについても話すことができた。その次のセッションで，ショーンは，自分を傷つけたいという衝動が，それまでずっと押さえつけてきた，人形を買いたいというもっと強い

第Ⅰ部 ◆◆◆ プロセス

衝動に置き換わったと報告した。それは，彼女が持つ初めての人形となった。子どもの頃，彼女は一度も人形を欲しいと思わなかった。どうやって遊ぶのかわからなかったから，と彼女は言った。

　4か月が終了する頃には，自傷と自己破壊的な行動は消えていた。この時点から，自分自身をはぐくむというテーマに沿って治療の大部分が行なわれるようになった。彼女は，悲しみ傷ついたインナーチャイルドを拒否し，追い払おうとしており，それが自傷に結びついていたのだ。自分自身のこの部分を理解し受容するようになり，また他の人が彼女のこの部分に対して示す共感を経験するようになると，彼女は，場面演技を通して自分をいたわる方法を発見しはじめた。自分が見捨てられたこと，また自分自身を見捨てたことへの多くの悲しみが表現された。今，ようやく彼女は，自分の内部にいるこの子どもに手を差し伸べようと苦闘していた。ある場面で彼女は，どんなにむずかしくても，また費用がいくらかかってもいいからと言い，自分のインナーチャイルドに長距離電話をかけようと必死に試みた。また自分の創造力と想像を使って，惑星を創った（**理想の惑星**）［第Ⅱ部参照］。そこは，人々がみんな自分のことをいたわり，また彼女の言葉によれば，自傷行為をする子どもはいない惑星だった。多くの場面で彼女は，いたわりを必要とする子どもの役を演じた。そして彼女は，グループの他のメンバーの場面ではあったが，子どもの世話をする親の役を演じることが次第に上手にできるようになった。

　希望がもてないような日も，また感情が彼女を圧倒してしまうときもまだあった。現在の痛みを感じると，それがどんなものであれ，すぐに過去の巨大な痛みを引き起こしてしまう。あるとき彼女は，近所の人がエイズと診断されたことを知った。このときも，感情によるストレスが大きくなる他のときと同じように，私は彼女に指示をして，自分の中にある感情をすべて並べ出し，他の人にそれらを演じさせるようにした。彼女はその場面をしっかり見つめ，監督をした。これは，彼女が観察する自己を作り上げ，自分のすべての感情を理解して包み込む助けとなった。このプロセスは，また彼女が現在のストレスと，残っている過去の感情との区別を行なう助けにもなった。私は徐々に，ショーンに対して，場面に変更を加えるようにうながしはじめた。たとえば怒りを，自分の内側に向けるのではなく，外に向かって発するように，また悲しんでいる自分のインナーチャイルドに向けるいたわりの部分を作るようにとうながした。ある日，私はショーンに，自分の中にいる悲しむ子どもの役をさせた。私とグループの２人のメンバーが，彼女の横に座った。私たちは，彼女の「ダブル」［第5章146頁参照］の役を演じ，彼女が表現する感情をくり返し，また増幅した。私たちが一緒に演じたことによって，彼女は子どものときに［たった１人で］経験した荒涼とした寂しさのいくばくかを改めて体験することができた。しかし今度は，自分のかたわらに，支え理解してくれる人たちがいたのであった。

第3章　物語：プロセス指向のグループドラマセラピーにおける個人の成長過程——4つの事例研究

　これまで無視されてきた，インナーチャイルドとの接触が作られるようになるにつれ，ショーンは，自分の息子との関係を検討したいとも思うようになった。ロールプレイで彼女は，息子とのむずかしい関係を検討し，もっと率直にコミュニケーションをとり，自分の愛をもっと十分に表現する練習をした。彼女が息子にとっての母親役をする技術は，自分自身の母親になって自分のめんどうを見る役をするときよりも，はっきりと優っていた。しかしショーンの熱意は，息子に対する技術をよくしようと思うときも，自分の中にある母親を発見しようとするときも同じであった。

　遊びの要素をより多くもつワークも引き続いて行なわれ，彼女の即興劇への興味はますます大きくなった。彼女は，グループプロセスのこの部分を，自分が現実にはもち得なかった子ども時代を経験するために使っているように見えた。ショーンは，驚くほど表現力に富んでいた。彼女が即興で作り上げる役や登場人物は，ますます強くはっきりと主張をもつものになっていった。私は場面の中で彼女に指示をして，そのような登場人物が示した「自己主張する」などの性質を，困難な自分自身の人生のいくつかの状況に適用させるようにした。ドラマの中で彼女は，「自分のことで本当にすべてのエネルギーを使わなくてはいけないときなので，仲間が助けを求めていてもそれを断らなければならない」という場面や，「自分に興味のない男性からの誘いを丁寧に断る」という場面を演じた。

　7か月がすぎる頃になると，ショーンは自分自身の強さを感じることができるようになった。彼女は，自分が見捨てられるのではないかという余計な恐怖心をもたずに，私やグループの仲間を信頼することができるようになった。心配は確かにまだあったし，とくにこれから，グループとの別れやセッションシリーズの終了が控えてはいたが，彼女は未来のことに対して，希望と楽観さを体験するようになった。彼女は場面の中で，自分が切に求めている将来の仕事，また人生の状況を演技として表現しはじめた（こうすることで彼女は，それらを視覚化し，感情として受け入れられるように準備を始めた）。

　感情的に苦しみを感じる場面であっても，ショーンは，もはや監督の役である必要はなくなった。彼女の観察する自己は内面に十分根づき，彼女は演技者となることができるようになった。距離をとらずに自分の感情を扱うことができるようになったが，まだその痛みをつかみ取るには助けが必要であった。というのは，彼女が自分のインナーチャイルドに対して，懲罰的な態度をとり続けた期間はとても長かったからだ。今彼女は，グループの他の人に対して示すことができたやさしさと共感のすべてを使って，この子どもを抱きしめることが必要となった。

　第四段階でショーンが行なった**最高潮に達する場面**の1つは，母親にさようならを言い，自分にはさようならを言わない，という場面であった。場面の中で彼女は，母親に対してたくさんの凝縮した感情を表現する自分を演技した。その中には，怒り，

第Ⅰ部 ◆◆◆ プロセス

愛,そして失望が含まれ,これらすべてに彼女は,今ようやく耐えることができるようになった。感情にふれ,そしてそれを表現する力と,その感情を包み込んで抑制する力とが,彼女にとって同じレベルになったのだ。

「お母さんが,どうして一度も生きようとしなかったのか,私にはわからないわ」とショーンは,空の椅子を見つめながら言う〔想像上で,ある人物が空の椅子に座っていると仮定し,その人に話しかける技法〕。「私が知っている限り,お母さんはいつも死に続けていたのよ。煙草を吸って,お酒を飲んで,逃げ出して,全部そうよ。それなのに今,本当に死ぬときになって,死にたくないって言うなんて。少し遅すぎたわ。そう思わない? お母さんが死ぬところを私は見たくない。だって,私はこれまでずっとお母さんの死んだも同然の生き方を見てきたんだから」。

悲しみの調子は,次第に怒りの調子に変わっていく。「ちくしょう。なんでお母さんは一度も生きようとしなかったのさ。それに,なんで私の面倒をみなかったのよ? 私が車に乗っていることを忘れてさ,なんで置き去りにしたのさ? お店に置き去りにしたり,いろんなクソったれのようなことをした」。

怒りと傷ついた心を伴いながら,また悲しみの感情が出てくる。「私って,そんなに悪い子だったの?」。

長い沈黙が続く。そのとき,内面で変化が起きていることが私にはわかる。私は最小限の指示しか与えない。というのは,治療がここまで進んできて,ショーンは今や,素晴らしく上手に自己監督できるし,マズロー(A. Maslow)が天賦の力(この力は,恐怖心によりその発現を阻止されていることが多い)とよんでいる,彼女の内部の自己実現衝動がはっきりと示されているからだ。ショーンは回復したいのだ。「でも,お母さんが死ぬことになったからって,私も死ぬ必要はないのよ。お母さんが自分の人生を死にながら生きたからといって,私も同じ選択をする必要はないわ」。私は,彼女に,この最後の1文をくり返して言うように言う。彼女はくり返し,そして感慨深げにこう付け加える。「私,今まで2年間,そんなことをくり返していたけど,でも同じことを続ける必要はないわ。ようやく,自分の感情のもち方がわかるようになってきたわ。お母さんは決してしなかったことよ。私たちの家族は恐くてそれができなかった。お酒を飲んだり,自殺しようとしたり,あれはすべて感情から逃れようとしていたのよ。でも今,私には自分の感情が起きている。たやすいことではないわ。でも,自分の感情をもったからといって,それで私が死ぬ必要はないのよ」。

ここで私は,グループの中で,ショーンと親しくしていて,また人の感情にたいへん敏感なジョアンに頼んで,ショーンの内面にいる無視された子どもの役をしてもらう。この子どもは,ショーンがこれまで破壊しようとしていた部分である。私はショーンに,自分のこの部分をつかまえるようにと穏やかに指示をする。彼女は,それを身体で表わし,ジョアンを両腕の中に抱える。すぐに彼女は,声の調子と言葉でそれを表わす。「あなたはとても特別な人で,とても愛しい人だわ。時どき,むずかしくて,どうしてもそうは思えないときがあるけど,でもだんだんそう思うのがたやすくなっ

第3章　物語：プロセス指向のグループドラマセラピーにおける個人の成長過程——4つの事例研究

てきている。私がうまくできないのは，あなたがしたことのせいではないの。私が習ってきたことはずいぶん違っていたので，新しい方法でふるまうのがとてもたいへんなの。でも，あなたは私の重要な，特別な部分なのよ。だからこうやってきちんと抱かれ，愛されて当然なの。そして，すべての感情をもっていて当然なのよ」。

　場面の進行を妨げないで，ショーンに対して静かに次のように提案する。この子どもに二度とショーンがさようならと言わない，と安心させるようにと。ショーンは，この指示を実行しようと苦闘し，とても長い間，何も話さない。自分を二度と見捨てないというこの約束は，今までの中で一番困難な課題である。しかしゆっくりと彼女は，自分の内面に入って行き，自分の言葉を探し出す。「今までの人生の中で，たくさんの人にさようならを言わなくてはならなかったし，これからも，たくさん言うことになるでしょう。でも，1つのさようならだけはもう言う必要がないわ。それは，あなたに対してよ」。

　ショーンが参加した連続ドラマセラピー最終シリーズの第五段階で行なった終了の儀式で，彼女は，それ以前のシリーズ終了期にいつも感じていた，見捨てられるという感覚をもたずに，私に，そしてグループのメンバーに，さようならを言うことができた。この儀式を終わるとき，彼女が表現したのは，何かを喪失したということではなく，獲得したことについてであった。というのは，このとき彼女は，新たな自分自身を一緒に［ドラマセラピーグループの外の世界へ］連れて行こうとしていたからだ。

イワン

　イワンは31歳，ゲイの白人男性で，ドラマセラピーの連続セッションを2つ終了していた。19歳のとき，窓から飛び降りる自殺未遂をした。その結果，腰から下が麻痺するという一生の障害を抱え，車椅子での生活となった。精神疾患ではなかったが，自殺未遂以降，精神科への入院を6回していた。彼はまた，アルコール依存症からの回復者でもあった。しかしドラマセラピーの治療を受ける以前の5年間は，入院の必要もなく，正常な生活を送り，また，お酒からも遠ざかっていた。この時期にデイケアセンターに通院することを決めた理由は，恋人と別れたからであった。

　デイケアセンターで，イワンは比較的，社交的なつきあいができる人だった。人づきあいがよく，他人を助け，自分の問題について隠さずに話していた。何年も「患者として開業してきた」のだから，こういうことはたやすいことだと彼は言っていた。イワンは頭が切れ，機知に富み，外面は「しっかり」していた。知的には洞察力に富んでいたが，彼は，自分が非常に明確に話すことができる個人的な問題と，感情的にはつながっていなかった。日によっては，彼の普段の社交性が，心配，憂鬱，怒りの発散でかき消されることもあった。

　初期の即興劇の場面の中で，イワンはいつも反抗するティーンエイジャーの役を演

じた。彼は，演じることが大好きだと言っていたが，本当に好きなのは，この役を演じることのようであった。どの場面でも，このティーンエイジャーの役を通して，より多くの怒りが表面化してきた。そして，6回目のセッションのとき，「現われ出た」怒りのあまりの強さに自分で驚いてしまった。彼は，その次のセッションで，この役に惹かれてきたのは，自分自身の怒りを表現できるからだったと認めた。

　次の数週間，グループは第二段階（場面演技）の後半部分へと進行していったが，イワンはティーンエイジャーの役を演じ続けた。しかし彼の演じる場面の中身はより複雑になっていった。ある即興劇の中で，ティーンエイジャーが課外活動のモダンダンスクラブに入りたいと父親に許可を求めた。しかし，父親はそれを許さず，その理由として，勉強にもっと力を入れなくてはいけないからだと言った。イワンを父親役に交代させると，この［イワンが演じる］父親は，「それに，男の子がダンスに興味をもつのは正しくない。スポーツを行なうべきだ」と付け加えて言った。また別の場面では，ティーンエイジャーがセラピストに会いたいと両親に言うと，親はその要請を断り，さらに「この家族は完全に正常なんだ。頭を見る医者［精神科医］に用事はない」と発言した。劇は，家族がそのイメージを大事にするだけで，このティーンエイジャーが感じていることや，必要としていることを受け入れてくれない，という葛藤について演じられ続けた。彼が感じはじめた男性への性的な感情は，彼を取り囲む家族の，そして文化としての同性愛者への嫌悪感と結びつき，葛藤，混乱，そして痛みの源ともなっていった。イワンはある日次のように言った。「この場面は本当に自分の家のことのようだ。子どもの頃の思い出がよみがえってくるし，僕の怒り，葛藤を思い出すよ」。

　場面の中で怒りを表現し，その演技と自分が同化していることを話し合うことで，イワンの鬱は和らぐようであった。しかし場面の強烈さの度合いはさらに増加していた。ある即興劇で，彼は必死にまわりの関心を引こうとしているアルコール依存のティーンエイジャーを演じた。しかし，夕食のテーブルで一緒にいる両親は，彼が酔っぱらっていることにすら気づかなかった。イワンが今必要なのは，あの悲劇的な行ないの前に彼が感じていた深い痛みをもう一度体験し，助けを求めることであるということが，私にははっきりとわかるようになった。ドラマという媒体を通して，彼は，自分の人生を変更してしまった出来事を理解し，それに真剣に向き合いたいと苦闘していた。

　イワンが参加したドラマセラピーの最初の連続セッションのとき，第三段階（ロールプレイ）から第四段階（最高潮に達する演技）に移行するあるセッションで，私はクライエントたちに，（グループの中の他の人を使って）自分自身，あるいは，自分たちの人生の重要な局面を表わす彫像を作るように言った。イワンは，1人のクライエントを使って，手首を切っている姿勢の「彫像」を作成した。これまでの数週間

第3章 物語：プロセス指向のグループドラマセラピーにおける個人の成長過程――4つの事例研究

の場面の中で，10年以上も前に経験した感情を鮮明に，激しく思い起こすことを経て，今彼はようやく自殺未遂の時点まで到達したのだ。彼の彫像は，彼自身とグループにとっての試金石であった。自殺そのものに対して，真正面から向き合えるだろうか？

次のセッションで，クライエントたちに自分の感情の中で最も重要な，または最もよく経験するものを3つ選んで彫像にするよう言った（**自己彫像**）。イワンの彫像には，怒りと悲しみという2つの感情しかなかった。

私は彫像に「動き出す」ように指示をした。おのおのの演者は，与えられた役を大げさに演じた。数分経ってから，イワンにどれか1つ役を演じるように言った。当然のように，彼は，今までのセッションで最も身近となった，怒りの役を選んだ。「怒り」になった彼は，「悲しみ」を押しのけはじめた。この2つの役の間にいかなる交わりをも許せないようであった。役割交換を私が提案すると，彼は凍りついて動かなくなった。

自殺未遂に先立つ深い悲しみと孤独は長い間埋められていた。それは怒りよりもはるかに恐ろしいものであった。そして，今まで彼が一度も表現したことのない，失った自分の身体に対しての悲痛な思いがあった。

私は，3番目の役が存在しているか，彼に尋ねた。

「いない。でも，1人いてほしい」

「どんな役？」

「受け入れること」

私たちは，「受容」を追加した。イワンはじっとそれを見つめ，そして明らかに心を動かされていた。後で，彼がこの役を自分の身体で表現したとき，彼の傷つきやすい感情が波のように表われ出た。これまで怒りで守っていたすべての傷つきやすいものが，「受容」の役を演じるとき，涙があふれ出た。この役をもっと十分に演じるようになると，彼は涙を流すだけでなく，大きな声を上げて泣いた。塞き止めていたダムが崩れたのだ。

次のセッションで，私は**魔法のお店**［第Ⅱ部参照］を開いた。クライエントたちは，店に入り，人間の性格や感情を購入した。当然イワンは「受容」を買いたいと言った。

「どんな『受容』がご入り用ですか？」と店主として私は尋ねた。

「許してくれるような『受容』を下さい。自分自身を許すような」

連続セッションで行なった今までのさまざまな場面は，この許すことに向かって進行していたのだった。もうこれ以上避けて通ることはできない場面である。そしてこれが，彼にとっての最高潮に達する場面であり，彼はその場面を行なう準備がほぼできており，その場面に到達する時期になっていた。

第Ⅰ部 ◆◆◆ プロセス

　次のセッションで私はイワンに，この魔法のお店から新しく買ったものを自分で使う場面を創るように言った。私たちは２人とも同じ場面を考えていた。彼は言う。「19歳のときの僕自身のところに行って，彼と話をしたい，この許しも一緒に持って行って」。
　このような瞬間にめぐり合うと，人間には，自分自身を癒したいという欲求と，そして，癒す力が備わっていることに，再度，深く心を動かされる。
　イワンは，グループの中で強く共感する力をもっているジェシーを選んで，彼を19歳のイワンにする。私はジェシーに言葉を使わないで演じることを提案する。ジェシーが場面を他の方向に動かしたり，そらしたりしないようにするために。イワンだけの場面にしたいからだ。
　結果は，演劇，セラピー，そして実に，人生そのものに備わっている深い精妙な瞬間が表現されることになった。イワンの中でジェシーが，ゆっくりと，深い心の悩みをもっている若いイワンに変容していくのがわかる。同時に，ジェシーは自身を変容しつつも，一方で，実際にそこにジェシーのままで存在をし続け，現在の大人のイワンを支え，彼に愛情を与え続けている。
　19歳のときの自己に話しかけるにあたって，イワンは，多くの段階，そして多くの層の感情を通過している。最初に，怒り，天をも突き抜けるような激憤がある。というのは，この19歳の青年のせいで，イワンは残りの人生を半身不随で過ごさねばならないからだ。耐えがたいほどの葛藤，そして悔恨。しかしそこには理解もある。青年を飛び降り自殺にまで追い込んだ痛み，この６週間で大人のイワンが再体験した痛みへの理解が。苦しみは，今共有されており，そのために共感がここにある。大人のイワンは，なお青年が行なった行動を容赦することはできず，そんなことが起こらなかったことを望んでいるが，かつての自分であるこの青年への愛も感じている。たやすいことではない。しかし，最後には許しが現われる。イワンが自分に許しを与えられるのは，与えるふりではなく，彼自身が本当にそうできるときだけである。この瞬間は，現実である。
　言葉を発しないジェシーは，言葉で表現できるときよりも，はるかに多くの共感とやさしさをその身体から発してくれる。
　イワンは，本当の自分自身にふれようとして，自分の内面に入り，より多くの許すという感情を求めている。そして彼は，大人の自分の中に，今まで隠れていた，豊かにわき出てくる許しの井戸を発見する。彼の涙は私たちの涙を誘い，彼がセッションを終わるときには，その部屋で泣いていない者はいなかった。
　また，これが**演劇の最上の瞬間**である。というのは，この場面ならば，どんな舞台でも上演できた内容だからだ。この場面には，良質の演劇のもっている本物のよさ，深み，そして力強さが備わっている。
　これが**セラピーの最上の瞬間**である。というのは，ここにいる男は，あまりに大きな心の痛みのために，自分の感情から切り離されてしまっていた。また，この男は，今まで戦争をしてきた。自分を殺そうとしてしまった自己と生き残った自己の間の闘いである。自身を許すとき，感情があふれ出すが，でも溺れる恐れはない。この許し

第3章　物語：プロセス指向のグループドラマセラピーにおける個人の成長過程——4つの事例研究

を実行することは，人生を抱擁し，認め，受容することだ。

　もう1つの**最高潮に達する場面**が発生したのは，イワンの2回目のドラマセラピー連続セッション中，第四段階の終了近くであった。デイケアセンターで行なってきた10か月にわたる治療が終わりに近づいており，この連続セッションが終了すれば，彼の治療も終了することになっていた。
　イワンは，恋人との関係が終了したことを扱う場面を演じたいと希望した。
　この2人はもう2年前に別れていた。私は，イワンが話し合いなどの言葉による＜verbal＞集団療法や個人セッションで，2人の関係，別れについて，よく話しているのを知っていた。
　彼は，デイケアセンターを去るときに，自分がどんな感情をいだくかについてはまだ何も語っていなかった。彼は，目前に迫っている移行［セラピーが終了し，現実に向かい合うという変化］を心配していた。しかし彼にとっては，現在の状況に向き合うよりは，よく知っている以前の別れのことをもち出す方がたやすいようであった。私，そして私の治療に寄せる彼の信頼はとても高いレベルにあったので，この時点で，適切な指示を出すことが可能（そして，重要）であると私は感じ，次のように指示した。「あなたが始めようとしているテーマは，別れ，移行に関するものね。確かに，ある1つの別れは，今まで経験してきた他の別れのときにいだいた感情も思い出させます。でも，あなたがこれからすぐに直面する——このセンターを去るという別れから取り組んでみたら？　そして，その後どうなるか見てみましょうよ」。

　彼が承諾してうなずいたとき，表情が変化したのに私は気がつく。彼は前より弱々しく見える。この別れの何を恐れているのか私は尋ねる。自分のマンションに1人でいるときのことを彼は話し出す。
　「夜，時どきとても寂しいときがあります。本当に痛みを感じる寂しさです。実存的な感情といえます。悲しく，空虚に感じます。このデイケアで，私にはしっかりした柱が与えられ，たくさんの人と会うことができました。でもこれがなくなると，この寂しい時間はもっと耐えられないものになるのでは，と心配です。1人になる寂しさだけではない，自分のさまざまな感情と，1人だけで向かい合わなくてはいけない，という心配です」
　私は，彼がこの状態がどのようなものであるかを私たちに**見せる**ように提案する。マンションで1人のとき，どのようにこの状態が引き起こされるのか，その状況から始めるように言う。
　彼は配置を始める。椅子を数脚，植木鉢を置いたテーブル，クッション近くの床の上に小道具の電話，という風に，自分のマンションに似た状況を作る。次に，彼はその場面の中に自分を置いてみる。私は，彼の時間をたっぷり使うやり方に，大きく感

銘を受ける。彼のやり方は，スタニスラフスキ（C. Stanislavski）の「メソッド」による訓練を受けた俳優が，自分の全存在をかけて集中し，劇中の人物としての感覚，感情，欲求を自己の中に充満させて，その役を作り出す方法を思い起こさせる。ただ1つ異なるのは，ここでイワンの作り出そうとしている登場人物が，自分自身，つまり，ある特別の状態のときの彼自身であるということだ。

　イワンは動き回り，どうしたらいいかわからないようすだ。次に，車椅子からなんとかして降り，クッションに座り，電話をかける。独白の中身から，試験準備で忙しく，今は話す余裕のない友人に電話をしたことがわかる。イワンは電話を切り，落胆する。

　長い沈黙の後，イワンはこの場面から出てきて，こう言う。「ここで僕の気分をもっと悪くさせるものがあるとすれば，お父さんからの電話なんです」。私は，電話の呼び出し音を鳴らす。イワンは受話器を取り，再び，場面の演技に集中する。

　「やあ，お父さん。うん。いや，別に変わったことはないよ。（**長い間**）忙しくなるようなことはしたくないよ，お父さん。そんなことに興味はないんだ。（間）お父さんはいつも僕に，忙しくしていなくちゃいけない，これをしたら，あれをしたらなんて言う。お父さんにとってはそれがいいのかもしれない。でも，僕は，**今自分が感じていることを感じる**時間をちゃんと残しておかなくちゃいけないんだ。それから逃げ出したら駄目なんだ」

　受話器を戻す彼は，今，明らかに，この場面に完全に没頭している。彼の想像の中で**今この瞬間に，この場面は実際に，起こっている**。観客にとっては，覗き見をしているのとほとんど同じだ。私たちは，イワンの私生活，内面の状況をまさに目撃している。現実と違うのは，見るように招待されているということだ。このようにして私たちは，イワン**とともに，感情を共有**できる。このドラマの観客として，私たちの感覚もその場面に参加しているので，私たちは，イワンがこの状態に**ついて話す**のを聞くときよりも，はるかに深く，彼の状態を理解することができる。静かで，精妙で，筋も行動もない場面であり，彼の初期の攻撃的な場面とはまったく異なっている。しかし，現実そのままの誠実さに満ちた演技場面であるため，内容は豊かで，人の心を引きつける。イワンは泣きはじめる。私は，穏やかに，今の感情としては，次に何をしたいのか，彼に尋ねる。イワンは演技に集中したまま，車椅子に戻り，引き出しを開け，蝋燭を取り出し，ゆっくりと火をつける。ステレオに近づき，ボブ・ディランのレコードをかける。自分が選んだ音楽により，彼の気分はますます増強する。彼はしばらく泣いている。誰も声を上げない。

　少し時間が経ってから，彼が作り出した雰囲気を壊さないように，今度も低い声で，私は，次にどうなるのかを彼に尋ねた。「外に行きたい。海岸に行って，波を見たい」。

　「海はあちらの方にあります」。私は，部屋の一番遠い隅を指差す。イワンはゆっくりと車椅子でそこに行く。それから，とても長いと思われる間，彼は海を見つめる。

　普段のドラマの場面に見られない，この静けさ，そして沈滞はこの場面にとても効果的で，人生そのものがこの舞台の上に映し出されていると思わせる。外見上の単純さが浄化作用を与える。観客が，この場面から痛切な感覚を受けるのは，まったく孤

第3章　物語：プロセス指向のグループドラマセラピーにおける個人の成長過程——4つの事例研究

独な人間とともにいるからである。また，演技者も同じ感覚を受けるのは，自分の孤独を他者と共有しているからである。

スタニスラフスキがこれを見たらたいへん誇りに思ったであろう。ここにいる人は，台本も筋書きももたず，小道具もほとんどなく，また「がんばって対抗する」人もおらず，時間の流れの中のあるひと時を完全に再現している。演技者が強く感じている大きな海の存在は，観客にも伝わってくる。海が与える慰めを感じる。間もなくイワンの状態は，痛みというよりは，瞑想，内観の状態であることが感じられる。

イワンは，今カフェとなったところに車椅子で向かう。カプチーノを注文し，間もなく，その匂いが私たちにまで伝わってくるようである。彼は日記を書きはじめる。明らかに，彼は自分の感情を言葉に変換しつつある。創造の題材として使ってきたのは，彼が勇気をもって直面したあの空虚である。再び，舞台にはほとんどなんの活動も起こっていない。ただ，男が何かを書いているだけだ。数分後，彼はペンを置く。今彼は，より直接的に私たちに意思を伝える準備ができたのだ。彼は，場面から抜け出て［現実に］移行するのに最もふさわしい方法を発見したのだ。イワンは今書いたばかりの詩を私たちに読んで聞かせる。

それは，痛みと強さについての詩である。虚しさと豊かさについての詩である。私たちが体験してきたもの，現在の自分になったことのすべてをあるがままに受け入れることを物語る詩である。

グループの全員が感動した。しかし，数人は鬱感情が入り込んできた表情をしているのに私は気づく。イワンの痛みと孤独は彼らのもつ同じ感情を映し出したのだ。この場面を見ることで，グループのクライエントの多くに，通常押さえつけているさまざまな感情が現われてきたのだ。イワンがこれらの感情に立ち向かったことで，彼らも同じことをせざるを得なくなった。このセッションはもう終わりに近い。私は，メンバーに円になって座るように身振りで指示をする。そして，空虚や孤独な状態をどのように体験し，どのように対処するかについて話し合いを始める。グループのメンバーは，そのような時に何をするか，あるいは何ができるようになりたいかを話しはじめる。そこから逃げ出す方法を話す者もいれば，吐き出して外に出す方法を語る者，あるいは表現し，何かを創り出すという方向を示す者もいる。この中の何人かは，そのような状態を捨て去らないで，その中に深く入り込み，その強烈な力をたっぷりと体験するという新しい考え方を思いついた。グループのメンバーにとって，このように内面に立ち向かうということは，今まで荒廃と病気の再発を意味していた。しかし，それが変化して，慰めと新しく生まれ変わるということを意味するようになったのだ。それにつれて，彼らの鬱状態が変容し，希望をいだく状態に移っていくのが私には感じられる。

イワンの最高潮に達する場面は，弱さと強さの両方を使って自分と直面することについてであった。シリーズ1回目の最高潮に達する場面は，過去に焦点をあてていた。シリーズ2回目の最高潮に達する場面は，現在に焦点をあてた。私が希望したことは，将来，彼が現実の人生で試されるとき，これらの場面を利用できるようにな

ることである。というのは，現実人生が与える課題を上手に処理するために，舞台上の経験を想い出すことが時には必要だからである。

リサ

リサは肌が白く，ブロンドの髪が肩まであり，若く，ほとんど子どものような顔立ちをしていた。南部出身で，まだ南部のゆっくりした話し方が残っていた。着ているものは，簡素で自然なものであった。コーデュロイのズボン，Tシャツ，そして化粧はしていなかった。話すとき，まっすぐに相手を見て話した。その見つめ方には，思い詰めたようすがあった。眼は明るい緑がかった青で，一度見たら忘れられない色であった。リサは，お茶目な雰囲気を発するときもあり，また何か浮浪児のような性格を示すときもあった。27歳であることを知って私は驚いた。まるで17歳くらいに見えたからだ。さらに，彼女の声，ふるまいは，外形上の体つきよりもずっと幼かった。

カルテによると，小学生のとき，最初に心理療法士の診察を受けており，大学で哲学を修了間ぎわまで学習，過去7年間に数回の精神科への短期入院をしている。そのときは，非定型妄想性障害，および境界性人格障害と診断されていた。彼女は精神科治療の投薬を拒否しており，厳密な自然食の食事療法を続けていた。リサは，いくつかの里親と叔父と叔母の家で育てられ，また幼い頃は，統合失調症の母親に育てられた。リサの両親が結婚したのは，母親が17歳でリサを身ごもったときであった。父親は軍人で，リサが1歳のとき，その母と別れた。リサの履歴の中で1つ驚くべきことがあった。リサが5歳のとき，母親がリサの双子であるもう1人の男の子をベッドで窒息死させたのだ。

デイケアセンターのスタッフには，リサはだいたい，むら気で，引っ込み思案で，退行的で，人をごまかす性格であると思われていた。自分の人生の重要な問題に真剣に「取り組もう」としないリサの素振りや，平板で無感動な情動のあり方は，スタッフにとって，たいへん不満足なものであった。リサは多くのことに関して厳格な態度をとっていた。食事内容を決めている，蛍光灯は身体に悪い，表面だけの社交会話はしないなどである。そのため，リサは柔軟性がなく他人に自分の考えを押しつける性格だとスタッフから思われていた。リサはスタッフや他の患者とほとんど交流しなかった。彼女は，暗い部屋の片隅で読書をしたり，瞑想する方を好んだ。

私にとっては，彼女には不思議な魅力があった。目は輝いており，話し方には詩的な響きが感じられ，それは，彼女の話し方に十分に注意を傾けてはじめて，最も適切な表現をしていることがようやくわかってくる，というような話し方であった。そして，彼女にはほれぼれとするような創造力があった。一方，憂鬱であまりに過敏な面も私には見えていた。しかし，ドラマセラピーグループでは，彼女の中の軽やかな心

第3章 物語：プロセス指向のグループドラマセラピーにおける個人の成長過程──4つの事例研究

持ちや想像力に富む面がより多く現われた。パントマイムのとき，彼女は奇抜な物体を発明した。即興劇のとき，多面的で興味深い人物を作り上げた。彼女は，易々とユーモアのある場面を発展させた。スタッフは，彼女がこのグループにとても活発に参加していることにたいへん驚いた。

しかし，そうではないセッションもあった。ドラマセラピーの初期の頃，彼女は，内にこもっており，緊張病とも思えるほどになることもあった。そのようなとき彼女は，参加することも，話すことも，動くことも拒否した。しかし，そのようなときでさえ，彼女はセッションのすべての間，部屋の中にとどまっていた。そして，リサは実際，一度もセッションを欠席したことはなかった。

時どき彼女は，グループのセッションが始まる前に廊下で私を呼び止め，いたずらっぽい眼をして，「今日私たち，暴れてもいいの？」と聞くことがあった。**ミラー・エクササイズ**［第Ⅱ部参照］でリーダー役を行なうとき，彼女は，最初ゆっくりとした簡単な動作で始め，突然，大地を揺るがすような悲鳴を吐き出し，グループを驚かすことがあった。あるいは，いきなり床を打ち鳴らし，そして始めたときと同じように突然それをやめることもあった。恐れ，怒りを表わす彼女の表現方法には衝撃的な何かを感じさせるものがあった。そこには継続もなく，発展もなく，表現豊かな感情もなかった。そのようすは一種のトラウマのようであり，その感情表現の仕方にはまるで「次に続くもの」がなかった。まさにこれが，のちに彼女の**最高潮に達する場面**で取り扱う内容となった。

最初の数か月，創造的な寸劇をたくさん見せてくれる期間が続いた。第一段階と第二段階（劇遊びと場面演技）で彼女が作り上げた登場人物や筋書きは，生き生きとしており，ユーモアがあった。しかし，そこには著しく感情が欠けていた。彼女が創り上げた何人もの人物が私の印象に残っている。近所のクジャクが裏庭を横切る，と文句を言っている郊外に住む風変わりな主婦。また，自分がだらしないのは，「心を解き放つ」能力が自分にある証拠だと思っている無精なルームメイト。あるいは，どうしても寝てしまう監獄の守衛。そのようなリサの創造力を私が褒めたとき，彼女がとても驚き，喜んだことが印象的だった。彼女は，自分に創造力があるとは思ってもみなかったと話した。

彼女は一貫した態度をとるようになり，活動に参加しない時間はなくなった。私，グループ，そして自分自身に対する信頼が深まっていき，グループの活動が第三段階（ロールプレイ）に入ったとき，彼女は，個人的な体験に関連した場面を自ら作りはじめた。私が電話を持ち込んだとき，（彼女の言葉を使えば）「勇気をふりしぼって」，父親に誕生日おめでとうを言う長距離電話をかける場面を演じた。彼女は，練習が必要だと言った。実際，父親の誕生日はすでに過ぎていて，誕生日前には，「自分を奮い立たせて」父親に電話をすることがどうしてもできなかった。電話の演技の後，

第Ⅰ部 ◆◆◆ プロセス

　彼女は，父親との関係はかろうじて存在しているだけであり，それは居心地の悪い感じがすると語った。彼女は，このドラマセラピーでも，また他の治療でも，父親のことを話すことは今までほとんどなかった。電話を見て，彼女がとっさに思い浮かべたことは，距離がある，接触をしたい，という思いであった。両方とも，自分の父親との関係が疎遠であることに関係する，主要な要素であった。

　　リサのドラマセラピーで，シリーズ2回目の第四段階（最高潮に達する演技）の中程，35回目のセッションの直前，彼女は自分から，弟の死について取り組みたいと私に言ってきた。私は，彼女と2人きりになって座り，今の時点でその出来事に取り組みたいのはどうしてなのかと尋ねた。私は，トラウマとなっている過去の出来事を再演技化することがいつもよい結果をもたらすという風には思っていない。また，カタルシスが起きるかどうか，さらにそれが起きたとしても，それが必ずすべての場合に癒しにつながるとも思っていない。場面を演じることを，いつ，どのように行なうのか，さらに演じてよい**かどうか**も含め，注意深く考察する必要がある。リサの説明は，最近センターのスタッフから，どうして感情を切り離しているのかと正面切って尋ねられたから，というものであった。そのことを考えてみると，感情表現をやめるようになったのは弟の死を目撃したときに始まったと思える。そのときに戻れば，また感情を感じるようになるかもしれない，とリサは説明した。
　　私は，彼女にその話をしてみるよう頼んだ。彼女の記憶がどんなものであり，感情との断絶がどの程度のものかを知りたいと考えたからだ。
　　彼女は平板に子どものような声で話しはじめた。「5歳のとき，弟が，お母さんのために作ったクリスマスカードを見せて，お母さんには言わないようにと私に約束させたの。びっくりさせるためです。お母さんが入ってきて，寝る前のお話を弟にしてあげる，と言ったので弟は自分の寝室に行きました。私は，お母さんを呼んで，レコードをかけて，と頼みました。お母さんが居間に戻ってきたとき，私はそっとそのクリスマスカードを取り出して，お母さんに見せました。お母さんは寝室に戻り，私は自分の寝室に行きました。弟の寝室の隣です。そのとき，弟が咳をして，喉を詰まらせ，そしてこう言っているのが聞こえました。「やめて，息ができない」。弟の寝室のドアのところまで行くと，お母さんが枕を弟の顔に押しつけているのが見えたんです。お母さんは，私の目の前でドアを閉めました。私は自分の部屋に戻り，ベッドの上に座りました。お母さんは泣きながら出てきて，消防署に電話をしたんです。私は思いました，「どうして泣いているんだろう？　**自分でやったのに**」。
　　彼女は単調な声で話をしたが，私はそこに感情の痕跡が残っていると感じた。彼女は，「この場面を今日演じていいですか？」と尋ねた。
　　セッションはすぐに始まろうとしており，私は大急ぎで考えた。今日は金曜日。次のセッションの水曜日まで待つ方がよいのは明らかであった。週末になる直前に，（リサとグループの他のメンバー**両方**にとって）このように重いテーマを扱うのは避けたかったからだ。週の途中で行なうセッションであれば，すぐにケアと支援が必要とな

第3章 物語：プロセス指向のグループドラマセラピーにおける個人の成長過程——4つの事例研究

ってもそれらを実行できる。それに水曜日まで待つことで，その場面を演じたいという彼女の興味が続くかどうかをチェックできる。またその場面の後に起こる感情を上手に扱うという確信を彼女がもてるだろうし，その場面を演じたいという現在の意欲が，一時の衝動でないこともわかるだろう。治療スタッフの人たちと相談をして，場面の取り組み方について考えることもできる。待つことの明らかな欠点は，演技したいという「機が熟している」リサの熱意が失われるかもしれないことだ。他のクライエントも部屋に集まりはじめたので，その人たちに必要なことも考えた。その日私は，何人かのおとなしいクライエントへのはたらきかけをする予定でいた。リサの場合，「機が熟している」かどうかは重要な要素ではない。それで，待つ方がよいと決断をした。私は，セッションの終わりに彼女にそのことを説明した。

水曜日，私は彼女が何も言わなくても，前の金曜日と同じ強い意欲をもっていることを感じる。さらに，彼女の雰囲気が安定していること，グループの中に一体となった，助け合う感じがあることに，私は安心を覚える。リサはグループの誰にもこの出来事を今まで話したことがなかった。彼女が今から何が起こるかを説明する前に，私は，次の場面は痛みや苦悩を与えるかもしれない，ということをグループのメンバーに明らかにする。

彼女が演者を選ぶのを見て，私は彼女の選択の裏にある深い理解力を感じた★1。リサは，若く魅力的な，しかし，グループの中で一番強い精神疾患のある，（妄想型統合失調症と診断されている）マリーを母親役に選ぶ。彼女は思いやりを見せ，やさしいときもあるが，冷淡で敵意を見せるときもある。とても気まぐれな性格だ。また，里子に出されている2人の子どもの母親でもある。弟としてリサが配役したのは，少し脳障害のある若い男性だ。彼のふるまいは無垢で愛らしい子どものようだ。リサが，22年前の自分自身を演じる。

居間と寝室をステージ上で細部にわたって作る彼女を見て，私には，彼女が「過大距離」を保とう（つまり感情を切り離そう）としていることがわかる。実際に，場面の演技が始まると，彼女は演技者であると同時に監督の役も同じくらいに行なう。この時点で，距離は彼女にとっての安全装置である。彼女は，殺人の動機について少し付け加えただけで，私に話した通りに，その出来事を舞台上で演技化する。母親は，何かのことでリサの弟に腹を立て，彼をつかんで顔に枕を押しつける。

このドラマには現実離れした感覚がある。まるで，そこで起こっている出来事がなんの異常もないことのように監督され，演技される。押し込められた感情は，細部と順序へのこだわりという形で現われている。リサの監督の仕方は簡単・明快で，この場面を演じるのはとても簡単に思われる。とは言え，場面がもつ耐えがたいほどの外見的なスムーズさの下のどこかで，私には，リサから発せられる驚くべきほどの悲鳴が，リサが音と動きを自由に発散する練習をしていた時と同じように聞こえる。遠い昔に存在した感情が聞こえる。今は阻止されてしまっている，いや，完全に阻止され

★1　補助自我の選択の仕方に，モレノ（Moreno, 1969）が「テレ」とよんだ，グループメンバーの間に存在する，微妙で直感的な相互作用が現われることが多い。

てはいないのかもしれないその声が。

　観客は身動きもしない。彼らを参加させなくてはならないのが私にはわかっている。というのは，このような残虐さを座って見ているだけでは，彼らの無力感を引き出すだけになるからだ。私は，彼らを消防隊員として劇に入るように指示をする。リサは，消防隊員はお母さんを連れて行くように，と付け加える。そして,「実際にそうだったの」と。

　ヒステリックになった母親と命を失った弟が連れ去られると，リサは舞台に1人取り残される。私は彼女の横に立つ。ここで里親の母となる人が来て，自分を連れて行ったと彼女は説明する。私が，誰かにこの役になって，リサと話をしてもらいたいと提案しはじめると，彼女はただちに，それは実際とは違う，それは起こらなかった，と言い張った。「何が起きたのかについて話してくれる人も，**私がどんな気持ちなのか**なんて聞いてくれる人も誰もいなかったわ」。ここは，移行時点であり，たいへんむずかしいところだ。本当に起きたことを手放すことは，場面をコントロールしている彼女の力も一緒に手放すことになる。ここでようやく，彼女が今まで示していたコントロールしようとする意志と，異常な執着感が弱まり，リサは私が監督することを許した。

　私は彼女に言う。あなたはまだ5歳のままで，横にはちゃんと理解してくれる大人がおり，自分が感じることや思ったことはなんでもその人に話すことができる，と。私は，たくましく，思いやりのあるジェーンにこの役をあてる。場面が再開するとすぐに，リサは動きを止め，これは実際には起こらなかった，とくり返し言いはじめた。しかし，私が何度もそのことを認めてあげて，しばらくすると，彼女はこのドラマに沿って演じはじめた。彼女の声は，普段の声よりもさらに子どもっぽくなった。言葉は少し出てくる。しかし感情はほとんどない。ジェーンは明らかに居心地が悪そうである。しかし，突然，途切れ途切れになった会話に詰まりながら，リサがつぶやいている言葉を私は捕らえる。「弟を返してほしい」。この言葉を言う声はかすかにふるえている。辛いことだとはわかっているが，私はそのセリフをくり返すように彼女にやさしく言う。彼女はくり返す。このとき，彼女は押しつぶされたような声になる。3度目に言うときには，彼女の目は潤んでくる。

　このセリフが，途切れがちの会話を支える言葉になる。その言葉を最後まで言わないときが一度あり，感情もそれと一緒に半分なくなってしまう。そのとき私は，その言葉を全部・完全に言うように指示する。今や，彼女は泣く寸前だ。そして，長い間埋もれていた彼女の涙とともに，グループのメンバーの涙が流れる。ジェーンはどうしてよいかわからないようすで私を見る。「何を言っていいか，わからないわ」。「何も言わなくていいのよ」と私は返事をする。彼女は，「私にできそうなことは彼女を抱きしめることだわ」と言う。「ええ，そうして」。

　リサは子どもの役をもう十分長い時間演じてきた。私は，舞台として使っている場所に近づき，彼女に今度は大人を演じるように言う。こう言いながら，この時点で，グループの誰にとっても子どもを演じるのはむずかしくてできないだろうということも私にはわかっている。一般的に，私は劇の外にいて，監督をしているのだが，時には（主役のためにも，グループのためにも）私が役を演じる方がよい場合もある。今

第3章　物語：プロセス指向のグループドラマセラピーにおける個人の成長過程──4つの事例研究

が，そのような時の1つだ。

　5歳の子どもであり，今，母親が自分の弟を殺したところを目撃したばかり，という役になろうとするにあたって，私にわかっていたことは，この場面の演技化にとって，治療効果のある演技の仕方は，この役に感情をもたせて演じるということだ。たった今，リサ自身が表現しはじめた感情を。この役は傷ついており，またこの傷は必死にその存在を認めてもらおうとしている。私は，今，演技者とセラピストの両方となって，感情を引き起こすだろうことがわかっているセリフを言う。「**弟を返してほしい**」。そして，感情をさらに増幅するさまざまな考えが見えてくる。リサの痛みとともに，私自身の兄弟への愛を感じてくる。また，子ども時代に体験した死を思い出す。私は，再度，同じセリフを言う。今度は，5歳の子どものように。私は，涙が目からあふれ出そうになるのを感じ，流れ出るままにする。

　これは不思議な現象といえる。セラピストは，自分とクライエントとの間に明確な境界線を維持し，クライエントと一緒に（そして彼らのために）自分が外に出す感情のレベルを調整するように訓練されている。ところがここでは，私がドラマの役を演じるので，リサの痛みを自分の身体を使って具体化することができるし，さらに，私が彼女に対して感じている痛み，そして，苦しんでいるすべての子どもに対する私の痛みを，表現することができる。私を通してリサは，感情としての痛みを，自分の痛みを理解する。

　私の台本は，リサがこの役を演じたときに，彼女が言ったこと，いや，ほとんど言わんとしたことからでき上がっている。そこには恐怖と混乱がある。言葉の**裏**にしまわれているのは深い悲しみだけではなく，怒りが暗示されている。私がこのようなさまざまな感情を引き出すにつれ，大人としてのリサは私に近づいて，手を差し伸べようとするが，それは彼女にとってはむずかしい。彼女は勇敢であり，もとの場所に退却したいという欲求と戦っているのがわかる。もう少しすれば彼女に退却を許すつもりであるが，まずもう1つの感情の風穴を開けることが大事だと私は考える。

　「お母さんを止めるように何かした方がよかったの？」と私はおそるおそる尋ねる。

　リサの思いつめた目は，「そう，私もこれを聞きたい」と言っているようだ。しかし，彼女は代わりに，「あなたに何ができたの？」と言う。

　「わからない。何をすればよかったの？」

　リサはちょっとの間，役を降りて，私に静かに言う。「私は，自分がお母さんを止められたかしら，といつも考えていたの」。私が返事をする前に，リサは役に戻り，尋ねた。「怖かったの？」私はうなずく。「とっても怖かった」。

　「お母さんがあなたにも何かするかもしれないって怖かったの？」

　「お母さんが私も傷つけるんじゃないかって怖かったの」

　私は椅子を離れ，床にうずくまる。リサは何も言わない。私は彼女を見上げて，私が何か悪いことをしたのか，と尋ねる。彼女はやさしく首を横にふる。私はなお混乱し，苦しみでいっぱいのようすで彼女をもう一度見上げて言う。「悪くないのね？」。

　「そう，あなたにできることは何もなかったわ」。そして，今度は，彼女は涙を本当に流しながら私に次のようにささやく。「本当よ。あなたの責任ではなかったの。あな

たはまだほんの5歳だったんだから」。
　そして，彼女は私を抱きしめる。

　私たちを混乱させ，おびやかし，突き動かし，そして試そうとする内面の奥深くにある感情の井戸は，また存在に必要な最も根源的なものがわき出てくる源でもある。そこから力を引き出すことで，私たちは活気づけられ，自分の内部にある生命力と再合流できる。しかし，リサにとってその感情は，弟が窒息させられたときに，一緒に窒息させられたのだ。ようやく彼女は，再びこの感情のわき出る井戸まで行くことができるようになった。それは，ドラマセラピーの残り3か月の間，リサが絶え間なく，注意深く，そして興味深く汲み出し続ける井戸となった。

クリスティン

　以前のビデオを見なくては，最初に会ったときのクリスティンがどんな顔つきをしていたかを思い出せない。私の記憶に焼きついているイメージは，まるで違って見える3年後のクリスティンだ。ドラマセラピーを始めた37歳のときのクリスティンは，見るからに慢性精神疾患の患者であった。猫背で，髪はボサボサで，引きこもっていた。彼女は環境アレルギーがとても強かったので，ばい菌を避けるためと称してプラスチックのマスクをよくつけていた。当然このマスクは，彼女を社会的にますます孤立させた。彼女を知るにつれ，彼女が人をとてもいやがるようになり，そして必死に自分を保護するようになった経緯を理解できるようになった。彼女のように深いトラウマを子ども時代に受けていれば，大人になってから世界を信じるようになるなんてとてもできないだろう。
　40歳になったクリスティンは，10歳は若く見えた。刈り込んだ頭からは縮れた髪が伸びていた。着ているものは，カジュアルで魅力的であった。そして彼女の表情には，昔そのたくさんの仮面の下に隠れていつも存在していた，知性と暖かさが今でははっきりと表に現われて輝いていた。最近，2か月間旅行に行った南アメリカでの冒険を私に話すとき，彼女は素晴らしく嬉しそうで魅力的であった。
　［治療開始時］クリスティンは，デイケアセンターのスタッフの紹介で，ドラマセラピーに来たのではなかった。彼女の治療参加はあまりに途切れがちであり，人を避けるようすもたいへん極端であった。これまでの治療でも，受診しようという意志がなく，また深く治療にかかわろうとしない彼女のようすを見て，スタッフは，彼女がドラマセラピーから利益を得ることは少ないと感じたのだ。実際，このセンターの他のプログラムに彼女が（5か月前に）参加しはじめてからも進歩は見られず，彼女をドラマセラピーからはずしたのは正しかったように思われた。しかしクリスティンは，

第3章 物語：プロセス指向のグループドラマセラピーにおける個人の成長過程――4つの事例研究

一度，廊下で私と短い話をしたとき，「ドラマセラピーグループで起きていること」への興味を示したことがあった。「次の連続セッションのシリーズに出てみる気持ちはあるの？」と私は尋ねた。彼女の答えは，「うまくはできないと思うけど，でも試してもいいわ」であった。彼女の目の中の一瞬のきらめきが，普段見せている外面に締め付けられてはいても，その下に横たわっている彼女の世界をかすかにほのめかしたのかもしれないし，あるいは，私たちの間に今からでき上がる関係について，私が説明できない力で何かを感じ取ったのかもしれない。男女の運命的な出会いとよばれるものは，他のすべての関係においても起こるのであろうか？　セラピストとクライエントの関係においても？　私は，クリスティンに一度チャンスを与えたいとスタッフに言った。これは，後に誰1人として後悔することのない決定となった。

クリスティンは白人と黒人の混血であり，18歳からずっと精神治療の入退院をくり返してきた。9回の入院の原因となったのは，重度の鬱病，何回かの自殺未遂と緊張病性のエピソード［症状の発現］であった。クリスティンは6歳のときスウェーデン人の夫婦の養子になった。養子になるまで，彼女が一緒に住んでいたのは，感情的に不安定で，時どき子どもの世話をしなくなる白人の母，そして愛してくれてはいるが，十分に面倒をみてはくれない祖母であった。アフリカ系アメリカ人である彼女の実父は，クリスティンが生まれる前にいなくなっていた。クリスティンの養母はバリウム［商品名。精神安定剤の一種］を常用しており，クリスティンが10歳のときには，すでに地域の薬物中毒リハビリセンターに1年近くも通っていた。養父はビジネスで成功している，思いやりのある人だったが，「仕事中毒」であった。クリスティンは35歳になるまで，この養父母と一緒に暮らした（養父母は70歳代になっていた）。その後，彼女は自分のマンションを手に入れた。住居を別にしたにもかかわらず，彼女にはこの共生的な家族から感情的に離れること，そして友人関係を作ることがむずかしかった。彼女のアレルギー症は，心身症であると見なされ，またその他の数多くの肉体的な症状のためもあって，デイケアセンターにも，また自分にかかわりのあるさまざまなことにも参加する機会が著しく少なくなっていた。

最初の数回のドラマセラピーセッションの間，クリスティンは引きこもっていた。第一段階に行なう，肉体的に活発で，社会的な相互作用を求めるゲームに圧倒されているようすだった。身体を動かす活動を伴うセッションがいくつかあり，その中には，**ボール投げ**［第Ⅱ部参照］といって，想像上のボールを投げてから本当のボールを投げるもの，グループ全体が勝手に作り上げた言語を使うもの（**でたらめ語**）［第Ⅱ部参照］，私が指定するさまざまな感情に従って握手をするもの（**感情を込めた挨拶**）［第Ⅱ部参照］などがあった。クリスティンは中に入らないで端に立っていた。しかし，他の人を熱心に見ていることに私は注目していた。信頼関係を作るための活動で，彼女は目を閉じるのを拒否し，**信頼して倒れる**（後ろ向きに倒れグループのメンバーがそれを

※ 75 ※

第Ⅰ部 ◆◆◆ プロセス

受け止める）［第Ⅱ部参照］では，彼女の身体は硬直し，ついに倒れることができなかった。思いきって試してみるようにうながされても，彼女は「もう何回も倒れたわ」と言うのみであった。

しかし，5回目のセッションで，第二段階への移行の指標となる即興的な場面演技を開始すると，彼女の中に蓄えられている豊かな創造力の一端を垣間見ることができるようになった。彼女の最初の場面はレストランであり，彼女はウエイトレス兼，恋の仲立ち役を演じた。若い女性のお客が，緊張していて何も注文できないでおり，ウエイトレスに，実は隣のテーブルでクレープを食べている男性にとても惹かれていると打ち明ける。クリスティンの役は短時間のものであったが，2人のお客の間を行ったり来たりして，2人がお互いに興味を感じるようにととりもつときの彼女は，とても才気があり，想像力に満ちていた。たとえば，女性がウエイトレスに，「あの人はどうやって生活を立てているの？」と熱心なようすで尋ねると，クリスティンは，「ああ，あの人はウラニウム鉱山を2，3もっているのよ」と切り返す。即興劇において自然に出てくることは，その人の世界に関連していることが多い。どうしてあの男性は靴を履いていないのかと尋ねられて，クリスティンは，「靴アレルギーなの。彼の毛穴は息がしたいのよ」とからかい半分に返事をする。

彼女が次に行なった即興場面は，**1行セリフのくり返し**（2人の人が2つのセリフだけを使って対話をする）［第Ⅱ部参照］，というエクササイズをもとにしていた。たとえば，「私はそれがほしい＜I want it＞」と「渡さない＜You can't have it＞」という2つのセリフだけを使っての対話を行なう。クリスティンはお店の主人になって，ポンチを入れる予備用のボウルを売らないようにする役であった。しかし，21歳の男性で，社会病質［非行，暴力など慢性的な他者の権利の軽視や侵害を特徴とする人格障害］の病歴のあるチャーリーが演じるお客は，頑として動じないで，このボウルを絶対に購入したいと言い張った。この場面で，クリスティンは前の場面で演じたより長くその役を続けた。最後に，クリスティンとチャーリーに問題を解決するように私が言うと，チャーリーの即座の反応は，「俺がお前の頭の上でそのクソボウルをぶち破る前に，渡した方が身のためだぞ」というものであった。クリスティンの反応は，「警察を呼んで，警察を！」であった。これらの反応は，私にとって意外なものではなかった。このような争いに対するチャーリーの対処の仕方は，私がいつも扱っている，感情をすぐに直接行動で表わしてしまう青年たちに典型的な行動であった。彼らは，力を手に入れるために，暴力や破壊などの脅しを使う。クリスティンの反応は，受身的で人に頼る大人に多く見られるもので，他の人に助けを求める態度だ。

ビデオの使用は，この連続治療シリーズの中に組み込んであった。ほとんどのセッションを録画するので，その一部を見るというだけでなく，クライエントたちは，連続治療シリーズの間に，3回テレビモニターの前に座り，自分自身の映像と向き合

第3章　物語：プロセス指向のグループドラマセラピーにおける個人の成長過程――4つの事例研究

うように要請されていた（詳細は，[第Ⅱ部] 第 7 章，**画面の中の自分と向き合う**に述べられている）。彼らは，自分と向き合うというこの親密な時間を過ごすために，部屋に 1 人で残される。このとき [初回] のクリスティンは，攻撃と自己卑下の態度であった。

　スクリーン上の自分を見ながら，彼女は軽蔑をあらわにして次のように言う。「どうしようもない馬鹿だわ。本当にまぬけに見えるわね。自分を見てごらん。デブで，醜くて。まったく最低な女。（**長い間**）何か言ったらどう。私が話しているときは私を見なさいよ。言うとおりにできないの？　いったいどうしちゃったのさ？　本当に馬鹿なんだから。あんたを見てるとイライラするよ。あんたのことなんてぜんぜん好きじゃない。本当のことというと大嫌い。あなたなんて死んじゃえばいいんだ」。

　彼女の自己嫌悪にもかかわらず，そこには想像力に富んだキラメキが現われていた。それは，たとえ何十年人間の中で冬眠をしていたとしても，必要とあれば出てくることができるように思えた。**物体を変形する**（パントマイムで物体を形作る，あるいは，実際の物を新しい方法で使う）[第Ⅱ部参照] というエクササイズで彼女の行なったことには，工夫を凝らした思いつきがあり，おもしろく，また小道具の使い方は想像力に富んでいた。あるセッションで，メンバーにいくつかの小道具が与えられ，それを使って即興劇を作るという課題があった。クリスティンはピンク色のシーツをピンク色のフォルクスワーゲンに作りかえ，自分は，今衝突事故を起こしたばかりの酔っぱらっている老女に扮した。舞台に 1 人で，シートに半分埋もれながら，彼女は，「たーすけーてちょーらい」と金切り声を上げ，その忘れることのできない叫び声の所々にシャックリを散りばめた。2 人の男性の救急隊が到着した。車の火を消化器で消し（長い風船を使って），（パントマイムで）鉄のバールを出して救助しはじめると，クリスティンの助けを求める叫び声は，1 人にしてくれという哀願の声に変わった。毎日感じている本当の不信感を，狂乱し恐れおののく酔っぱらいという役の中に使ったのだ。「近くにこないで。ほっといてちょうだい。たーすけーてちょうらい。さわるな。この悪人め。こらー！」助けを求めつつそれを信用しない，という内面の対立を表明したばかりでなく，この場面は観客を爆笑の渦の中に引き入れた。

　クリスティンが次にビデオの中の自分自身と向き合ったのは，10回目のセッションであった。このときの彼女の雰囲気は前回よりやさしく，そしてその情動は悲しみに包まれていた。「この前より，少しあなたが好きになったわ。でも，まだ満足していないし，きっと満足することなんかこれからもできないと思う。あなたは，もっと成功してもよかったのに，でも今のあなたは失敗作よ。今やっているこのセッションだって，失敗しそうだわ。あなたを見ていると，十万年の間でも泣いていたくなる。わかってるの？　十万年なんてとんでもない長さなんだからね」。

　一度，怒りと自己嫌悪のベールが取り除かれると，そこには何層にも重なった悲しみがある。私はこのようなプロセスがクライエントに起こるのをくり返し見てきた。

＊ 77 ＊

第Ⅰ部 ◆◆◆ プロセス

悲しみには，その広がりの制限がないかのように思える。「十万年もの間，泣いていたい…」なんて。

12回目のセッションになり，グループが第三段階に入ったと思われるとき，私は小道具として電話を持って来た。クリスティンはごく自然に養母との会話を即興で演じた。彼女の描写は驚くべきほどの表現力があり，人の心を打ち，真実を表わしていると思えた。まるで電話の向こうに本当に誰かがいるようであった。たくさんの相づち「そう，そうなの」を言った後，クリスティンは大きな声でこう言った。「ええ，聞いているわよ。怒らないで。ちゃんと聞いているから！」。疲れ果てて，彼女は少し気分を休めるために受話器を耳から離した。

私は彼女に，自分の母親の役になってロールプレイをするように，他のクライエントに，話を聞いているクリスティンを演じるように指示した。クリスティンは，椅子を交換すると，ただちにその役に入り込んだ。

「背中が痛いの。足も痛いし。両方とも本当に痛くて辛いわ。聞いているの？ 私がどんなに痛い思いをしているか，あなたにはわからないでしょうよ。私のことなんてさ，誰もちっとも構まってくれないのよ。あなたのお父さんもあなたも——2人とも元気なくせに——私が自分の母親の面倒みたようには，あなたたちは私の面倒をみてくれないのね。今も，私の話なんか聞いていないんだわ。いいわよ。引き出しにたくさんの錠剤があるから，近いうちに全部飲んで私は死んでしまうから」

クリスティン役のナンシーが，そうではないと話しはじめようとすると，母親役のクリスティンは話し方を変えた。

「私は，あなたのことが心配なの。私が死んだら，あなたはいったいどうなるの？ 誰があなたの面倒をみるの？」

私は，彼らに役を交代するように言った。

「お母さん，私は1人でちゃんとやっていけるわ。見てごらん，これまで2年間，自分1人で生活してきたでしょう」

母親役のナンシーは，これに異議を唱える。「あなたが自分1人で生きているのが心配なの。だから，あなたに毎日電話をするように頼んでいるのよ。私のところに引っ越して，一緒に住まなくちゃだめ。そうすれば，あなたが大丈夫だと，いつもわかって安心できるから」。

クリスティンは，自分が母の面倒をみて，同時に母から面倒をみられるという二重の意味でお互いに頼り合っている，そのような共生関係から自分は独立したいと主張する練習を行なった。「考えてみてよ。私が家を出てからの方が，お互いよい友だちになったんじゃない？ 私は1人でちゃんとやっているわ。お母さんとお父さんの世話はもちろんしたいと思ってる。でも，私1人ではできないのよ。多分，もっと他にも養子をとっていればよかったのかもしれない」。

第3章　物語：プロセス指向のグループドラマセラピーにおける個人の成長過程——4つの事例研究

　そして彼女は，その独特の自嘲気味の言い方で，こう言った。「でなきゃ，別の人を養子にしていればよかったのよ。精神的に病気であれば，他の人を助けることはできないわ。お母さんは，私を馬鹿だと思ってるんでしょう？」。
　「そうね。あなたが頭がよかったなら，デイケアセンターなどに通うことにはなっていないでしょうからね」。ナンシーは，クリスティンの母親の非難めいた言い方と立場を上手にまねていた。
　「お母さんも，リハビリをしていたんだよね。それに，ここに通いはじめてからずいぶんと私もよくなったのよ。私は，自分の問題に一生懸命取り組みはじめたわ。それにお母さん，私は自分でちゃんとできるのよ」
　私には，クリスティンが，自分の母親と自分自身の両方に，自分が新しい状態になっていることを説得していることがわかった。その新しい状態は，実際，今でき上がりつつあるのだ。私は彼女に言った。「クリスティン，これはあなたの唯一の，または一番大事な電話線よ。話し続けなさい」。彼女はちょっと私を見た。彼女の口元の端が笑っているかのように少しよじれていた。彼女は，今感じている感情を認めてもらったことに満足していた。
　「私は自分できちんとできるから。時どき寂しくなって，お母さんに電話をかけるけど，今は自分だけでちゃんとやっていけるわ」。今，彼女の声の中には力強さが増し，少し怒りも含まれていた。「私はお母さんと同じじゃないし，お母さんは私と同じではないのよ。それにお母さん，聞いて。私は，自分できちんとやっていけるのよ。わかってくれる？　私はちゃんとできるのよ，自分で自分の面倒をみることくらい」。私はこの力強い言葉が出てきたところで場面をカットした。クリスティンに，この「私はちゃんとできるのよ！」をきちんと言わせた後で。
　次に，クリスティンは，母親の役をもっと挑戦的に演じてほしいと言った。そこには，自分の感情をもっとよく表現できるように，何にも縛られないような感覚に身を任せたいという気持ちと，しかし自分の手元には安全な場所も確保しておきたい，という両方の気持ちが感じ取れたので，私がこの役を演じることにした。クリスティンは，これまで押さえつけていた怒りを爆発させた。
　私は挑戦的に言った。「あなたは自分のしていることがわかっていないのよ。自分の面倒をみることなんてできないわよ」。
　「わかっているわ！」と彼女は叫んだ。
　「私への話し方は注意してちょうだい。お母さんが病気で，痛みで苦しんでいるって，わかっているの？　今も，背中が，とても…」
　「病気なんてクソったれよ！」
　「なんですって？　クリスティン，お母さんの耳がおかしくなったのかしら？」
　「もう，何も言わないで！　私，これ以上がまんできない」

第Ⅰ部 ◆◆◆ プロセス

「お母さんがますます年をとっているの,わかっているでしょう？ こんなに言われて,私にできることはなんだか知っているの？ 瓶に入っている錠剤を飲みに行くことにするわ…」

「どうぞ,飲んでちょうだい。私,ちっともかまわないから。どっちにしろ,お母さんなんて生きていなくていいわ」。彼女は,受話器を叩きつけるように置いた。

張りつめた感情のエネルギーは,部屋中に充満していたが,もっと吐き出させる必要があった。感情について今話すことは,距離を作ってしまうことになる。そうではなく,私は,まだ言葉になっていないものを吐き出す出口を提供したかった。これらの非合理的な,形にならない,時に言葉以前の感情は,普段は横に置かれ,しまわれ,身体の内部に保管されている。しかし,クリスティンの場合,これらの感情が表面に達し,解放されたいと言っているのだ。この解放は,身体から,そして声から起こらねばならない。

私は,グループのメンバーに,パートナーを作るように言い,私はクリスティンと組んだ。お互いに向き合い,このグループが以前行なった**ミラー・エクササイズ**(そこでは,2人のうちの1人が,鏡の中の像のように相手とまったく同じように動く)のように,私は彼女と一緒になり,私たちの身体の動きと声を同期・同調させた。叫び声が一緒になり,手を使い,足を踏み鳴らして大きな音がいっせいに起こった。彼女が圧倒的な,危険とも思える感情を吐き出すときに,私は文字通り彼女のかたわらに一緒にいてあげたかった。幼児期の傷にかかわる感情的に深い領域で私がパートナーとなっていることにより,ある程度は,私が彼女を包み込む器,あるいは安全弁という役割を果たすことになり,そのため彼女が感情を思いのままに表現する助けとなっている。私は彼女のまねをすると同時に,その感情を拡大・強調する。彼女が何かを始めるやいなや,私は即座にそれを倍加してまねをした。彼女がおずおずと始める動きや音はなんでも,私は,引き延ばし,拡大して,それがどこに向かうかを彼女にわかるように示した。今や,私たちは四つん這いになって,怒り狂った犬のように,唸り,歯をむき出して吠えていた。そして,私たちは疲れ果てて動けなくなり,安堵感で気がゆるんでしまった。しかし,しばらく経つと,私たちの動きは,再度,新たな気力を取り戻してきた。だらんとぶら下がった腕はまたスウィングしはじめ,伸びきった手は,他の人に差し伸ばすような動きをしはじめた。彼女の身体の中で起こる変化で,私が感じ取れるものはすべて捕まえ,自分の身体で映し出した。私は,少し誇張し,新しい肉体的な状態をより具体的に示そうとした。彼女の胸は,普通,丸く縮こまっているのに,今は,広がり,重荷が取り払われたかのように,息づかいもゆっくり大きかった。私たちの動きは快活になり,陽気な気分が伴ってきた。

その後のいくつかのセッションでも,**ミラー・エクササイズ**を行なった。クリスティンはみんなを引っ張ること,それに,感情を大げさに表現することを楽しんでいる

ようだった。両方とも，セッションの初期にはやりたくないと彼女が言っていたものだ。私は彼女に，グループのリーダーになる機会をたくさん与えた。それが彼女に，コントロールすることと自分が大切な存在であることをある程度，体験させることになると知っていたからだ。

あるセッションで，**円になってミラーを変える**（くり返して行なうことのできる音や動きを1人が開始し，他の人がそれを変形したり，まねするミラー）[第Ⅱ部参照]というミラー・エクササイズが，雪だるま式に激しい感情表現をする身体的活動に発展していったので，私は30分ほどそのまま続けさせた。クリスティンは私に近寄ってきて歌うように，「もうやめましょうよ。本当に」と，自分の主張を確信のある調子で，しかし楽しそうにくり返した。私は彼女と一緒になって歌い，それからゲームを終了した。必要なときには自分で主導権を取る能力が彼女に備わってきたことに私は注目した。クリスティンが監督を行なえる日が近くなっていた。

彼女はすでにアレルギー防御用マスクをつけていなかったし，センターの活動へもきちんと出席するようになっていた。とくにドラマセラピーセッションへは，第3週目以降，一度も欠席していなかった。他にも著しい変化があった。**信頼して倒れる**のような，信頼を作り上げるエクササイズで，彼女は，メンバーがキャッチする床近くまで倒れることができるようになった。彼女の身体がリラックスし，動きは滑らかになり，他の人への信頼が大きくなったことを考えれば，これはそんなに驚くようなことではなかった。しかし，この変化はとても感動的であり，グループのメンバーは，時どき自然に，いっせいに大きな拍手をした。

あるセッションで，チャーリー（お店の場面で敵対的なお客の役を演じたクライアント）は，連続治療セッションへの参加が一定していないことをメンバーから面と向かって指摘された。私やグループに対して彼が抵抗していることを，威嚇的にならず，楽しい方法で扱うことができるように，私は彼と役割交換をした。彼がグループリーダーになり，私が彼の役を演じた。その場面で，グループのメンバーは，（チャーリーとしての）私に，私の行動がどんな風に見えるかについて意見を言った。チャーリーに直接は言えないし，言いたくなかったことだ。クリスティンはその中でも一番多く発言した1人だった。場面の後で行なった話し合いのとき，彼女はチャーリーにしっかりとした，しかし穏やかな調子で次のように言った。「あなたは私たちの一部，グループの一部なのよ。腕が身体の一部であるようにね。それがそこにないとどうしていいかわからないでしょう。その腕がなくて寂しいと思うの。身体全体に影響を与えるの。あなたがここにいないと，私たちはあなたがいなくて寂しいと思うの。私たちはあなたにここにいてほしいのよ」。

次のセッションで，グループのメンバーたちは，前回のセッションのロールプレイに刺激を受けたので，お互いのロールプレイをしたい，と頼んできた。クリスティン

の選択は興味深いものだった。彼女はカルメンになると決めたのだ。カルメンはとても人目を引く女性で，性的な魅力が際だっていた。場面が始まると，クリスティンは官能的な歩き方でダニエルに近づいた。若くて，背の高い，魅力的な，高機能のクライエントだ。「あなたは本当にハンサムだわ。自分でわかっているでしょう」と彼女は言い，彼の目を真っすぐに見つめた。その後，彼女は，魅力的で社交的な40歳代後半のアレックスの隣に座った。彼女は彼のアフロヘアを惚れ惚れとしているように指でなでた。雰囲気に乗ってきた彼は言った。「僕も君が好きだ。マンションに住んでいるんだけど，そのうち僕のところに遊びにこない？」。少しどぎまぎしながら，でもまだ役になりきって，彼女は答えた。「もちろんよ。それは本当に素敵なことだわ」。その場面の後でクリスティンは，次のようにコメントしている。「私と一番違っている人を選んだんです。私にできる最高のセクシーさを出そうとしました。カルメン，あなたはとてもセクシーだからね。おもしろかったけど，同時に恐かったわ。自分の素のままではああいうこと，決してしなかったでしょう」。

彼女の言葉，「自分の素のままではああいうこと，決してしなかったでしょう」はとても印象深い言葉だ。というのは，演技の中で，彼女は実際に「**ああいうことをした**」のであって，意識的であれ，無意識的であれ，私たちが演じようと選んだことは，私たち自身の一側面であるからだ。人格，仮面，あるいは役など，どのような形であっても，仮装は，自己開示を可能にしてくれる。37歳のクリスティンの性的な魅力はちょうど現われ出ようとしていた。彼女にはこれまで恋人がいたことはなかった。彼女の外見や彼女がもつ自己像も，性とは無関係であった。しかし場面の中で彼女が表現したことは，その後まもなく，もっと繊細で統合された形で，彼女の一部になるものを表わしていたのだ。私はドラマの中で，今から表われ出てこようとしている課題，感情，そして行動の最初の兆候を見いだすことがよくある。この場面で，また他の場面においても，作りごとという安全な世界の中で，クリスティンは新しい基盤を試していたのだ。彼女は新しい役の試着をし，新しい感覚を実験し，新しい行動を練習しはじめた。このときから10か月後，実際にクリスティンは男性との初めての関係に乗り出すことになる。そして実際に，このときから1年後には，彼女はカリフォルニアの外への最初の一歩を踏み出し，南アメリカへボーイフレンドと一緒に旅行に出かけることになる。

ある日の午後，クリスティンは，場面の監督をさせてもらえるだろうかと個人的に私に尋ねてきた。当然のことながら，彼女が説明した場面は，彼女の人生の中で最も重要で深い意味をもった場面であった。私はそのことについて入念に検討した。彼女にその準備ができているか，発生する可能性のある副次的な影響，トラウマとなっているこの題材の取り扱い方などを考慮した。おそらく，彼女を主役にするよりは，監督の役にとどめる方がいいだろう。もちろん，ドラマの進行のみが，その最終的な方

第3章　物語：プロセス指向のグループドラマセラピーにおける個人の成長過程——4つの事例研究

向を示せるのであるが。

　　連続治療の18回目のセッションである。このグループはお互いにたいへん親しくなっており，第四段階（最高潮に達する演技）の入り口に差しかかっている。ドラマはすでに個々のメンバーの深部にある心配事や葛藤に関連することが多くなっている。クリスティンは，グループのメンバーに自分が監督をしたい場面について説明する。
「ここに子どもがいます。7歳です。祖母と一緒に座っています。母親は寝室にいます。少女は何も疑っていません。でも祖母はこの女の子に向かって，ある夫婦が来て，しばらくの間，他に連れて行くと告げます。少女は何度もなぜと聞くので，祖母は，母親が彼女の世話をすることができなくなったのが理由だと教えます。少女はよそに行きたくありませんが，夫婦が来て連れて行きます。少女は，自分の母親を見るのはこれが最後になるとは思ってもいません」
　全員が黙っていた。しばらくして，チャーリーが質問をした。「この話はどこの話なの？」。
　クリスティン：「これは本当に起こった話よ」
　チャーリー：「誰に？」
　クリスティン：「私に」
　私は，クリスティンに演技者を選ぶように頼む。彼女は，チャーリーを6歳の子どもにし，クリスとよぶことにする。アレックスを祖母に，そして，セッションに参加しているスタッフのギルを母親役にする。クリスティンは，もとは女性であった以上3人の役をすべて男性に演じてもらうように頼んでいる。こうすることで，女性によって引き起こされたトラウマからの感情的な距離は，彼女にとって明らかに大きくなる。
「お母さん」は寝室にずっといい続け，場面中ずっとマニキュアを塗り続けるように指示される。彼女は，時どき動作を止めて耳を傾ける以外は，隣のリビングルームで起こっていることには反応しないことになっている。「おばあちゃん」が大事な役目を果たす。小さなクリスに初めてニュースを知らせる。夫婦の役になったデービッドとナンシーは，クリスティンがドアをノックするように指示をするまで，外で待つことになる。クリスティンは演技をする場所のすぐ外側に立ち，半分は中に，半分は外にいる形で，いつでも合図を出せるようにしている。彼女の身体は張りつめ，まわりに注意を向けている。
　場面が始まる。クリスは床に座って，ぬいぐるみの熊，テディベアにしがみついている。
　おばあちゃんとして，アレックスが入ってくる。「よその人が来て，あなたの面倒をしばらくみてくれるからね」。
「なんで」とクリスは驚いて尋ねる。
　おばあちゃんは同じことをくり返して言う。
　クリスは抗議する。「でもどうして，僕は行きたくないよ。おばあちゃんとお母さんと一緒にいたいよ」。
　クリスティンに常に指示を受けながら演技をしているおばあちゃんは，ついにこう

第Ⅰ部 ◆◆◆ プロセス

言う。「私たちがお前を愛していない,というのではないの。実は私はもう年を取りすぎたし,お母さんはもうこれ以上お前の面倒をみられないんだよ」。

「でも,なんで？」。クリスはくり返し言いながら,警戒心を強める。

「そうね」とおばあちゃんは答える。「お母さんは,お前を面倒みることが上手にできなくなったんだよ」。

クリスティンは場面を中断する。「もっとめそめそした感じで」と彼女はクリスに指示を出す。「もっと動揺して。ぼくは,行きたくない,という感じで。わかったわね。演技開始！」。

クリスはますます強く抗議する。そして突然場面は,今火がついたかのように燃えさかってくる。クリスティンは里親の夫婦にドアをノックさせる。緊張が高まる。おばあちゃんはゆっくりとドアを開けに行き,夫婦に中に入るようにと身振りで合図する。2人は親しげにふるまうがクリスはすねて何も言わず,彼らが話しかけても反応をしない。

彼らはクリスの心を引こうとする。「私たちのところには素敵で大きな家があるし,大きな茶色の犬もいるわよ」。

クリスは顔をそむける。「でも,僕はあんたたちのことなんて知らない。僕をお母さんやおばあちゃんから引き離そうとしているし僕はあんたたちと一緒には行きたくない」。

「外に一緒に行って,大きなアイスクリーム・サンデーを買ってあげる,というのはどう？」

「いやだよ。僕を連れて行かないで」。クリスは今や懇願している。

クリスティンは場面を中断する。彼女はチャーリーにもっと強い調子で言ってもらいたいのだ。チャーリーは,普段は何にもとらわれない,「冷静」な雰囲気だが,今はもっと感情を表現するように努力する。

チャーリーは,事態が進展することで,より感情的になることが簡単になる。クリスティンが,おばあちゃんに部屋を去るように言い,夫婦はさらにしつこくなり,そしてついに,彼の身体を物理的につかんでしまう。彼は恐怖におびえ,叫ぶ。

クリスティンはチャーリーに言うセリフを伝える。「叫んで。『僕はお母さんと一緒にいたい！』」。彼女は,この場面に完全に夢中になっているが,なんとか監督の役もこなしている。

クリスは今,身体全体を使っている。「ぼくを　はなして・・・・ぼくは　おかあさんといっしょにいたい・・・」と何度も何度もくり返す。

クリスティンは,彼を懸命に見つめながら,自分も泣いている。場面の内と外で,その子どもとしての自分の気持ちを感じながら,そしてその子どもへの共感を示しながら,彼女は同じ言葉をくり返す。「僕はお母さんといたい,クリス,もっと大きな声で,お母さんといたい,と言って」。

母親は,寝室でマニキュアを,何度も重ね塗りし続けている。

夫婦が,ドアを通ってクリスを引き出そうとする間,耳をつんざくようなクリスの叫び声が反響する。「ぼくは　おかあさんといたい,ぼくは　おかあさんといたい,ぼくは　おかあさんといたい,おかあさん,おかあさん…」すでに腹の底から絞り出

第3章　物語：プロセス指向のグループドラマセラピーにおける個人の成長過程——4つの事例研究

していた彼の叫び声は，今，嘆き悲しむ泣き声に変わる。

　まだ，話をする時ではない。言葉は，身体で感じている痛みに見合わないだろう。監督であることにより，今のクリスティンは，6歳の子どもとして自分ではコントロールすることができなかったトラウマに対して，一定の距離とコントロールの力を得ていた。しかし，監督をしているとはいえ，彼女は演技者にもなっている。クリスティンは，大人の目でドラマを見ていながら，自分の子ども時代に戻ってもいた。ここにこそ，演技化することに備わっている潜在的な力がある。記憶について話をするときは，その記憶に対して一定の距離ができる。記憶を演技化することは，それを生き返らせ，当時その人が体験した感情と感覚を呼び起こす。子どものときの苦しみをなかったことにすることはできない。しかし，傷ついている子どもを慰め理解してくれる人——その子どもが大人に成長したクリスティン本人——が側にいる。彼女はこの痛みを感じている子どもの世話をするために，これまで身につけてきた大人としての力と技術の全部を使う必要があるだろう。

　私は，チャーリーにその役のまま場面に残るように頼む。その役を演じることで，彼は激しい感情に満たされ，おそらく自分の子ども時代以降，初めて弱さを表現したのであった。彼は床の上に座り，テディベアにしがみついている。私はクリスティンに，子どもを助けることのできる大人として場に入ってくるように指示する。大人の役になることは，彼女が大人に戻ることを意味するのであるが，しかし，今こそ，その子どもとして，その子どものために彼女が感じている痛みから距離を置かないで，その大人の役ができるのだ。彼女はアニーという名前の人物になって，クリスの側にひざまずく。そして，深い理解を示す調子で，静かに話しはじめる。「あなたがどんな気持ちか私にはわかるわ」。クリスは抗議する。「ううん，わからないよ」。彼女は，クリスを説得するというよりは自分に向かってつぶやく。「わかるわ」。

　クリスは彼女に訴える。「どうして僕は行かなきゃならないの？　連れて行かれなくちゃいけないの？」。「あのね」とアニーは，しっかりとそしてやさしく返事をする。「残念だけど，これはどうしても起こらなくちゃならないことなの」クリスはぐずりながら言う。「でも，なぜ。僕が何か悪いことしたの？」アニーはクリスをしっかりと見つめる。「いいえ。あなたはちっとも悪いことなんかしていないわ。あなたのお母さんが，もう，あなたの面倒をみることができなくなっただけなの。お母さんはあなたを愛しているわ。でも彼女には夫がいないし，たくさんの問題を抱えているの。あなたの責任ではないけど，あなたには，これを変えるためにできることは何もないの。本当に理不尽だし，心が傷つくのはわかるわ。とても傷つくのはわかるわ」。クリスは，アニーが言っていることが真実なのかを確かめるかのように，彼女を見上げる。彼女は，クリスの探るような目と視線を合わせる。「本当に心が痛むことだって，私は知っているわ」。

　私は，ようやくこの場面を終わらせることができる。言葉で感情を表現できる状態になるまでの橋渡しが完了した。彼らがまだ役を演じている姿勢のままでいるとき，私はチャーリーに，どう感じているかと尋ねる。すると彼は，自分が感じている悲しみ，心の痛み，そして怒りを説明する。私はクリスティンに，子どもを助けようとす

る大人の役を演じてみてどうだったかを尋ねる。「むずかしいわ。いったいどうしたら，お母さんを永久に失うことになるということを子どもに説明することができるかしら？　お母さんが，あなたをいらないと思っているかもしれないなんて」。今，自分が言ったことに驚き，打たれたかのように，彼女はささやく。「そんなことって，考えるだけで恐ろしいことだわ」。

　全員が舞台から外に出てしまったとき，私はクリスティンに，このトラウマが現在の彼女にどんな風に影響を与えているか，過去に起きたこの出来事が，現在の彼女の反応にどのように影響しているかを尋ねる。「私は人生で，ほとんど毎日これを抱えています。もし自分の思う通りにならなかったり，ものごとがうまくいかないと，私は狼狽し，気分が落ち込みます。私は自分に，『世の中なんてやっつけろ，この世なんていらない，いらないよ。私は誰のことも必要としていない。お母さんなんていらないよ。自分1人でちゃんとやっていけるから。もしできなきゃ，自分を撃って死んでしまうから』と言い続けてきたんです」。

　「つまり，自分だけでやっていけるとだけ言うのではなくて，『もしできなければ，自分を撃って死んでしまうから』とまで言うんですね」

　「そうなの」と彼女は気弱そうに少し笑いながら認める。「わかるでしょう。これは結構寂しいことなんです。そしてそれは私が他の人と親しくなろうとするのを邪魔するんです。というのは，今までで私が本当に親しかったのは，お母さんだけだったんです。それで私，ちくしょう，もう誰とも親しくなんかならないわ。だって，お母さんがしたことと同じことをみんなするに違いないから。という気分になっちゃうんです。とても辛いわ。頭ではわかっています。でも実際の生活では，むずかしいんです。つまり，みんなは私のお母さんではないとしっかりとおなかの底から理解することは」。

　「『みんなをやっつけろ，自分1人でちゃんとできるんだから，もしできなきゃ，自分を撃って死んでやるから』という言葉は，どのような状況のときに言う可能性がありますか？　または今までどのような状況のときに言ったことがありますか？」

　クリスティンが少し考えて込んでいると，突然チャーリーが，彼女が見捨てられたと感じるきっかけになった最近の状況を思い出して，彼女に教える。担当の精神科医が長期休暇に行ってしまったときだ。

　「ああ，そうだわ。担当の医者が出かけてしまって，誰が代わりの担当になるのかよくわからなかった。代わりになると思っていた医者がそうではなくて，私は自分が置き去りにされたのかどうかもわからなかった」

　過去と現在の関係を強める試みとして，私たちはクリスティンがたった今，説明した状況を演技化する。彼女は1人を選んで，代わりになると思っていた医者の役にさせる。電話を使ってのロールプレイを少しすると，クリスティンは，ほんの数週間前にこの出来事が起こったとき，自分がした反応と同じ気分にすぐになった。彼女は床に座り，膝の上に頭を置き，少しも動かない。私はまずチャーリーに，数分後にはもう1人のグループのメンバーに，場面に入って，クリスティンのようすを尋ねるように言う。クリスティンは答えず，身動きもしない。今彼女が見せている状況がもう少し極端であったとき，彼女は実際に，緊張病と診断されたことがある。

第3章　物語：プロセス指向のグループドラマセラピーにおける個人の成長過程──4つの事例研究

　私は場面を中断させ，クリスティンに，まったく異なった反応の実験を，つまりこの状況に対応するための練習をしたらどうかと尋ねる。彼女自身が次のような提案をする。「調子はどうですかと聞いている友だちに，自分の感じていることを言ってみる。たとえそれが怒りでも」。電話で話す場面を再度簡単に演じてから，彼女は，今自分で言ったことをすぐに行なう。自分の苦しみといらだちを表明するとき，彼女の情動には活気が出てくる。また，自分が心配している状態であったがために，いくつかの説明を，たぶん見逃して，代理の医者が誰であるかについて混乱していたことにも気がつく。
　「この方がずっと気分がよかったわ。でもむずかしかった。とくに最初のうちは。というのは，ほとんど自動的に動いていた長年のサイクルを打ち破るような感じだったから」

　クリスティンは，それまで何年も心理療法を受けていたので，ある程度の洞察力を身につけていた。しかしこれは，大部分，知的な理解のレベルにとどまっていた（「頭ではわかっています。でも実際の生活では，むずかしいんです」）。ドラマは，よくありがちな，知的に理解することと実際に情動が変化することとの間にあるギャップに，橋渡しをする助けになり得る。このセッションの最高潮に達する場面の進展が示すように，徹底的に行なう治療作業というのは，多面的である。感情のカタルシス，洞察，そして行動の変化，これらすべてが同じ程度に重要なものとして扱われる。
　それから5セッション後に行なった最後の即興劇で（そのときグループはほぼ完全に第五段階（ドラマ的儀式）に入っていた），クリスティンとチャーリーに，2人があるバス停留所で5年後に偶然出会ったところを即興劇にするよう指示した（**再会**）。クリスティンは，彼に少し気がついたときの表情から，大きな声で「チャーリー」と叫び声をあげる瞬間まで，目を見張るほどに迫真の演技をした。彼らは，それまでの数年間に起こったことを話した。クリスティンは結婚していた。チャーリーはエレクトロニクス・エンジニアになっていた！　チャーリーは，クリスティンと彼女の夫に一緒にお酒でも飲もうと提案したとき，彼女のアレルギーのことを思い出した。しかし，クリスティンはすぐに，「ああ，今はあのアレルギー，全部なくなったのよ」と答えた。それから，2人でデイケアセンターでの昔の日々のことを思い出しているとき，チャーリーは突然大声でわめきはじめた。「たーすけーてちょーらい」とシャックリをしながら。クリスティンが，「そうね。あの場面を忘れることはとてもできないとわかっていたわ。5年経っても，あなたはまだ覚えているんだから！」と大きな声で言うと，グループのメンバー／観客は，クリスティンと一緒になって楽しく笑った。
　この連続治療セッションの終了を記念するお祝いを行なっているとき，クリスティンは，グループが終了するという今，自分が感じている悲しみの感情を他のメンバーと分かち合った。彼女は，発言する内容に本当にぴったりの感情表現をしながら，グ

第Ⅰ部 ◆◆◆ プロセス

ループの他のメンバーと，今後一緒に活動ができなくなるのをどれほど寂しく思うだろうかと語り，「私がこのグループの人たちほど信頼した人たちは，今まで誰もいませんでした」と付け加えた。

ビデオの自分の映像を見ながらの3回目の最終対話で，クリスティンは次のように語った。「あなたは一緒にいて楽しい人だということがわかったわ。ユーモアの感覚があるということもね。ドラマの中で，本当はあなたが人から好かれるということもわかった。実際，今まで存在していたとは知らなかったまったく新しいあなたを発見したわ。あなたが，自分では今まで絶対できないと思っていたこともできるということがわかったわ。今まで絶対できないと思っていたのに」。

クリスティンの新しい自己像が開花するのに立ち会っていると，昔，私がとても好きだったあることを思い起こす。それは暗室で，現像液の中の真っ白な印画紙を見ていると，そこに画像が浮かび上がってくる作業である。一番気持ちがよいのは，画像が次第にそこに結実し，現像液から取り出し，写真とよべるようになる，そのプロセスを目撃することであった。

私は，クリスティンとさらに2つのセッション・シリーズを行ない，合計で8か月の間におよそ60セッションの治療作業をした。治療の第2シリーズでは，最初の治療シリーズではほとんど語られることのなかった養父のことが表面化した。クリスティンの演技場面には，父の死が目前に迫っていて，父が死んだら母親がさらに自分を頼るようになるだろうと彼女が恐れていた事情も表現されるようになった。これらのドラマの場面を通して，彼女は自分が独り立ちすることの必要性を主張し，伝え続けた。彼女は，また自分が二人種間の子どもであることをどう感じているか，その中身を明らかにしはじめた。この感情は，白人の家庭で育てられたことから，押さえ込まれ，混乱していた。彼女は，自分の実の父親から見捨てられたことへの感情についても取り組みはじめた。彼女の人生の苦しみ，理不尽さに関連する怒りと悲嘆が，多くは非言語的な方法で表現された。内面に存在するはぐくみの親を使う能力が備わってきた。また，昔の自分であり，今なお自分の中にいる，傷ついた子どもに，彼女が配慮を示す場面がたくさん演じられた。一番重要なことは，クリスティンが人への信頼を再び手に入れたことだ。それも，新しい人々からなるグループで。連続治療の3回目となるシリーズで，クリスティンは，さまざまな人物を演じることを大いに楽しんだ。彼女が，自己像を急速に拡大しながら，いろいろな試みを行なっていることは明らかだった。ますます自発的に，そして楽しげに行なう彼女の即興劇は素晴らしいものであった。そして，新しい役が彼女のドラマレパートリーに加わった。彼女は，ガールフレンド，恋人，主婦などを演じることができるようになった。彼女の性的な魅力は，最初のシリーズでは，カルメンの役を通してほんのわずかに現われていただけであったが，今では多くの場面ではっきりと現われていた。

第3章　物語：プロセス指向のグループドラマセラピーにおける個人の成長過程──4つの事例研究

　3回の連続治療シリーズの中では，最初のシリーズ（本章で詳しく叙述したもの）が，最も大きな触媒としてのはたらきをもっていた。というのは，そのシリーズこそクリスティンがセラピーに参加できない状態から抜け出すのを助け，同時に受けている，さまざまな治療の効果が出はじめるきっかけを与えてくれたからだ。このような効果が出ることになった治療には，これまで7年間治療を受けていた精神科医との個人セッションや，デイケアセンターでの総合的環境療法がある。それまで，この2つの治療のみを行なっても，彼女には長い間，進歩がなく，予後が悪かったのだ。

　ドラマセラピーの第3回シリーズを終了すると，クリスティンは短期大学に入学した。外来治療にも参加し続けたが，不定期の治療に切り替えた。大学で彼女がとったコースは，速記，アフリカ系アメリカ文化，そしてドラマ（！）であった。また人生で初めて，男性との関係をもつことに踏みだした。不定期の外来治療を5か月間続けた後，彼女は治療をすべてやめたが，その後7年の間，およそ6か月ごとに私は彼女に会った。彼女がデイケアセンターを訪れ，最近のようすを話してくれたのだ。最初の頃の訪問で，ボーイフレンドと一緒に行った南アメリカへの8週間の旅行での冒険を語ってくれたとき，彼女の顔は光り輝いていた。彼女の外見は見違えるほどに変化し続けた。訪れるたびに彼女はもっと若く，もっと生き生きと，健康に見えるようになった。ひどいアレルギーは治まり，精神治療の薬も飲んでいなかった。独立して住み続け，最終的には，障害者手当の援助がなくても自活できるようになった。秘書としての研修を終了し，常勤の職についた。そして，両親がそれぞれ亡くなったときも，対処できた。

　しかしボーイフレンドとの2年間の関係が終了したときは，後退が見られた。恋人との別離ほど，子ども時代の捨てられた時を思い起こさせるものはないだろう。クリスティンは自らの希望で，4日間入院した。退院後は，長期治療を再開することもなく，日常の生活に戻ることができた（長期治療に戻ってしまうのは，入院をくり返した多くの人にとっていつも通るパターンのように思える）。短期間のうちに，両親，そして自分のパートナーを失ったにもかかわらず，クリスティンは，それまで達成した進歩を崩壊させようとはしなかった[★2]。

　私のクライエントたちはみんな，私の知る限り，最も人を鼓舞してくれる人たちである。彼らの中に，人生において，他では見られないほどの激しさをもって痛みに立ち向かう姿を見る。暗い，未知の領域に降りる勇気を見る。失われた自己を発見しようとする渇望を見る。私はクリスティンを決して忘れないだろう。彼女は私に教えてくれた。熱意さえあれば，私たちみんながどれほどまで変化できるものかを。

[★2] この章に登場する他のクライエントも達成した進歩を維持し続けた。4人のクライエントと最近接触をした（一緒に治療セッションを行なってからそれぞれ4〜15年後の追跡調査となる）が，その全員が，社会関係上も，価値のある仕事や活動という面でも，感情的緊張の対処を健全に行なっている点でも，そして独立した生活をするという点においても，上手に過ごしていることを聞き，私はたいへん感銘を受けた。

第4章
セッション：
1つのセッションの進展について

　前の2つの章では，ドラマセラピー治療の流れを，時間の推移とともに例をあげて説明し概観してきたが，これからの2つの章は，実践的・臨床的な観点から治療プロセスの構成要素に焦点をあてていきたい。セッションと，その中のさらに限定した要素であるドラマの場面である。

　本章では，セッション開始前からセッション終了までのリーダーの精神的な準備について検討し，セッションの進行について分析する。また，ドラマセラピーに対してクライエントが示す抵抗と，その対応方法について考える。その後，ドラマセラピストが，セッション中にたびたび直面し，決定をしなくてはいけない選択肢について検討する。

　読者にできるだけ生の経験に近いものを感じてもらうために，この章の最後では2つのセッションの詳しい描写（基本的に書き写したもの）を載せた。第3章で述べたクライエントの1人，ショーンがこの2つのセッションに参加しているので，彼女の初期の治療のようすをより詳しく理解していただけると思う。

プロセスと進行

　ドラマセラピストの治療作業は，セッション開始前の，自己の精神的な準備から始まる。この準備は，俳優が本番の前に行なう準備と異なるものではない。役者もセラピストも，精神的に，そして，肉体的に準備する必要がある。それは，自我を解体して，真に，他人（登場人物，あるいはクライエント）を受け入れられるようにすることを含む。セラピストが個人的な問題をかかえているとき，このことはさらに大事である。セラピストは自分の心やエネルギーや存在が開かれた状態になるための自分独自の方法をそれぞれが発見しておくべきである。

　「グループ全体（個人セッションでは，相手の患者）のそのときの状態から始める」というのが，クリエイティブアーツセラピー［創造的芸術療法］に共通の考え方である。

第4章　セッション：1つのセッションの進展について

　ドラマセラピストは，グループ（あるいは個人）の雰囲気，微かな兆候を察知することができなくてはならないし，その感覚をもつことで，自分が予定した課題を押しつけるのではなく，彼らが求めていることが何なのかを敏感に気づくことができる。同時にドラマセラピストは，「舞台の設定を作り上げる」ために積極的な役割を果たす必要がある。つまり，新しい存在になったり，新しい行動を行なうことが許されている，とクライエントに感じさせるような環境を作り上げるのだ。ひとたびドラマセラピーを行なう部屋のドアが閉じられると，そこには特別な空間を作ることが可能となる。

　クライエントの先導に従うのか，それともセラピストが主導権を取る（つまり，もっと意図的な方法を使う）のか，この2つの間のバランスは，非常に微妙なものだ。時には，このバランスは，ある一方の側により大きく傾くこともある。たとえば，引きこもっていたり，受け身的な精神疾患のある患者との治療作業の初期の段階では，ドラマセラピストが，意図的に，開始期に発生しやすい鬱感情の影響を少なくするようなエクササイズを行なって，引っ張っていくことがある。そしてそのとき，セラピスト自身のエネルギーを使って，その場の活動や相互作用に刺激を与えるようにする。しかしこのような場合でも，セラピストは自分自身の熱意でグループのみんなを圧倒しないように十分な注意を払う。セラピストは，グループをある状態から次の状態へと変化させていくときであっても，同時に，クライエントたちに対しては，彼らがセッションに入ってきたときの状態を，自分が感じ取り，理解している，ということ示すようにする。

　セッションを開始する前に，リーダー［セラピスト］は，グループの1人ひとりとなんらかの話し合いを行なった方がよい。こうすることで，クライエント1人ひとりとのつながりを作り上げる（あるいは，作業を継続しているグループの場合，作り上げ直す）ことが可能になる。たとえ短い時間であったとしても，セラピストはこの話し合いの間に，クライエントの状態をつかむことができる。また，それと同じくらい重要なことであるが，クライエントの側がセラピストの態度にふれることができる。そのときのセラピストの態度としては，受容，配慮，純粋さをもっていることが望ましい（Rogers, 1961）。感情障害のある人たちのグループでは，そしてセラピーの初期の段階では，どんな人たちであれ，セッション前にクライエントと個別に会うことがさらに重要だ。というのは，クライエント同士で［セラピストが見せる］このような態度をとることはあまり期待できないからだ。感情障害のある青年たちなどで，抵抗を示すクライエントの場合，セッション前に個人的に会っておくことの重要性は，どんなに強調しても強調しすぎることはない。これまで数えきれないほど起こったことであるが，10代の青年たちは，セッションの部屋に入るときには，どんな権威とでも戦うという，敵愾心に満ちたようすを示していても，1人ずつと会うと，完全に譲歩し，引き下がった状態となる。その瞬間，彼らの普段の行動のようすがどのようなも

のであれ，私が彼らに配慮をし尊敬しているということを彼らは感じ取る。また，彼らの反応に，私が負けないということも彼らは理解する。セッションの開始前に，セラピストとクライエントが個別に会って，抵抗，心配，恐怖，そして疎外感を拡散し，少なくすることは，セラピストが行なうべき，最も大事で，繊細な意味をもつ務めである。

個別のクライエントとの接触に引き続き，あるいは，同時に行なうことが多いのは，グループ全員の助けを借りて，部屋の中の配置を変更することだ。多くの場合，部屋に置いてある備品や椅子を片方に移動し，できるだけ広いスペースを作ることになる。他の場合，たとえば，歩行が困難なグループなどであれば，この作業で，部屋の真ん中に椅子を円の形に集めることになる。抵抗を示すグループの場合はなんの変更もしないのがベストだ。そのとき，1つか2つの椅子を部屋の一方の壁に目立たないように置き，そこを演技開始の場所にしてもよい。部屋の配置替えは，象徴的な意味と同時に実用的な意味ももっている。新しい可能性を作り出すために舞台が設定される。次に，外（世界）と内（ドラマセラピーセッション）との間の区別を明確にする。靴を脱ぎ，ドアを閉める。部屋のドアを閉めることが，セッションを正式に開始する合図となる。

最初の活動は，グループ全員が参加するもので，円になって行なう。この原則は，動かせないものではない。あるグループにとっては，部屋の中を歩き回ることが，最初の活動として最適であるかもしれない。あるいは，自分が選んだ部屋の隅で横たわること，あるいはただちに，メンバーの1人か2人が演技の場面を開始することであるかもしれない。とくに，抵抗を示すグループは，決められたことに対しては何であれ拒否し無視する。このようすは，次の節で詳しく説明する。しかし，一般的には，セッションの一番初めというのは，グループの全員が（再）結束をするときであり，円の形は，結束・結合を示す伝統的なシンボルだ。この最初の活動で，リーダーはたいへん活発に動く役割を果たすべきだ。というのは，リーダーの存在がグループにエネルギーを与え，グループのメンバーがこの作業に対して，またお互いに（再び）結びつく助けとなるからだ。この初期の段階に最も共通しているいくつかの目標は，感情表現，身体的な活性化，信頼感，観察力，集中力，そしてグループ内の相互交流であり，これらを促進することである。多くの場合これらの目標はお互いに重なり合う。セラピストは，前回のセッションの情報およびセッション開始前，あるいは開始後に集まってくる情報に基づき，そのセッションの目標を決定する。第Ⅱ部にある技法は，以上の目標に沿って分類分けされている。

2番目の活動は，通常ペアで行なう。パートナーと2人で行なう作業は，グループのメンバー間の関係を作り上げ，リーダーは中心的な参加者ではなく，少し横から見ることのできる観察者となる。グループ全体の活動から，ペアによる活動への移行

第 4 章　セッション：1つのセッションの進展について

はスムーズに行なわれる。そこで使われるのは，同じ作業あるいは同じ手法であり，ペアかグループかによる形式が異なっているだけだ。たとえば，信頼感に焦点をあてているとき，グループ全体を円の形にして，1人を受け止めることからセッションを始め（**信頼して倒れる**，第6章194頁参照），次にグループをペアに分けて，1人がもう1人を受け止めるエクササイズへと移ることができる。

　最初に行なう2つあるいは3つの作業／技法が，次に行なうセッション中間期へと導く役目を果たす。この中間期は，通常，そのセッションの「メインコース・主要なメニュー」，あるいは，最も発展する部分である。このセッション中間期に行なわれる最も典型的な作業は，場面演技である。よく使われる形は，グループを3人ずつぐらいの小さなグループに分け，それぞれのグループが場面を準備し，その場面をグループ全体のために演じるというものである。他の方法としては，ペアになって，場面を作って演じたり，またグループ全員が一緒に演じたり，あるいは1人が単独で，または主役として演じることもできる。場面が終わると，ほとんどの場合，拍手を行なうが，これは自信を高め達成感を与えるためだけでなく，場面が終了したことをはっきりと示すためでもある。この拍手が，空想と現実の区別をはっきりと強調してくれるのだ。連続治療セッションの第二段階の終わりから第四段階を通して行なわれる大部分のドラマ場面は，その演技のすぐ後に，言葉による話し合いを行なうか，または場面の中にその話し合いが統合されている。セッション中間期に共通する重要な目標は，表現，コミュニケーション，登場人物と役を発達させること，グループの協力，さらに／あるいは，自己開示＜self-revelation＞である。セッション初期の目標と同様に，これらの到達目標は，相互に重なり合うことが多い。第Ⅱ部で，セッション中間期の技法として示したものは，これらの目標に従って分類されている。

　セッション中間期で発生する内容は，そのセッションの初期の作業から影響を受けている。たとえば，感情表現を強調しようとするセッションでは，グループ全員が音と声を使って開始し，最終的には声を合わせて，感情を込めたセリフ，たとえば，「私はそれがほしい」などをくり返して言うことができる。それからグループは2人ずつのペアに別れ，1人が「私はそれがほしい」と言い，もう1人が「渡さない」と言い張る（**1行セリフのくり返し**）。その次に，ペアごとに，**1行セリフのくり返し**を行なっているときに心に浮かんだ状況，あるいは他の人との関係について話し合う。そしてその話し合いに基づいて，グループの前で演じる場面を計画する。ここで重要なポイントは，参加しているセッションに流れがある，前進しているという感覚を作ることだ。1つひとつのエクササイズが，次のエクササイズへの橋渡しとなる。各作業の間の移行は自然に行なわれ，セッションを，より深く，より複雑なところへと螺旋状に押し上げていく。ドラマセラピーのセッションは，決して，1つひとつが孤立化した技法の寄せ集めであってはならない。それは，さまざまな技法がお互い

に関連し合い，前進していくことで，1つの「流れ」になっていくものであり，そこに治療の効果が現われ，また美しいものができ上がる可能性が含まれている。クライエントにとって，注意深く作られたセッションでの体験は（それが事前に計画されていようと，自然に発展したものであろうと），時間的には非常に短く感じられ，そしてセッションが終了するまでには，満ち足りた感覚と，何かを完成させたという感覚を得られるものだ。セッションがこのように組み立てられると，そこで抵抗が現われることはまれである。しかし，お互いに関係のない技法の寄せ集めであるような「変化の多い」セッションであるとき，そのセッション内で新しいエクササイズを開始するたびに，あるいは，段階を進めるごとに抵抗が発生する可能性がある。

　作業から作業への移行をスムーズに行なうためには，一般的に，次の3つの方法のどれかを使うとよい。まず，1つだけの手法を発展させるやり方がある。先述の例がそのようなスムーズな移行を示している。たとえば，感情に訴える2つのセリフをくり返すという作業を，最初はグループ全員で，それからペアで行ない，最後にはこれらのセリフに基づいた場面を創作する。セッション全体は，1つの技法に基づいて行なうのであるが，それはさまざまな形に，ますます複雑に変化し，発展し拡大させていくことができる。2番目の方法は，テーマや内容を通しての流れを作る方法である。たとえば，信頼の練習の後に，信頼という課題を扱う場面を行なう。あるいは，怒りの表現をうながすエクササイズでセッションを開始して，怒りを表現する場面につないでいく。スムーズな移行を作る3番目の方法は，空間の形に着目することだ。たとえば，グループが2列に並んで向かい合う手法の後には，同じ2列に並んだ形の手法を行なう。通常，この方法での移行は，技法の発展かテーマの継続のいずれかを一緒に行なうことで最もうまくいく。もちろん，空間の形だけで十分な**流れ**を作ることができるときもある。たとえば，円の形で行なう手法の後，関連のない手法であっても，同じ円の形を使うことで，十分に効果的なときもある。

　セッションを計画するとき，ドラマセラピストは，セッション中間期をどのように作るかをまず考え，その構想の中身に最も影響を受ける。つまり，セラピストは，その中間期の構想から「後戻りして考え」，セッションの中心部分に効果的に導いてくれる初期の技法をデザインする。あるいは，セラピストは，グループのニーズに最も適切なセッションの開始の仕方が，感覚としてわかっているだけのときもあるだろう。その場合，この開始の仕方が，その後のセッション全体に影響を与えることになる。セラピストは，この「感覚」を，クライエントたちと最初に行なう相互交流から感じ取ることが多い。セッションの活動が滑らかに移行するために，事前の計画が必要とは限らない。経験を積むことにより，ドラマセラピストは計画をせずに，まったく自然に行なっても**流れ**を作り出すことができる。しかし大部分のセッションは，ある部分は計画して（あるいは，少なくとも事前によく考えて）おり，ある部分は活動のそ

第4章　セッション：1つのセッションの進展について

の場，そのときの中で展開していく。

　セッションの終了時に，グループは再度の結びつきを行なう。その形は，セッションを始めたときと同じように円を作ることが多い。活気のあったセッションではこの終結を行ない，一時の静けさを生み出す。感情が充満していたセッションでは，この終結を行なうことで感情はさらに解放され，同時に抑制され，包み込まれる。新しい洞察を導き出したセッションの終結では，ふり返りと統合を促進することになる。空想の劇を行なったセッションの終結は，（現実に）「着陸」する時間となり，ドラマセラピーのグループから，ドアの外に存在している**現実世界**への移行をたやすくする。セッションの終結部分は，そのセッションの諸側面の中で重要であった部分を強化し，そのときグループの中にあるいくつかの感情を認め，それらについて考察する。そこではドラマ的儀式を使用することが多い。終了期に使う多くの儀式，手法は，グループのメンバー同士が，お互いに与え，受け取ることをうながし，お互いの考え，集団で作り出したもの，ふり返りと祝福，これらの共有をうながすように考案されている。セッション終了期の技法は，これらの目標に従って分類されている。

　単一セッションの進行と連続シリーズのセッションの進行との間には，平行した関係が存在する。1つのセッションの進行と同じように，連続シリーズの進行も，次第に深さと複雑さが増加していく。同時に，連続シリーズが進むにつれ，クライエントたちはより積極的になり，自分たち自身でそのプロセスをもっと発展させるようになるため，ドラマセラピストが準備するセッションの構成度合いも次第に減少する。またセラピストは，シリーズの最初は，さまざまな活動に積極的に参加するが，後になると，クライエント同士の交流やつながりが増していくため，セラピストは，観察者や監督の役目を果たすことが多くなる。各セッション開始期の目標の多くは，連続シリーズの開始期の目標に該当する。セッション中間期の目標は，シリーズ中間期の目標に該当する。そして，セッション終了期の目標は連続シリーズ終了期の目標に該当する。第Ⅱ部で，**セッションの開始期**として述べた大部分の技法は，シリーズの第一段階，第二段階にとくに関係があり，セッション**中間期**の技法は，第三と第四段階にとくに関係がある。そしてセッション**終了期**の技法は第五段階に関係している。

　セッション全体の構成にはある種の美学的な美しさという特質が備わっている。そこには，開始，中間，そして終了がありながらも，それぞれの部分は次の部分に，継ぎ目を感じさせない形で自然に流れていく。全体を通してゆっくりと，そして知らぬ間に前進していく。多くの場合，セッションには最高潮のとき，あるいは大団円が存在する。セッションの最後の部分は，そのセッションの他のすべての部分を浮かび上がらせ，そして包含するものとなる。一番最後の瞬間は，感動的，詩的な瞬間になることが多い。通常，このときの調子は静かなものだ。しかし，セッションが力強く，劇的に「バシッ！」と終わる可能性もある。何か伝達事項を行なう必要がある場合に

は，この最後の瞬間の前に行なわれるべきだ。クライエントにとってセッションの最終場面が重要であるのは，観客にとって劇の最終場面が重要であるのと同じ意味をもつといえる。最後の瞬間は，それまでのプロセスの美学的な美しさの内容を反映し，そしてそれに貢献する役目を果たす。美学的に美しいと感じるこの感覚は，感情的に，そして精神的に心を揺さぶり，普段言葉では表わすことのできない，人の内面にまで到達する。美学的感覚は，さらに静謐な状態を生み出す。次に発生するものが何であれ，それに向かっての動きが開始するまでの間，いわば内面が静止する状態を生み出す。クライエントは，完了と期待の両方の感覚をいだいてそこにたたずんでいる。それは，このセッションで行なわれたことが完了したという感覚であり，さらに，次のセッションへの期待，同時に，次のセッションが始まるまでの間に起こるであろう内面での攪拌と変化への期待という感覚である。

抵抗

抵抗は，セラピーを開始するとき（またその中で，痛みを伴うむずかしい段階に入るとき）に見られる古典的な反応であり，ラプランシュとポンタリス（Laplanche & Pontalis, 1973）によって次のように表現されている。自分を知ることに対して，そして無意識の力が現われてくることに対抗するクライエントによる組織だった試みである（精神分析的傾向の少ない，抵抗に対する解釈には次のようなものがある。治療を受けることに対して気が進まない，治療方法に対しての警戒心がある，セラピストあるいはグループのメンバー同士のいずれか，または両方ともに，お互いを支持するという気持ちが欠けている，十分なウォームアップを行なわなかった，など）。抵抗はどこででも普通に見られる現象であり，大部分のクライエントたちは，（どのような）精神治療であっても，そのどこかの時点で抵抗の態度を示すことが多いが，とくにそのような態度を見せる集団がある。最も抵抗が顕著であるのは青年たちであり，とくに治療の開始にあたって，彼らが最も多く見せる態度である。さらに，異なった形の治療を初めて受けるとき，それに伴う独自の不安と抵抗の感情を引き出すことになる。

ドラマセラピーを行なうとき，クライエントたちは，次の3つの不安を感じることが多い。それは多くの人がもっている，**ドラマ**からの連想に基づいているものであり，そのために抵抗を引き起こす。それらは，1) 演技をしなくてはいけない，2) 自分が子どもっぽく見えてしまう，3) 自分以外の誰かにならなくてはいけない，というものだ。演技をするというだけで，失敗をするのではないか，不適切なふるまいをしてしまうのではないか，馬鹿にされるのではないか，という恐れを引き起こす。青年たちは，人生のこの段階で，肉体的にも精神的にも，深い，急速な変化が起こって

第4章 セッション：1つのセッションの進展について

おり，そこから生み出される自意識と不安に立ち向かっているので，「他の人よりも目立ってしまう」あるいは「その場で注目を集めてしまう」と考えるだけで，とても不愉快な気分を味わう。子どもっぽい活動を行なうと考えただけで，自分が馬鹿げて愚かに見える，あるいは，自分の時間を無駄にしているという恐れを引き出す[★1]。青年たちは，大人の権威に立ち向かうことにより自分たちの位置とアイデンティティを作り上げようとしており，同時に，自分たちの子ども時代から必死になって抜け出そうとしながら，自分たちは大人であるという存在を主張しようとしている。このことを考慮すれば，なおさら，子どもっぽく見える活動に対する抵抗は強くなる。自分自身の人格と感情を捨てて，他の人の役を演じる（そして他の人の感情表現を行なう）ために演技をするという考えは，喪失感，および（本当の自分が）受け入れられていないという感覚を引き出す。青年たちのように，本人のアイデンティティが希薄な場合，他の人になるという考えは，恐ろしいものであり，その人本人の存在をおびやかす感覚を与える。

　このようなドラマに関するすべての連想は，確かにドラマのもつ側面であることに間違いはないが，ドラマにとって，あるいはドラマセラピーにとって根本的な側面ではなく，このドラマという媒体に備わっている非常に幅広い可能性の中の小さな部分であるにすぎない。このような連想に対処するための方法として望ましいのは，セッションの最初からそのような心配をいだく必要がないようにさせてしまうことだ。セラピストは，クライエントがもっている最初の懸念に，十分に気を使い，演技，人物表現，あるいは子どもっぽく見えるような活動が含まれる作業や手法を使わないようにする。

　ドラマから連想して引き起こされる心配のもう1つに，セッションへの参加をためらわせる可能性があるものとして，外向的にならなくてはならない，つまり，演技過剰なヘタな役者のように大げさにふるまわなくてはいけないという考えだ。実際のところ，大部分の人は，役者とは外向的な人たちだと考えている。ベイツはこれを間違った見解だと指摘している（Bates, 1987）。彼は明確に次のように言っている。実のところ，「役者は極端に内向的であると同時に極端に外向的でなければならない。役者は，自己理解することに深く集中しなくてはいけないし，同時に，逆説的であるが，外の世界に，社会的な刺激に，観客に，目を向けていなくてはいけない…」(p.54)[★2]。これからセッションへの参加を考えているクライエントの方の中で，自分がドラマセラピーに参加するにはあまりに内向的だと考えている人たちには，外向

★1　これらの配慮の多くの点は，大人にも，また高齢者にも当てはまる。
★2　ベイツの考えでは，役者が，内面から外面までの広い領域にわたって，その精神を拡大することこそが（これは，役者の生来の性質が，外向的か内向的かによって，その役者にとって異なった挑戦を含む）演技することに本来的に備わっている，成長をうながす力，あるいは癒しを起こす力である（Bates, 1987）。

的な性格，性質をもっている必要はない，と安心してもらいたい。ドラマセラピーの進行は参加する人に合わせるのであって，その逆ではないのだ。

　クライエントたちが，外向的にならなくてはいけない，自分以外の誰かを演じなくてはいけない，あるいはセッションに入ってきたときの心の状態を変更しなくてはいけないという恐れをいだくことに対して，ドラマセラピストは，クライエントたちが自然な**自己**を表現することを許すだけでなく，そうすることをうながし，また，よりよく表現できるような出口を提供していく。人は自分が感じるように**演技**をし，あるいは別の言葉でいえば，その人の実際の感情や行動そのものがドラマの材料になるのである。たとえば，クライエントたちが，敵対的で攻撃的な態度でセッションに入ってきた場合，ドラマセラピストは，敵対や攻撃をドラマとして表現するように頼むことができる。引きこもり気味で，内気なクライエントの場合は，引きこもっている状態，あるいは，内気な状態を演技する必要のあるドラマに参加することになる（このようなプロセスを促進する技法としては，**感情を込めた挨拶**，**グループの気分当て**などがよい）。現実の感情や行動をドラマとして表現することにより，とくにそれを誇張して表現すると，自分が受容される，認められる，カタルシス的な解放，遊び気分とユーモアの雰囲気という感覚が生まれ，それに伴い，演技している自分を観察するという能力が導き出されることが多い。

　ドラマを使う活動は，このように，開放的で何事も受け入れるという取り組み方にたいへん適している。ドラマという媒体は，あらゆる種類の行動，態度，そして感情を表現することができ，かつそれらを，制御され，構成された環境のもとで行なえる場所を提供する。ドラマには，もともと境界線が備わっており，その中で演技される行動や態度を自分自身で観察し，包み込むことを可能にするので，そこでは，安全を損なわずに多くのことを行なう許可が与えられる。この許可によって，クライエントは，最終的に，これまでとは異なった行動を試してみようという自由な気分になるのだ（Emunah, 1983）。

　このようにして，クライエントの抵抗そのものが，ドラマ的な活動の中に取り入れられる。抵抗しているクライエントは，自分たちの抵抗そのものを**演技化**する。この巧みな方法は，エリクソン（M. Erickson）が催眠・心理療法で行なった先駆的な仕事（Haley, 1973），それにジェイ・ヘイリー（Haley, 1973, 1980）とサルバドール・ミヌーチン（Minuchin, 1974）が，家族を対象に行なった仕事に似ている。クライエントの抵抗という姿勢は，逆説的に，協力的な姿勢となる。というのは，クライエントは（ドラマを通して）抵抗するように頼まれるからだ。抵抗を押さえつけるのではなく，反対に，もっと活性化させることは，エネルギーの解放となり，建設的で創造的な道への流れを作ることになる（Emunah, 1974）。

　青年との治療作業を行なった私の経験の中で，初期の頃の次のような体験は忘れが

第4章 セッション：1つのセッションの進展について

たい。入院患者の新しいグループで，感情を直接行動に表わしてしまう傾向のあるティーンエイジャーたちから，敵意を表わした叫び声，「姉ちゃん，とっとと失せろ。このクソったれめ。俺たちは，つまらねードラマグループなんて，絶対やらねーよ」で迎えられた私は，逃げ出したい衝動と闘い，そして自分の内面の平衡感覚を維持しようと必死になりながら，グループの全員に，今言っている自分たちの言葉をくり返すようにとうながした。私は彼らに，もっと大きな声で，もっと力強く，私がなんと言おうと，言い続けるようにと頼んだ。次に私は，彼らの言葉に対して反論しはじめた。「そう言わずに，やってみようよ」。すぐに，挑発的であるが，お互いの意思の通じ合った対話が作り出された。グループのメンバーは，私の声の調子や大きさに反応して，応答するようになった。それがクライマックスに達した時点で，私は突然こう叫んだ。「こんなつまらねードラマグループなんてやらないよ」。彼らはとっさに叫び返した。「そういわずに，やってみようぜ」（Emunah, 1983）。

この例は，先ほど述べた逆説的方法をよく表わしている。そこでは，クライエントたちの抵抗と反抗は奨励され，セラピストとクライエントたちとの間の権力争いの代わりに，遊び気分の関係が作り出される。また，そこでの技法の使い方もうまく説明できたと思う。使われているのは**1行セリフのくり返し**（第6章166頁参照），それにサイコドラマ的なツールである**役割交換**（第5章145頁参照）である。しかしこの例の中で示されているもっと重要なことは，これらの技法やツールが，セラピーを行なっている，そのときの独自の状況から現われ出たということであり，押しつけられたものではないということだ。ドラマセラピーの技法とプロセスは，お互いに関連し，一点に集まる傾向があり，多くの場合，それぞれを区別してみることはむずかしい。また即興で，その場でセラピストが反応することは，新しい技法の発見，発達につながることも多い。これは，第Ⅱ部で紹介する。

青年グループとの治療作業では，抵抗と反抗を区別すると理解しやすい。青年が反抗的であるのは，「潜伏期に見られる子どもっぽい外見への反応として，また大人の凝り固まった権威への反応として，発達上適切なものである。これは，青年たちが，自己のアイデンティティを劇的に変化させているときに必要な側面である。青年たちが，治療プロセスの初めのうちに見せる抵抗が，この反抗的にふるまうということだ。それは，葛藤，痛み，また傷つけられる，誤解される，拒否される，あるいは裏切られることへの恐れ，これらの感情を隠そうとする試みだ。入院治療を受けている感情障害のある青年たちは，一緒に反抗的になることで，お互いの融和的な関係を維持しようと努める。その反抗的態度自体が，治療プログラムに対する抵抗という形になる」（Emunah, 1985, p.72）。

感情障害のある青年たちとの治療作業で私が使ってきた治療方法は，「彼らの反抗的態度に加わり，それを支持する方法だ。そうすることで，彼らの興味を引きつけ，

グループとしてのアイデンティティを育てる一方，心の底にある治療に対する不安と抵抗を最小限にする，あるいは完全に迂回する」(p.72) やり方である。主導権争いが，遊び気分を引き出す方法を使って変化させられ，クライエントの反抗と攻撃的な態度が許され，活用され，創造的なやり方で方向性が与えられる。その本質は，クライエントが，ドラマ的な活動という流れの中で，自分の感情や態度を演じて表現し＜act out＞，そうすることで，**感情に激して直接行動に表わすこと＜acting out＞を演じること＜acting＞**に転化させる。この演じるというactingは，acting outと異なり，自己観察と自己統御を必要とし，同時に発見と変化の可能性を示唆する。「クライエントが経験するのは，ドラマを行なうことに成功することであって，枠組みを壊すことではない」(p.78)。

　ドラマ的活動という枠組みが，攻撃性を安全に包み込むという機能を提供し，それに加え，いくつかの演劇的な手法が取り入れられているので，どの時点でもこの活動を制御できるようになっている。その例が，「カット［終了］」と「フリーズ［そのまま止まって］」を使うことだ。ドラマセラピストが，「カット！」と叫ぶと，今行なっているドラマの場面（あるいはゲーム）は，即座に終了となる。「フリーズ！」と叫ぶと（場面，あるいはウォームアップの途中で，とくに，身体的な動きのある活動のとき），クライエントは，そのとき行なっている身体の格好を保ったまま，即座に，「フリーズ」し，少しの間，彫像，あるいは活人画のようになる。ドラマセラピストは，いかなる場合でも，架空と現実の間の境界線がきちんと保たれていることを確かめながら進んでいかなければならない。クライエントが自分のコントロールを失う瀬戸際にいるとドラマセラピストが感じた場合，その演技は必ず中止されるか方向を変えられる。どんなときも，セラピストが責任をもって，グループのメンバーが，身体的にも感情的にも，誰1人傷つかないように注意をしなくてはならない。

　活動の枠組みへの当初の抵抗が取り除かれ，クライエントたちがドラマ的活動に積極的にかかわるようになっても，ドラマ創作の内容の中に，反抗的態度がなお残るときがある。初期の場面やゲームで表現される行動は，現実の人生の破壊的行動を二重映しにしている場合が多い。このとき，セラピストにとっては，演技をするという流れの中で，このような行動（たとえば，薬を使ったり，売ったりする，犯罪を犯すなど）を直視し，そして受け入れる能力があるかどうかが試され，どのように対処するのかが問われる。もし，セラピストがこのような題材を押さえつけず，受け入れることができ，そしてその間ずっと（先述した架空と現実の間の）境界線と制御を維持できれば，クライエントとセラピストの関係は強化されることになる。そしてそこに，お互いが協力しているという意識ができ上がってくる。クライエントたちが演技者であり，彼らの題材は尊重される。セラピストは監督であり，その指示は尊重される。演劇上の監督という後ろ盾があることにより，このようなクライエントに対して治療

第4章　セッション：1つのセッションの進展について

的な介入ができるのである。その実際のようすは次章で詳しく述べる。

　反抗的な態度をドラマに使う，そしてその方向に筋道をつけることに加え，さらにクライエントに対して，自分で決定する力をもつような役割を与えることもできる。抵抗するクライエントの多くは，無力感を体験しており（同時に，彼らは成功することに対しても非常な恐れをいだいている），そのため彼らはセラピストの力を削いでしまおうと試みるわけだが，それへの対応の仕方として，彼らに自分で制御できる，自分が権威をもっているドラマ上の役を与える，という方法がある。そのような役としてふさわしいのは，裁判官（**裁判の法廷**，第 7 章235頁参照），親，先生，セラピスト，または場面の監督などである。

　初期の抵抗に対処するもう 1 つの方法は，セッションを始めるにあたって，意外な方法や，興味をそそる方法を用いることだ。言葉による直接的な指示は抵抗のきっかけとなり得るので使わない。たとえば，ベルの鳴る電話を使うことで抵抗を回避できる（電話のベルの音は録音テープで鳴らす。**電話**，第 7 章211頁参照）。電話に出て話すことに対しては抵抗しにくい。もう 1 つの例は，テーブルの上にジュースの入ったコップを置く。クライエントたちは自然にそこに引きつけられ，そしてそのジュースを飲む。プラスチックコップの底には，これからどのように演じるかについての指示が書いてある（**秘密の役でパーティー**，第 6 章185頁参照）。

　初期に発生する抵抗に対処するとき，リーダー［セラピスト］の態度が最も大事な要素となる。この章の初めに（**プロセスと進行**というタイトルで）叙述した，配慮，尊敬，そして固い決意のほかに，セラピスト自身の境界線が明確に維持されていること，そして，クライエントが抵抗を示しても，セラピストが個人的におびえないことが重要だ。ユーモアを時折交えることも欠かせない。それは，密度が高まっている瞬間をうすめ，クライエントの態度を容認していることを示し，そしてしばしば，そのような態度はクライエントたちが予測していない形での接触となり，彼らの態度を変化させることにつながることが多い。

　抵抗は，セッション，あるいは場面の最中に，痛みを引き起こす，あるいはストレスを感じさせる材料に遭遇したことへの反応として起こることもある。それに対しても，ドラマ的な方法を使って，対応することができ，先に述べたような行動を誇張する方法を取り入れることができる。ブラトナーは次のように提案している（Blatner, 1988a）。「クライエントに自分を防衛する態度を誇張してもらい，自分の防衛機制をはっきりと外に見えるようにさせ，かつ意識化させる。そうすることで，クライエントが望めば，それを自分で制御する，あるいは修正することが可能となるようにする」。ジョンソンの手法（Johnson, 1991, あるいは本書第 7 章235頁，**変容**も参照）では以下のように述べられている。「演じる過程で発生する恐怖感，不安感はどのようなものであれ，それを利用し，拡大し，変容させる。クライエントは，場面を変容させ

ことによって，その場面から逃亡することさえもできる。しかしその間も，クライエントは『演技／遊び空間＜playspace＞』の中にとどまっているのだ」。

ドラマセラピーにおける抵抗を，遊び心をもって受け止め，クライエントたちが感じている恐怖心や不安感に気づきながら，積極的に対処することは，クライエントにとってもセラピストにとっても，たくさんの選択肢を提供する。そうすることで，セッションの開始と進行は容易になるのである。

適切な指示をいつどう選ぶか＜Choice Point＞

セッションの核心は，そのコースの中でドラマセラピストが行なうたくみな選択の仕方にある。選択を決定する瞬間＜choice point＞にどのように対処するかが，セラピストの仕事として最もむずかしく，また興味深い側面の1つだ。セッションを通して，その選択に影響を与える複合的な要素と要求が存在する。グループで行なうドラマセラピーの場合はとくにそうだ。そしてセラピストが，その注意力と感覚力を，何か1つに偏らせないことが常に求められる。

グループで行なう治療作業の中で最も多く見られる選択のポイントは，グループのニーズと個人のニーズにかかわるものだ。グループ全体にとって最良のものが，あるメンバーにとってはよくないということが，時どき起こるし，その反対の場合もある。セラピストは，常にこれらのニーズを上手にやりくりして，そのバランスを取っている。一般的に言って，セッションの中で（そして，連続シリーズの中においても）発生する動きは，グループ全体から個人へ向かって起こり，その後，またグループに戻ってくる。セッションは，最初の頃，グループに焦点をあてている。グループとしての活動を通して，グループの要求が取り扱われる。そして徐々に，注目する対象は，グループの中の特定の人たちに移っていく。中間期セッションでは，1人，あるいは数人の個人に対して焦点があてられる。その後，焦点は，グループ全体に戻るが，これは言葉によるプロセシングの形をとることが多い。そこでは，グループのメンバーが，個々人の行なった場面に自分たちがどのように理解をよせているかについて話し合いを行なう。セッション開始期のグループワークを通して，個人が危険を冒しても大丈夫だと感じさせるような環境，そして感情を包み込んでくれる器が提供されることにより，さらに個人的なワークを行なう基礎が創り出される。この個人的なワークは，グループワークそのものを，より深い，より密度の濃いものへと押し上げていく。というのは，1人ひとりが危険を冒し，自分をさらけ出していくことにより，他の人たちが勇気づけられ，鼓舞される。焦点が，個人からグループに戻ってくることにより，個人の活動は，さらに，全体から支持され，全体の中に包み込まれ，グループとしてのプロセスの基盤がそこに改めて作り上げられる。この意味で，グループ

第4章　セッション：1つのセッションの進展について

の活動は，個人による活動の新しいスタンザ［連］1つひとつの間にくり返される，一種のリフレインと見なすことができる。

　個人からグループに戻る動きは，言葉によるプロセシングを通すのではなく，ドラマ的活動を通して行なわれることもあり，また，1つのセッションの中だけで起こるのではなく，いくつかのセッションにまたがって行なわれることもある。この例は，クリスティンの物語の中に見られる（第3章）。あるセッションで，グループのクライエントの1人（チャーリー）に，彼自身の行動について考えさせようと思い，私は彼の役を演じた。次のセッションでは，クライエントの全員が（グループ全員で行なう場面の中で）同じように，お互いの役を演じ合った。同じ連続治療シリーズの中のもう1つの例としては（この部分は第3章に載せていない），クリスティンが里子に出されるために両親から引き離される，という彼女の**最高潮に達する場面**を行なったセッションの後に起こった。グループ全体は，その場面に深く影響を受けて話し合いを行ない，見捨てる，というテーマに関して即興の場面をいくつか演じた。感情的浄化をうながした，この2つのセッションの後，グループは心の荷を降ろしたようで，メンバーの調子は軽くなった。これら2つのセッションの後に行なわれたセッションで，グループのメンバーは，クリスティンも含めて，次のようなことをした。精神科医が休暇に出かける，そのため，自分たち（つまり患者たち）が見捨てられ，拒否されたという感じをいだいた，という寸劇を茶目っけたっぷりに演じて，冗談を言い合い，大いに笑ったのである。自分たちがよく知っている感情と状況を一緒に共有することにより，グループとしての親近感，緊密さの感覚がさらに深まった（Emunah, 1983）。

　グループ対個人のニーズに関する選択では，それぞれの側の準備の度合いを考慮しなくてはならないことがある。グループの中の1人が，重要な場面を演技するための準備が感情的に整っていても，全体としてのグループ，あるいはグループの中の何人かが，そのような場面に立ち会うほどの感情的な準備ができていないこともある。たとえば，25歳のクライエント，デボラは，現実の人生で実行しようと考えている，強い感情の込もった重たい場面を試し，練習したいと思っていた。それは，記憶の底から最近浮かび上がってきたこと，自分が子ども時代に，父親から受けた性的虐待に関して，父親に，直接話をするというものであった。デボラがそのときもっていた力，力強い感情を表現し，同時にそれを抑制するという力は，グループの他のメンバーの力より大きかった。私は，彼女にとって重要な場面の演技を先送りせざるを得なかった。というのは，他のクライエントたちは，そのような強い感情や，それによって触発される自分たちの記憶と感情に耐えられないだろうし，また，デボラが必要としている支えを与えることもできないだろう，と私にはわかっていたからだ。

　しかし私は，もっと距離をもたせながらデボラにその感情のいくらかを表現させる，

第 I 部 ◆◆◆ プロセス

という妥協策を考案した。私は彼女に，**サイコドラマ的演技ではなくて**，自分を裏切った友だちに直接に会って話をするという，**架空の場面**を演じてもらった。デボラは，この単純な場面を，熱情を込めて演じた。この演技は，彼女が必要としていたものの幾分かを与えてくれた。そして，それと同じように重要なことは，その場面が，グループのメンバーにとって，感情表現に耐える力を発達させ，感情の領域に踏み込む勇気を創り出してくれたことである。場面の後で行なった話し合いにおいて，デボラとグループの他のメンバーは，その演技に対する自分たちの感情的な反応について，そして，そこから思い出す個人的な出来事について話をした。このような選択をどのように行なうかに関しては，何も公式があるわけではないが，(第 2 章で論じたように) 治療の段階を認識することが，その指針となり得る。治療進行上の段階の観点から上記の例を見ると，グループが第二段階（場面演技）にいることは明らかであり，デボラが行なおうとした第三段階（ロールプレイ）あるいは第四段階（最高潮に達する演技）が適切でなかったことが説明できる★3。

　時には，個人との治療作業が，グループのニーズより優先される場合もある。通常，このようなときは，個人の演技をさらに発展させたり拡大させるという形で行なわれ，新たな演技を開始するという形の選択をすることは少ない。グループがその注意力を失いつつあるときであっても，そのプロセスが個人にとって重要な意味をもち，癒しの可能性をもっているときには，個人の場面演技がなお続いていく。セラピストは，常に効用と危険とを比較検討し，優先順位を決める。そのときセラピストは，自分の直感を一番多く使っている。一度選択がなされると，セラピストは，その選択した作業がもつ欠点をできるだけ少なくするプロセスと手法を使用する。たとえば，個人の場面が長引いたとき（あるいは個人の場面が複数回連続したとき），グループの注意力を維持する助けとして，次のような介入の手法を使うことができる。**役を引き継ぐ**（第 5 章149頁参照）を使い，場面を見ているグループのメンバーが演技者の「肩をたたく」ことで，演技者を交代させることができるようにする。グループのメンバーに（または，グループ全員が同時に），主役の**ダブル**を行なうよう頼む。あるいは場面を監督する，監督をし直す，主役に重要なセリフを与えるなどを頼む。「観客」となっているメンバーに，積極的に参加してもらうことは，観客の興味と参加意識を維

★3　ドラマセラピストは，決して，サイコドラマ的な場面を作り出さなくてはいけない，というプレッシャーを感じる必要はない。サイコドラマ的な場面に対して，クライエントやグループの準備が整っていないとの疑念があるとき，セラピストは，以下の人たちの意見を聞くべきだ。1) そのクライエントに治療作業を行なっている他のセラピスト，2) 同僚のセラピスト，またはスーパーバイザー（監督指導者），3) クライエント本人。複数手法で同時に治療を行なうプログラムの場合，クライエントが感情レベルの高い場面演技を行なったとき，他の心理健康管理を行なっている人たちに，その旨を連絡する必要がある。そうすることで，事後の観察・保護となるフォローアップのケア（あるいは，時間が経って現われてくるクライエントの反応への気配り）を提供してもらうことができる。

第4章　セッション：1つのセッションの進展について

持させることになり，同時に，そこで引き出されている感情をある程度統御するという体験にもなる。

　同様に，グループと個人のニーズのどちらかを選択しなくてはならないのは，セラピストの計画に沿っていない，またはグループの利益になるとは思われない活動を，ある個人が提案するときだ。これは，子どもや青年たちのグループではよく発生する。このときの選択の仕方はむずかしい。というのは，グループのメンバーが行なう自発的な申し出は，たいへん重要であり，ある特定のクライエントにとっては，このような自発的な申し出をすること自体が，特別な意味をもつこともあるからだ。このようなときも，妥協策を講じることができる。たとえば，セラピストは，まずクライエントの提案で開始し，その後で，自分の計画につながる中間的な活動を考案することができるかもしれないし，あるいは，クライエントの提案に，独創的な修正を加える，セッションの他の時点で提案されたことを行なうようにするなどが考えられる。

　セッションで行なうべきその他の選択のポイントは，進行の速度とタイミングの選び方だ。グループで取り組むエクササイズは，それを発展させたり，時間を伸ばしたりすることもできるし，あるいはセラピストは，一度の活動やセッションから生み出されたエネルギーを，次の活動に移行するために使うこともできる。セラピストは，うまく成功しない活動は取りやめるか，あるいは，自分の計画をそのまま進め，最初の反応が悪くても，メンバーがもっと参加するような方法を見つける努力をしてもよい。進行速度とタイミングをどのように決めるかは，多くの場合，そのグループが注目していられる時間がどれくらいかによる。グループ（そして対象とする人たちの種類）の中には，注目継続時間が短く，速度の速いセッションを続けていく方がよい場合もある。このようなグループでは，ある1つのエクササイズで高いレベルのエネルギーが引き起こされたとしても，その時間が長引くと，すぐにその勢いがなくなってしまう。だから，とくに連続治療セッションの初期段階では，このようになる前に次のエクササイズに進む方がはるかによい。そうすることで，クライエントはうまくいっていると感じるし，彼らのエネルギーを上手に使うことができる。しかし，活動に長い時間参加することがたやすくできる他のグループでは，ゆっくりとした活動を行ない，その体験を吸収し発展させる時間のある方が，より役に立つ場合もある。さらに，進行速度をどのように決定するかは，セッションにどれくらい構成をもたせるかにも関係してくる。いずれの場合にも，その治療活動がどの段階であるかを見極めることが判断の助けとなる。一般的に連続治療の初期段階に行なうセッションでは，構成をより多くもたせ，しかも，より速いペースで活動を行なう。一方，連続治療の後期段階のセッションでは，構成が少なくなり，遅いペースになる。

　ドラマセラピストが直面するもう1つの選択は，ドラマ的な演技を使うか，それとも，言葉による話し合いを進めるか，という選択だ。両方の組み合わせが最も効果

をもたらすことが多い。たとえば，感情を直接行動に表わしてしまう青年たちのグループが，セッションになだれ込んできて，たった今起こったけんかについて大声で話しはじめたとき，私はまず何が起こったのかを（言葉で）説明するように頼んだ。そして数分後には，その出来事をドラマ形式にすることに移行させた。ここで典型的に示されているように，言葉による話し合いは，ドラマ的演技の前奏曲の役割を果たす。つまり，言葉による話し合いは，そのときの重要な問題についての必要な情報を全員に与え，事態を明確にしてくれる。次に，演技をすることで，感情をよりよく表現し，かつ包み込むという作用がはたらき，クライエントとセラピストの両者にとって，その問題に関しての細かな雰囲気，複雑さを理解することが可能になる。言葉による話し合いからドラマ的演技にもっていく方法は，現実人生の状況に対して使えるだけではない。たとえば，あるセッションで，まったく自然発生的に，想像上の惑星についての会話が始まった。私が，その惑星について，メンバーたちにたくさんの質問をすると，彼らは答えてくれた。このやりとりを通して次第に明らかになったことは，惑星の名前はグロッケンスピーガルである，グロッケンスピーガルにはレイプも犯罪も暴力も存在しない，そこに住んでいる人々は自分自身を傷つけることもしないし，また他人を傷つけようという意志ももっていない，グロッケンスピーガルでは，感情を**浄化**する**ある特殊なプロセス**を受けることが定期的に行なわれている，などであった。私はこれを聞いて次のような単純な質問をしてみた。地球上の人間がこのグロッケンスピーガルを旅することができるだろうか，そしてその浄化プロセスを受けることができるだろうか，と。このようにして，話し合いから演技に変わっていった。

　言葉による話し合いを行なうか，それともドラマ的演技を行なうかの選択は，場面演技を行なった後にも必要となる。というのは，そのクライエントがいだいた感情面での反応と認識面での反応は，話し合いによっても，その演技を続けることによっても，どちらの方法でもさらに統合化することができるからだ。感情をもっと発散する，または解消する必要があるときには，通常，演技を行なう方が望ましい。しかし，事態を洞察し，認識を深めることが重要である場合は，話し合いを行なう方がよいだろう。これらの選択の仕方については，次章で，ドラマ的場面を監督し発展させることに関連させて，詳しく述べる。

　他の形式の心理療法と同じように，セラピストは，クライエントに対して，自分の解釈をどこまで伝えるべきかの決断を迫られることが多い。クライエントのある1つの反応のパターンをはっきりと示してくれる場面であっても，クライエント／演技者本人がそれに気がつかない場合には，セラピストは，クライエントにフィードバックを与えるか，または，このクライエントについての新たな情報としてその人をよく知るためだけに使うかのどちらかを選ぶことができる。この点について私はヤロム（Yalom, 1985）の見解に賛成である。解釈を与えるときは，その中身を注意深く選

第4章　セッション：1つのセッションの進展について

ぶことが大事であり，また，信頼と受容という治療的な関係が確立している場合にのみ与えるべきだ。さらに，クライエントに気づきをうながすには，言葉によるフィードバックを通して行なうだけでなく，ドラマ的表現形式を通して行なうこともできる。そうすることで，新しい洞察を，認識レベルと同時に，感情レベルにおいても吸収する助けになる。たとえば時どき，場面演技の最中に，重要な意味をもつセリフや言葉が，自然に口から出てくることがある。クライエントに，自分の言ったことを聞いたかどうかと後で尋ねるより，私はその場面に介入し，クライエントにそのセリフや言葉をくり返すように指示する（くり返し，第5章149頁参照）。そうすることで，発言者自身が，その言葉に対してしっかりと気づくようにさせるのである。

セラピストは，セッションが終わった後にそれをふり返ることで（それは記録用の**プロセスノート**に書きとめるという作業である場合が多い），自分が行なったさまざまな選択について評価をすることができ，同時に，セッションの中で自分が見落としたかもしれない選択を発見することができる。このような分析を行なうことで，セラピストは，同じグループと行なう次回のセッションの選択をどのようにするべきかの指針を知ることができるし，同時にドラマセラピーセッション内で，無意識に，効果的な選択を行なうという，総合的な能力を高めることができる。

実際に行なわれた2つのセッションの詳述

ここに詳述するのは，成人の精神科デイケアセンターで行なった32回連続治療シリーズ（週2回ずつ，4か月間）の1回目のセッションである。その次に記述したセッションは，同じ8人のクライエントグループの15回目のセッションである。

この連続治療シリーズは，第3章で取り上げたショーンが参加した4回の連続シリーズ中の第1シリーズである。8人のクライエントは，ダン［男性］，ジニー［女性］，ラモン［男性］，ロンダ［女性］，リロイ［男性］，キャロリン［女性］，アンナ［女性］，そしてショーン［女性］だ。年齢は，24歳から48歳まで。この2つのセッションの描写を通して，第Ⅱ部の技法のいくつかが，どのような状況で使われるかがはっきりとわかるようにした。最初のセッションでは，第6章で詳しく説明する，単独セッション，または連続シリーズの開始期用に立案された多くの技法がよくわかるようにした。次の15回目のセッションは，1つの技法を中心に動いている。それは，第7章で詳しく説明する**自己影像**である。

1回目のセッション

部屋の中には8人の人がいる。静かに座っていて，お互い離れて，1人ひとりが自分の世界にこもっている。孤立しているという感覚がはっきりと伝わってくる。私

は，想像の望遠レンズを使っているかのように，遠くから何人かの表情を読み取ろうとする。私が感じるのは，不安，それとも，疑惑？　これらの新しいクライエントたちの表情と体つきを入念に見ながら，私はクライエントの中にあるものを感じ取る。そして，自分の中でそれと同じものを前に感じたことがあった，あるいは今感じている部分を探し出そうとする。同時に，私は，自分の現在のエネルギー状態と準備の状況についてもしっかりと意識をする。私は，できるだけ控えめな態度で，彼らに近づき，彼らとの接触を始める。何人かは，挨拶をすることで安心する。私は彼らにそれほどの恐怖を起こさせていない。しかし，他の数人にとっては，挨拶は，彼らが感じている高いレベルの不安を軽減するのに何の役にも立たない。このようなクライエントにとって，新しい人，新しいグループ，そして新しい試みを行なうこと自体が，気分を圧倒させてしまうのだ。

　私は，今の雰囲気を，受け身的なものから活動的なものへ，死んでいる状態から生きている状態へと変化させたい。このプロセス行なうにあたっては，私自身のエネルギーのレベルがたいへん重要だ。しかし，その表わし方には細心の注意が必要である。**グループのメンバーの今の状態から始める**必要があり，彼らとともにいるべきであり，彼らに**対して**立ち向かってはいけない。私が，彼らの現在の内面の状態を認めて，理解しているということを示す必要がある。今から起ころうとしているプロセスを，私は次のように見ている。自分が，クライエントたちをやさしく持ち上げて，できるだけゆっくりと，どこか他の場所／状態に運んでいく。彼らははるか昔に立ち去ってしまったところ，そこに向かって。私は自分が引き受けている責任を十分に自覚しており，**持ち上げる**とか**運ぶ**ということ自体に対して，**今存在しているものをそのまま存**在させるのではなく，彼らの依存度を高め，彼らが変化することを事前に計画している，という批判をする人がいることも十分にわかっている。しかし，私が確信していることは，治療作業の最初の段階では，クライエントが抱えている重さのいくばくかをセラピストも運ばなくてはいけない，ということだ。とくに，自らの主導的な活動を失ってしまった，重度の鬱であるクライエントたちと作業するときは。彼らが他の場所をほんのちょっとでも覗くことができる分だけ，その重さを抱えてあげるのだ。そこは，実際には，**彼ら自身のもう1つの部分**でもあるのだ。彼らが自分で選択をして，旅に出かけられるように，また自らの力だけでは不可能であると思っていた，そんな旅に出かけられるように，その分だけ重さを抱えてあげたい。

　私たちは，今セッションを始めようとしている。緊張は高まり，言葉での指示，あるいは会話を始めることが少しでも遅れれば，緊張はますます高まるということがわかっている。活動をすることそのものが，不安感を和らげてくれ，早く始めれば始めるほどよい。私は，全員に，靴を脱ぎ大きな円を作るように言う。

　パントマイムを使って，私は架空のボールを取り上げる。ここで魔法の力がはたら

第 4 章　セッション：1 つのセッションの進展について

きはじめる。ボールの重さと大きさをはっきりとわかるように示した後，私は円の中の 1 人にそれを投げ，そのとき，その人の名前を呼び上げる。この指示は，言葉としてではなく，体で実際に示す形で発している。ショーンは，とっさにこの想像上のボールを**捕まえて**，ラモンに向かって放り上げ，彼の名前を呼ぶ。ボールが私に戻ってくると，私はそのボールを違った重さ，大きさ，形に変える。数分のうちにクライエントたちは，お互いがいろいろなボールを投げるふりをするようすを見て笑顔が漏れるようになり，笑い声を上げはじめる。メンバーは，まるで**本物のような**，1 トンもの重さのあるボールを投げようとしたり，ビーチボールをビー玉の大きさにまで縮めたり，そして次第にほとんど消えてなくなりそうな，小さなゴミにしてしまうようすをお互いに見ているのだ。さらに数分経つと，もっと独創的な変更が行なわれるようになる。今度は，ボールの投げ方だ。パンチで飛ばされ，力いっぱいに床を転がされ，そして息で吹き飛ばされる。この**ボール投げ**のもたらす実際的な機能として，クライエントたちは，この最初のセッションで，お互いの名前を覚えることができ，観察力と集中力を発達させる。そして，この活動が象徴的に表わしているのは，変容だ。

　私は意図的に，はっきりとした構成を作ってセッションを始めた。というのは，はっきりとした枠組みを与えることで，創造性が押し込められてきた人たちの間に再度，創造力と想像力を作り上げることができると信じているからだ。たとえば，自分が感じていることを表わす動きあるいは音を作りなさいと言って，まったく自由な流れのエクササイズでセッションを開始していたならば，想像力は，かえって停止していただろう。そのような開始の仕方は，自由度，抽象性，演技をする幅があまりに大きすぎるし，それは，まさにこのようなクライエントたちが恐れていることなのだ。連続セッションの後半になれば，セッションを開始するとき，グループが感じていることを表現したり，ドラマとして誇張して表現することから始めてもよいだろう。しかし，この時点では，クライエントたちが，不安を感じているのは明らかだ。こんなときに優先して行なうべきことは，その不安を軽減することであり，安全感を与えることであり，遊びの気分を作り上げることだ。

　私は，事前に持ち込んでいた，いくつかの本当のボールをそっと取り出す。そのボールは，大きく，軽く，色鮮やかで，風船のようなものだ。グループのメンバーが，違うエクササイズになったと気づく前に，私は 1 つのボールを，円の中の 1 人に向かって，その人の名前を呼びながら投げ上げる。そして他の人に，もう 1 つのボールを投げる。すぐに，4 つのボールが空中を飛び交うようになり，その後すぐに私はボールの数を 6 個まで増やす。この状況では，「自分だけぼんやりする」ことはできない。自分の名前が，何回も呼び上げられるし，それもボールが自分のところにくるほんの 0.5 秒前であったり，あるいは 2 つか 3 つのボールが一緒に自分の腕の中に飛び込んできたりする。

クライエントのみんなは，神経が集中し，エネルギーに満ちたようすだ。円から離れ，動き回ってもいい時期だ。全員で部屋の中を好きな方向に歩き回るよう提案する。メンバーは，おずおずと混じり合いはじめる。「自分が部屋の中に1人だけでいるかのように歩いて。あなたたちは1人になりたいのです。他の人をよけなさい」これを実行するのはたやすい。メンバーにはおなじみのことだ。すぐに私はこう付け加える。「できるだけ大きな空間を取りなさい。あなたたちは，**部屋全体を自分だけのものにしたいのよ**」（**人をよける**）。私はそう言いながら自分でも動き，空間を自分だけのためにつかみはじめ，クライエントたちと物理的な衝突が起こるようにけしかける。今やグループ全体は，目的をもって動き回り，それに伴っていたずら気分がでてくる。「あなたたちは本当に欲張りになっています。部屋全部を自分1人で使いたいの。できるだけ多くの空間をつかんで！　他の誰にも邪魔をさせないで。すべての空間を自分だけのために集めて。でも他の人とはぶつからないようによけて」私の声の力は，部屋の中のエネルギーに比例してますます大きくなる。全員が走り回り，腕や足を広げ，人をよけ，笑っている。衝突のニアミスがいくつか発生する。

「今度は，速度を落としはじめて。歩きながら，部屋の他の人に注目してください。相手の名前を言いながら，握手をはじめてください。目に入る人とは，みんな握手をして」（**高速で握手**）。9人が，お互いに握手をし合う。「速度を上げて。1つの手から次の手に動いて」私は，いつも動作を行ないながら指示を出す。話をしているときも，私の動作は決して止まらない。メンバーから離れて指示をするのではなく，常に**動作を行なっている**。「今度は両手を使って。一方の手で1人の人と，もう一方の手で別の人と握手をしなさい。いつも2人の人と握手をして。そして次の人たちに移って。スピードを上げて」。メンバーの動きは，早回しのフィルムを思い出させる。最高潮に達したとき，私は「そのまま止まって!!」と叫ぶ。部屋の中央に，お互いがしっかりからみ合った人の塊が作られる。

「今手を握っている人と2人で組を作り，背中合わせで立ってください。今から，お互いの向きを変えて挨拶をします。でも，私が呼び上げる感情や態度に従って挨拶をしてください。いいですか。**恥ずかしそうに**」。全員が向きを変え，自分のパートナーと向き合って，握手をし，そしてとてもおずおずとしたようすで自己紹介をする。「背中合わせに戻って。今度は，**神経質そうに**お互いに挨拶をしなさい」。ここにいる多くの人が**現実世界**で感じてきた不安と内気さを外に出す出口が与えられる。遊び気分で，何も怖がらずにすむ環境で。ここに込められているメッセージは，許可と受容だ。このように感じること，そして自分のままでいること，それで大丈夫だというメッセージだ。「背中合わせに戻って。**疑い深く**」。メンバーの目は細くなり，首をかしげ，手を下に降ろす。「背中合わせに戻って。**攻撃的に！**」。部屋の中の騒音，温度のレベルが上がる。今まで押さえつけられていた不安がさらに吐き出される。「**熱狂的**

第4章 セッション：1つのセッションの進展について

に！」。メンバーは，会ってからまだ半時間も経っていないのに，久しぶりの再会を果たした古い友人であるかのように，お互いに抱き合って挨拶をする。

ここで希望者の1人に部屋から出てもらうことにする。部屋から出た人が戻ってくると，グループ全員が，ある一定の方法で**演技・行動**をしているという説明をする（**グループの気分当て**）。部屋に戻ってきた人は，少しメンバーのようすを観察して，グループが演じている感情，雰囲気や態度が何であるかを当てる。希望者のロンダが部屋を出ると，私はグループのメンバーを集め，何の演技にするか，提案してもらう。1人が微笑みながら，「鬱の気分」と言う。私はすぐにこの提案を受け入れ，メンバーに，鬱を演じるとき，他の同じような言葉，悲しみなどとはしっかり区別して演技をするように言う。ここで選ばれる感情は，そのときの実際の感情を反映していることが多い。全員が，部屋の隅に行く。ロンダを中に呼び入れると，グループの雰囲気は，見事にセッションを始める前の雰囲気をそのまま表わしていた。それほどの時間をかけずに，ロンダは言う。「これは，いつも慣れ親しんだようすだわ…鬱の気分よ」。これを聞いた全員が，ごく自然に，大きな拍手をする。

次に，ラモンが部屋の外に出ると申し出る。彼が部屋の外に出ると，すぐに提案がいくつか出される。私は，その中で最もエネルギーの高いものを選ぶ。たった今行なった鬱の気分とのバランスを取るためだ。「怒り」を選ぶ。これは鬱の気分の後に行なうのによい感情だ。怒りは鬱の気分のすぐ下に横たわっていることの多い感情であり，今それを表わすことができる。メンバーのダンがこう言う。「これはむずかしいよ。僕は，怒りを表わすことに慣れていないから」。何人かがうなずいて同意する。「怒りの表わし方は，自分の好きなようにしていいのよ。それを隠して表わすのなら，それでもいいのです」と私は答える。ラモンを中に入れる。何人かのクライエントは，なお鬱のようなようすだ。しかし，その身体，顔からは，隠された怒りが漏れ出ている。握りしめたこぶし，目の中の表情。ダンを含めた他の人たちは，身体を使い，足を踏みならし，言葉を使ってお互いをののしっている。ラモンの推量は正しく，メンバーは大きな拍手をする。今度は，ダンが次の「**当てる人**」になりたいと希望する。しかし部屋から出て行く前に，彼は大きな声で言う。「本当に，今のは気持ちがよかったよ！」。

次に選ばれた言葉は，もっと微妙なもの（簡単なものから複雑なものへ，という流れはよく見られる），「**躊躇する気持ち**」である。私たちは，少し時間をかけて，生活の中でこの躊躇がどのように表現されているかについて話し合う。ダンが戻ってきて，興味深げに，楽しみながらメンバーを観察する。しかし当てることができない。私は，2, 3人の人を選んでその言葉の意味するところを演じてもらい，他の人はそれを見学したらよいのでは，と彼に提案する。ショーンとアンナは，自分たちが最初のドラマセラピーセッションのときに感じた**躊躇する気持ち**について，おもしろおかしく話

第Ⅰ部 ◆◆◆ プロセス

し合いをする（もちろん，問題の言葉は使わずに）！。ダンは言葉を当てることができた。

　他には，恥じている，夢中になっている，傲慢，上の空，浮気っぽいという言葉が出る。そして，「**当てる人**」にヒントを与えるため，短い即興劇が演じられる。これを，グループ全員が当てる人の役をするまで行なう。最後に，ジニーが「何も禁止されていない」を提案する。彼女はとても気が弱く，引きこもった中年の女性だ。提案される言葉が，実際の感情であるかどうかは，たいした問題ではない。大事なことは，クライエントの考えたアイデアをできるだけ受け入れることだ。この言葉の演技が始まると，ジニーのそれまでの堅い姿勢がゆるくなり，他の人と交わり，たいへん社交的な雰囲気となる。このようなとき，部屋の外の誰かが偶然，ドアを開けたりしないように，と私は心の中で祈っている。そんなことが起これば，このドラマによる変容で作り出されている魔法が解けてしまうからだ。45分も経たないうちに，そこには，全員が普段の行動パターンという縛りから**解き放たれている**空間が創り出された。このときどんなささいなものであれ，突然「現実」と出会ってしまうと，羞恥心や恐怖心を引き起こす。今日のセッションが終って彼らが部屋を出て行くまでに，この瞬間に体験している魔法と，彼らが直面するであろう現実との間の落差（現実世界にも，彼らの心の中にもある）の橋渡しを，ゆっくりと行なうつもりだ。しかし，それまでは，このドラマ的［魔法の］空間を守ることになる。

　活動とクライエント同士の相互作用をさらに発展させる方法として，私はメンバーを小さな３つのグループに分け，個々のグループに演技してもらいたい１つの感情（**感情のパントマイム**）と，それが起こっている状況をささやき声で伝える。あるグループには，「みんなはとても**不安に思っている**。試験会場で」と，別のグループには，「みんな，**興奮している**。ロックコンサート」そして，３つ目のグループには，「みんな，**夢中になっている**。テニスの試合を見て」と言う。私が提案する内容は，グループの熟練度に合わせて調整している。連続シリーズの初期の時期では，クライエントにとってこの活動を成功させることが，最も重要なことだ（もっと簡単な提案例としては，「恐怖映画を見て怖がっている」，もっとむずかしい，複雑な例は，「公園でもの思いに耽っている」など。グループによっては，私が提案をしないで，その場でメンバーに何を行なうかを決めてもらう）。各グループは，自分たちがいる場所で，言葉を使わない短い場面の演技を行なう。終わると，そこで表現された感情とその状況を，他のグループが当てようとする。観客は，何の演技なのか当てようとして見るために，演技そのものからは注目をそらすことになり，演技者が自意識過剰にならずにすむ。座ったままで，他の人と即興劇を行ない，パントマイムを使うので，セリフを考える必要がないということも，自意識が強くならないようにするという今の目的にかなっている。自分を低く評価している人たちにとって，人前で演技をするの

第4章　セッション：1つのセッションの進展について

は，大きな恐怖を引き起こす可能性があるため，徐々に，穏やかに演技に入っていくようにし，1つひとつの段階で彼らが確実に成功するように導いていくことが決定的に重要である。

　1回目の演技が終わると，私はグループそれぞれに，別の状況をささやき声で伝える。しかし今度は，自分たちでそのときの感情を何にするかを決める。演技を座ったままで行なわず，動いて行なう方法に変えてもよい。バス停留所，ジェットコースター，犬の収容施設など，私は新しい場所を指示する。クライエントたちは，演技にますます集中し，独創的なアイデアを作り出すようになる。いつもは，孤立し，鬱状態のクライエントたちが，今や明らかに楽しみながら，他の人と協力し合っているのを見て，私は感動する。最後の演技で，2人のメンバーが，自分の家と愛を求める仔犬になる。本当の感情と本当の欲求が，遊び気分いっぱいで，おもしろおかしく行なっている演技を通して，はっきりと表現されている。この時点になると，まだ簡単な演技であるとはいえ，その演技の中に，**現実**の感覚が大きく感じられるようになる。クライエントたちは，**想像すること**を始めており，すでにか何かの**ふりをして演じて**いるのではない。最後の回で行なうものとして，私は，クライエントたちに，自分たちで何を演じるかを考えるようにと言う。グループセラピーセッションでの**抵抗**，産院待合室での**不安**，温水浴槽での**喜び**などが演じられた！

　最後のグループ（彼らはまだ温水浴槽の中に一緒になってつかっている）を解散させないで，私は他のグループの人たちも，床の上に小さな円になって座わり，一緒につかるようにと言う。私は，グループに対して，みんなの演技がとてもよかったと言い，さらに最後にやった演技場面の中で，演じて楽しかったもの，または見て楽しかったものはどれかを尋ねる。お互いの場面の中で，よかった点について少しの間話し合った後，次に私は，「最後の場面演技で表現された感情の中のどれが，ドラマセラピーグループを始めるときに感じていた感情に当てはまるか」と尋ねる。この時点で，クライエントたちにこのように考えさせることで，たった今体験した楽しみから，自分たちが間もなく戻っていく現実への移行を行なうことになる。何人かのクライエントは，新しいグループと一緒に1つのプロセスを始めることへの抵抗，不安，同時に期待から生じる興奮，そしてグループの人たちとの暖かいふれあいの喜びなどの感情を認知することができた。

　私は，このプロセスに対して彼らが感じている，あるいは感じていた恐怖心，同時に期待や希望などについて，もっと具体的に話すようにと頼む。「子どもっぽいものをやって，自分が馬鹿らしく思えてしまうんじゃないかと心配だったわ」とロンダは言う。「でも，そうならなかった。実際は楽しかったし，そんなことって，最近は滅多にないことよ」次にラモンが話す。「始める前は，本当に心配だった。演技したり，発表しなくちゃいけないと聞いたので。そういうの，僕はまったく苦手なんだ。そん

＊ 113 ＊

第Ⅰ部 ◆◆ プロセス

なことをしなくてすんだので，本当によかった」。他の人たちも，それほど「真面目」になったり，自分をさらけ出したりする必要がなくてホッとした，と付け加える。この発言をちょうどよいきっかけにして，私は，このグループについて話をする。「私たちは，時間をかけてお互いを知り合い，信頼関係を作ります。そしてその間，自分たちには楽しみを作り出す創造力や能力があるという発見や，体験をずっとしていきます。そして，徐々にドラマも使って，私たちの人生で感じている現実の感情，問題を扱います」。

次に，グループは，私の質問の後半部分，彼らの希望について返答をする。「私は，人と一緒にいても不安を感じないで，楽な気持ちでいれるようになりたい」とジニーが言う。他の数人が，それに同意してうなずく。「こういうことをやると，他の人たちと一緒にいるとき，もっと自発的にふるまえるようになると思う」とキャロリンが言う。アンナは，床をジッと見つめながら静かに話す。「このグループみんなの助けで，自分の感情にふれることができるようになりたい。今は，何も感じないので」。リロイが付け加える。「僕にとっては，自分を見失わないで，どうやって自分の感情を表現するかが問題なんだ。あのゲームで，怒りを表現すると決めたとき，自分が手に負えなくなるのではと心配した。でも大丈夫だった。でも現実生活では，怒りを表現するとき，いつも物を壊したり，めちゃくちゃになってしまう」。

このような発言に対して，私は「ここでは，安全に，しかも遊び心をもって，多くの感情を表現できます」と答え，次のように付け加える。「みんなが，すべてのセッションに参加することが一番大事です。週に2回ずつ，これからの12週間。それは，お互いを本当によく知り合うようになるためですし，そうすれば，私たちが行なうすべてのプロセスがよい気持ちで行なえるようになります」。また，次のことを強調する。「セッションの活動には休まないで毎回参加することがとても大事です。その日の気分がどのようなものであっても」。全員，理解したように思える。しかし何人かの顔には，再度，不安の色が出ていることがわかる。おそらく，彼らはこんな風に迷っているのだろう。「休まないで参加するなんてできるだろうか？　怖くなってここに来れなくなるのでは？　他の人を沈んだ気分にしてしまわないだろうか？　他の人が，私を沈んだ気分にしないだろうか？」。この時点で私ができることは，クライエントたちに，言葉と，言葉以外の方法も使って，次のことを知ってもらうことだけだ。彼らは，**あるがままの状態**でここに来てよい，準備は何もする必要はないし，また**その気**になっている必要もない，セッションに参加するときの彼らの状態がどんなものであっても，こちらは受け入れるということを。しかしこのとき同時に，私が伝えるべきことは，みんなには潜在的な可能性があると私が感じていること，しかしまた，このプロセスを通過するのは，感情の面から，みんなにとってはむずかしい試みになるだろうと私が理解しているということだ。

第4章　セッション：1つのセッションの進展について

　私は，遊び気分で最後を締めくくりたいと思う。先ほどのセッション中の気分に戻り，そしてどこかでは，セッションを開始したときのことを思い出すような終わりを作り出したい。このセッションの始まりは，与えること，受け取ること，そして変化させることであった。私は，空想の物体を作り上げる。湯気が立ち上っているような熱いものを作り，私の右にいるロンダに素早く渡す。大きな声で，「これは熱いわよ。すぐに次の人に渡して！」(**物を手渡す**)。彼女は即座に隣のショーンにその物体を放り投げる。彼女も同じようにする。その物体は数秒も経たないうちに私のところに戻ってくる。私は，今度は氷のように冷たい物に変化させ，グループのメンバーに，受け取った物をそのまま回してもよいし，変化させてもよいと指示をする。すぐに氷はネバネバしたものになり，次にベタベタし，そしてヌルヌルしたものになる。セッションが始まる前に出会った鬱の気分の表情がなくなり，今は，生き生きとしている。気持ちの悪い物質から，次第にみんなが味わいたいおいしいものが現われ，みんながずっともっていたくなる大切なものに変化し，次に命あるもの——蝶々だと思われるものに変化し，最後に私たちは，それを離して，自由にしてあげる。この瞬間が，セッションの終わりの合図となった。

15回目のセッション

　セッションの始まる5分前に，ショーンが私に，近所の人がエイズと診断されたと言ってくる。彼女はグループの中で，そのことについて「何かをしたい」と言うが，彼女自身，どうしたらいいかはわからない。「とにかく，心が痛みでいっぱいなんです」と言う彼女の目は潤んでおり，声はふるえている。自信なさそうに，彼女はこう付け加える。「いろんな感情が起こっていて，それらを覚えていることができないんです。どんな場面を作ればいいのか，私にはわからないわ」。私は「つまり，全部の感情のそれぞれがどこから来ているかわからないということ？　過去に原因のある感情もたくさんあって，今起こっている重大な危機が，過去からの心の痛みも呼び起こしている，そういうことなの？」と聞く。「そう」と彼女は答える。「問題を仕分けしたいの。今のことに対処するだけで，もう精一杯なんだから」。

　今日のセッションや場面の進め方を考える時間はもうない。すでに，グループの他のメンバーは部屋に来て，靴を脱ぎ，セッションが始まるのを待っている。しかし，今日，ショーンを援助することが必要であるのは，明らかだ。今，2人で話した内容が，彼女の戦っている問題にどう対処するかの糸口となる。ショーンとの作業には，繊細な注意が必要だ。彼女には，洞察力と知性が備わっているので，それが彼女のもろさを隠している。私は，これまでのセッションを思い浮かべる。そこでは，子ども時代の記憶が，間接的ではあるが呼び起こされた。ショーンはそれまでのセッションには，積極的で，その活動によく参加した。しかし，2回だけ，彼女は途中で家に

帰り，自分の手首に傷をつけたことがある。

　私はグループの全員を，小さな円になるように集める。その円の中心に入り，そして倒れ，グループのメンバーにやさしく受け止められ，包み込まれる役になりたい人を1人募る。しばらくしてから，別の人に申し出てもらい，その役をしてもらう。これを全員に順番が回るまで行なう。**信頼して倒れる**では，今回のセッションの作業に必要となる，やさしくはぐくむような雰囲気が確立される。

　円を崩さないで，私たちは床に座る。ショーンに，自分がどんな感情状態を通過しているのかを，みんなに伝えるように言う。私は彼女の状態だけでなく，グループの状態についてもよく知りたいと思う。どんな内容であれ，感情的な場面を作りはじめる前には，グループがどれくらい感情に耐えられるかの評価を行なうことが重要だ。ショーンは，近所の人のこと，また自分を打ちのめしている無数の感情についても話しはじめる。他のクライエントたちもそれにこたえて話し出す。大部分の人が，人生は不公平であり，自分たちはそれに対して怒っていると語る。私たち誰にとっても，新しい痛みに出会うと，それがまだ癒されていない過去の痛みを呼び起こす引き金となるものだ。ショーンの苦しみを見て，クライエントたちが思い出したのは，自分が子どもの頃，自分に起こっている**悪いこと**を制御できず，無力であると感じたことだった。そのとき彼らは，自分で状況を変えることができず，無力であっただけではない。そのとき，押し寄せてきたさまざまな感情のはけ口もなかったのだ。今，部屋の中には，いくらか恐怖という感情が発生している。ロンダが尋ねる。「悪いことが起きたとき，自分自身をどうやって守ったらいいのでしょう？」私は答える。「人生の中の多くの出来事は，私たちの力で制御することはできません。でも，その出来事をどのように扱うか，どのように反応するかということに対してならば，私たちは制御できる力をいくらかもっているのです」。

　「いくつもの感情がからまり，固結びになっていて，それを解きほぐさなくてはいけない」，このようなイメージが私の心の中で，一瞬ひらめき，通り過ぎる。その1つひとつの感情を認識し，分離すること，つまり自分の内面の状態を整理するとでもいうべきことが，この状態を自分が制御した，打ち勝ったという感覚を手に入れるために，最初に必要なステップであろう。ショーンも，グループのメンバーも，感情的な場面演技を開始する準備が整っているように見える。しかし私が感じ取っているもう1つのことは，ここでの課題が，「制御できる」対「無力である」，「対処できる」対「打ちのめされる」という問題を取り扱うのであるから，私たちの作業は，感情を包み込んで状態をより明確に認識し，その洞察を手に入れる方向に向かうべきだろう，ということである。ここでの目標は，感情的なカタルシスを得ることではないということだ。ショーンは，自分の内面の状態を観察するために，そこから一歩外に出ている必要がある。そのためには監督の役がよい。他のクライエントについては，できる

第4章 セッション：1つのセッションの進展について

だけ積極的にドラマにかかわらせることにする。そうすることで，彼らの感情的な関心を維持できるし，加えて，自分に決定する力が与えられていると感じ，自分を犠牲者とは思わないようにもすることができる。観客として受け身のままでいると，無力感や動きが取れないという感情を生み出すことがよくある。

私はショーンに，近所の人が病気になったことを聞いて，自分が感じているすべての感情を表現するように頼む。その方法として，1つひとつの感情を具現化して演じる人をグループから1人ずつ選んでもらう［自己彫像の技法，7章で詳述］。このプロセスを通過することで，自分をふり返ることができるだけでなく，内面にある結び目の中の，形のない，解釈のむずかしい1つひとつの部分を，ゆっくりと具象化していくことができる。私の予想通り，鋭い知覚力をもっているショーンは，感情を注意深く選択していく。

ショーン：「アンナは，6歳のときの私自身になって。あなたは悲しんでいる。もうずっとはてしなく続く悲しみ。あなたは自分が捨てられ，まわりから拒否され，誰からも愛されていないと感じている。自分の感情を打ち明ける人は誰もいない。だから，あなたはいつも1人ぼっち。孤立し，引きこもっている」

（このときまでに，グループの中で，アンナはショーンと最も親しい友人となっていた。ショーンと同じように，アンナも，感受性が鋭く，聡明で，遊び心をもっており，しかもその目には深い悲しみがあった。ショーンと同じように，アンナも，子どもの頃に感情的な遺棄を経験している）。

「ロンダは，傷ついたという感情になって。否定的な感情は，別の痛みを必ず引き起こすの。あなたはすべてを引き受けることになるわ。みんなの痛みを，自分に引き受けるのよ」

（ロンダ自身，少し前の話し合いのときに，これと同じ感情について話したばかりだ。そして，最近のいくつかのセッションにおいて，ロンダは，自分と他人の境界が不明瞭だということを扱う場面を演じた）。

「次は，ええと（調子は，躊躇したようすで，声は少しふるえはじめる）。リロイ，あなたは自分自身を傷つけたいと思う私の中の一部分を演じてくれない？　壁をたたきつけ，そして，剃刀で自分を傷つけたいと思う私を演じてくれない？」

リロイはうなずく。彼は，つい最近になって，ようやく感情的な領域に入る気分になってきた。ショーンが知っているのかどうか，私にははっきりとわからないが，リロイがこのデイケアに通うようになった理由は，自分の車で，意図的に電柱にぶつかったためであった。私は，この役を引き受けて気持ちは大丈夫か，とリロイに静かに尋ねる。彼は，再度うなずく。

「ダン。あなたは，私の怒りになって。すべての不公正なことに対して——この世の中のすべての否定的なことに対して怒っているの」

（最近のセッションで，ダンは，最近自分自身の怒りを感じるようになってきたと語

った。この連続治療セッションの初期に，ダンは「人生の状況」に怒りをぶつける電話をかけたことがある）。

「キャロリン。あなたには，私の中にある，私をはぐくむ役を演じてほしい。自分自身を慰める，自分自身の面倒をみる役を」

（キャロリンは，純粋で，やさしい心をもつ素敵な女性だ。最近のセッションで行なった**魔法のお店**に，自分を愛する心を買いにきた）。

選ばれた演技者たちは，舞台として使っている場所に一列に並ぶ。

ショーン：（途方に暮れ，少し怖がっているようすで）「これからどうしたらいいの？」

私：「この感情たちを部屋の異なった場所に置いたらどうかしら？ 1人ひとりのいる場所や配置を決めて。誰が前面にいて，誰が後ろにいるのか。動いているのか，それとも，じっと動かないのか。そういう風に決めてごらんなさい」

指示を受けたことで，少しほっとしたようすで，ショーンは「悲しんでいる子ども」を部屋の後ろの方に置き，ソファーの上でうずくまった格好をさせる。「怒り」は舞台中央に配置され，歩き回るようにと指示される。「傷ついた部分」は，舞台中央のすぐ右に，「自己破壊」は壁に手を押しつけて寄りかかった状態に配置される。「自己をはぐくむ」は，歩き回り，他の感情たちとなんらかのかかわりをもつようにと指示される。私は，ショーンが，これらの感情を外在化させているのを見て，いくらか安心した気持ちになる。彼女は，仲間にこれらの役をふり分けることで，全部の役を自分で引き受けることから，まるで臨時の免除許可を得た，とでもいうようなようすであった。

私：（演技者に向かって）「これらの感情を演じることは，みなさんにとって，大きな労力が必要となります。でも，できる限り本当の感情を出すようにして自分の役を演じる努力をしてください。自分の中のその感情を実際に感じた部分が現われ出るように。あるいは，ショーンが今感じている感情を理解している自分が現われ出るように。どの感情が焦点となるか，それはショーンが決めます。焦点となるように選ばれた人は，自分の感情を，言葉，音，あるいは身体の動きで表現することができます。自分の役が焦点になっていないときも，その感情をもち続けていてください」

ショーンは自分が創り上げたものに対しての指揮を行なう。彼女は，まず「傷ついた」役を演じているロンダに神経を集中し，次に「悲しい子ども」のアンナに，そして「怒り」のダンに集中する。「自己をはぐくむ」キャロリンには，ほんの少しの時間しか割かない。私は，1人ひとりが自分の役に集中し，心をこめて表現していることに感動する。ショーンの身体は，「自己破壊」のリロイに声をかける直前，緊張する。彼女にとって，自分自身の中のこの部分を目にすること，そしてその部分を他の人と共有することは，恐ろしくもあり，また，ばつの悪いことなのだろう。リロイの集中した演技はメンバーを驚かす。彼は，壁をたたき，叫び声を上げ，そして突然，動きを止める。まるで怒りが体中に充満したようすで，彼は架空の剃刀に手を伸ばす。

ここでショーンは，同時に全員に対して呼びかける。1人ひとりは，孤立しつつも，他の人と同調しながら自分の役を表現する。

私：「ここで，あなたの仲間の動きや位置を少し調節して，彼らの表わしていること

第4章 セッション：1つのセッションの進展について

が，あなたの内面で感じていることにもっと近くなるようにしたらどうかしら？」
ショーン：「みんな，素晴らしく上手に演じているわ。でも，このところを…（彼女は，アンナのところに行き，彼女をもっとうずくまるような姿勢にする。リロイの両手を拳(こぶし)に変え，もっと前面に近い位置まで動かす）」
「ああ，それから今度は，ダンにもう少し怒りをたくさん示してもらいたい」
　ダンは，うなり声を上げ，このようにふるまってよいという演技の指示を受けたことを明らかに喜んでるようすだ。ここで少し笑い声が上がって，一瞬ではあるがおどけた雰囲気になり，感情的に張りつめた場面から，少しの息抜きとなる。
　ショーンは，再調整をした登場人物たちにまた動き出すようにと指示する。彼女は，その動きをしばらく見ていたが，自分が作り上げたこの複合物の中に，知ってる人の顔をたった今見つけたかのように，私にささやき声で言う。
「私，まさにこういうふうに，自分の内面で感じているの」
　ショーンは，これで自分の感情の状態をときほぐし，表現し，観察することができたので，今，それを乗り越えることができるかもしれない。彼女は，自分自身の内面のドラマの監督であり，もはや自分の内面に支配されてはおらず，それを変化させる力をもったのだ。
私：「ここであなたはどんなことが起きてほしい？　または，どんな変化が起きてほしいと思う？」
ショーン：（彼女の言い方は，ユーモア，皮肉，真剣さのどれもが少しずつ混じっている調子だ）「あの中のいくつかを取り除きたいです。少なくともリロイの役は，この絵の中に入ってほしくない」
私：「たぶん，どの人のことも，完全になくしてしまうことはできないと思いますよ。彼らは，すべてあなたの一部なの。でも，場面の中に入っていって，あなたの望むように，状況を調整したらどうかしら。あるいは，それぞれの役の間に新しい相互関係を作ってみたら。監督としてそれを行なってもいいし，少しの間，1つの役を取り上げて自分で演じてもいいですよ」
　私は，わざとショーンが選べるような選択肢をいくつか与える。というのは，今，彼女の中の自分を監督する部分が呼び起こされた，と感じられるからだ。彼女自身のさまざまな直感を，私は信頼し，信用する。今は彼女のその直観こそが場面を発展させるためにたいへん重要なのだ。
ショーン：「今の監督の役をやりながら，慰めの役になってみます」
私：「いい考えね」
　ショーンはキャロリンの役と交代する。彼女は，「悲しんでいる子ども」役のアンナのところに行く。アンナは，本当に涙を流している。ショーンは，自分の腕の中にアンナを抱え込む。ショーンは，ごく自然にアンナを「自己破壊」役のリロイのところに連れて行く。リロイは顔をそむける。
ショーン：（リロイに向かって）「彼女をちゃんと見て。彼女が悪いのではないの。彼女に，このままここにいさせてあげて」
リロイ：「僕は，彼女を見ることができない」

ショーン：「あなたは，自分を傷つけることで，この子を傷つけているのよ。あなたはこの子を傷つけたがっているのよ」
　リロイはうつむく。
ショーン：（懇願するように）「この子に罪はないわ。この子を排除しないで。この子を見て。受け入れてあげて」
リロイ：（アンナをちらっと見て）「本当はこの子を傷つけたりしたくないんだ。自分を傷つける方がずっと簡単なんだ。そうすれば，肉体的な痛みを感じることで，この子の感情の痛みを感じる必要がなくなるからだ」
ショーン：（言ってる意味がわかるという風にうなずきながら）「よくわかるわ。でも，私も手伝うわ。この子を壊してしまおうとする代わりに，一緒にこの子のそばにいてあげましょうよ」
　ショーンは，なお，アンナの体に両手を回して抱えながら，今度は「傷ついた役」のロンダのところまで歩いていく。3人の女性は，お互いの顔を見る。ここでショーンは，演技をやめ私を見る。
ショーン：「ここで何をしたらいいのか，何を言ったらいいのかわかりません」
私：（演技をしてる場所に入って）「あなたのこの部分も（ロンダを差し示しながら），この『子ども』の存在を認める必要があるのではないかと思います。この『子ども』の感じている痛みがとても強く，こんなに傷つくほどになっている，ということを理解する必要があります」
ショーン：「本当にそうだわ。彼女の圧倒されるような感情は，子どもの感じている悲しみ，そして無力感からきているのです」
私：「それなら，その子どもを助けることで，彼女のその感情を軽減することができるかもしれないわ。彼女に，その子どもとつながりをもたせて，そしてその子どもを慰めてあげるようにしてごらんなさい」
　ショーンは，今言ったような相互作用をメンバーに行なわせる。ロンダとアンナは，腕を組みながら，やさしい雰囲気で，歩きはじめる。
ショーン：（ダンのほうを向き，かすかに微笑みながら）「彼に対して，どうしたらいかわかりません」
　ダンは，うなり声を上げる。
私：「そうね，しばらくの間，彼を見ていましょう」
　私たちは一緒に少し後ろに下がる。ダンは歩き回り，うなり声をあげ，狂ったようにわめき散らす。その間，リロイは壁の方を向き，拳を握りしめている。
ショーン：「この役（ダンを示しながら）は，怒りを外側に向け，こちらの役（リロイのこと）は，怒りを自分自身に向けている，そんな風に思えます」
私：（うなずく。そして，付け加える）「あなたがダンに代わって役を演じ，その役がどんな風かみてみたらどうかしら？」
　ためらいながらも，ショーンは，ダンを役からはずし，代わりに彼の場所で歩きはじめる。彼女は，大きな怒りの込もった声で，エイズ研究の資金が少ないこと，この病気のむごたらしさ，世の中が不公平なことについて自分の不満を言う。しかし，す

第4章 セッション：1つのセッションの進展について

ぐに，彼女の役とロンダの役との間の境界線が弱まってくる。私は，彼女が「傷ついた」役にたっぷり浸り，それから「悲しい子ども」の役に戻ろうとする気配に気がつく。

私：「ショーン。とても上手にできているわ。でもあなたは，ほとんど，ロンダの役，それに，たぶんアンナの役も同時に引き受けようとしている。自分の役をはっきり区別して。ただ，純粋に怒りだけの役をやるようにしてみて」

ショーン：「そうね。わかりました」

彼女は，エイズのことについて話し続ける。しかし今度は，彼女の話しは，焼けるような調子であり，怒りがもっと集中しているように思える。彼女の独白の内容は，個人的な分野に移りはじめる。しかし，彼女の情動は「怒り」であり，「傷ついた」ものではない。ドラマの中であれ外であれ，ショーンがはっきりと怒りを表明するのを私が見たのは，このときが初めてだ。彼女との治療において，その後の数か月間，この怒りの表現は，その頻度も，そして強さもますます強くなっていった。

私は，ショーンが直接怒りを表現しているのを支えたい，続けさせたいと考えた。またもっと重要なことは，今まで観客のままでいた2人のメンバーを参加させることだった。その2人，ラモンとジニーに，ショーンと一緒になり，あたかも3人が1つになってさらに力強い役を作り出すようにと頼む。

数分の間，3人は舞台を燃え上がらせるほどの勢いで，怒りを力強く吐き出した。ようやくショーンが動きを止め，「これは本当に気持ちがよかった」と大きな声で言う。

私：「今のは，あなたの中に存在している，エネルギーがたくさんある健康な部分のように思えます」

ショーン：「最初は，怖い感じがしましたが，でも大きな解放感を感じました。子どもの頃あんなことはできなかった。今本当に，この役とリロイの役との区別がわかりはじめたわ。この怒りの部分が表現できると，リロイの部分はもっと後ろの背景に退いて，そのエネルギーが低くなる感じです」

私：「もう1度，場面の外に出て，あなたが作り出したもの，変化させたところを見て下さい（ラモンとジニーも後ろに下がる）。近所の人がエイズになったという現在の状況にかかわっている，中心となる感情はどれとどれかしら？」

ショーン：「怒りが焦点であり，正面に近いところ，真ん中にいます（ダンが場面の中に再度入る）。リロイには，まだ壁に向かっていてほしいけど，今度は，他の人から顔をそむけないで，彼らを見ています。これまで，顔をそむけていたのは，自分が何かを感じるのが怖かったから。でも今は，これらの感情を直視し，とくにアンナに目を向けます。彼女がそこにいることを認めるの。でも彼は，手を自分の身体の下に敷いて，座らなくていけないわ。自分自身を決して傷つけないように。ロンダはアンナと一緒にいます。腕を彼女の身体に回して，部屋のずっと後ろの方にいます。そしてキャロリンが，その2人をいたわり，はぐくんでいます。それから彼女には，リロイのところに行ってほしい。普段私は，自分のこの部分に近づくのがとても怖いんです」

演技者たちは，今の指示通り行なう。

※ 121 ※

ショーン：（少し驚き，注意深く全体を見回し，満足しているようす）「ちょっと待って。1つ役を付け加えてもいいですか？　（私はうなずく）ラモン，あなたに人生を楽しむ私を演じてもらえる？」

　ショーンがこれまで自殺願望の強かったことを思うと，自然な流れでこの役が加わったことに，私は心を動かされる。彼女が今言ったことを強調したいと思ったので，私は次のように尋ねる。「つまり，自分が楽しめるものが人生にはまだ残っていることをわかっているあなた，ということね？　たとえ，人生が荒れ模様であっても」。

ショーン：「そうです」
私：「そのあなたが，喜び楽しめることを，具体的にいくつか上げてもらえる？」
ショーン：（考えながら）「自然，音楽，芸術です」

　ラモンが演じる場所に行く。ショーンは全員に，しばらく動き続けるようにと指示をし，もう一度自分の創作品を観察する。

ショーン：「3か月前だったら，私の中にはあの役はいなかったわ。おそらくキャロリン役も作れなかったかもしれない。多分，自分が変わりはじめているんだと思います」

　これで，場面は終了する。私たちは，ショーンとすべての演技者たちに大きな拍手を送り，いつもの慣れ親しんだ円の形に戻る。

ショーン：（ユーモアをまじえて）「この次にいろんな感情がわき起こってきたら，今度は，1つひとつを名前で呼ぶことができるわ。6歳の子どものように感じはじめたら，アンナのことを思い出します。自分にこう言います。今，私はアンナです。あるいは，傷ついたという感情にふれているときは，ロンダであると思います。自己破壊の気分におそわれたときは，リロイだと思おう。きっと私は，多重人格障害だと診断されるわ！　（グループ全体が笑う）でも，本当に，みんなが私と一緒にいるみたいだわ。そしてみんなが大丈夫だ，と言ってくれているよう。みんな，ありがとう」

　グループのメンバーは，ショーンの勇気と洞察力を賞賛する。私も彼女とグループのみんなを褒める。次に，自分が演じた役と自分との関係がどのようなものであったかについて話をしてもらう★4。アンナは，役を演じているときに自分が感じた痛み，自分自身のインナーチャイルドの悲しみを感じたこと，キャロリンに慰められてたいへん気持ちがよかったこと，そして，自分ははぐくみに「値するんだ」という新しい，少しびっくりした感情がわき起こってきたことについて語る。ロンダは次のように言う。自分が演じた役と強い一体感を感じた。そしてその役を大げさに演じたことにより，自分の中のこの部分がはっきりわかるようになった。たぶんそのおかげで，もっと上手にその感情を扱うことができるようになったのではないか，と。ダンは，「自

★4　サイコドラマでは，この部分をシェアリング＝共有の段階とよんでいる。これは，分析しようとする意識を回避して，みんなに自分の感情や，個人的なことを話すようにとうながすことで，参加者を支援するためのプロセスである。

第 4 章　セッション：1 つのセッションの進展について

分の役はとても気に入った，そのような役をこれからもっと演じたい！」と語る。ジニーもそれに同意する。ラモンは，「その役に自分が当てられたことを光栄に思う。その役は，人生の中で，自分自身が閉じ込めている喜びを思い出させくれた」と言う。キャロリンとリロイは，言葉で表現することが他の人ほど簡単にできないので，発言をしないで静かにしている。それでも発言をうながされると，話しをしてくれた。キャロリン：「演じた役は気に入りました。ショーンに何かをあげることができたように感じたし，自分自身のその部分にもっとふれたいと思ったからです」。リロイ：「最初，最も恐怖を感じたのは，他の感情たちを直視するようにと言われたとき。でも実際には，そのときが一番解放された気分だった。その瞬間まで，自分はとても疎外されていると感じていたんです」。

　この場面は，ショーンがその後の 9 か月間で参加した，数グループの連続ドラマセラピー治療の多くを予感させるものであった。彼女の物語は，第 3 章に述べられている。

　私はこのセッションを，もっと活動的で，表現豊かな雰囲気で終わらせたいと思い，グループのメンバーに，2 列になり，壁を背にして私の方を向いて立つように言った。そしてショーンのドラマの中から，今自分が演じた役以外の役を 1 つ選ぶようにと言う。私は，想像上の指揮棒を取り上げ，オーケストラの指揮を始める。私から指示を受けると，その人は自分の役を表現する音，あるいは，言葉を，感情をいっぱい込めて表明する。そのとき，注意深く私の指示を見て，その大きさ，速さ，開始・停止のタイミングを調整する。一度に 1 つだけの「楽器」を鳴らすときもあるし，いくつかの楽器を鳴らすときも，あるいはすべての「怒り」の役を同時に鳴らすこともある（というのは，数人の人がこの役を選んでいるからだ！）。この曲の最後に，全員が合唱で感情を込めて発声し，それに続いて，人生を楽しむ役の人が 1 つの音を鳴らして終了する。グループのメンバーは，自然に大きな拍手をする。私は，もう一曲演奏しようと提案する。今度は，必ずしもショーンの場面の感情でなくてもよいので，それぞれ自分で感情を選んで演奏してみよう，と提案する。今度の私たち**感情のオーケストラ**は，もっと力強く怒りと愛，悲しみと希望を生み出す。1 人ひとりの楽器は，他とは区別され，また同時に，他と混じり合うことができている。そして最後に，すべての声は，怒りと情熱を込めていっせいに大きくなり，まるでこれこそが人間のおかれている状態であり，私たちはその中にみんな一緒にいるのだ，と響き渡っているかのようだった。

第5章
場面：即興的演技の展開，指導，そして終結

即興劇の種類

　ドラマ場面は，ドラマセラピーセッションの根幹をなしている。これらの場面は，通常，即興的に作られ，事前の台本があるのではない★1。台本による場面を演じることに比べて，即興劇形式を用いることには次のような利点がある。1) クライエントの内面の状態，葛藤，あるいは連想を反映し，また症状診断のための情報を提供する，2) 現実の感情を表明することができる，3) 自発性を発展させる，4) 多様な役と対応の仕方の実験ができるという自由が得られる，5) 固定している行動パターンと内面の動的な動きに対しての洞察を得られやすい，6) 他人との関係を作る，そして協力する，という技術を身につけることができる。即興劇形式は，現実の人生にとても似ている。現実の人生には，決められた台本や事前に準備したセリフはない。しかし，実は，現実の人生において即興で対応をしたという経験があるために，ドラマでも即興の演技を行なえるのだ。ところが，台本のある作品を演じるには，特別の技術が必要となる。言葉を読むこと，覚えること，そして書いてある言葉に命を吹き込むことなど。即興劇形式が現実の人生に類似していることから，現実の人生の状況を再演するサイコドラマ的な場面への進行をより自然に行なうことができる。

　即興劇形式はたいへん柔軟であり，かつその中において，準備のレベルがさまざまである構成を創り出すことができる。以下にその代表的な種類を示したい。これら3つの即興劇は，それぞれ準備レベルが異なる構成をもっている。

★1　とはいえ，台本による場面をドラマセラピーで使うこともある。とくに，クライエント自身がそのような劇に興味を示すときに用いる。ドラマセラピストが，台本による場面を持ち込むのであるが，その場面は，そのとき，個人，またはグループで扱っている問題に関係があり，特定のクライエントが抑圧されている感情を表現する助けをしたり，あるいは単にクライエントたちの力を導き出す，などのはたらきをする場面だ。台本による場面は第二段階で用いる。この段階では，架空の場面を演じることで，自己表現と，役のレパートリーの拡大が促進される。台本による場面の使い方については，第7章233頁に詳しく述べている。

第5章　場面：即興的演技の展開，指導，そして終結

1．事前計画をした即興劇

　事前計画をした即興劇の場合，クライエント／演技者たちは，事前に何が起きるかを決める。この形が，即興劇場面の中では，一番しっかりした構成となる。事前の計画は，たいてい簡単なものだ（演技者たちは，単に基本的な筋書きについてのみ合意する）。しかしもっと広範囲に，詳しい取り決めをすることもできる。場面の結末，つまりどのように終わるかについては，事前に決めてもよいし，決めなくてもよい。多くの部分が，予想外の展開に任される。場面の中の実際のセリフも，もちろん事前には決めない。しかし，大枠を事前に決めているので，クライエントたちは場面に入っていくときの自分の役や，場面がどの方向に向かっているのかをわかっている。

　この種の即興を行なう場合，事前の計画に関して，ドラマセラピストがどのような指示を与えるかは，前回のエクササイズや，ウォームアップ，セッションのテーマなどを参考にして判断する。たとえば，**1行セリフのくり返し**，「私はそれがほしい」と「渡さない」というお互いに対立するセリフを何度も言い合った後であれば，ドラマセラピストは，これらのセリフに関係のある対立についての場面を，各ペアに創り出すよう指示を与えることができる。あるいは，さまざまな役に焦点をあてたセッションであるならば，それぞれの小グループに，与えられた役をもとに，家族の場面を作るように言うこともできる。時には，ドラマセラピストの指示は，単にクライエントたちが場面を創り出すための触媒となるだけかもしれない。たとえば，ドラマセラピストは，小グループのそれぞれに，状況と関係だけを与え，それを基礎にして，メンバーたちが場面を考え出す。あるいは，創作するときに，グループの想像力を刺激するものとしてドラマセラピストは場面の中で使ういくつかの物を手渡すこともできる。

2．役だけ決める即興劇

　役だけ決める即興劇には事前計画をする段階はない。クライエントたちは，自分たちが演じることになる役（部分）についてのみ決める（あるいは，決められている）。たとえば，2人の十代の参加者が，土曜日の晩，家にいる母親とその十代の娘を演じると決める。場面が始まる前，そこで何が起こるかを話し合うことはせず，彼らはただちに即興劇を開始する。このようにして，場面の中の演技は，完全に2人が思いつくままとなる。子どもたちのグループでの例としては，彼ら自身が「みんな，動物園から逃げ出す動物になろうよ」と大きな声で言って，それを演技する，というものがある。**事前計画をした即興劇**と**役だけ決める即興劇**との違いは，単に，事前計画の場合は，演技に先立って，クライエントたちが，場面について話し合い，考えるということだけである。

第Ⅰ部 ◆◆◆ プロセス

　この**役だけ決める即興劇**には，その構成と複雑さの点で，一定の幅がある。それは，クライエントたちが，これから行なう場面について，どれくらいの情報をもっているかによって大きく違ってくる。たとえば，演技者たちが自分たちは母親と娘であることを知っているだけの場合もあるし，あるいは土曜日の晩の家の中ということも知っている場合もあり，あるいは母親にはわかっていないことになっているが，娘が妊娠している，ということまでうち合わせしている場合もある。即興劇場の公演の場合は，通常，観客からの提案に基づいて演技を行なう（演技者たちが，観客に頼み，自分たちが誰であり，どこにいるかを言ってもらい，すぐに寸劇を開始する）ので，**役だけ決める即興劇**の一種といえるだろう。

3．まったく準備をしない即興劇

　まったく準備をしない即興劇では，事前に計画することはまったくなく，演技者たちは自分の役についても，場面の状況についても，事前の知識を一切もたない。すべて自分自身の考え，想像，また能力だけに頼って，その瞬間に何かが生まれるようにしていく。1人ひとりが，他の人から受け取る情報＜input＞に合わせていく。たとえば，2人のクライエントが場面を始めるように言われる。自然発生的に，1人が歩きはじめる。もう1人も，一緒に歩きはじめる。彼らは想像上のタバコを，お互いに渡したり受け取ったりする。1人がつぶやく。「俺たち，ここから出ていきてーな」。もう1人が答える。「忘れろって。2人とも，ここからは一生出られないのさ」。次第に，演技者自身にも（そして観客にも），彼らが牢屋にいる囚人で，終身刑を勤めていることが明らかになってくる。しかし，この関係と状況は，場面を演じている中で発生してきたものであり，開始するときにそう決めたのではない。身体の動きと音だけを使っての即興劇は，このタイプの即興劇に分類されることが多い。演技者たちは，言葉を使わないで，お互いに反応し合い，次第に相互作用とお互いの関係を発展させていく。

　これら3種類の即興劇の中で，**まったく準備をしない即興劇**が，最も非構成的であり，また，最も高い自発性が求められる。これは，予測が最も困難であるという点からも，多くのクライエントにとっては，危険を冒す確率が大きい活動となる。また，この活動は自由連想に近く，それゆえに，クライエントの内面の（そしてしばしば無意識の）葛藤を，最もよく反映する可能性がある。

　音楽や，小道具を使って，クライエントを触発し，**まったく準備をしない即興劇**を開始しやすくすることもできる。あるいは，セラピストが，「歩くことから場面を始めなさい」などの一般的な提案を行なってもよい。グループ全体を，**まったく準備をしない即興劇**に参加させることもできる。全員で行なう体験をすることで，もっと少ない人数や個人で行なう場面に移行するのがたやすくなる。セラピストが指示し，刺

第5章　場面：即興的演技の展開，指導，そして終結

激を与えて，グループで行なう**まったく準備をしない即興劇**の一例として，1人にある行動をパントマイムで演じるようにと頼む方法がある。グループの次の1人が場面に参加する。その時点で，2人は言葉を使うことができる。1人ずつ，グループの残りのメンバーが場面に参加し，次第に場面を明らかにし，発展させ，脚色し，ついに，結末を迎える（**場面に加わる**，7章233頁参照）。

　セラピストは，自分の全体の目標，方向性，そして自分の力に基づきつつも，そのときのグループの力や要求にしたがって，どの種類の即興劇を使うかを選ぶ。私の経験では，一般的に，長い間**遊び・演技**をしていない大人の場合，少なくとも最初の段階では，**事前計画をした即興劇**の方を安心して行なえるようだ。青年たちは，ほとんどの場合，事前の計画を行なうことに忍耐力を示さないが，どんな場面にしたいかというアイデアを出すのには熱心だ。彼らは，考えや衝動を口に出してしまうと，もう始めたくてたまらない気持ちになっている。だから，この年代のグループの場合，私は，**役だけ決める即興劇**をよく使う。子どもたちは，**まったく準備をしない即興劇**をとても簡単に行なうことができる。幼い子どもたちは，この構成のない形の中で自然に演じることができる。1つの筋書きから次の筋書きへと素早く，自然に，そして自由に流れるように移動する。**まったく準備をしない即興劇**を，液体のように形の定まらない方法で，1つの場面から次の場面へと，流れをせき止めないように変容していく方法は，基本的に，「変容」という様式であり，これはデービッド・リード・ジョンソンが開発したものだ（Johnson, 1991，第7章235頁参照）。

　子どもの場合，場面を作る最初の段階では，**まったく準備をしない即興劇**で始まり，連続治療シリーズが進むにつれ，**事前計画をした即興劇**に進行するだろう。一方，大人の場合は，この順序が逆になる。私の経験では，大人のクライエントの創造力は，構成をもった枠組みの中において発揮されるのが一般的だ。大人のクライエントにとって，治療の初期段階での**まったく準備をしない即興劇**は，怖じ気かせ，不安な気持ちを引き起こしてしまう可能性がある。私は，診断をすることよりも，プロセスと治療を行なうことに目的の中心をおいているので，開始期には，きちんとした構成のある活動を行なう方を選んでいる★2。一方で，私は，かなり初期の間に，ごく短くて簡単な**まったく準備をしない即興劇**を，連続治療セッションの第一段階の劇遊びを発展させたものとして使うことがある。つまり，即興劇の使用には決められた方式があるわけではない。むしろ，グループ自身が，即興劇のどの種類が最も適切かを決めていくといってよい。

★2　これは，ジョンソンのいう，発達的方法と矛盾するものではない。ジョンソンも，「メンバーらが，自分たちの経験に一定の構成を与えることができるという自分の力を信頼し，耐えられるようになる」（Johnson, 1982b, p.184）までは，よりしっかりした構成がはじめのうちは必要であると信じている。

現実人生と直接関係のある演技を行なう場合には，**事前計画をした即興劇**，あるいは，**役だけ決める即興劇**を使うことが最も多い。場面で，実際に起きた出来事を再演するとき，その場面は，**事前計画をした即興劇**と見なしてよいだろう。というのは，演技者は，事前に何が起こるかを知っているからだ。もちろん，場面の中で発生する感情やセリフは準備されたわけではないので，意外な内容であったり，それまで隠されていたことが明らかになることがある。具体的な現実人生の状況を練習する，あるいはその準備をする場面も，一般的にいって，**事前計画をした即興劇**である。ただし，その演技が具体的でなく，クライエントにとって何が起こるかまったく予測がつかないときは（たとえば，クライエントが「友だちへの怒りを表現してみたい」という場合など），その場面は，**役だけ決める即興劇**といえるだろう。主役が，未来に起こることを演技する場面は（たとえば，これから5年後の自分を演じるなど），一般的に，**役だけ決める即興劇**となる。場の設定と役ははっきりしているが，他のことは何もわからないからだ。

セラピストの指示，また介入の結果として，あるタイプの即興劇場面が他のタイプのものに変わることもある。たとえば，以前の配偶者と偶然に出会ったことを再演する**事前計画をした即興劇**を行なったクライエントに，私はその後で，**役だけ決める即興劇**を演じるように言った。その場面は，彼が自分のアパートに戻り，それまでに刺激を受け，発生したあらゆる種類の感情を声に出して言う，という設定であった。その後話し合いを行ない，今度は彼に（そして，その場面に共感をしたグループの他のメンバー3人と一緒に），音と体の動きだけを使って**まったく準備をしない即興劇**を行なうように言った。この時点で現われてきたものは，動きと音のくり返しと反響を使った，喪失，痛み，そして孤独でいることの感情を表わす抽象的な作品であった。これらの感情は，その後の何年もの間，くり返して発生する可能性のあるものであった。

ここからは，即興劇の場面で使う治療的意味をもつ指示，および，それらの場面がどのように発展するかについて検討する。

即興劇的な場面での治療上の指示について

ドラマセラピーで行なう介入は，おもに即興劇的場面での指導を通して行なう方法だ。ドラマセラピストは，演技を発展させるのに最も有益な方法を決定する際に，演劇的技術と治療的技術をからみ合わせて考える。場面を指導する際に，最も感動的な側面は，演劇上必要なことと，治療上必要なことが，よく一致するということだ。つまり，美学的な美しさの観点から指導したことが，心理的により深い内容を導き出す

ことが多いし，さらに，その場面をより表現の深いもの，あるいは，より根本的な解決に導くことが多い。そして，治療的観点から指導した場合も，演劇的により強力な印象を与える作品を創り出す結果となることが多い。

　場面を指導する際に，目標にできることは数多くあるが，ここからはその中の4つの共通の目標について解説し，それぞれの例をあげる。読者のみなさんには，これらの例を通して，治療的な観点から即興劇的場面をどのように発展させることができるかの方法についての感覚を感じ取ってほしいと思う。これらの目標は，前述の3つのタイプの即興劇場面のいずれにも適用できる。最初の目標，**役の意味を発見する**，これは，第二段階（場面演技）で最もよく使う。2番目の目標，**別の選択肢や新しい行動を探しだす**は，第三段階（ロールプレイ）に最もよく使われる。3番目の**感情を高める**，あるいは包み込むは，第三段階と第四段階（最高潮に達する演技）で，そして4番目の**内面に存在するはぐくみの親を導きだす**は，第四段階で使う場合が多い。

1番目の目標：役の意味を発見する

　場面を発展させるときの目標の1つは，その場面が象徴的に意味していることや表現しようとしていることを発見することだ。第二段階（場面演技）での作業，架空の場面において，このような意図をもって指導する場合が多い。ただし，このような意図の指導は，第一段階（劇遊び）でも起こり得る。このような場面は，クライエントが，まったく準備のない，役だけ決めた，また事前に計画した即興劇の中のある特定の役を演じることから始まることが多い。セラピストは，クライエントにその役の意味を尋ねたり，事前にその役の意味を決めたりせず，まず場面そのものの中身を演じきるようにうながしていく。場面が進行するに従って，その意味（あるいは，複数の意味）が次第に表面に浮かび上がってくる。セラピストは，そこで新しく理解したことをもとに，場面をどのように指導していくかを決めていく。場面は展開していき，それとともに，その場面のもつ意味，またこの意味が指し示す治療的な方向が明らかになるが，これらのプロセスは漸進的であり，相互に作用を及ぼすものだ。さまざまなニュアンス，調子，どのレベルの意味なのかが，物語の語り方や場面の演技を通して伝わってくる。クライエントが，まだ事態をはっきりと理解していないときに，クライエントが選んだ役の意味を解釈したり，その意味を聞き出したりするときと比べ，このような進め方は，創作のプロセス，理解のプロセスをはるかに豊かにする（場面で演じる役の意味を明らかにするという作業は，夢で見た役の意味を明らかにすることに類似している。いずれも，**中身をすっかり演じきる**ことによって初めて，その解釈，あるいは複数の解釈を，その複雑さと感触を失わずに，次第に明瞭にすることができる）。次の3つの例を見れば，場面が演じられるに従い，役の意味が明らかにな

第Ⅰ部 ◆◆◆ プロセス

っていくようすが具体的にわかるだろう。

　スタンリーは，極端な引きこもりであり，受け身で，社会的に孤立している60歳の男性だ。成人期の大部分を，精神科の病院で過ごしてきた。ドラマセラピーで，自分から何か行動したり，始めたりすることはほとんどない。しかしある日，彼が「郵便配達人の役」をやりたいと言ってきたので，私は驚く。すぐに，私は彼の肩にバッグをかけ，他の人たちには，彼が郵便を配達してくれるのを通りで待っている人たちになるように頼む。スタンリーは1人ひとりの家に行き，郵便物を配達し，とても満足した表情をする。しかし，この場面の中にはドラマ的な行動や，お互いの関係を示すような行動がほとんどないので，何か指示をしなければ，場面がすぐに終わってしまうのは明らかだ。私はささやき声で，まだ郵便物を受け取っていない残りのメンバーに，郵便配達人が登場したら演じてもらう特別の役を伝える。1人は，ボーイフレンドからの手紙を死ぬ思いで待っている役，もう1人は吠え立てる闘犬のブルドックを飼っている役，3人目は配達人を呼びとめてコーヒーはいかがと誘う役だ。この指示で，スタンリーと他の人たちとの間に，今までよりはるかに大きな相互交流が生まれる。そして，スタンリーにとっては，自分の役を**生きる／演じきる**ための時間を与えてくれる。さらに私にとっては，この場面をしっかり観察し，それがどんな意味をもつのかについて理解させるための時間を与えてくれる。スタンリーは，他の人との接触を求めているし，たぶん，今ようやくその準備ができている。彼は，他の人から自分を求めてもらいたいし，他の人に何かを提供したい，**何かを配達したい**と思っている。さらに，もっと具体的に示されていることからいえば，郵便配達人の役は，彼が人々の家庭を訪問してもよい，という許可を得る役であり，これは彼が自分の人生の中で，実際にはほとんど行なったことがないものである。

　感情障害のあるレニーという6歳の男の子が，私の学生インターンを自分の**妻の役**にする。これまでは，彼女をいつも，母親，先生，警官など，権威のある役にあてるか，あるいは時どき，赤ん坊の役をあて，その子どもに対し凶暴な態度と，愛情のこもった態度を交互に示していた。この学生インターンは，今までこれらの役に理解を示していたが，突然，妻と夫の場面に変わったので戸惑っている。私は，場面を続けるようにと学生にうながし，子どもの導くままに従うように，と言う。その即興劇の中で，レニーは，自分がコーヒーをいれ，仕事に行く，仕事から帰ってくる，お使いに行く，などを行なうが，その間，彼女にベッドの中で寝ているよう，しつこく指示をする。彼女は動くことを許されない。そして時どき，彼はベッドに戻ってきて，彼女のそばに寄り添う。いくつものセッションを通して，同じ場面が何度もくり返される。学生への指導＜supervision＞の中で，私はこの学生に，夫の役を演じているクライエント（男の子レニー）の役を演じてもらう。その役を演じる中で，学生は，クライエントが感じている不安のレベルがとても高いことに気がつき，またこのクライエントが必死になってその学生を支配しようとしている，つまり，役の上では妻になっているその学生をその**場所**にとどめておきたいと思っていることに気がつく。場面の

第 5 章　場面：即興的演技の展開，指導，そして終結

意味は今や明らかだ。少し前に，学生は，自分がインターンであり，限られた期間の間だけみんなと一緒にいると説明をした。この少年にとって，妻は永久に自分のそばにとどめておくものを象徴していた。夫である彼は，自由に行ったり来たりし，成長していく自分の世界を探検し，それを発見しつつ，かつ，いつでも自分が戻ってくることのできる人が必ずいる，という状況を作り出した。不幸にも，彼はこのように安心するという経験を，自分の実際の両親との間では体験していなかった。夜，自分のベッドで1人きりのとき，彼はこの学生の与えてくれる慰めに頼ることができたのだった。私はこの学生に，演技の後に，その演技が意味することを説明したらどうかと提案する。次のセッションで，いつもの演技が行なわれた後，彼女は（素の自分として）次のように言う。「この場面を演じてみて私が感じることは，私がここから去ってしまうことを，たぶんあなたは心配していて，私に永久にいてほしいのだと思う。でも，私はそれはできないのです。私たちのこの活動は次の数か月間しか続かないけれど，でも私は，あなたのことを心から心配し，そして大事に思っています」★3。この後レニーは，この学生を妻の役にすることはなくなった。(Emunah，1989)。

　　ジーナは，鬱の24歳のクライエントで，母親と一緒に住んでいる。母親とは共生的な関係である。ある日ジーナは，**高速道路パトロール警官**の役を演じたいと提案する。私は，彼女の場面がどのような意味をもつのか，まったくわからないまま，彼女がドラマを演じられるように手伝う。その場面で，彼女は速度違反の車を停止させ，運転手にスピード違反の反則チケットを渡す。ジーナは，速度違反のチケットを渡す役を一生懸命に，生き生きとしたようすで演じる。彼女の声のよう, 態度は，私が今までに見たことのないものだ。威張っており，権威を示し，相手に自分が悪かったと思わせるような態度だ。場面を演じた後，彼女は「とても気持ちよかったわ！」と喜んだ声で言う。私は彼女に，自分の演じた役の声の調子が，誰かに，または，何かに似ているかどうかを尋ねる。彼女は「そう，私のお母さんだわ」と答える。私は彼女に，もう1つ場面を演じてもらう。パトロール警官の声の調子を続けながら，しかし今度は，自分の母親の役を演じてもらう。彼女はたやすくその役をこなす。そして，しばらくその役を演じ続けることで，役割交換を行なえる状態になる。彼女が自分自身を演じはじめると，いつも私が知っているジーナがそこに表われる。静かで，鬱で，いつも弁解を言っているジーナが。場面が終わるとすぐに彼女は，悲しそうに次のようにつぶやく。「家にいると，いつも私は，交通違反のチケットを渡されているような気分になるわ」。このセッションは，その後，彼女が自分の母親との，さまざまに変化していく関係を試みていくための準備となる。彼女はそのときまでそれを行なう準備ができていなかった。その後のセッションにおいて，ジーナは，母親と娘の場面をたくさん行ない，自分が家から出て1人だけで生活したいという希望，それと同時に，

★3　後から考えると，この学生には，この気持ちを，場面の中で，役として表現する方法を探し出すように，と提案した方がよかった。

母親にもっと頼ってしまうのではないかという恐れ，そして母親を残してしまうことに対する罪の意識がはっきりと示し出される。これらの感情はすべてその存在の意味を認められる。そして未来へ向かっての場面——母親との関係を維持しながらも，彼女が自分のアパートに1人で住んでいるという場面——がドラマとして演じられた。

2番目の目標：別の選択肢や新しい行動を探しだす

多くの場面において，治療上の目標と治療的な指示とは，クライエントが（ものごとの見方，感情的な反応，また行動において）別の選択肢を探し出したり，新しい行動パターンを**練習する**手助けを行なうことだ。ほとんどの場合，そのような場面が起こるのは，第三段階（ロールプレイ）の間であり，そこではまず，現実人生の（あるいは**現実的な**）状況を演技として再現することから始まる。演技に引き続いて，セラピストは，クライエントに同じ場面を再演するように指示するが，今度は，実際に起こったとおりに演技するのではなく，別の反応の仕方を試みるようにと言う。

このような介入は，第二段階（場面演技）あるいは第四段階（最高潮に達する演技）の場面においても行なうことが可能だ。たとえば，第二段階の場面は，架空のものであるとはいえ，現実人生のそのような状況でクライエントがとるであろうと思われる反応を示すことがある。セラピストはそのようすを見て，クライエントに，同じ場面を，別の方法で演じるようにと指示をすることができる（あるいは，もっと大きな距離が必要なときは，その場面の**登場人物**に新しい行動をとるようにと依頼する）。この介入は，必ずしも同じ場面を再演しないでも行なうことができる。場面の途中でこのような介入を行なうこともできるし，あるいは，続きの場面へつなぐように介入することもできる。たとえば，第二段階の場面で，攻撃的な登場人物が，自分の仲間と喧嘩をした直後に，その場面の続きとして，翌日戻ってきて謝罪をするという場面を作ったり，あるいはシンデレラが，従順なままにとどまらないで，勇気をふり絞って義理の姉たちに対決するという場面を作るなどが可能だ。第四段階で行なう感情がたくさん込もった場面の場合，その後に演技とディスカッションを行ない，クライエントが行動の変化について，より深い洞察とより高度な理解を引き出せるようにする。しかし，どんなにすぐれた認識と洞察があったとしても，それだけではその人の行動の仕方が自動的に変化することはめったにない。それゆえ，現実を映し出した場面の後には，多くの場合，新しい行動の仕方を練習する場面を続けて演じる。第3章で記述したクリスティンの**最高潮に達する場面**が，そのような一連の介入のよい事例だ。

ここで注意しておいていただきたいのは，私のいっている**再演**というのが，苦しみを伴う状況を演技化した後に，クライエントが空想して，この状況がもっと他のあり方であったかもしれない，またあってほしかった，というようすを表現させるということではないということだ。サイコドラマでは，このような介入が時折行なわれるの

第5章　場面：即興的演技の展開，指導，そして終結

だが，確かにそのような再演を行なうと，そのときはクライエントにとって気持ちのよいものになるかもしれない。しかし，このような再演の後には，否定的な揺り戻しの起こる可能性があると考えられる。というのは，**現実である**（つまり，現実人生に基づいた）演技と，**現実でない**再演との間に極端なギャップがあるからだ。クライエントの実際の過去は，消し去ったり，変更したり，魔法のように形を変えたりすることはできない。たとえば，虐待をする父親に耐えてきた経験をもつ人が，虐待をする親を変えて，よく面倒をみる親にすることはできない。ここで変更することが可能なのは，「クライエント自身の」反応，ものごとに対処する機能，情動，洞察，ものの見方，行動などである。そのような場面において，治療的効果をめざす指導としては，その場面を苦しみのない場面として作り変えさせるのではなく，クライエントにその苦しみをもっと体験させ，吟味させることを助ける方が，はるかに有益だ★4。

　しかしながら，その場面が，（他の人によって引き起こされた苦しみではなく）クライエント自身の失敗や後悔についてのものであるときは，その場面の後に，自分がどのように反応したかったか，あるいは将来，同じような状況でどのように反応したいか，という再演を続けて演じてもよい。ここで異なるのは，クライエント自身の変化に焦点があてられていることであり，彼の人生の中の他の人を変化させることではないということだ。このような場面は，長年続いている決まりきった行動パターンに対処するときにとても有効である。最初に演じる場面で，クライエントの日常の行動パターンを表現させ，明確にし，自身のこの行動パターンに関して，クライエントが明確に，また重層的に理解できるようにする。このような場面に対しての治療上の指導には2つの目標がある。その1つは，クライエントに，行動パターン／変化の可能性に関して，しっかりとした洞察を獲得させること。2つ目には，新しい行動を使った反応を練習させることである。

　確かに多くの場面において，セラピストの指導によって，クライエントたちは，自分たちのこれまでの人生で，意識的に取り入れようと苦しんできた行動を演じることも可能ではあるが，たいていの場合，これらの場面は，これまで考えつかなかったような，別の選択肢の態度（あるいは行動）を発見する，という中身になることが多い。以下の2つの事例がそのようすをよく示している。

　アンジェラは，21歳のラテンアメリカ系のクライエント。自己評価がたいへん低く，これまでおもに自分の身体を切るという形での自傷をしてきた経歴をもつ。あるセッションに，彼女がたいへんやつれたようすで入ってくる。自分自身の2つの部分が，両方から自分を引っ張るという練習（第Ⅱ部で，**葛藤を発見する**の前段のエクササイ

★4　場面を注意深く選択すれば，クライエントが理想的な場面を表現することは，彼らに最も望ましいかたちを体験させる意味で，価値がある。

第Ⅰ部 ◆◆◆ プロセス

ズとして記述してある）において，アンジェラは自分の両脇の人に，自己否認と自己受容という対立する態度を代表させる。しばらく練習をした後，私は，演技の動きを止めさせ，アンジェラに，自分を否認する部分が何と言っているのかを尋ねる。彼女は，自分のこの部分は，いつも自分に薬を飲めと言っている，と答える。そして彼女は，昨晩，交通違反をして違反チケットを渡されたので，自分自身への罰として，剃刀で自分の手首を切ったと告白する。自分を切ることが，自分にとっての薬だ，と彼女は説明する。

アンジェラ自身の言葉からヒントを得て，私は薬屋さんを作ろうと決める。ただしこの薬屋は，**別の選択肢**の薬屋である。私は，グループのメンバーに，アンジェラと一緒になって，この特別なお店にくるようにと招待する。私が店主となり，新しいお客に，いつもの薬は何なのかを尋ねる。「血とナイフよ」と彼女は答える。私は「それは，どんな風に治療効果があるんですか？」と尋ねる。「それは心に突き刺さり，永久に傷跡を残し，二度と間違いを起こさないようにと思い出させてくれるわ」。「それで，この薬の欠点は？」「危険で，気分はもっと悪くさせるし，精神科に送られる可能性があるわ」。

「まったく違った仕方で効くような，まるで違った薬があるとすれば，それはどんなものかしら？」と私は彼女に尋ねる。彼女は何も言わない。長い時間がたった後，私は次のように付け加える。「あなたの友だちに，どんな薬があるか，聞いてみたらどうかしら」。

グループは，みんなで自分が使いたい新しい薬や，アンジェラにすすめたい薬には，どんなものがあるか考えはじめる。これは，たやすいことではない。というのは，クライエントの大部分は，自分をはぐくみ育てる傾向よりは，自分を破壊する傾向の方をはるかに多くもっているからだ。この考察の過程をたやすくするために，絵を描くのが上手なデリックに，大きなサイズの薬品の棚を描くように頼む。この絵が大判紙に描かれ，壁に掛けられる。これが完成すると，みんなはその中に，好き勝手に自分の新しい薬の広口瓶，瓶，チューブを描き入れる。まもなくそこには，対立緩和錠剤や，間違いを犯しても大丈夫ドリンク剤，安全な悲しみ，そして，不完前（意図的に間違った字を使って！）な人のための薬などが描かれる。アンジェラは，自らも積極的にこの薬棚に描き入れる。そして，後で，自分の家に持ち帰ることができるように，自分が覚えておきたい薬の内容をノートに書き写す。

今出てきた絵描きのデリックは，たいへん独創性に富んでいるが，同時にたいへん落ち着かない，すぐに感情が激する35歳のアフリカ系アメリカ人で，アルコール中毒と鬱の経歴がある。彼は芸術活動を，6年前にあきらめていた。グループは，第三段階（ロールプレイ）であるが，デリックが自分の個人的なことを持ち出すのはまれだ。しかし，アンジェラの薬屋さんの場面からそれほど日を経ないある日，デリックは前のガールフレンドについての場面を演技にしたいと頼んでくる。彼の言うところでは，もう別れて2年になり，そのガールフレンドには新しいボーイフレンドがいるにもかかわらず，彼女は今でも，彼のところにお金や煙草を求めにきており，悩みの種にな

第5章　場面：即興的演技の展開，指導，そして終結

っている。彼はその求めに，いつもいやいやながら従っているのだが，もっと，自分の気持ちをはっきり言えるようになりたいし，「いやだ，と言えるように」なりたいと言う。

　デリックは，グループの中のダイアンという若い女性を前のガールフレンドのリンダ役に選ぶ。場面は，デリックのアパートでの出来事なので，私はダイアンに指示をして，部屋の外でドアをノックすることから開始してもらう。その後に行なわれる場面で，デリックがたった今説明したことと同じ内容が演技として，私たちに示される。演技を通して，またその後の短い時間の話し合いでわかったことは，リンダはデリックのアパートに頻繁に来ているということだ。次に私たちは，同じ場面を再演する。今度はデリックが，リンダに対して，自分にはお金がほとんどない，彼女にお金を与え続けることはできないと説明する努力をする。デリックがこの役を演じるのを見ているうちに，私が受けた感じは，彼にとってむずかしいのは，リンダにお金をあげるのを断ることよりも，彼女を自分の側から手放すことではないかということである。彼女が側にいることはいやなことではあるが，それでもその存在は，存在として意味をもっているのだ。彼女にお金や煙草をやることは，彼にとって，彼女がまた戻ってくる保証になる。

　私は，デリックに場面の演技を続けるように言う。ただしそれは，しばらく時間が経った後の場面で，リンダが帰った後の場面だ。最初，彼は，戸惑ったようすを見せる。私自身も，この1人だけの場面で何が起こるのか，はっきりわかっているのではない。しかし，ある役の意味を探し出すのに時間がかかるように，ある場面の意味を探し出したり，そこに込められている感情の本質を発見することには時間がかかる。これらはその場面を十分に演じきることで次第に明らかになるのだ。

　今，デリックは，自分のアパートに1人でいる。私たちは，演技空間に少し変化を加え，彼の居間にもっと似ているような配置にする。私は彼に，自分が今本当にここに1人でいる，と想像するように，しかし自分の考えを声に出して話してくれるようにと頼む。そうすれば私たちは，彼が過ごす長い夜の目撃者として，彼と一緒にいることができるからだ。彼は，想像上のテレビのスイッチを入れ，チャンネルをあちこち切り替える。しかし，何もおもしろい番組がないことに，明らかにいらいらしたようすだ。テレビを切る。少しいらいらした後で，またスイッチを入れる。そして切る。彼は，助けを求めて私の方を見る。

　彼が猫を飼っているのを知っていたので「あなたの猫はどこにいるの？」と私は尋ねる。彼は微笑み，まわりを見る。すぐに，本棚の一番上にいる猫を見つけ出す。「呼べば，猫は寄ってくる？」「ああ，もちろんだよ」と彼はすぐに答える。「だったら猫を側に呼んで，その子に話しかけなさい。あなたの心の中をよぎっているすべてのことをその子に話しなさい」。

　猫が近づいてくる。そして彼は，やさしくその子を自分の膝の上にのせる。これで，彼にとっては，大きな声で話しやすくなる。「ここは，とても静かだね，ファーリー [毛むくじゃら君]。それに，他には誰もいない。テレビの番組も，今夜はいいものは何もない。だから，お前はどこかに逃げ出して，また1人で瞑想でもしたい，そうだろ

※　135　※

う?」。

　デリックにとって，自分の内面の感情を声に出して言い，自分が孤独であることを認め，それを他の人と共有することは，前進のための大きな一歩である。これらは，当初の課題としてあげた自己主張ができることと比べれば，はるかに困難であるし，真に治療としての意味をもつ課題だ。今，彼が言葉を発することができなくなるとすれば，それは人に見られていることで自意識過剰になっているためでなく，自分が何を感じているのかがわからないためだ。デリックは，他の人から，とくにリンダから気持ちを奪われることに慣らされ，自分の内面に何があるのかに注意を払っていない。私は，自分がこの場面に参加したい，あるいは，他のメンバーを参加させたいという誘惑に駆られる。しかしどんなに困難であっても，彼が1人で，自分自身とだけでいることが重要であると私は感じる。

　彼は，猫のファーリーにもう少し話し続ける。「電話でもかかってくるといいんだけど。何もすることがない。会う人もいない。おまえと僕だけだ。そしてあの酒の瓶があるけど，今は飲みたくない」。彼はファーリーを撫でる。しかし，しばらくすると，彼はパントマイムで，猫が彼の腕から抜け出し，コーヒーテーブルの上に行って横たわるようすを示す。彼は，また私を見る。「猫まで，僕を拒否している」。

　「何かできることはある?」と私は尋ねる。

　「僕は，猫を膝の上に無理に座らせることはできない。電話を無理に鳴らすこともできない。いいテレビ番組を放送させることもできない。そして，僕は，今お酒を飲みたくはない」

　「そうね。だったらしばらくあなたのいる場所に，ただ座って，ファーリーを少し離れたところから見ながら，何が起こるか，見ていたら?」

　彼は，ただそれだけを行なう。そのような状態で沈黙の時間が長く続いた後，彼はパントマイムで，スケッチブックに手を伸ばし，絵を描きはじめる。この長い沈黙の時間こそ，ドラマとしての緊張と，治療上の重要な可能性を孕んでいるのだ。ファーリーに，彼は注意を集中して描いている。しかし，明らかにこのスケッチの中身は，この瞬間を映し出している。描かれた多くの部分の中に，今この時点で彼の中にあるものが表わされている。これが，治療の瞬間となる。デリックは，今自分の中に確かなものがあること，真空の中から，創造が発生し得ることを見つけ出しつつある。行動のレベルでいえば，彼は，**別の選択肢を探しだしている**。テレビ，アルコール，昔のガールフレンドが絶え間なく要求する，おこづかいを与える，などで作られている空虚な空間を埋める新しい方法を。

3番目の目標：感情を高める，あるいは包み込む

　セラピストの場面指導の仕方により，その感情レベルを高めることもできるし，感情からの距離を作り出すこともできる。感情レベルに注意を払うことは，連続治療シリーズのいずれの時点でも行なうが，とくに第三段階と第四段階の個人的な問題を取り扱う場面においては，中心的で重要な目標となる[5]。クライエントがもっと感情

第5章　場面：即興的演技の展開，指導，そして終結

を注ぎ込むようにするのか，あるいはもっと感情を包み込むようにするのかの，いずれの助けを与えるかの決定は，次のことに左右される。1) 治療の対象となっている問題，また，そのクライエントの治療上の方針，2) そのときの場面の具体的な内容，そして，3) その場面が行なわれるときの治療上の段階。ロバート・ランディのドラマセラピーにおける距離という考え方（Landy, 1986）は，最適な距離を探し出すうえで助けになる。感情にたやすく圧倒されるクライエントは，その感情を包み込むための助けが必要である。一方で，自分の感情に近づいたり，表現したりすることがむずかしいクライエントの場合，さまざまな感情に接触する助けが必要となる。ドラマセラピストは，必要とされる距離を注意深く計測し，指示を与えることにより，場面を必要な方向に変更させる。

　時には，同じ場面の中で，感情を高めることと包み込むことの両方が必要になることもある。このような場合，セラピストは，最初にクライエントの感情的な情動を高め，カタルシスに向かって導く。クライエントが，感情表現の限界まで到達したときに，セラピストはクライエントがある程度の距離を獲得できるよう助けを出す。そうすることでクライエントは，引き起こされた感情を統御し，取り扱うことができるようになる。時にはこのプロセスを逆にすることもある。より距離のある手法（ランディの投影的テクニックなど）を最初に使い，ウォームアップの一種として，またはカタルシスをもたらすような個人的演技の準備として使う。あるいは，同じ場面の中で，セラピストが両方の指示をからみ合わせることもある。最初に感情を包み込むことで，その次に行なわれる感情が高まるときのための基礎を作る。たとえば，感情の包み込みをした後に，続いて深いレベルの表現を行なうように導いていくなど。以下の事例では，感情レベルを高めた後に，クライエントがその感情を統御し，包み込みを達成するように助けるようすが示されている。

　　先に述べたアンジェラは，子ども時代にまわりから無視されたために，そのとき以来，長い間，自分を守る方法として，感情を押さえつけてきた。彼女は，さまざまな感情が発生するのを避ける方法として，自分の中に食べものを詰め込む。しかしすぐに私は，そのことよりもっと重大な症状を発見する。グループの他のメンバーが感情的な場面を演じた後に，アンジェラは，時どきすべての感情を切り離してしまい，自分は何も感じない，何の感情ももっていないと主張するときがある。前に書いたように，アンジェラには，また，自傷の傾向があった。彼女が最終的に自分の感情的な痛みをいくらかでも表現するようになれば，そこには大きな安らぎとカタルシスがあるだろうことは，私にはわかっていた。しかしそこには大きな危険があることもわかる。つまり，感情を表現するという経験から「自分を切り離してしまう」（つまり，その経

★5　セラピー中のサイコドラマ的な段階は，訓練を受けた，経験のある実践家のみが行なうべきである。

験から極端な形で引きこもったり，その経験を否定する），あるいは感情的な痛みから自分の注意をそらすために，肉体的痛みを引き起こすという危険である。

　何度か後退局面もあったが，アンジェラは，連続治療シリーズの第一，第二，第三段階を上手に進んできている。彼女は遊び心をもって感情を表現することができるし，架空の場面の演技を楽しんでいる。同居している，感情障害のある自分の母親との間で発生している現在の葛藤についても，それに関連する感情表現が，少しであれば，取り扱うことができるようになっている。しかし，母親に対する彼女の怒りの下には，父親から捨てられたことにまつわる，はるかに深いレベルの怒りと痛みがあることが私にはわかる。その父親は，数年前に自動車事故で亡くなっていた。私たちの連続治療シリーズは第四段階になっており，他のメンバーが演じる場面で，亡くなった両親に対して，まだ決着のついていない感情を取り扱うことがあり，それは，当然にもアンジェラ自身の問題をも引き出してくる。彼女は，もうこれ以上隠れていることはできなくなっている。

　ついに，彼女は，自分の場面を演じる気になった。彼女は，ハロルドに父親役を当てる。彼は，やさしい人で，アンジェラは彼のことを気に入り，信頼するようになっていた。場面の設定をするとき，私はアンジェラに，彼女が父親と話そうとするとき，その父親はどこにいるのかを尋ねる。彼女の答えは，「バスルームにいる」である。閉じられたドアに似たものを椅子で作り，私は，ハロルドにそのバスルームに入ってもらう。そして彼に，場面の中ではあまり話さないようにと指示をする。この指導は，現実を反映するためでもあるし，父親との接触がないことについて彼女がいだく葛藤という感覚を高めるためでもある。同時にこの場面では，アンジェラが自分の感情を表現することに焦点をあてて，父親と娘の会話に焦点をおかないためでもある。

　アンジェラがバスルームのドアのすぐ外側にいるところから，場面は始まる。「お父さん，もう何時間もそこに入っているわよ。いつ出てくるの？　お父さんのしたいことは，バスルームの中で生活することだなんて，どうしてなの？　どうして，私たちと一緒に過ごさないの？」。長い沈黙の後，「私のことをかまってくれてないじゃない。お父さんには1人しか子どもがいないのよ。どうして，一度も私と一緒に過ごしてくれないの？」。

　これらの言葉の下に，感情的な情動はほとんどない。しかし彼女が最後の質問をしたとき，そこに，深いレベルのかかわりに入っていくような，一種の感情的な下降を私は感じる。感情的に距離を保っていたにもかかわらず，今アンジェラの気持ちは集中している。私は，彼女の**感情を高める**決心をする。父親への彼女の質問の仕方にならいつつ，また私は子ども時代にアンジェラがどれほど父親から放置されていたかを知っていたので，私は，彼女に「お父さんは，どうして私を置き去りにしたの？」と言うように頼む。

　アンジェラの集中度は途切れることなく，「お父さんは，どうして私を置き去りにしたの？」というセリフをくり返す。このセリフの後に，いくつもの質問が続く。1つひとつの質問は，少しずつ具体的になり，その前の質問より，少しずつ感情の調子が強まってくる。「どうして私をリンデン病院に置き去りにしたの？　どうして私をアス

第5章 場面：即興的演技の展開，指導，そして終結

ティン・子ども・プログラムに置き去りにしたの？　どうして私をグループ・ホームに置き去りにしたの？　どうして私を里親のところに置き去りにしたの？　どうして私とお母さんを置き去りにしたの？　どうして，お父さんが生きていたとき，私を置き去りにしたの？」。

　彼女が，自分が置き去りにされた泊まり込みプログラムや出来事を1つずつ呼び上げるにつれ，彼女はどんどんのめり込み，感情レベルは増加し続ける。「どうしてお父さんは，他人が私について言ったことをいつも信じるの？　一度も，私がどう感じているか，何を望んでいるか，何が必要かなんて聞いてくれなかったじゃない」。

　今，彼女の目からは涙が流れている。「お父さんは，いつも私を無視していたわ。それがどんなに辛かったか，考えたことあった？　私は，お父さんの愛がほしかっただけなの。もし，お父さんが私を愛してたなら，こんなにもお父さんからの注意や愛をほしがるような私にはならなかったはずだわ」。

　私は初めて，アンジェラが泣くのを見る。そして，彼女にとってもこれは新しい経験だということに気がつく。私は彼女に，もう少しの間続けさせる。とくに今，彼女は発言をしているのであって，質問をしているのではないのだから。しかしすぐに，私は介入する。彼女が怖くなって，感情に圧倒される**前に**，このプロセスを確実に抑制したい。今は，彼女がそれまでふれていたすべての感情を**包み込む**助けをしてあげるときだ。

　私がステージに入って，彼女の肩にやさしくさわると，彼女は驚きとわずかな恐怖を表わして，私に言う。「私，いろんな感情を感じはじめているわ」。私は，彼女を安心させる。「わかっています。それでいいのよ。それが普通なの。それが人間なの」。すると，彼女は呟くように言う。「まあ，変な感じだわ。私は，憎しみを感じるし，愛も感じる。そして，愛したり憎んだりする私に憎しみを感じるわ。私，怖い…」。

　私は，彼女の発言をさえぎる。「こうしたらどう？　1つずつ見ていきましょう。すべての感情をそこに出してみましょう。あなたが最初に言ったのは，憎しみですね。その憎しみを演じる人を選んでください」。アンジェラは，観客となっていたメンバーの1人を選び，その人はステージ部分に入ってくる。「今度は，あなたが感じる愛を演じる人を選んでください」。彼女が選ぶ。「他に，あなたは何を感じますか？」「結び目に縛られているような感じがする。他の人になっていきそうな感じ。というのは，自分の感情をじかに感じたくないから」「感情を遮断したいと思っているあなたがいるのね」と私は落ち着いて言う。というのは，今の大きな動きを明確にしつつ，その動きを強調したいからだ。「そうです」「わかったわ。それでは，感情を遮断する役の人を選んで」。そして，「他には？」と私は尋ねる。「怖いという気持ち」と彼女は言う。

　アンジェラは，自分の感情のすべてを見つけ出し，他の人にその役を演じて表現するように指示することで，感情に圧倒されるのではなく，それを包み込むのに必要な距離を手に入れる。今までのように感情を感じる自分を切り離すのではなく，その自分を外在化して表現する。ここでは，感情を否定するという彼女の一部すらも，このドラマの中で役が与えられ，認められる。しかも，今，監督をしているのは彼女自身であるため，感情を感じる自分によって支配されることはない。

第Ⅰ部 ◆◆◆ プロセス

　　アンジェラは，自己の内面でさまざまな感情が反応し合うというドラマを監督し，同時にその観客にもなる。彼女は，愛と憎しみが対立して会話をしているのを見る。（彼女が「怖がっている子ども」という名前に変更した）怖いと思う気持ちが，その会話の中で押しつぶされそうになるにつれ，感情を遮断する役はその存在・力を次第に大きくしてくるのを観察する。感情を遮断する役は，もしも「怖がっている」感情が負けそうになれば，すぐにその感情を乗っ取って遮断しようと待ちかまえている。プロセスがこのような経過をたどっている間，アンジェラはその中に深く入り込んでいる。しかし，監督であり，観客であるという役を務めているため，以前の場面と比べて，感情的になる度合いは少なくなっている。より客観的なこれらの役を演じることで，彼女は距離を手に入れるだけでなく，事態は明晰になり，その理解は深まっていく。

　　ようやく私は，アンジェラに，場面に登場するように言い，自分の感情の1つひとつに対して，それらを受け入れるよう話しかけるように言う。

　　アンジェラが，自分自身のそれぞれの部分の横に座り，心の中から出てくる言葉を探し出して言おうとするとき，そこには素晴らしいレベルに到達した真に集中する姿，無心に対象と向き合っている姿，そして内面を真に表現する姿が現われる。彼女は，「美学的に美しく安心できる距離」を手に入れたのだ。それは，ランディが表現した（Landy，1986）もので，距離を測るパラダイムの中間地点であり，そこでは思索と感情のバランスがとれている。

　　最初に彼女は，憎しみと怒りに話しかける。「起こったことすべては，正しいことではないわ。だから，怒りを感じるのは当然よ。あなたには，彼に対して憎しみをいだくのに十分な権利があるわ。だって，何1つとしてそうであってはいけなかったのだから。あなたがどれほどの怒りを感じているか，よくわかるわ」。

　　愛に対して彼女は言う。「あなたには，人を愛する大きな力がある。たとえ，あなたを傷つけたり，置き去りにした人に対してでも。人を愛するというあなたの力は，よいことだわ。だから，あなたがいることが，私嬉しいの」。

　　怖がっている子どもに対して。「これから，あなたの面倒をみるようにする。そして多分，あなたが今まで受けたことのない愛を少しでもあなたにあげるわ」。

　　感情を遮断する役に対して。「あなたが助けてくれたので，私は何度も救われたわ。私には，あなたが必要だったの。だって，あなたがいなかったら，私はいろいろなことに打ち負かされていたはずだわ」。ここで私は介入する。「今はどう？　その役は，あなたにとって，今でも同じように必要なの？」。彼女は，その役を演じている人を見つめながら，こう言う。「あなたはたいへんりっぱに仕事をしてくれたわ。でも，そろそろ引退するべき時期になっていると思うわ！」。

　　アンジェラの場面を監督するとき，私が最初に目的としたことは，感情レベルを高めることであった。アンジェラが強い感情にふれ，それを表現するようになると，場面の方向は，感情の抑制・包み込みへと変えられた。場面の最後の部分で強調したことは，さまざまな感情／自分自身のさまざまな部分（場面の中で距離を作る際に，外

第5章　場面：即興的演技の展開，指導，そして終結

在化された部分）を，彼女が再統合するのを助けること，それから，自分を受け入れるように導くことだ。この最後に行なった介入については，次の項でさらに明確になる。というのは，そこでは自分の内面に存在するはぐくみを行なう親を導きだすことが関係してくるからだ。

4番目の目標：内面に存在するはぐくみの親を導きだす

　第四段階（最高潮に達する演技）の多くの場面において，子ども時代に傷を受けた体験が，再びよみがえることがある。精神分析家のアリス・ミラー（Miller, 1983, 1986）は，フロイト的な動因説を，子ども時代のトラウマに信憑性をおいていないとして批判し，幼年期のトラウマの再体験を提唱している。クライエントが真実を探しだし，過去を承認し受け入れるよう手助けをするという彼女の目的を達成するのにドラマで演じることは大いに助けになるが，彼女自身はドラマを使用することに言及していない。ミラーの表現によれば，この傷ついた子どもは，引き裂かれたその人自身の一部であり，大人になった今も，感情をすぐに行動化してしまうことや反復強迫観念，不幸感の源となっている。第四段階の場面では，過去の中に閉じこめられているさまざまな感情や感覚が呼びだされ，体の中で今一度経験されていく。ただし，ここでの経験は，ドラマを使いつつ，支えてくれる他の人たちがまわりにいるという安全な枠組みの中で行なわれる。誰にも知られず，秘密であった痛みは，子どもの心を閉じこめてしまい，罪の意識と疎外感へと導いたのであるが，今，その痛みは他の人たちに見守られ，共有されることになる。このような場面が演じられているとき，ドラマセラピストは，傷ついた子どもの味方としてふるまう。そのようなふるまいを見せることは，やがて，クライエントが自身に対しても同じ行動をするための助けとなる。同時に，セラピストは，はぐくみを行なう内面の親を成長させるよう，激励する。

　クライエントの中のさまざまな強さと，健康な側面がドラマセラピーのプロセスの中に登場するようになって，はじめてクライエントは場面の中に，はぐくみを行なう内面の親を持ち込めるようになるだろう。このことは，とくに，自尊感情が低く，自己の価値をほとんど感じられない人々に当てはまる。そして，残念ながら，大部分の精神科の患者がそうである。自分が劣者であるという彼らの感覚は，自己評価を低くでもしなければ，それに圧倒されてしまうほどに強いものであり，機がまだ熟していないときに，セラピストがはぐくみを行なう内面の親を導きだそうとしても，失敗するか，表面的なものに終わってしまうだろう。さらに，この介入を行なうタイミングは，セラピストやグループの他のメンバーたちがこの傷ついたインナーチャイルドに対して示す共感を，クライエントが経験し，それを自分に取り込んだ後でなくてはならない。ブラドショー（Bradshaw, 1988）は，自分のクライエントたちが自己のインナーチャイルドと接触している状態（トランス［変性意識状態．至高体験など，通常の意

第Ⅰ部 ◆◆◆ プロセス

識が変化・拡大した状態］に似た状態で——これは，ドラマ的演技と似ていなくもない）で，グループの他の人たちが語るいつくしみはぐくむ言葉をそのクライエントに聞かせる方法について述べている。

　ドラマセラピーにおいて，クライエントが，自分のインナーチャイルドに対する愛と受容の言葉を聞き，その内容を自分の中に取り込んだとき，そのクライエントは，この愛と受容を自分自身に与えることができるようになる。このようなことが起こるとき，多くの場合，クライエントはまるで，傷つき他の人の助けが必要な子どもと，はぐくみを与える親という2つの役を同時に体現しているかのようだ。セラピストの助力と指導で，はぐくみを行なう内面の親をクライエントの中に作り上げることは，重要な介入である。とくに，自分の痛みを取り扱うのがむずかしいクライエントたちや，あるいは自己破壊的ではない仕方，また自分をはぐくむような仕方で自己に接することがむずかしいクライエントたちが演技する場面では重要な介入となる。以下の例がその状況を示している。

　　アンジェラと同じグループ（第3・4章に出てくるショーンとも同じグループ）の中に，40歳のハロルドという男性がいる。グループの多くの人が痛みを伴う自分たちの過去に直面できたという力に勇気づけられ，またグループに対する信頼がますます大きくなってきたので，ハロルドは自分も同じことができる状態になったと感じている。子どもの頃ハロルドは，感情的にも肉体的にも，激しい虐待を受けていた。ハロルドの母親は，彼がまだ8歳のときに自殺し，彼は，サディスティックな2番目の父のもとに残された。ハロルドは，多くの虐待された子どもの中に埋め込まれることの多い，自分が無価値である，自分が悪いという感覚を，大人になってもいだいていた。
　　ショーンが，亡くなったハロルドの母親の役をする。しかし私は彼女に，場面の中ではほとんど口をきかないようにと頼む。どんなに沈黙していようと，彼女の存在そのものが，ハロルドにとっては場面を行なうための助けとなる（彼は，まだショーンほどにたやすく集中してドラマを演じるレベルに達していない）。
　　「さようならも言わないで，どうしてお母さんは僕を置き去りにすることができたのさ？　僕は，本当に怒り狂っているんだ」。セリフとセリフの間に長い沈黙がある。「どうして，病気の男なんかと関係をもったんだ。僕は，お母さんを愛していた。でも僕は，お母さんを守るためにあの男と戦うのがいいかげんいやになっているんだ」。
　　一時的に言葉が現在形に変わるのは，ハロルドが感情的にますます場面に入り込んでいること，そして彼が過小距離の状態になっていることを示している。「僕はいつも，2人の間に入って，お母さんが傷つかないようにしている。それで僕が殴られる。僕はそんなことはちっともかまわない。お母さんが僕と一緒にいてくれるならね。でもお母さんは，［この世から］出て行ってしまった。ちくしょう，このアホ女め！」。
　　私はハロルドが，感情表現の限界に達したことを感じ取り，舞台部分に入り，距離を作る手助けをする。同時に，私が介入することで，彼が今もっている大人としての

第5章　場面：即興的演技の展開，指導，そして終結

力を使って，以前の傷ついた子どもに対して，手をさしのべることができるように手助けする。私は彼の肩の上に手を置いて，尋ねる。「ハロルド，このときあなたは何歳なの？」「8歳です」「8歳のときのあなたを演じる人を選んで」。

ハロルドは，ジョアンナを選ぶ。彼女には，たった今母親の場面が演じられた場所から離れたところに座るように指示する。私は，大人であるハロルドに頼んで，8歳のときのハロルドに話しかけてもらう。

ハロルドはひざまずき，ジョアンナの手に自分の手を重ねながら，ゆっくりと，やさしく話しかける。「僕にはわかっている。君が，このすべてのことから，たくさんの苦しみを受けたことを。それは，正しいことではない。そんな目にあう必要なんか，君にはまったくない。君は，もっとずっとよいことを受け取るべきなんだ。今起こっていることは，1つも君のせいではないよ」。最後のセリフを強調するために，私はハロルドに，どうして彼のせいではないのか，その子どもに説明をするように頼む。私がハロルドに指示を出したことを合図に，ジョアンナは話しはじめる。「僕が間違ったことをしていなかったら，お母さんは僕を置き去りにしなかったと思う」。ハロルドの感情が揺り動かされたのがはっきりとわかる。「違う。君は，何にも悪いことはしていない。これは，君のせいではないんだ。お母さんが君を愛していたのを，僕は知っている。でもお母さんは病気だったんだ。お母さんには病気があった。アルコール依存症という病気が。それは君には，何の関係もないことなんだ」。

ハロルドには，今一定の感情的距離を手に入れる力と，**自分自身に対するはぐくみの親**になるという力が備わっており，場面をさらに進めていく準備ができている。彼は，最初に演技をした場所に，再び入っていく。そこには今，誰も座っていない椅子が置いてある。彼の涙に濡れた目，怒りの炎が感じられる目によって，彼が，今から誰に話そうとしているかは，明らかだ。

「この畜生め！　この何も知らないクソったれ野郎！　あんたは，自分が今したことをわかってるのか。少なくとも，彼女は愛について少しは知っていた。でもあんたは僕を決して愛さなかった。愛がどういうものかなんてあんたはまるで知らないんだ」。私の目の前に見えるのは，大人と子どもの両方のハロルドだ。子どもの苦しみは明らかだ。そして，大人になった彼の解き放つ怒りがますます高まっている。これらのセリフが，新しいものであるのははっきりしている。現実には子どもの頃のハロルドは，自分の養父に対決をするような勇気は決してなかった。「僕が何かちょっとしたこと，小さなことをしようとすると，毎回，あんたは僕をベルトで殴る。僕が泣くと，あんたは僕を殴る。それにあのときは，犬の鎖で僕を殴った。僕は，あんたの根性が大嫌いなんだ。お母さんが死んだのはあんたのせいだ。あんたは，僕の気分を悪くさせる。僕は，あんたを見ていると，ムカつくよ。僕の人生の中に，あんたなんかいてほしくない」。今や，彼は叫び出している。「**僕の人生から出ていってほしい。言いたいのはそれだけだ**」。

私はハロルドのそばに行き，この小さな少年を抱きしめたいと心から思う。しかし，そのタイミングはすでに遠くへ去ってしまっており，私の目の前にいるのは，大きくたくましい男であり，彼は，その少年に通じる道を自分で発見しなくてはいけない。

「あなたが今言えたことを，その頃，相手に言ったことがありますか？」と私は尋ねる。そうすることで，私は，彼が今表現できたすべての感情を支持してあげたいし，それらの感情を表現できるという彼の力を認めてあげたい。「いや，一度も言わなかった」「8歳のときのあなたはどんなようすでしたか？」「行儀をよくして，そういうことが二度と起こらないようにしたんだ。泣くこともできなかったし，怒ることも，何もできなかった」「つまり，今あなたが表現できた感情のすべては，その頃，1つも表現できなかったのね」「その通りです」「少年のところに行ってあげて」。

ハロルドはジョアンナがまだうずくまっている場所に戻る。彼は，以前よりはもっと自信をもって話しはじめる。「彼には何の権利もなかったんだ。君を無理矢理働かせたり，君が泣いたときに殴る権利なんて。君のせいではない。彼は病気なんだ。でもそのことで君にできることは何もない。君はいい子になろうと思わなくていいんだよ。君にはこのことをコントロールする力はない。君は悪くない。君の心は傷ついた。こんなにひどい扱いを受けてきたんだもの。僕は，ありのままの今の君を受け入れる」。

「男の子にもう少し，大人になるということがどんなことか話してください。これから何を期待したらいいのか，話してあげて」

「みんながこんな風だと思って大きくなってほしくない。なぜって，みんながこんな風ではないんだから。君が信頼し愛することのできる人たちもいる。今，そんなことを想像するのはとてもむずかしいというのはわかるよ。でも，君を愛するようになる人々がいるし，君が愛するようになる人たちもいる。それに，君は僕を信頼していいんだよ。僕は君を愛しているからね」

数分経ってから，彼は私に，そしてグループみんなに話しかける。「もう何世代もの間，私たちの家族の中で，このようなことが起こり続けているんです。子どもたちをこんな恐ろしいやり方で扱ってきている。人の人生をまったく尊敬しない，こんなやり方で。でも，僕はどんなにむずかしくても，この鎖の連なりを食い止める1つの輪になるつもりだ。家族の間によい関係をもち，子どもを愛する1つの輪になります。そして僕は，まず自分自身からそれを開始するつもりです」。

場面の指導を行なうときのツールと技法

即興演劇的な場面の指導に使われている技法の多くはサイコドラマから取り入れている。これらサイコドラマの技法に関しては，多くの優秀な著作がある。その中のいくつかをあげると，ブラトナー（Blatner, 1988a, 1988b），キッパー（Kipper, 1986），ゴールドマンとモリソン（Goldman & Morrison, 1984），スターンバーグとガルシア（Sternberg & Garcia, 1989），ヤブロンスキ（Yablonski, 1975），そしてレーブトン（Leveton, 1991）がある。以下に述べるのは，最も多く使われる6つの技法だ。最初の2つは，サイコドラマの中心的な技法だ。1回のセッションは，ある1つの場面に基づき，それをさまざまな形に発展させて作ることができる。その

第5章　場面：即興的演技の展開，指導，そして終結

ときの助けになる技法が，**役割交換**，**ダブルを演じる**，**時間の操作**，**登場人物を増やす／減らす**，**役を引き継ぐ**，くり返しである。

役割交換

役割交換＜Role Reversal＞では，場面の参加者が，お互いの役を交換する。ここで重要なのは，彼らが物理的にお互いの場所を交換し，相手の位置，姿勢，そしてその態度をできるだけ同じになるように取り入れることだ。この**役割交換**は，サイコドラマ的な場面や第三段階，第四段階で行なう場面だけに限定されるものではない。たとえば，シンデレラは，意地悪な義理の姉と役を入れ替わることができるし，お母さんと赤ちゃんがお互いの役を交換することができる。子どもたちは，遊びの中でいつもこのようなことしている。

　役割交換を行なうことで，場面が発展し，その内容がさらに充実してくる。もっと具体的にいうと，このテクニックは次のような助けになる。1) 他人の立場，ものの見方を理解する。共感をこのように作り上げることは，場面がコミュニケーションや人間関係についての場合，とくに適切なことだ。一方，場面の中で，他人のものの見方が関係ないときは，**役割交換**を行なう指示はしない（理由は，その場合の治療上の目的は，主役に場面全体を支配させ，誰からも邪魔されないで，自分のさまざまな感情を表現させることであるからだ。ちょうど，ハロルドが自分の養父に話しているときのように）。2) ある役がどのように演じられるべきかを具体的に示す。サイコドラマ的な場面を開始するとき，主役が，自分の人生の他の人の役を演じ，後でその役を行なう人（**補助自我**［ドラマの中で主役を助けるために他のメンバーが演じる役］）に，その役をどのように演じるべきかを見せることは，重要であることが多い。時どき，場面の途中でも**役割交換**を行ない，補助自我が，主役の経験にできるだけ近い役を演じられるよう手助けをすることがある。3) 役割のレパートリーを増やす。役を交代することで，クライエントは，それまで自分では行なってこなかった方法で行動し，また自分を表現できるようになることが多い。4) ある人が他の人からどのように理解されているかのフィードバックを与える。クライエントは，他のクライエントが自分の役を演じているのを見ることで，自分がどのような行動をしているのか，他人からどのように理解されているのかを理解できるようになる。5) 距離を提供する。感情的な距離が必要とされる場合，別の役に交代する（通常は自分自身を演じ，その後に別の人物，または補助自我を演じる）ことがその助けになる。というのは，そうすることで，クライエントはもっと客観的な状態へと移行する。お互いの役を頻繁に交換しすぎると，いずれの役に対しても感情的な愛着を感じなくなり，感情的な情動が深まらない（実際の意図として，そうしたい時だけ，この方法を使うこと）。6) 行き詰まりを打開する。場面が足踏み状態で動かなくなったとき，**役割交換**を行なうことで，場

面が未発展のまま終了してしまうのを避けたり，居心地の悪いそのときの気分を和らげることができる（しかし時には，クライエントにその居心地の悪い気分を「味わわせる」方がよいときもある）。7) 自分の質問に，自分で答えることができる。治療上重要な質問がなされた場合，**役割交換**は，質問をした人自身に答えさせる，いわば自分自身に答えるということをさせるたいへん適切な方法だ。**役になっているとき**，それ以前には，遮断されていた，あるいは見つけることのできなかった答えを探し出せることが多い。

ダブルを演じる

　ダブルを演じる［二重自我（分身）を演じる］とは，グループの他の人が（あるいはセラピストが）主役について，主役が感じている，考えているだろうこと，しかし口に出していないことを大きく，声に出して表現することだ。つまり，主役の内面の感情，考えを声に出す役である。主役が自由に自分を表現している場面ならば，**ダブル**は単に主役の言葉をくり返したり，詳しく言い換えたりするだけとなる。**ダブル**を使用するのに最も適しているのは以下の場合である。1) 支持と励ましを与える。2) 主役に，抑圧されている感情や考えに気づかせ，最終的には，それらを声に出して言うことができるよう手助けする。3) 主役が自分の感情にもっと入り込み，その情動を高め，深め，また維持できるようにする。4) グループの中で，自分を主役と同一視する人たちに，場面の中で積極的な役を演じさせる。

　役割交換と同様に**ダブル**も，サイコドラマ的な演技に限定されない。第二段階（場面演技）の架空の場面でも，登場人物に**ダブル**をつけることができる。**ダブル**は，通常，主役または登場人物の後ろか横に立つ。感情が強まった場面では，身体を接触させることも多い。**ダブル**は内面の考えを表現するものであるから，場面で演じている他の人たちは，**ダブル**の言うことには反応しない。主役や登場人物が声に出したことだけに反応する。

　時には，1 人の**ダブル**がいるだけでなく，数人の人が，またはグループ全体が**ダブル**として参加することができる。複数の**ダブル**を使用する目的は，1) 主役の，自分が支持されているという感覚を強化する。2) そのまま演じていれば個人だけに焦点があたる場面において，グループを積極的に参加させる。3) 観客になっているメンバーで，主役と自分を同一視する人たちに，表現する機会とカタルシスを感じる機会を与える（このバリエーションには，主役が望むのであれば，グループのメンバーが椅子に座ったままダブルを行なう，つまりそこからくり返すべき主役のセリフを大声で言うというものがある。この方法だと，主役はステージに 1 人で残りつつ，同時にグループから支援と指示を受け取ることになる）。演者 2 人が相互作用的な場面を演じているとき，双方にダブルをつけることも可能だ。しかし，その場面での治療

第5章　場面：即興的演技の展開，指導，そして終結

上の重点が，主役の抑圧された感情を表現させることであるならば，主役だけに**ダブル**をつけるのが最も適切だ。

　主役が感情を押さえつけてはいるが，それが今まさに表出されようとする間際にある，とセラピストが感じるとき，主役を**ダブル**の役に交代し，観客の誰かに主役を演じさせることで最も大きな効果を引き出すことが多い。自分自身の（あるいは，それまで演じていた登場人物の）**ダブル**になることで，クライエントは，自分の内面の感情を表現するために必要な許可，そして，距離を与えられる（このとき，その人がなお表現できないままでいる場合には，セラピストとグループの他のメンバー，またはそのどちらかが，一緒にダブルの役として参加することができる）。クライエントの感情表現がしっかりと行なわれた後，クライエントにもとの役に戻るように頼み，今度は，場面の中の相手（たち）に直接自分の感情を表現するように言うことも可能だ。場面の中からダブルをなくすのは，次のような場合だ。内面の感情が外に向けてはっきりと表現された場合，**ダブル**の役は必要なくなる。しかし現実人生の場面において，相手にこれらの感情を伝えることが，クライエントに最善の利益をもたらさないときは，多くの場合，クライエントの感情表現を**ダブル**という保護のもとにとどめおき（そうすることで，現実から遠ざかっていて，より想像上の領域にとどまる），場面の中で自分自身の役を演じることに戻らせない方がよい。

　以下に述べるツールは，サイコドラマ文献を参考にしたものではないが，私自身の治療作業の中で頻繁に使用しているものである。

時間の操作

　モレノ（J. Moreno）の技法，**未来投影法**に似ているが，**時間の操作**では，場面を過去または未来へと移動させることができる。**未来投影法**での場面の時間は，未来に設定されており，クライエントがこれから起こる出来事の実験・試みを行なうことができる。**時間の操作**では，今，行なっている場面を，時間に沿って過去か未来に移動することで発展させていく。そのときの治療上の目標によってどちらに移動させるかを決める。過去に向かっての移動は，洞察や理解を促進し，一方，未来に向かっての移動は，ものごとの結果あるいは選択肢を調べ，試すことを促進する。たとえば，青年が酔っぱらって車に乗り，猛スピードで運転をしたという演技を得意げに演じた場面の後で，ドラマセラピストがその場面を1時間前に巻き戻す。その結果演じられる場面では，その青年が父親としたけんかを描写するものになるかもしれない。こうすることで，クライエントは，自分の行動と自分の感情との関連性を理解できるようになるかもしれない。あるいはドラマセラピストが，場面を1時間後に早送りすることもできる。その結果演じられる場面では，その十代の青年が，他の車にぶつかっ

て，救急車に運び込まれるところかもしれない。こうして，クライエントは自分の行動が引き起こす結果を考えるきっかけを得ることができる。この未来の場面を演じることで，最初の場面で酔っぱらい運転を褒め讃えたことを取り消し，行動する前に先のことを考えるという学びを助けるものになるだろう。

　時間を，過去や未来へもっと極端に移動させることにより，これらの目標をさらに強めることができる。たとえば，自分の夫から拒絶され，受け入れてもらっていないという場面を行なった35歳の女性に，その後，自分の父親からの拒否を経験した10歳の頃の自分に戻るようにと言う。また強盗の場面を行なった13歳の不良少年に，23歳になった自分を表現させ，そこで自分の青少年時代の年月をふり返るようにと言う。未来へ投影することは，役のレパートリーを拡大することにもなり，クライエントが現在に対して，より大きな観点を手に入れる助けともなる。この介入方法は，クライエントが鬱状態であったり，将来への希望を感じていないときにとくに有効だ。未来の場面とその中で役を演じるという状況の中で，クライエントは現在の自分の気持ちからある程度の距離を得ることができ，そのため将来には希望があるという感覚を得るだけでなく，現在の自分の苦闘と痛みの中に，積極的な側面があることを発見し，それらを明確にしていくこともできる。

登場人物を増やす／減らす

　場面展開の方法として，最初に演じた相互作用の流れの中に，登場人物をさらに付け加えたり，あるいは，最初にいた登場人物の何人かに場面から立ち去ってもらうよう頼むことで，ある特定の関係に焦点をあてることもできる。一般的に，登場人物を付け加えると，大きな見通しや新しい見方が付け加わり，一方，登場人物を減らすと，場面の内容を掘り下げることになる。前者は，感情的距離を増やす傾向にあり，後者は，感情的距離を減少させる傾向がある。たとえば，両親と怒っている15歳の娘，それに従順な10歳の息子を演じる第二段階の場面で，ドラマセラピストが，母親と娘との間の感情的な関係がとくに大きいと感じたとする。その場合，セラピストは，父親と息子に対して，その場面から退場する理由を探し出すように頼み，母親と娘が2人だけで向き合うようにする。そうすることで，最初は気楽な場面であったものが，突然，感情的に強く人を動かす力をもってくる。あるいは，セラピストは，最初の場面にもっと幅広いものを付け加えることを選んでもよい。たとえば，祖母に訪問してもらうこともできる。その祖母と娘，義理の息子，それに孫たちという関係が，場面に複雑さを付け加える。とくに，**時間の操作**を併用して使えば，増減の両方の指示を，同じ場面に対して使うこともできる。たとえば，最初の家族場面を，数時間前に巻き戻し，そこでは母親と娘が対決している。その場面が今度は，数時間後へと早送りされ，そこでは，祖母が玄関先に現われるという風に。

第5章　場面：即興的演技の展開，指導，そして終結

役を引き継ぐ

　場面を見ている人たちに，演技者の1人の「肩をたたき」，その人の役を引き継いで演じてもよい，とすすめる。肩をたたかれた演技者は，その時点で，観客の側に戻る。一般的に，役を引き継いだ人は，できるだけ最初の登場人物に近い人物を演じることとし，最初の演技者が立ち去った，ちょうどその時点からの演技を再開する。このバリエーションとして提案できることは，場面の中に入ってしまったら，新しい演技者はその役をまったく新しい方法で演じてもよいとすることだ。場面によっては，登場人物の誰の役を引き継いでもよい。別の場面では，引き継ぐ対象となる役は，ある特定の登場人物に限定することもできる。

　役を引き継ぐことによる効果は，1) グループのメンバーが一生懸命に場面を観察するようになる。セラピストがグループとしてのプロセスを高めたいとき，またグループのたくさんの人が，演技そのものと自分を個人的に重ね合わせているとセラピストが感じるときにこれはとくに有効な方法だ。2) 最初の演技者たちに，自分たちが作り上げた場面を見る機会を与える。この方法は，たいへん有効なフィードバックを提供し，選択肢やものの見方を拡大させることができる。さらにこの方法を使うと，自意識過剰になってしまったり，どうしていいかわからなくなった演技者を助けることもできる。3) さまざまな役への順応性を高める。参加者たちは，役の中に入ったり出たりする。毎回違った登場人物の役を引き継いで，場面の中に何回でも登場してよい。4) 感情的な距離を作り出す。役と役の間を何度も交代する，また同じ役を何人かの人が演じるというテクニックは，どんなものであれ，演技者たちが，与えられた1つの役だけに感情的に極度に同一化してしまうこと避けることができる★6。

　多くの場合に，場面（またはいくつかの連続した場面）を終るとき，最初の演技者たちをそれぞれもとの役に戻すのが最良だ。こうすることで，統一性が保て，終了するという感覚を与えることができる。さらに，最初に演技を始めた人たちに対して，彼らがこの場面を開始したことを認めることになり，同時に，自分たちの場面が成長するのを見た後で，その中から得たものを，いくつかでも表現する機会を，最初の人たちに与えることができる。

くり返し

　ある特定の重要な単語やセリフが自然発生的に，思わず口に出てきたとき，ドラマセラピストは，クライエントがたった今，口にした言葉をくり返すようにと指示して

★6　この理由のため，**役を引き継ぐ**は，第二・第三段階で最も多く使用され，第四段階ではほとんど使用されない。第四段階の場面においては，**ダブル**を使うことで，時にグループの他のメンバーが感じる「演じることへの渇望＜act hunger＞」（モレノの用語）という気持ちに対処する。

もよい。さらにクライエントにその言葉だけを使わせ，他の言葉は一切使わせないで，その場面を続けるようにと提案することもできる。くり返しを行なうことによる効果は，1）重要なことを強調できる。そうすることでクライエントは，今自分が言ったことをそのまま見過ごしてしまうのではなく，自分の耳で聞き，自分の中に取り込むようになる。2）感情を高める。しばしば起こることだが，ある特定の言葉の組み合わせが，主役にとっては，感情のレベルを高める内容を含んでいることがある。**くり返し**という作業によってクライエントは感情にもっとふれることができ，さらに深い感情レベルで入り込める内容へとその場面を方向転換する援助を得ることができる。

このとき，今言ったことをくり返しなさい，というセラピストの指示は，注意深くやさしい言い方で与えるべきであり，クライエントの集中力や場面の流れを邪魔しないことが重要である。**くり返し**の目的は，感情的距離を少なくすることなので，場面のあからさまな邪魔になるようなやり方では，逆効果になってしまう。

くり返しは，場面を終結に向かわせるためにも使われる。そのことは，次の項で記述する。

その他のツール

他のツールや技法で頻繁に使うものに以下のようなものがある。1）主役の人に，場面の中の演技者ではなく，場面を**監督**してもらう。これを推薦するのは，相当程度の距離が必要であるとき，また，クライエントが確実に感情的に圧倒されないようにしたいとセラピストが望むときである。このような場合には，クライエントを，場面の監督にしたり，またその演技に出たり入ったりするように導いてもよい。（このときドラマセラピストは，指導的／共同的な監督という機能を果たす）。2）観客に場面（の一部）を監督してもらう。こうすることで，観客は場面にかかわっている，自分たちが見ていることを制御できると感じるようになる。3）観客に，場面の中でいっせいにセリフを言ってもらう。このことも，観客が積極的に参加する助けとなる。さらにドラマとして，場面の特定の側面を効果的にしたり，強調したりする役目を果たし，また演技をしているという主役の感じる自意識を減らしたり，グループのみんなが支持をしているということを伝えることにもなる。

ドラマセラピストは，自分の直感，洞察，創造力を使って，即興劇的な演技を指導し，発展させていく。ドラマセラピストは，常にクライエントのニーズと能力を評価しながら，選択を行なう。自分がもっているレパートリーを利用し，その場で，治療効果の可能性が高い方向に演技を進めていくための新しい方法を発見していく。

場面の終結

　場面の終結とは，場面の最後の部分であると同時に，その場面の一番最後のセリフ，あるいは瞬間のこともいう。そこには，完了，ドラマの力，実現，という感覚が，美学的美しさの見地からも，また治療的見地からも必要となる。実際，これら2つの見方は，しばしば分かちがたい。美学的に美しい終了は，治療的にも効果の高いことが多く，またその反対もいえる。演技の終了の仕方は，次のようなことに影響を与える。場面がもたらす全体的な力，演技者（たち）が場面をどのように感じるか，観客がその場面をどのようにとらえ，どのように反応するか，場面がどのくらい演技者の経験の中に消化され，吸収されるか，そして演技者たちが，ドラマという形態から現実へとどのくらい移行することができるかということである。

　場面にかかわっているクライエントたちは，演技をどのように終わるかについて考えたり，その方法を見つけたりすることができない場合が多いので，ドラマセラピストがしっかりと注意を払っていることが，この時点でたいへん重要となる。ドラマセラピストにできることは，1) 演技の最中に演技者たちに指示を与え，彼らを終結に向かわせる。2) 演技を「一時停止」させ，演技者たちに終結をどうするか考えてもらう，あるいは即興劇的に，終結に向かうよう演技させる。3) 演技者たちに，前もって（つまり，場面が完全に演じ切られる前に），終結について決めてもらう。4) 演技の途中に自然発生的に起こる力強い瞬間，あるいは感動的な瞬間に，ドラマセラピスト自身が場面を終了させる。ここで重要なことは，場面の終結とは，必ずしも肯定的な結果を意味するのではない，ということだ。クライエントをハッピーエンドに向かわせることは，つくりごとになってしまい，かえって疎外感をもたらすだけになってしまう。終結というのは，単に演技の終了という意味だ。

　葛藤を含む場面においては，先に述べた中の最初の2つの介入の仕方が最も一般的に行なわれる。つまりセラピストの指示によって，あるいは一時停止して，場面の方向を決めるという方法だ。多くのクライエントは，葛藤のある場面から逃げ出したり，または，型にはまった解決の仕方を作り出してしまう場合が多い。それらは回避できないとしても，なるべく行なわせないようにした方がよい。場面の中で葛藤を取り扱うという経験は，人生の中で葛藤をどのように取り扱うかの重要な練習場面を提供してくれる。演技者が，場面の中で出てきた解決方法に満足しないのであれば，それは，魔法のように消し去ることができ，異なった方法で再演することができる。観客たちも，演技者に対して，終結へ向けての指示を出したり，また別の指示を再び行なったりすることができる。これらと対照的な，葛藤を含む場面に対しての選択肢は，葛藤を解決するのではなく，それを中断する，またはそのまま封じ込めてしまう

という方法だ。たとえば，場面が行き詰まったとき，セラピストは，場面を一時停止させ，演技者の1人ひとりに，自分の立場を映し出す最終的な声明となるセリフを考えるように言い，それがでてくるまで時間をたっぷり与える。セラピストは，その最後の声明となるセリフを言う順番を決めて行き，最後になる登場人物・クライエントを注意深く選ぶ。ここでは，明確な結論が出るわけではないが，かと言って，葛藤そのものを回避するのでもない。

クライエントが，前もって場面の終了の仕方を考える，とくに最後のセリフ，または最後の瞬間をどのようにするかを選ぶというプロセスは，場面で演じる問題点を明確にする助けとなる。最後の場面の創造作業を行なうことで，クライエントは，その場面が本当には何についてのことであるか，何を伝えたいのか，そして，場面が終わったとき，観客に，そして自分たち自身にどんな感情を残したいかを考えざるを得なくなる。つまり，これによって，洞察する力，統御する力の両方が養われる。

演劇的に，また治療的に力強い場面の終結は，移行や希望が表わされ，またその場面がもっている本質的な意味やメッセージが圧縮され，要約した形で表現される。移行が表明されることで，場面には動的な力が備わり，現在，存在していることだけでなく，これからまさに**生まれつつある**ことも開示される。場面の最後に表明される移行と希望は，演技者の奮闘に形を与える。希望があることは，肯定的な結末やハッピーエンドと同じことではない。むしろそれは，自分自身の中にある，屈服しない，犠牲者にならない，決意や信念をもっているといった部分を探し出し，それを表現することだ。圧縮された要約は，場面で起こったことを強調し，その要点を，誰もが納得できる力強い詩的な形にする。

皮肉な結末も，場面を圧縮して要約することのできる1つの方法だ。その1つの例は，第Ⅲ部（第9章322頁）に記述する劇団**分析を超えて**が行なった，自伝的な演劇である「**内側から外側へ**＜Inside Out＞」だ。その場面の中で，家族の友人たちがステイシーに生活のようすを尋ねると，母親がステイシーの代わりにいつも返事をしてしまう。ステイシーは，自分のことを話せないだけでなく，母親の応答の中身も本当のことではない。お客がステイシーに，今どんなことをしているのかと尋ねると，母親は，すかさずこう答える。「ああ，この子，今，作業療法士をしているの。とても楽しんでいるわ」。ステイシーは，もう自分で話すのをあきらめてしまう。しかし，お客が帰った後，彼女は母親に立ち向かい，文句を言う。ステイシー自身が作った最後のセリフによって，その場面は皮肉な雰囲気で要約・終結される。「お母さんはどうしてあんな嘘をついたの？　私が作業療法士だなんて」。母親は落ち着いたようすで，自信ありげに答える。「それはね，ステイシー。あなたは今まで6か月間，作業療法の**患者**だったでしょう。だからあなたが**話せる**ことは，それだけだと思ったのよ！」。

第5章　場面：即興的演技の展開，指導，そして終結

　セラピストが最後に行なう介入，つまり場面の中で自然発生的に生まれるセリフや瞬間を，その場面で終わらせるという介入は，その選択の瞬間に，セラピストが「カット！」と大声で叫ぶことで行なう。第二段階の場面において，セラピストが場面をカットするという選択の瞬間は，何かを強調するときや，ユーモアのあるセリフ・瞬間である場合が多い。第三段階の場面では，そのセリフ・瞬間は，共感を与える，または力を与えるものであることが多い。第四段階では，そのセリフ・瞬間となるのは，感情的に力強い・感動を与える，あるいは演技で行なった中のある特定の側面を強調するようなものであることが多い（何度も言っていることだが，今述べたことが公式の決まりなのではない）。「カット」の代わりに使えるのは，「フリーズ」である。その時点で，演技者たちは，そのままの姿勢で動きを止め，彫像，あるいは静止した活人画を作り，それが場面の最終場面となる。フリーズを使う方が望ましいのは，言葉を中心とした場面よりは，身体の動きの多い場面，あるいはある特定の時点での演技者の姿勢・格好が，その感情的な立場や相互関係を如実に示しているような場面の場合だ。

　クライエントが特別な意味，または感情のこもった短いセリフ，または，長い言葉を述べたとき，ドラマセラピストは，そのセリフをくり返すように指示してもよいし（**くり返し**，本章149頁参照），あるいは，場面の一番最後に，重要で意味のあるセリフに戻るように言ってもよい。もう1つの方法は，クライエントに，これらの言葉だけを使って場面を演じるように言い，そのセリフが特別の力強さ，確信をもって発話されたときに，場面を終了する。

　場面の終了部分は，その最後の瞬間に起こっていることが何であれ，それをとらえて，1つの枠の中に入れ，記録する。これは写真で，内面を表わすような表情を捕らえることや，ビデオの映像をストップしてある瞬間をとらえることに似ている。最後の瞬間が，セリフや言葉である必要はない。ある表情や動作，あるいは2人の人が抱き合うなど，言葉を使わない相互の動きは，言葉よりも，そこに含まれる意味をよく伝えることがある。また，時には，最後の場面の直前に，ほんのちょっとした時間の沈黙があることにより，さらに大きな感動と衝撃を与える終わり方になることがある。このような「間」があることにより，場面のもっている感情的な中身や訴えようとする内容が「心に染み入る」，または深く刻み込まれることを可能にするのである。

　第三・第四段階の，主役中心の場面では，セラピストは，主役に最後のセリフを言うようにさせ，補助自我の誰かのセリフで終わることがないように注意をする必要がある。（いずれの段階であれ）中心となる主役のいない場面であっても，どの演技者・役が最後のセリフを言うようにするかを決めることが，大事である場合が多い。時には，1人の演技者（あるいは彼が演じている登場人物）が場面の中でその感情や意見を押さえつけられていたようなときには，最後に短いセリフを言うだけでなく，最後の**独白**を行なわせるようにすることもできる。その場合，他の演技者らは単にそ

れを聞く（あるいは，そのまま動かない；これは，話している演技者の言うことが他の演技者には聞こえないという印象を与えたいときに使う）ようにし，選ばれた演技者が，その場を自分の思い通りに使って，心の中を話すことができる。

　最後のセリフを主役に与え，補助自我（またはダブル）に言わせない，というガイドラインにも例外がある。その例は，専門職についている40歳の女性，ハンナが演じた電話の場面に見られる。彼女は24歳のときに父親を亡くしていた。場面の中で，ハンナは天国にいる父親に電話をした。彼女の独白の中身は，大部分父親がどんなようすであるのかについての質問であった。私が感じたのは，彼女は返事をほしがっている，ということであった——父親が天国でどのように過ごしているか，についてではなく，彼女が自分の人生について判断しているその中身について彼がどう思っているかの返事をほしがっていた。私は彼女に，父親に対して次のようなことを言うようにと頼んだ。自分がどのように過ごしているか，自分がどんな人間であるか，今，自分の人生で重要なのは何であるかについて。このことにより，彼女の情動は，さらに感情的になり，場面にますます入り込んでいった。すぐに明らかになったのは，彼女の家族の中では，喜びや肯定的な意味をもつ体験を，お互いに共有することがほとんどなかったということだ。このとき，彼女の人生には，大きな幸せを感じることが起こっており，彼女はそれを父親に表明する機会を望んでいたのだった。

　私は彼女に役割交換を指示し，今度は，自分の父親として，たった今語られたことに対して返事をするようにと言った。ハンナは，自分の父親役になり，驚いたようすを示しつつ，同時に喜びを表わし，そして娘を受け入れる態度で返事をした。（自分の父親として）「おまえが，立派に人生を送っていることを知って私は嬉しい。おまえのことを誇りに思う。この調子で先に進んで，幸せになりなさい。おまえが幸せになることを私は受け入れるし，おまえに幸せになってほしい」と彼女が言ったとき，彼女の感情のレベルはいっそう高まった。16年前に亡くなった父親は，このような返事はしなかったであろうが，ハンナは今，自分が聞く必要のある言葉を，自分自身にぜひ言いたいと強く希望していたことは明らかであった。

　場面の最後にいつも行なうこととして，私は，彼女をもとの自分自身に戻した。しかし最後のセリフを言わせることはしなかった。この場合のセラピーとしての本質部分は，彼女が切に聞きたがっていた言葉を聞き，その言葉をじっくりと噛みしめることであったからだ。グループのメンバーの1人が父親の役になり，ハンナがたった今話した，重要な意味のあるセリフをくり返した。この場面の最後の部分は，ハンナが自分の父親に言ってもらいたい言葉として与えたセリフをただ聞き続けることであり，別のレベルでとらえれば，自分自身の言葉に耳を傾けることであった。この場面の最後は，彼女が，「おまえが幸せになって，私は嬉しい」という言葉を聞いて，その表情に深い喜びが現われるのを見て，やさしく「それでいいわ」と言った私の言葉で終了した。

第5章 場面：即興的演技の展開，指導，そして終結

　外部からの観客がいてもいなくても，グループで行なうドラマセラピーの場面が終了したときは，ただちに，みんなが大きな拍手をする。ドラマセラピーにおいて，このような拍手を使うことについては賛否両論があるが，私の経験では，一般的に，拍手をすることには大事な意味があると感じる。拍手をすることで，演技の終了をはっきりと示すことになり，演技が終了し，完了した，あるものを達成したという感覚を生み出してくれる。拍手により，演技をすることに対しての自信がつき，また，グループの中に，演技を理解し，受け入れ，了解するという状態を作り上げる。また，拍手をすることで，架空の演技からはっきりと切り離され，その後の話し合いをみんなが行なうようにうながすことができる。拍手は，架空と現実の間の境界線の役目を果たし，演技者と観客たちが，**現実でない**演技から，その後に続いてくる**現実**へ移行することを手助けする。このように境界線をはっきりさせることは，感情障害のあるクライエントたちとの治療作業においては，必要不可欠だ。彼らは架空と現実，自己と登場人物との間の境界線が損なわれており，不完全な場合が多いからだ。

　第二段階の場面においては，最初の目標——自信を作り上げ，理解・受容していることを示す——がとくに重要だ。第三段階の場面は，現実生活にたいへん密着しているので，第二の目標——はっきりとした境界線を提供する——がとくに大事になる。第二段階の場面が終わったときの拍手は，演技者たちが示した演技力，創造力に対する賞賛を表わすものであるが，第三段階においては，演技者たちが新しい行動を表現し，実現したことに対しての賞賛でもある。つまり，ここでの拍手は，場面の中で行動に移されたものが何であれ，それを支持し強化する役目を果たす。第四段階においても，拍手は場面と演技者・主役自身の両方に向けられたものとなる。この二者は分離できない。拍手は主役が示した勇気を讃え，観客が感じた共感を伝える方法となる。

　しかし，第四段階にはサイコドラマ的な場面があり，そこでは必然的に，トラウマを演技化する場合が多いので，そのような演技の後，拍手を行なうのは適切でない。このような場面の後では，しばらくみんなが沈黙したままでいることがよい。このときも，いつもと同じように，ドラマセラピストは自分の直感的な感覚に従う。決まった規則や公式があるわけではない。拍手が不適切となる可能性のある他の場合は，1) ある拍手が他の拍手より大きくなって，グループの中で競争心をはたらかせてしまうとき。2) 演技をすることへの不安を高めるとき。3) 意図せずして「演技過剰の」，躁病的な，または自己愛的なクライエントを支持してしまうときである。

　場面の終了は，セッションの終了のときと同じように，一種，聖なる瞬間である。1つの演技が完了すると，そこには次に起こるべきことのための空間が創り出されている。それが，（意識的，また無意識的なレベルでの）思索であれ，話し合いであれ，または，さらなる演技であろうとも。1つの想像上の幕が降ろされると，そこには新たな幕が現われ，次の開演を待っている。

第Ⅱ部
技 法

はじめに

　第Ⅱ部で解説する技法は，セラピストのための参考資料であり，処方箋を目的としたものではない。本書のすべての技法は臨床現場で使われており，大部分は治療上の検討，応用，そして実際の運用のようすを統合した記述となっている。ドラマセラピーに用いる技法を選択する際，セラピストは，自分の特性や力を考慮すると同時に，その特定のグループが必要としていることを注意深く吟味しなくてはならない。使用される技法はどんなものであれ，そのクライエントたちのグループに適切なものであるべきであり，また実行するセラピストが快適と感じるべきである。個々のセラピストがそれぞれ独特であるように，個々のクライエントも独特であるのだから，それに合わせて技法を修正することは望ましいことだ。実は私は，個々のセラピストが，本書で取り上げる技法によって創造力を刺激され，新しいバリエーションを生み出し，さらにそれぞれの治療上の流れの中で発見したことを基礎にして新しい技法を考案してほしいと希望している。さらに言えば，ドラマセラピーセッションは孤立した技法のみで行なわれることは決してなく，第4章で記述したように，さまざまなテクニックの間を滑らかに移行し，発展するプロセスから成り立っているので，そこでセラピストの創造力は当然試され，独自の技法の流れを作ることやさまざまな技法間の相互関連を見つけ出すことが求められることになる。

　本書で紹介する技法は，セッションと連続治療シリーズの各段階に従って分類され，また治療目標に従ってさらに下位に分類される。これらの分類は決まったものではなく，大部分の技法は1つ以上の分類，また下位分類にまたがっている。しかし大まかに区分すると，第6章に載せた大部分の技法は，ドラマセラピーの単独セッションの開始期，また連続シリーズの第一段階（劇遊び）のどちらか一方，または両方で使用される頻度が最も高い。第7章に載せた大部分の技法は，単独セッションの中間期，また連続シリーズの第二段階（場面演技），第三段階（ロールプレイ），第四段階（最高潮に達する演技）のどれか，または全部で使用される頻度が最も高い。第8章の技法は，単独セッションの終了期，また連続治療シリーズの第五段階（儀式）のどちらか一方，または両方で最も多く使用されるものである。

　治療上のニーズを査定し，そのニーズにこたえるように技法を適用することはたいへん複雑なプロセスだ。大部分のドラマセラピープロセスとそこで使用される技法は，複数の機能を同時に果たす。とはいえ，多くの技法においては，ある特定の目標が強調されている。私が望むことは，実践家のみなさんが，連続治療シリーズそして単独

はじめに

セッションのそれぞれの進み具合や必要性，さらにはグループや個人のクライエントが行なう旅［治療］のそれぞれの進み具合や必要性を十分に理解したうえで，これらの分類，そして下位分類を最も中心となる目標が何かを考えるときの助けにしてもらうことである（本書で何度も述べているように，これらの分類は厳格な公式と見なしてはならない）。事前にセッションの準備をしない，自然な流れの治療作業を好むドラマセラピストにとっては，それぞれの段階や目標を了解し，あわせてさまざまな技法に精通することが，現場で適切な技法を導入し，最適な介入を行なうための能力を高めることになる。

各技法は，それぞれの下位分類の中で，全般的に何に使うことができるのかという私の査定に従って記載されている。それぞれのセクションの中で最初に列挙される各技法は，私や私の学生が最も頻繁に使用しているものだ。技法記載の順番を決めた際，2番目に配慮したことは，それらの相互関係である。相互に関連する技法を前後に並べるように努めた。

第Ⅱ部に記載される技法は，数多くのさまざまな状況で使用することもできるし，また変更して使うこともできる。これらの技法は集団療法に適応するように作られているが，大部分は，個人や家族のドラマセラピーにも適用できる。さらに付け加えたいのは，他の心理学の実践家にとって，ドラマセラピーセッションの全体を実践するつもりがない場合でも，セラピーに行動的アプローチを取り入れたり，体験的プロセスを導入したいと考えるときは，これらの技法の多くが役に立つであろうということである。クライエントたちが言語によるコミュニケーションや，社会的な相互関係，または感情の表現・抑制などに問題がある場合，彼らが子どもであっても青年であっても，感情障害があったり社会的に恵まれない人でも，物質乱用者でも，また囚人であっても，そのようなクライエントたちと治療作業をしている実践家は，これらの技法がとくに有効に作用することがわかるだろう。さらに多くの技法は，発達障害や身体障害をもつ人，心的外傷後ストレス障害（PTSD）や摂食障害をもつ人，あるいは虐待を受けた人に対しても用いることができる。

ドラマセラピーは集団治療作業で使うのが理想的であることから，集団療法士であれば，言葉で行なっているグループプロセスの中にドラマセラピーの技法を導入することはたやすくできる。ドラマセラピーの技法の多くは，言葉を使ってのプロセスを促進する触媒としてはたらき，それは臨床現場においてだけではなく，組織発達（OD）理論の実践，教育，そしてレクリエーション活動などの場においても効果的である。これらの技法の中には，地域社会活動，一般的な集まり，そして家庭でも使えるものがある。すべての人が，ドラマを使うという楽しみから，恩恵を受けることができる。クリエイティブアーツセラピスト（創造的芸術療法士）とサイコドラマティストは，ごく自然に，多くのドラマセラピーの技法を自分たちのセッションへ織り込むことができる。

第Ⅱ部 ◆◇◆ 技　　法

　最後に，演劇の先生たちで，プロを育てる研修や演技技術の発展だけに関心があるのではなく，演技を通して発生する，人間としての成長に興味をもっている人にとって，これらの技法の多くがその目的に密接に関連していることがわかるだろう。
　第Ⅱ部の技法の大半は，私が特定のグループのニーズにこたえるためや治療を要する状況に直面した際に，その対応方法を探す苦闘の中から考案したものである。私の独創性がどれくらい入っているかは，それぞれの技法によって異なっている。多くの技法は，当然，第1章に解説したドラマセラピーの出典となったさまざまな分野から影響を受けている。この中には，ある特定の人によって開発された技法もある。この場合は，その引用元を明記した。借用した技法の大部分は，シアターゲームのパイオニアであるヴァイオラ・スポーリン（Spolin, 1982, 1983, 1985, 1986）からである。スポーリンの技法の多くは，国際的にドラマワークショップで長い間使われてきた歴史がある。他のドラマ専門家たちが解説した技法に基づくもの，またはそれらに関連する技法もある。その中に含まれるのは，ウェイ（Way, 1967），ホジソンとリチャーズ（Hodgson & Richards, 1967），キング（King, 1975），ジョンストン（Johnstone, 1989），そしてバーカー（Barker, 1977）である。スポーリンや他の人たちの技法を取り入れた選択基準は，治療の場面で使えるか，また特定の治療目標に適用できるかということだった。借用した技法はすべて実際に使用・点検されており，多くの場合，私の臨床的作業の中で，修正し適合させている。さらに第Ⅱ部の技法の中には，私の知る限り，1人だけが考案者だといえないものもある。それらは，読者に，演劇，ゲシュタルト療法，サイコドラマ，ダンスムーブメントセラピーなどのさまざまな分野で使われる，似通った技法を思い起こさせるだろう[1]。

技法のリスト

1．単独セッション，連続シリーズの開始期（第6章）

感情の表現
　　1行セリフのくり返し
　　　　【バリエーション】グループで1行セリフのくり返し
　　グループの気分当て
　　感情を込めた挨拶

★1　さまざまな集団療法の現場で（Russell, 1975；Langley, 1983；Zweben & Hammann, 1970；Weathers et al., 1981）また家族セラピー，そして1970年代に人気のあったエンカウンターグループと感受性訓練において，構成をもたせたゲームも多く使われている。構成をもたせることで，抑制と安全が得られやすくなり，それがかえって表現と自己表出をうながす。第Ⅱ部のテクニックは，演劇がもっている癒しという特定の性質を，治療の場面に適用する技術だ。

はじめに

ミラー・エクササイズ
    パートナーのミラー
        【バリエーション】声のミラー／声と身体のミラー／顔のミラー／動きを音で表わす／提案された感情でミラー／活動のミラー／動きを追う
    グループでミラー
        【バリエーション】グループ全体で動きを音で表わす／誰が動きを始めたか／円になってミラーを変える

感情に加わる
感情のパントマイム
気持ちを当てて
仮面とパントマイム
感情の彫刻
        【バリエーション】パートナーを彫刻する／場面を彫刻する
感情の空間
感情のオーケストラ
声のゲーム
声を出さない叫び

グループ内での相互交流
  グループの分類分け
  高速で握手
  別人になって自己紹介
  秘密の役でパーティー
        【バリエーション】機会に適った役／突然の電話
  シャボン玉戦争と風船浮かし

身体の活性化
  人をよける
  背中で押し合う
  立ち上がらないで
  身体をつなげる
  背中の間のボール
  背中で会話
  四隅へダッシュ
  円から脱出・円に突入
  新・椅子取りゲーム

第Ⅱ部 ◆◆ 技　　法

　　ロープゲーム
信頼
　　信頼して倒れる
　　　　円の中で倒れる
　　　　２列の間に倒れる
　　　　パートナーに倒れる
　　　　パートナーに寄りかかる
　　人を持ち上げる
　　新・目隠し歩き
　　　　パートナーと目隠し歩き
　　　　　　【バリエーション】誰の頭か当てる／私の音についてきて／私の香りについてきて／私の指示に従って／自分のリーダーを当てる
　　　　グループで目隠し歩き
　　　　　　【バリエーション】円を作る／誰かを当てる／同じ手を探せ
　　さわったり匂いを嗅いだり
　　ぬいぐるみ人形

観察と集中
　　ボール投げ
　　　　円になってボール投げ
　　　　ボールを捕まえろ
　　ここはどこ？
　　パントマイムで食べる
　　誰が動きを始めたか
　　３つの変化
　　犯人は誰だ
　　話題を当てよう
　　人間あやつり人形
　　空間物質

2．単独セッション，連続シリーズの中間期（第7章）

表現とコミュニケーション
　　電話
　　手のジェスチャー

はじめに

　　でたらめ語
　　感情を指定する
　　吹き替えとサイレント場面
　　ニュースを伝える
　　歌に合わせて口を動かすのをビデオで撮る

登場人物と役の発展
　　家族内の役割
　　家族療法
　　セラピストとクライエント
　　レストランの場面
　　新聞
　　テレビインタビュー
　　隠された葛藤
　　台本による場面

グループ内の協力
　　場面に加わる
　　変容
　　裁判の法廷
　　セラピー効果のある理想の共同体
　　　　　【バリエーション】理想の惑星
　　劇を作ろう
　　おめでとう

自己開示＜Self-Revelation＞
　　彫刻と自己彫像
　　自分の仮面
　　関係を作り上げる
　　あなたの人生の人物
　　違う年齢のあなた自身
　　自分自身のセラピストになる
　　魔法のお店
　　葛藤を発見する
　　自己開示劇
　　画面の中の自分と向き合う

3. 単独セッション，連続シリーズの終了期（第8章）

与え・受け取る
　手を握りしめる
　物体を変形する
　　　　　【バリエーション】本物の物体を変形する／新聞を変形する／物を手渡す
　顔の表情を渡す
　パントマイムの贈りもの

集団で創造
　魔法の箱
　演劇の儀式
　物語作りと物語り
　　　　　【バリエーション】１人一言ずつ／物語を語って演じる／プレイバック／
　　　　　お互いに物語を語る／個人的な物語を語る
　物語を作る
　幸運なことに／不幸なことに
　全体（または機械）の一部
　グループ像
　グループで詩を書く

グループ内の相互理解
　詩的な連想
　正しい／間違い発言
　他の人になって答える
　グループを彫刻する
　秘密

ふり返りと祝福
　あの場面を当てよう
　再会
　パラシュート
　乾杯
　卒業証書
　グループ記念写真
　作り直した占いクッキー

第6章 単独セッション，連続シリーズの開始期

　単独セッションと連続シリーズ開始期の目標に含まれるのは，**感情の表現**，**グループ内での相互交流**，**身体の活性化**，**信頼**，そして，**観察と集中**，である。ドラマセラピーにおいて，感情表現を容易にできるようにすることは，重要な基本事項である。これは，演劇ワークショップや演劇の授業の最初の段階と比べて，対照的なところだ。演劇では一般的に，観察と集中，感覚の意識化，そして動作の技術に力点がおかれる。**グループ内での相互交流**，これはグループワークでは中心となる重要な要素であり，第一段階（劇遊び）でとくに重要となる。そこでは，グループとしての一体感が発達し，仲間同士の関係が作られる。**身体の活性化**で感情を表現することが容易になり（そして時には，グループ内での相互交流にも影響する），グループのエネルギーを高め，活気を与え，同時に遊び気分のある環境を作り上げる。**信頼**を作り上げることは，連続シリーズ全体を通しての重要な目標である。よってこの技法は，治療の全段階で，とくにそのセッション初期の部分で使用される。**観察と集中**は，後期の段階で行なわれる即興劇場面に必要な技術であり，参加者の集中力と存在感を高める。

　1つのセッションの開始期に使用する技法のほとんどは，おおむね2つ，またはそれ以上の目標がからみ合っている。たとえばあるセッションは，**身体の活性化**に分類されている1つの技法で開始し，その後**感情の表現**に分類されている2つの技法に続いてもよい。その後，セッションは**登場人物と役の発展**などのようにセッション中間期としてあげられている目標に向かって進行してもよい。

　本章の最初の部分である**感情の表現**が，その技法において最も数が多く広範囲の内容となっている。というのは，単独セッションと連続シリーズの初期においてこの目標を最も必要とし，この目標を達成するために，多くの技法が作られているからである。

感情の表現

1行セリフのくり返し

「私はそれがほしい＜I want it＞」
「いや，渡さない＜You can't have it＞〔＝それを手に入れることはできない〕」
「お願い。私は本当にそれがほしい」
「だめ，渡さない」
（懇願しながら）「どうしてもそれがほしい…」
（やさしく）「申し訳ないけど，それは渡せないんです」
（今度は必死に叫びながら）「わ・た・し・は…そ・れ・が・ほ・し・い…ほ・し・い」
（相手を遮って，大声で返事）「わ・た・し・ま・せ・ん！」

　決められた2つのセリフだけに限定した対話は，最も単純ではあるが，強力な演劇の瞬間を創り出す。このエクササイズは，次にどんなセリフを言うべきかを悩む必要がなく，ただちに，クライエントたちは焦点にしていることを表現し，伝達し，そして感情を表現そのものに向ける。クライエントは2人ずつの組を作り，ある特定のセリフを与えられ，そのセリフの抑揚，大きさ，そして情動をさまざまに変えるように，しかし与えられた言葉からはずれないようにと指示される。形が決まっているという，このエクササイズに備わっている構成により，かえって自由な表現が促進される。そしてセリフをくり返すことで，自然に強い感情が呼び起こされることが多い。このエクササイズは，即興劇のウォームアップとして理想的であり，その後には，必ず感情豊かで対立の多いドラマの場面が行なわれるといってよい。
　基本的な「イエス（そうだ）」—「ノー（違う）」から，もっと複雑な「助けて」—「助けられない」まで，どんなセリフ，どんな言葉でも使ってよい。「私はそれがほしい」—「渡さない」は，私の好きなセリフだ。これは簡単で，直接的であり，誰もがその中に自分なりの意味を感じ取ることができるからだ。このセリフを使うと，欲求不満，要求，欲望，そして権力をもつなどの感情を呼び起こす傾向があり，親と子，またカップルの間の関係を連想させることが多い。これらのセリフが作り出す場面の具体的な内容や強さの度合いには，広い範囲の可能性が秘められている。クライエントの中には，このエクササイズやその後に行なわれる場面で，具体的でありながら，個人的な事例という雰囲気があまりなく，しかしとてもユーモラスな対立を作り出す人もいる。たとえば，知らない人にタバコをくれという場面など。また，深い感情がわき上がってくる人もいる。あるセッションで，専門職をもっている40歳の女性が，

第6章 単独セッション，連続シリーズの開始期

「私はそれがほしい」をくり返して言った声は，心を締め付けるような，幼児のような調子の嘆きの声であった。彼女の声は子どものようで，その嘆き方はすっかり泣き声になった。自分の幼児期初期に，どれほど感情的な要求が満たされなかったか，ということが彼女の中に浮かび上がってきたのだ。長女であったため，忙しい両親から家族の面倒をみるように頼まれていたのだった。

セリフは，特定の個人やグループの問題を扱うように工夫した組み合わせを作ることができる。別離，喪失，依存，独立への要求，これらを吟味し試みることをうながすために，私が作ったセリフの組み合わせは，「**私は行きたい**」と「**私はあなたにいてほしい**」である。これまでもこのセリフから，多くの並はずれて強力な場面が作り上げられた。それらは，子どもたちが初めて家を出るときについて，共生的な関係について，離婚についての場面であった。小道具を付け加える，たとえば（「私は行きたい」と言っている人に）スーツケースを持たせることで，緊迫感はさらに高まる。また，自己主張を目的としたセリフには，「**私はそれができる**」—「**いや，あなたにはできない**」がある。

セリフ同士が対立している必要はない。それどころか2人のパートナーに同じセリフを与えることもできる。たとえば，演技のウォームアップとして，私は2人ずつになったグループに，「私は怖い」とくり返させた。数分後，このセリフは「私は興奮している」に変更され，最後に「私は用意ができた」に変わった。最初はセリフを交互に言い合い，次に同時に言うようにした。

1行セリフのくり返しは，私が最もよく使うドラマセラピーの技法である。それは，クライエントを演技することへの心配から解放し，ドラマで使うスキルを引き出し，集中した感情の出口を提供し，相互関係・相互作用を強調する。2人ずつの組を作ったグループ全体がこのエクササイズを行なうと，部屋が電気で充満したように興奮する。これまで数えきれないくらいの場面で，私は，この**1行セリフのくり返し**を行なっているときに，常に平板な情動しかなかったクライエントが，突然大げさな演技をしたり，また重度の引きこもり症のあるクライエントが活発になったり，さらに感情から切断されていたクライエントが**感情を取り戻し**はじめるところを見てきた。またそれと同じくらいに，感情に圧倒されてしまいやすいクライエントが，強い感情を表現しながらも，自分をきちんと制御しているところを目撃してきた。

1行セリフのくり返しの前に行なう作業として最もよく合うのが，身体的なウォームアップだ。ここではその後に行なう対立に関連したものがよい。たとえば，「私はそれがほしい」—「渡さない」という1行セリフのくり返しへと導くウォームアップとしては，2人になった組がそれぞれ背中合わせに立ち，背中同士が議論をしているかのようにお互いを押し合う（**背中で押し合う**，本章189頁参照）。あるいはグループ（全体，または2人1組になって）で綱引きをする。このとき，「私は行きた

い」─「私はあなたにいてほしい」と言う代わりに，パートナー同士が，お互いの手を握って引っ張り合うようにと指示する。このような身体を使ったエクササイズは感情状態を刺激し自分の感情を声に出してみたいという要求を引き起こす。同様に1行セリフのくり返しは他のセリフを言ってみたいという欲求を引き起こす。つまりたった2行のセリフだけに制限されていたくないという欲求である。このように身体的なエクササイズが1行セリフのくり返しに移行し，それがさらに即興的な場面演技に移るという自然な移行過程が発生する。

　1行セリフのくり返しの最中，身体を動かす指示を付け加え，相互作用を発展させるドラマとしての効果を高めることもできる。このような場合に使えるのは以下のような指示である。「もしあなたが『渡さない』と言っているのなら，相手から逃げなさい。あなたは相手からそれがほしいと言われることにうんざりしています。でもあなたがそれをほしい人の役なら，今度は相手を自分の視界から失わないよう追いかけなさい」。他にエクササイズの自然な発展のさせ方としては，パートナー同士で役を交換することがある。

　エクササイズの後それぞれのペアにグループの前に出て自分たちの今行なった相互の動きを演技させることもできる。このやり方はクライエントたちを演技へと穏やかに誘い出す方法だ。またこうすることによって彼らは部屋全体のスペースを使って，自由に動き回りそして叫ぶことができる。このミニ演技は，1つひとつがそれ独自の質をもつようになる場合が多く，見ることも楽しく，そしてその演技は演技者のユーモア，遊び心，表現力そして集中度を引き出してくれる。

　1行セリフのくり返しの後に行なわれる話し合いでは，使ったセリフに対する感情的反応や連想について話される場合が多い。話し合いを始めるとき，私はよく参加者に次のような質問をする。「この対立のどちらの方が気分がよかったか，または親しみを感じたか」そして，「これまでの特定の人間関係が自分の心に思い浮かんだか」である。その後の即興的演技の場面は，この話し合いの内容に基づいて発展させることができる。より自然に場面を発展させる方法は，まだ1行セリフのくり返しを行なっている**途中**で，演技者たちの心が激しく動いたときに他の言葉を使ってみるように，そしてその対立や関係がはっきりするまで場面を続けるようにと言うことである。演技者たちが，即興演技に慣れている場合は，このまったく**準備をしない即興劇**は，たいへんおもしろく，示唆に富み，今まで隠れていたことが表現されるようになる。

【バリエーション】

■**グループで1行セリフのくり返し**　グループ全員が部屋の中を歩き回り，1行か2行の与えられたセリフをくり返し，他の人に出会うごとにそのセリフを言う。**1行セリフのくり返しのときと同じように，そのセリフをくり返す際に，調子や表現の強**

さを変えるように指示する。セラピストは，セッションの開始期に実際に感じた感情を反映するようなセリフを使うこともできる。たとえば，「私は不安だ」あるいは「私はそれができない」など。この決められたセリフを何度かくり返した後，グループの半分に，「あなたにはできる」などそれに関連するセリフを使って答えるように言ってもよい。そしてその後，役割の交換を行なう。

グループの気分当て

　誰か1人に部屋を出ることを申し出てもらう。グループは小さくかたまって集まり，これから演技するある1つの気分（または，感情，態度，行動）を決める。外に出た人は部屋に戻ってきて，グループの行なっている，言葉による，あるいは言葉を使わない表現を観察し，そのグループが表わしている気分を当てる。

　グループの気分当ては，安全に，構成化された活動の範囲内で，参加者が感じている実際の感情や不安を表現させることができる。クライエントたちが提案する気分の中身は，しばしばそのときの本当の感情であったり，それぞれがもっとふれたいと思っている感情を反映している。青年のグループでは熱心に次のような提案をする場合が多い。「さあみんなで抵抗しようぜ」とか「さぁ，みんなで敵対的になろうよ」など。この抵抗あるいは敵対は，セラピストや治療に向けたものであるかもしれないが，このやり方によってゲームという枠組みに包み込むことができる。鬱の大人は，しばしば**怠惰，飽きている，憂鬱**などの受け身的な状態を選び，その後で**怒り**を選ぶことが多い（これは驚くべきことではない。というのは憂鬱の感情の下にはしばしば怒りが横たわっているからである）。通常，実際の生活では，これらの感情や行動はクライエントたちに恐怖をもたらし，彼らを圧倒するものだが，今はただ**演技をしている**だけなので，彼らはそれらの感情や行動をより上手に制御していると感じる。そして，活動の最初の頃によくある，感情を誇張して表現することにより，一種のユーモアの感覚と外から眺めているという感覚が生まれ，楽しい遊び気分を引き起こす。施設に収容されているクライエントたちは，何年にもわたって診断名をつけられ，悩まされているので，自然に**妄想型統合失調症，躁鬱病**，あるいは単に**気が変になった演技**を提案することが多い。この提案・演技は，これらの言葉［診断名やその症状］を理解しそして征服するため，また，おそらくその烙印から自分を守ろうという試みのためなのかもしれない。精神疾患のあるクライエントたちが**気が変になった演技**をするようすを見ることはたいへん興味深い。しかしもっと興味深いことには，その言葉が当てられてゲームが終わってしまうと，彼らはとても素早く，その気が変になった演技を止めてしまうのだ（Emunah, 1983）。

　参加者たちが単独セッションや連続シリーズの初期に，ドラマに対して躊躇するのは理解できることであるが，以下のような方法でその躊躇を大幅に減少させることが

できる。1) 推測して当てるという形式を使う。これは，目的とか目標という感覚を与えるので，自意識を少なくする。2) グループ全体が一緒にある活動を行なっている状況を作る。つまり，そこには誰も観客はいないという状況。3) 自分以外の人になったり，行動するということを頼むのではなく，実際に感じている感情を演技として表わすことを許すこと。ひとたび，ある一定のレベルの安心感が得られると，セラピストは「言葉を当てた人」に監督になってもらい，グループの中の2人か3人を使ってその言葉を演じてもらうことを提案できるようになる。グループの中の小さな部分に対して焦点をあてることで，そこから演技を発展させることが容易になり，即興劇による場面演技のウォームアップとしてはたいへんすぐれたものとなる。

　気分や感情の演技では，最初のうちは，簡単で表面的なものを表現することが多い。しかし次第にその感情は本物の感情に近いものとなってくる。私は，参加者たちに対して，その感情を感じる自分自身の部分を探すようにうながし，また，そのような状態のとき，普通自分はいつもどのようにふるまうかを思い出すようにと言う。言葉を当てようとしている人に対しては，当てる前にしばらく観察をしなさいと指示する。そうすることで，グループのメンバー全員に，選んだ気分を演技する時間を与えることができる。

　グループの気分当てという活動では，参加者たちは自分が行動しているようすを自分自身で見ることができる。さまざまな状態を体験し，同時に自分自身や他の人たちがその状態にいるようすを観察することにより，複数のレベルでの認識を得ることができる。**グループの気分当て**をするときによく起こることは，実際の感情から，自分には親しみのない感情の演技に移行することだ。これは，クライエントたちがひとたび自分の現在の心の状態を表現することを許された場合，それとは異なる他の選択肢の行動や情動の体験をも受け入れるという考え方と一致している。

　グループの気分当てはどんな年齢のグループでも，そしてどのような種類の人たちのグループにも大きな効果をもたらす技法である。私が扱った潜伏期の健康な少女たちのグループでは，何回ものセッションでこのゲームを行ない，いつも大いに楽しんだ。発達障害のある大人のグループでは，基本的な感情，たとえば**幸せ**，**悲しみ**などの演技を楽しんだ。一方，大学院生たちはもっと微妙な感情を表わす言葉に挑戦した。たとえば**疑い深い**，**傷つきやすい**など。**グループの気分当て**は，感情表現を遊び気分で行なえ，また参加者同士が相互に交流する状況の中で表現しやすくするので，参加者たちにセッションやシリーズの始まりの段階で，ドラマセラピーのプロセスがどのようなものであるか，その感触をすぐにわかってもらえる。

　感情を演技することに恐怖感をいだいているグループであれば，**グループの気分当て**を，感情ではなくて，普通の動作を表わす副詞を使って行なうようにも変更できる。言葉を当てる人は，声に出してグループ全体に対して選んだ副詞（**ゆっくりと**，**素早**

第6章　単独セッション，連続シリーズの開始期

く，**柔らかく，大きく，集中して**など）に従って動くように言う（歩きなさい，話しなさい，握手をしなさい，食べているふりをしなさい，など）。このように変形した方法は，子どもたちがより感情的な言葉を使う前の練習としてとくに効果的だ。

感情を込めた挨拶

　グループのメンバーは，2人1組でお互いに背中合わせで立つ。リーダーが，これから使うべき感情・態度を声に出して言う。その時点で，全員が向きを変え（つまり自分のパートナーと向き合い），指示された感情や態度でパートナーに挨拶をする。グループのメンバーが実際に感じている感情を選択してもよい。私は普通この**感情を込めた挨拶**は一番初めのセッションのときに使い，次のような言葉を口に出し，指定する。恥ずかしそうに，不安そうに，疑い深く，専門家らしく，攻撃的に，熱狂的に，など（この中の最初のいくつかの言葉や感情は，実際の感情を反映しており，後の言葉はメンバーのエネルギーあるいは相互作用のレベルを高めることが目的だ）。感情を指示する言葉の調子も，その感情を反映した言い方にする。

　感情を込めた挨拶は，セッションの初期の時点でクライアントたちに，お互いが交流し合い遊び気分のある状況の中で感情を表現し演技化するという体験を与えるのに非常によい活動である。この技法は活動的で，スピードも速く，（パートナー同士は挨拶ごとに背中合わせの姿勢に戻りながら）一つの感情から次の感情へと比較的素早く移動する。ここで考慮されているのは，このような初期の段階では，参加者たちがドラマを使ってお互いの交流を経験し，発展させるのはむずかしい，あるいはばつが悪いと思っているかもしれないということである。言葉を使わない相互交流を少し長めにするには参加者たちに，背中をくっつけずに，お互いから少し離れて立ってもらい，どの感情を演じるのかを声で指示されたら，向きを変えてお互いのところまで歩いていくようにする。

　感情を込めた挨拶の後に行なう最も自然な活動は**グループの気分当て**である。

ミラー・エクササイズ

　ここからは，ミラー［鏡になる］・エクササイズをドラマセラピーに適用する際の多様な方法を，広範囲にできるだけわかりやすく解説する。ミラー・エクササイズは，**感情の表現**，あるいは，**観察と集中**のどちらの分類にも入る。それはエクササイズの際どちらの部分を強調するかにかかわっている。私はミラー・エクササイズでは，おもに感情表現の促進を目的としているので（とくに，**グループでミラー**そして**パートナーのミラー**の中に列挙しているさまざまなバリエーション），ミラー・エクササイズは，**感情の表現**に分類した。

第Ⅱ部 ◆◆◆ 技　　法

パートナーのミラー

　他の人と共感するさまざまな方法の中で，**ミラー・エクササイズ**を通して相手の人になるという方法より偉大な方法はないと思う。そこでは，積極的な想像やドラマのロールプレイを通して，または身体を使って相手の人になる。

　伝統的なミラー・エクササイズは，ダンス・ムーブメントセラピーや演劇ワークショップの中心要素である。2人の人を向かい合わせにし，1人を**リーダー**にし，もう1人を**鏡像**にする。鏡像になった人は**リーダー**の動きをできるだけ正確に追いかけるようにする。

　リーダーは最初，ゆっくりと安定した動きをするようにとの注意を受ける。このエクササイズの目的は，パートナーに挑戦したりだましたりすることではなく，お互いに同じ動きをすることが目的だからだ。しばらくして，組みになった2人の集中度が高まってくると，**鏡像**になった人が，**リーダー**の動きをほとんど予測し，または直感でわかるようになる。私はこのエクササイズ中，参加者に対して，動いている身体の部分を見るのではなくて，相手の目をしっかり見ているようにと指示をする。こうすることで参加者は自分の前にいる人の全体と接触を保つことができ，お互いにつながっているという感覚を高めることができる。第2ステージが開始するのは，組になった人たちにその役を交換するように指示するときだ（この指示はそっと与え，全体の流れを妨げないようにする）。このエクササイズの第3ステージになると，2人の役の区別をなくす。この時点でパートナーの1人はもう1人のほんのちょっとした動きのすべてをただちにミラーする。外から見ればどちらがリードをし，どちらが従っているのか，ほとんどわからなくなってしまう。そして，時にはパートナーたち自身も自分がどちらの役かわからなくなる。この段階に入るのは，最初の2つの段階で完全な一致が得られてからでなければならない。

　ミラー・エクササイズを行なうときは，鋭い集中力と敏感な感性を必要とする。表情のすべてのニュアンスが捕まえられなければならない。このとき，人と人との間に通常存在する境界が消滅し，親密な共有と交わりという力強い感覚が出てくる。ミラーをする際のもう1つの強力な要素は拡大という要素である。行動が2人によって（**パートナーのミラー**），あるいは多数によって（**グループでミラー**）倍増されるとき，その動きを始めた人が体験するのは，自分が認められたという強い感覚である。

　パートナーのミラーにおいて，言葉によらない接触とコミュニケーションが非常に強くなることが多く，身体のゆっくりとした同期運動は見る者に美しさを感じさせる。いつもは引きこもって孤立しているクライアントでも，お互いの間で高いレベルのつながりが作り上げられること，また普段は過度に動いて落ち着かないクライアントの間で，高いレベルの集中力と焦点を合わせる力が生み出されるのを目撃することは非常に感動的である。

第6章 単独セッション，連続シリーズの開始期

　パートナーのミラーは自分と他人との境界が非常に弱いクライエントに対しては推奨できない。しかし自分と他人との境界が強固なクライエントにとってはたいへん役に立つ。多くのダンス・ムーブメントセラピストやドラマセラピストたちは，ジャネット・アドラー（Adler, 1969）や，オードリー・ウェザード（Wethered, 1973）を含めて，自閉症の子どもたちの治療にミラー・エクササイズを導入している。自閉症の子どもは極端に自分の中にこもっており，外の世界を自分の中に入れることがほとんどないので，子どもたちをセラピストの世界に参加させようと試みるよりは，セラピストが子どもの世界に入り込むようにする。子どもが自然にくり返す儀式的な動きをミラーするのである。最初，子どもはそれにまるで気がつかないかもしれない。しかし次第に，しばしば無意識のレベルではあるが，子どもは他の人から認められ受容される感覚を体験しはじめる。辛抱強く長い期間ミラーを続けると，それはセラピストが子どもに対する共感を深めることにもつながり，セラピストは子どもの動きや音をわずかに変化させ拡大しはじめることができる。1つの突破口は，子どもがこの変化を自分自身の動きの中に取り入れるときに起こる。というのは，これはその子どもが最初に行なう外部との関係と相互交流を示すものだからだ。

　ドラマセラピーを最初に始めたときに見た奇妙で強力な夢を，私は決して忘れることはできない。その夢の中で，私は大きなスタジオの空間の中でセッションを行なっていた。クライエントたちはそのスペースの中のあちこちを探索し，楽しそうに動き回っていた。そのとき私は，突然，部屋のはるか向こうの片隅の恐ろしい光景に気がついた。クライエントの1人，キャサリンがそこで「泣き崩れていた」のだ。他のクライエントたちは自分たち自身の探検に耽っていたが，彼らもすぐにキャサリンを見て，パニック状態になることは明らかであった。キャサリンは今，静かに身体をふるわせているだけであった。そして彼女の歯は自分で制御できないほどにガチガチふるえていた。何かをすぐにしなくてはいけないことが私にはわかっていた。部屋の反対側の方から，私は彼女の身体と同じように私自身の身体をふるわせはじめ，歯をガチガチさせ，彼女が顔をゆがめているように私の顔もゆがませはじめた。他のメンバーたちは今や静止し，驚いてじっと私たちを見つめていた。でも私は自分が続けなくてはいけないと確信していた。ゆっくりとキャサリンの方に近寄りながら，私は彼女のすべての動き，身振り，音をそっくりにミラーした［まねた］。彼女は私を見つめ，そして私も彼女を見つめ返した。彼女が四つん這いになって後ずさりを始めたとき，私も四つん這いになり，顔と顔を付き合わせるまで，彼女の方に近づいていった。私たちが一緒に鳴らす歯のガチガチという音，キーキーという声は激しかったが，私は意図的にその音量と速度とその強さを増加させた。彼女もまたさらに大きく，早く，激しくした。少し時間が経った後で，私はその音量とスピードを落とし，非常にゆっくりと私たちは同時に停止をした。キャサリンは平静になっていた。

この夢をここに書き記す理由は，この夢こそ，ドラマセラピーで行なわれることが，技法ではなく実は**プロセス**であるという私の信念を伝えられるからである。**パートナーのミラー**は相手の世界に入る１つのプロセスである。そこでは，つながりを獲得し，感情の状態を身体で表現し，そしてそれを超えていくことができる。

【バリエーション】

■**声のミラー**　身体の動きの代わりに声や音も「ミラー」できる。ペアになった２人が床の上に座り１人が音（あるいは言葉）を出しはじめる。それをもう１人が同時に複製する。音は小さくても大きくても，高くても低くても，あるいは長い音でもいろいろ変化する音でもよい。**声のミラー**は，声を使う前の最良のウォームアップになるだけではなく，その人全体を，身体的にも感情的にも活性化させる傾向がある。音が同調して一致し，それが維持されているときに声を増幅させることで爽快な気分を得ることができる。

■**声と身体のミラー**　声も身体も使うエクササイズである。これは私が最もよく使う**ミラー・エクササイズ**の形だ。私は，通常，この前に身体だけを使ったエクササイズ，その後で声だけを使ったエクササイズを行なうことで，ゆっくりと，穏やかにこのミラーへと進んでいけるようにしている。**声と身体のミラー**では，音は動きを反映し，同時に強化するはたらきをもつ。私は指示を出すとき，多くの動きや音を作ることよりも今の動きと音を発展，増幅，または延長させることをうながす。この指導の仕方は，感情をより強く表わすというもう１つの指導と同じ趣旨のものだ。つまり，音や動きの中に強い感情状態を表現させようとしているのである。

■**顔のミラー**　この場合，身体全体の動きをミラーさせるのではなく，参加者２人は顔の表情だけをミラーする。彼らは床の上（または椅子）に座り，お互いに向き合っている。クライエントたちはおかしな顔の表情から始めがちだが，しばらく時間がたつと，さまざまな感情や態度を示すようなもっと微妙な表情を作り出す。これは他のミラー・エクササイズと比べ，集中力がより必要であり，通常，身体全体のミラーより親密さの度合いが強い。

■**動きを音で表わす**　ペアになって１人が動き，もう１人が，まるで相手の声か音響効果であるかのように相手の動きに伴う音を作る。言葉も使うことができる。**動きを音で表わす**は感情表現に焦点をあてるときに最も効果的である。たとえば「動く人」は身体で怒りを表わし，「音を出す人」はうなり，叫び，あるいは言葉でその怒りを表わすことができる。お互いに，同じ強さを表わし，相手の微妙なニュアンスに反応する。**動きを音で表わす**は高度なバリエーションなので，**声と身体のミラー**をエクササイズ済みの参加者たちにのみ行なうことが望ましい。

■**提案された感情でミラー**　パートナーのミラーを行なっているとき，セラピストが

そこで使う感情を次つぎに提案していく。集中力を保ったままで，参加者たちの動き，音，表情は，これらの提案された感情を反映し，発展していく。このバリエーションは自分の感情レベルについて取り組むようにすすめられているクライエントにとってはたいへん有益である。

■**活動のミラー** まだ抽象的な動きや感情表現を自分の動きの中に取り入れることのできない参加者の場合は，もっと具体的なミラー・エクササイズを使うことができる。ここでは**リーダー**が，化粧をする，服を洗うなどの単純な動きのパントマイムをする。それを**鏡像**になった人がまねをする。このエクササイズでは，感情表現よりも集中すること，そして焦点を合わせることに重点をおく。

■**動きを追う** 相手と同時にミラーを行なうのではなく，**リーダー**の動きをくり返す（**声のミラー**ならば，同じ音を出す）。このバリエーションは，感情表現も人と人との間の関係性もはるかに弱い。そのため，通常の**パートナーのミラー**のときに起こり得る，融合してしまうという感覚を恐れている人にとっては有益である。

スポーリン（Spolin, 1983）はさらに，形を変えた数多くのエクササイズの方法を叙述している。その大部分はたいへん複雑であり，洗練された技術を必要とするのでセラピーでは適用しにくいことがわかった。その中のいくつかをあげると，三面鏡ミラー（洋服屋の中など），あるいはゆがんだミラー（びっくりハウスの中など）である。

グループでミラー

グループ全体が1人の人の動きをミラーする。この作業で強調すべきなのは，全員が協力して全体が一致・同調した動きを行なうことだ。通常，私が最初に動きを作りはじめ，グループに私の動きをまねさせる。しばらく経ったら，リーダー役をグループのメンバーと交代する。

まず私が**リーダー**になることで，動き，音，言葉を通して，今グループが体験していると思われる本当の感情を表現することができる。たとえば，**心配そうなようす**で何度も両手をひねる，**興奮状態**で部屋中を飛び回る，またみんなに近づきたい，しかしそうしたくもないという相反した感情をもっていることを表現するために，グループに向かって行ったりグループから離れることを何度もくり返す，さらに**怒り**に燃えて足を踏み鳴らして叫ぶということなどもできる。このエクササイズを通して，間接的に身体を使って，また遊び気分で，実際にもっている感情が認められ，解放され，そして共有される。このようにして，その場に1つの容器が作り出され，他の場合であったならば受け入れがたい，近寄ることができないと思われていた感情が，その容器の中に包み込まれて表現できるようになる。私の動きと音は，私が感じるグループのニーズに従って変化する。グループが自由と拡大という感覚に飢えていると私が

感じたのであれば，私は空間を走り，ダンスをして動き回るし，接触と親密さを促進するためならば，私はグループ全体を静かな雰囲気にかたまらせ，まとめる。

　一般的に，**グループでミラー**はセッションの最初に使う。しかし，言葉を多く使った場面演技を演じた後，そこで作られた感情を肉体的に解放する必要がある場合には，セッションの最後でも効果的に使うことができる。もっと表現をする必要のある感情は，はっきり，すぐにわかるときもあるし，プロセスが変化していくミラーの中で，ゆっくりと自然に現われてくるときもある。**リーダーとしての私はさまざまなイメージの流れを作ろうとしており，その際，私の無意識の部分が，グループの無意識の部分をつかんで表現しようとする場合もある。自分の直感とミラーを行なっているグループの非言語的な反応を信頼して，私は自分たちの表現していることが自然に進展していくようにしている。

　グループが一定のつながりをもった状態に到達すると，誰かが誰かを導くというリーダーシップそのものが消えていく。今行なっている動きを続けながら，私はグループに対して，グループのメンバーの誰でもいい，誰かが行なう動きや音の開始，あるいは増幅活動を**取り入れる**ように言う。そうすると次第に，私たちは全員が1つの流れ，動いているかたまりになる。混沌と秩序，不協和と同調との間を行ったり来たりするかもしれない。ある時点で，私は再び注意深くリーダーシップを取り，グループを次の動きに導く。それがセッションの終了時間であるならば，終結時点に向かって。

【バリエーション】

■**グループ全体で動きを音で表わす**　1人が言葉を使わずに，動きや身振り，顔の表情を使って，さまざまな感情を表現する。グループはその人の動きと一致するような音や言葉を発する。

■**誰が動きを始めたか**　スポーリンによるこの技法では，円の中心に入った人が，(事前に決められた)リーダーが誰であるかを当てる。他のメンバーはリーダーの動きのまねをする。メンバーは全員で完全に同調して動くように努力し，また他のメンバー全員の顔や目を見るようにして，リーダーだけを見ないようにする。ここでの重点は，集中と観察であるので，本章の最後の節でさらに詳しく**誰が動きを始めたか**について解説する。

■**円になってミラーを変える**　グループ全員は大きな円になって立つ。1人の人がその円の中心に行き，くり返すことができる音か動きを開始する。中心にいる人は，ゆっくりと，その音・動きを変化させていき，その新しい音・動きが安定したら，その人はそのままグループの1人に近づいて行く。近づかれた人はただちにそれをミラーする。ミラーを行ないながら，その2人は場所を交換し，今度は，新しいメン

第6章 単独セッション，連続シリーズの開始期

バーがその音・動きのまま円の中心まで行き，次第にそれを変化させ，新しい音・動きが安定したら，その人は，グループの他のメンバーにその動きを渡しに行く。これを何度もくり返す。この間円の中心にいる人とその人が選ぶパートナーだけが，音・動きを行なう。グループの他の人はそれを見守る。

円になってミラーを変えるは，火を起こすときのようすに似ている。発展させるのに少し時間がかかり，ときにはまったく発火しないこともある。しかし，このエクササイズの間，辛抱強くよい指示を与えれば，たいていうまく火がつく。そうすると，相当長い間，この活動を続けることができる。クライエントたちは，初め引っ込み思案で，無気力であることが多いが，しばらくすると，彼らは完全に参加しはじめ，さまざまな感情を表現し共有するようになる。エネルギーと強さは変更を行なうごとに強くなり，このエクササイズが自分自身に命を宿らせたかのように思える。実際，**円になってミラーを変える**が1つのセッションの間続くこともまれではない。この作業の初期段階でのセラピストの指示は，次のようなことをうながすべきだ。1) 変化を強要するのではなく，音や動きを変えたければ，変えてもよいとする。2) 音・動きの中に感情的な表現を込めるように言う。3) 外側の円にいる人は，接触をされたら，ただちにミラーを始める。4) 2人がミラーを行なうときは，音・動きを増加する。

感情に加わる

1人が演技する場所，あるいは舞台に入り，言葉を使わずに，ある特定の感情を伝える動作をはじめる。グループの他のメンバーは，それがどんな感情であるかがわかったところで，それに加わり，グループ全体がそれに加わるまで続ける。伝えたい感情は，歩き方，身振り，動き，音，顔の表情などを通して表現する。

この技法はグループでミラーの後に行なうと，たいへんやすく行なうことができる。そして**場面に加わる**（第7章233頁参照）の前段として行なうのに適している。

感情のパントマイム

1人がある特定の感情を選び（または与えられ），それを伝えようとする。その人は舞台に入り言葉を使わずに，動き，身振り，顔の表情を通してその感情を伝える。グループの他のメンバーは，そこで表現されている感情を推量しようとする。

感情のパントマイムは，参加者たちが輪になって座りながらでも行なうことができる。1人ひとりが順番にパントマイムを使って感情を伝える。

気持ちを当てて

気持ちを当てては，参加者が本当の感情を伝えることを除いては，**感情のパントマ**

イムと同じだ。このとき，参加者は自分の現在の心の状態を感じとり，表現し，それを拡大することができる。同時にお互いを注意深く観察することもできる。このエクササイズが最も有益であるのは，セッションの最初や最後に，セラピストがより個人的な雰囲気を作り上げたいとき，あるいはグループが架空の感情ではなく，実際の感情を表現する方がやりやすいと思っているときである。

仮面とパントマイム

　仮面とパントマイムは，参加者が仮面をつけることを除いて，本質的に**感情のパントマイム**，あるいは，**気持ちを当てて**と同じである。仮面をかぶることにより，演技者と観客はともに，身体に注目する。クライエントは感情を伝えるのに顔の表情に頼ることができないので，もっと身体を使って表現しようとする。

　この仮装——顔を隠す——という要素があると，自意識と自己抑制が少なくなる。よくクライエントたちは，自分たちの動き・パントマイムを短い演技に発展させ，それは見ている者にたいへん美しいと感じさせる。仮面をかぶった人物が，感情を強く，そして微妙に表現することは，そのままでとても演劇的である。中立的な仮面が，それをかぶる人によって生命を吹き込まれるところを目撃するのはたいへん感動的だ。1つひとつの小さな身振りや動きが，その仮面に感情と人格を吹き込む。

　仮面は演劇的にも心理的にも強い力をもっている。しかし，見当識障害があったり，自我の境界の弱いクライエントに対しては注意して使用すべきである。これらのクライエントは仮面をかぶることにより自己を喪失したという感覚，あるいは観客としては，ある人が仮面をかぶると，その人がいなくなるという感覚を体験する可能性があるからだ。セラピストが仮面をかぶると，そのようなクライエントたちはとくに不安を感じる。というのは，彼らは安心させてくれるセラピストがそこにいることで，グループの中で自分が安全だという感覚を得ているからである。

感情の彫像

　グループ全員が部屋の中を歩き回り，リーダーが「フリーズ」と叫ぶと，その時点で全員が動きを止め，彫像のように動かなくなる。全員が，動く・動きを止めるというプロセスに慣れてくると，リーダーは動きを止める直前に，ある感情を声に出してグループに言う。グループのメンバーはその場で思い思いの仕方でその感情を表現する姿勢をとる。そしてリーダーが，動きを開始して再び歩きはじめなさい，と言うまで完全に動かない状態を保つ。

　感情の彫像を発展させた方法としては，1人，または数人の特定の表現力のある人が止まったままの姿勢でとどまり，リーダーが他の人たちを（肩をちょっとたたくなどして）「自由にする」。グループはこの「彫像のギャラリー」の間を歩き回り，さ

まざまな彫像を観察する。止まったままの人々の静けさ，そしてその身体と顔に表われている表情が相まって，感動的で演劇的な彫像が作り出される。何体かの個別の彫像ができていることもあるし，数人がかたまった1つの群像が作られていることもある。

【バリエーション】

■**パートナーを彫刻する**　組になったうちの1人が，もう1人をある特定の感情状態を表わす形に**彫刻する**。彫刻される人はまるで粘土になったようなつもりで自分の身体の力を抜き，彫刻をする人が手で動かしやすいようにする★1。彫刻をする人全員の仕事が終わったら，部屋を歩き回って，お互いの芸術作品を見る。そしてそこに表わされた感情についての自分たちの印象を語り合う。

■**場面を彫刻する**　1人がグループのメンバー3人を使って，感情の込もった物語を表わすような彫刻を作り上げる。彫刻が完成したら，次のようなことができる。1) 観客が，そこで何が起きているかを当てる。2) 彫刻に命が宿る，つまり止まっていた人たちが自ら動き出し，話しはじめる。3) 彫刻をした人が止まっていた人たちに対し，それぞれにセリフを与え，彼らを生きている人にする。後者2つの選択肢では，演技者たちはしばらくすると再び動かなくなる。つまり場面は，彼らがもう一度止まった活人画になったところで終わる。

　彫刻をする人は，3人を使って，1つのドラマのシナリオを作るのではなくて，3つの感情状態を彫刻することもできる。この活人画に命が吹き込まれるとその演技者たちは，自分たちに与えられた感情の役割を，音，動き，または言葉で表現する。彫刻をした人は，監督になることもでき，演技者たちに，さまざまなことを行なうように，指揮や指示を与える。このバリエーションは，**自己彫像**の素晴らしいウォームアップになる（第7章242頁参照）。

感情の空間

　特定の感情状態を，部屋のそれぞれのコーナーや空間に割り当てる。ここで選ぶ感情状態は，参加者たちが実際に感じている本当の（または隠れている）感情を表わしてもよい。たとえば，部屋の一部分は**怒り**，別のところは**悲しみ**，別のところは**興奮**などとなる。参加者は部屋の中のあるコーナーからコーナーへと歩き動き回ってもよいし，また自分が選んだコーナーにずっといてもよい。その際の約束事は，ある特定の場所にいるときには，そこの空間が表わす感情状態に出会い，それを表現するということだ。

★1　彫刻ではなくて人形のイメージを使うこともできる。これはデイトン（Dayton, 1990）が提案していることで，「感情の人形ゲーム」とよんでいる技法である。

第Ⅱ部 ◆◆◆ 技　法

　ある場所に特定の感情状態を与える（また，その逆［ある感情状態にふさわしい場所を配置する］でもよいが）というこの技法は，文字通り感情を包み込む容器を作り出す。これらの感情の境界線があることにより，そして自分の意思により，部屋の別の部分に移動できるという条件のもとで，クライエントたちは，はるかに気楽に感情を表現することができる。

　ドラマセラピストのデービッド・リード・ジョンソンは，緊張型統合失調症と診断されている１人の若い男性にこの技法を使った場面について次のように書いている。「ダニエル」は，当初口をきかず，そして人とのコミュニケーションをすることができなかった。しかしドラマセラピー治療の15週目になって，［感情の空間を始めると］彼は部屋を歩きまわり，**幸福**や**悲しみ**の感情を表現した。さらに最も驚くべきことであり重要なことは，**怒り**の感情も表現したのだ。ジョンソンは，「**空間的**で**有形的**な枠組みの中で，さまざまな感情を作り上げることは，ダニエルにとって明らかに助けになり，彼は初めて，一度に１つの考えだけに焦点を合わせることができるようになった。そうすることで，自分の内面の状態を言語化することができようになった」（Johnson, 1982a, p.89）と述べている。

　他の多くのドラマセラピーの技法と同じように，**感情の空間**は，徹底的に行なう個人ドラマセラピーから大きなグループの活動まで多くの状況下で適用できる。私が指導するドラマセラピー課程の学生とパーティーを開催したとき，私は大きなビクトリア朝のマンションの**各部屋**を，ある感情状態を表わすそれぞれの場所にした。ここで選んだ感情状態は学生たちが勉強する過程で通過するさまざまな感情を反映していた。１時間近くにもわたって，30人の学生たちはマンションの中を歩き回り，それぞれの部屋で自分たちの仲間たちと相互交流をしていた。ある者は部屋から部屋へと動き回り，ある者は，その夜自分がいだいていた感情を最も引き寄せた特定の部屋に長い時間とどまっていた。

感情のオーケストラ

　グループは２列に並び，リーダーの方を向く。リーダーはオーケストラの指揮者の役となる。１人ひとりは，ある特定の音を使って１つの感情を表わすことに決める。そして，指揮者はオーケストラを開始し，１人あるいは数人の人たちに指揮棒で指示を与える。音の大きさやテンポは指揮者の芸術的な判断に従い，演奏が行なわれる。ソロも，二重奏もあり，時にはグループ全員がいっせいに感情を表現する。

　感情のオーケストラでは音を使わないで，言葉で作曲することもできる。それぞれの人は力強い，感情的な単語や語句を与えられる（または自分で選ぶ）。たとえば，「私はそれがほしい」「渡さない」「お願い」「だめ」「助けて」「私はあなたが必要だ」「さようなら」などなど。オーケストラの演奏が最も効果を現わすのは，いくつかの

セリフが相互に関連し合ったり，あるいは対立したりするときである。次に，指揮者はメンバーの間に，感情的な相互関係や，ドラマのようなやりとりを引き起こすこともできる。クライエントたちが指揮者の役になってもよい。そうすれば指揮者として，創造力を使う練習ができる。たとえば最後の音，言葉を何にするかはたいへん重要な意味をもつ。ドラマ場面の終了部分と同じように，**感情のオーケストラ**も，力強い調子を作り出して終了するべきである。

声のゲーム

　私のクライエントの大部分は，今まで自分の感情を抑えることに慣らされている人たちである。だから，治療の重要な一側面は，患者たちに自分の「声」を与えることだ。黙っていることの苦しみから解放されることをクライエントたちが初めて体験するのは，自分たちの感情を声に出して言葉にするときだけではない。叫ぶ，さらには絶叫することを学んだとき，また声を使ってあらゆるニュアンスの表現を遊びながら自在に使えるようになったときも，彼らは解放感を味わう。

　声のゲームの1つの形として，グループが2列になってお互いに向き合うものがある。セラピストがある特定の音あるいは言葉を与える。1つの列にいる参加者たちが，一緒にその音・言葉を言う。その同じ音・言葉をもう1つの列にいる参加者たちが一緒にくり返す。ここで大事なことは，次第に音を大きくしていくことである。そうすることにより，それぞれのグループは，もう一方のグループよりも少し大きな音・言葉をくり返す。このエクササイズは，2人1組でも行える。この場合でも，発声ごとに音量を少しずつ上げていくという目的は同じである。

　声のゲームのもう1つの形は，2人がお互いの言っていることを聞かないで，同時に発声させる方法である。ここでの目標は，単純にどんな大きさ，調子，テンポ，音質でもよいので，自分が選んだ方法で，自分の声を自由に使うことだ（これは**でたらめ語＜Gibberish＞**の前に行なうのにたいへん適している）。

　青年たちは，自分の好きなように大きな声を出せる機会があると，とても気持ちよく感じる。そして叫ぶことが，ゲームという作られた枠の中に包み込まれているとわかっているために，安全であると感じる。さらに，内気で，引きこもっている患者たちにとっては，声を解放することは，感情的な場面演技を演じる前のたいへん素晴らしいウォームアップになる。

声を出さない叫び

　スポーリン（Spolin, 1983）によって解説されたこの技法を使うとき，参加者たちは声を出さないで叫ぶようにと言われる。参加者は，実際に声を出して叫んでいるときと同じように，その肉体と筋肉を使うようにと指導される。彼らが本当に自分たち

の身体と表情を使うようになった時点で，今度は実際に，大きな声で叫ぶようにとの指示を受ける。

スポーリンはこの技法をおもに俳優たちが感情を身体で表わすときの補助作業として，具体的には，群衆場面のエクササイズのときに使っているが，私はこの技法を怒りや苦しみを表現しやすくするために使ってきた。最初は沈黙という安全地帯で行ない，そして実際に大きな声を出させるときもある。大きな声を出させる方法は，よりカタルシスを伴うが，同時により大きな恐怖感をも伴う可能性がある。このとき感じる感情の強さは，全員が一緒に叫ぶこと，そしてある一定の時間しか行なわないということで，一定の枠の中に**包み込む**ことができる。このエクササイズは注意深く行なう必要がある。というのは，このエクササイズは，押しとどめられたという不安な気持ちや最後まで達成できなかったという感覚を作り出してしまうことがあるからだ。

グループ内での相互交流

グループの分類分け

グループ全員が部屋を歩き回っているときに私はこう叫ぶ。「部屋の中で自分と同じ場所あるいは，同じ国に生まれた人を探しなさい。できるだけ早く」。

それぞれのはっきりとした人の塊ができ上がるまで，全員が入り交じり，自分の生まれた場所を叫びながら，他の人にどこで生まれたのかを尋ね回る。私はそれぞれの人の塊に対してその塊がどこの出身であるかと尋ねる。これは，その事実をグループ全体で知って共有するためだけではなく，全員がちゃんと自分のグループのところにいるかを確かめるためでもある。

「もう一度歩き回りなさい。このグループの中で，できるだけ早くこういう人を探してください。つまり…自分と同じ星座の人を」。再び全員が混じり合って，自分の星座を叫びながら，仲間を探す。

このときに使う分類の他の例は次のようなものだ。兄弟の数が同じ人，兄弟の順番が同じ人，今住んでいる街が同じ人，生活環境が同じ人，仕事の種類が同じ人，目の色が同じ人（これはお互いの目と目をしっかり合わせるのをうながすのによい方法だ），名前の最初の文字が同じ人（これはお互いの名前を覚えるのによい方法だ）。少し考えないといけない分類方法もある。たとえば，「このワークショップに参加している（あるいはこのグループにいる）一番の理由が同じ人」，あるいは「今同じように感じている人」。しかし，このような質問は，ゲームの物理的な動きの勢いを遅らせる傾向にある。ある人たちには向いているが，他のグループの人たちには不愉快になるような分類もある。一例として，「同じ年の人」だ。これは子どもや青年には適切であ

第 6 章　単独セッション，連続シリーズの開始期

るが，大人のグループは不愉快になる可能性がある。
　グループの分類分けは，グループ内の相互交流を大きく引き起こす。そして，たとえ引っ込み思案のクライエントの間であっても効果がある。このエクササイズは，恐怖感を引き起こさず，楽しい雰囲気でできる。そして最も重要なことは，このゲームによりグループとしての自己意識が芽ばえてくることだ。グループのメンバーは，自分たちの中でどの星座の人が，あるいは長男・長女である人が，または外国で生まれた人が，多いか（少ないか）などの情報であっても，自分たちに関してのさまざまな統計を発見するのがおもしろくなってくる。これらの情報はまたグループのリーダーにとっても興味深いもので，文化的な背景がそこで明らかになってくることが多い。たとえば中西部でグループの指導を行なっているとき，兄弟が 8 人も 9 人もいるというグループがいてたいへん驚いたことがある。それと対照的に，カリフォルニアの高校生のグループの場合，よく「一人っ子」の大きな塊ができる。
　グループの分類分けはグループの人数が比較的多いとき，9 人から 14 人ぐらいのときに効果が最も高い。しかし，私は**グループの分類分け**を 30 人から 60 人の職員研修に使ったこともある。これだけ多くの人数がいると，最初は大混乱になる。しかしこれはエネルギーのある，わくわくした種類の混乱であり，しばらくしてグループが作られるにつれ秩序がもたらされる。1986 年の米国ドラマセラピー学会の大会において，私は**グループの分類分け**の簡易バージョンを行なった。それは，会議の参加者全員がお互いに出会える（！）ように作られた，体験型の朝の「ミーティング」であった。そこには数百人の人がいた。参加者は全米のさまざまな場所から来ていたので，私はまず「グループの中で自分と同じ地域，または同じ国に住んでる人を探しなさい」から始めた。明らかに，何かもっときちんとした構成がなければ，全員がいっせいに相手を探すのは無理なので，私は 1 万平方フィート［900m^2］の部屋を 1 つの地図として考えなさいと言った。この地図は非常に大ざっぱであったが，それでも人々は自分たちのだいたいの地域の部分へとたいへんスムーズに引き寄せられていった。とくに外国からの参加者の場所の選び方はとても独創的であった。そしてその地図はもっと具体的な形になっていった。次に私が使った分類は，自分の名前と同じ文字で始まる人を探しなさい，であった。再び部屋が 1 つの地図のように考えられた。今度はアルファベットの地図であり，一方の側が A，反対側が Z，そして真ん中が M という風に形づくられていった。その後の大会期間中，小さなグループが一緒に催しに参加し，また昼食のときに一緒に座って食べていて，彼らの名札をよく見ると，ダイアン，デブラ，デービッド，そしてディナ（！）であったりすることに気がつきたいへん愉快であった。
　グループの分類分けは，人をよけるの後に行なうとたいへん効果的であり，また**高速で握手，感情を込めた挨拶**などの前に行なうのに最適である。

高速で握手

　グループのメンバーは部屋を歩き回りながら，お互いに握手をするように指示される。少しずつ握手をするスピードを速めるように言われ，全員が人から人へと動き回り，両手ともで握手をするようになる。そのようにして彼らは常に，一方の手で1人の人と，もう一方でもう1人と握手をするようになる。**高速で握手**をうまく進めるには，たくさんの指示をするのではなく，ドラマセラピスト自身がグループの中に入って一緒に握手をするのがよい。グループはセラピストの動きに従う。スピードは増加し続け，最後はグループが小さな塊になってしまう。その時点でリーダーは「そのまま止まって！」と叫ぶ。

　私がこの**高速で握手**というゲームを作ったのは，文字通り，身体を使って，グループ間の相互作用を高いレベルで行なうためである。このゲームは大きなグループにおいて，**人をよける**などのような身体的に活発なゲームの後で使うと最も効果的だ。このゲームで作った勢いを継続し，同時にセッションを感情とかドラマの方向に向かわせるには，**感情を込めた挨拶**をこの後に行なうのが望ましい。

　高速で握手にはさまざまなレベルのスピードを使うことができ，スローモーションでの動作も可能である。

別人になって自己紹介

　以前にまったく会ったことのない人たちのグループで1回目のセッションの最初に行なうために，私はこの技法を考案した。これはドラマセラピーのクラスにも，健康な人たちのどんな種類のグループにも，たいへんよく合う。しかし，感情障害のあるクライエントにとっては，このエクササイズは見当識をとまどわせ，混乱させるものと感じるだろう。

　グループは2人ずつの組に分かれる。参加者たちは自分をパートナーに紹介するように指示される。これは参加者たちの期待通りの指示だ。ここで普通と違うのは，彼らは本当のこと言ってはいけないということだ。あるいはむしろ，自分の現実のことがらを言わないようし，作り上げたことがらだけを言うようにする。しかし彼らが「作り上げる」ものは本当のことに関係があってもよい。たとえば自分が伝える話は，本当の人生で，**もう少しでそのようになったかもしれない**道，自分がそうしたかった道，自分がまだ「人生で体験していない」道を示してもよい。**別人になって自己紹介**は，その物語が荒唐無稽でも，まったくの空想ではなくて，そうであったかもしれない本当の可能性を語っているときに，人の心を大きく揺さぶる。その話は，聞いている人が信じられ得る，さらにそれを話している人にとっても信じられ得るものでなくてはならない。つまり，ドラマを演じるときと同じように，その人は本当に自分がそ

の役である，その状況にいる，と想像しなくてはいけない。私は，自分の本当の名前を使うようにと指示をするが，それ以外は，うまくやり通せると思うものはすべて変更してよい（年齢も含めて！）と提案する。この紹介を始める前に準備の時間をほんの少しとってもよいが，一度話しはじめたら，あまり深く考えたり，自分の言うことをチェックせずに，自己紹介の話しそのものがどんどん自然に展開するのにまかせるのが一番よい。

別人になって自己紹介では，まず初めに全員が，自分のことを話す。次に聞いたことへの意見や考えを，お互いに相手に伝え合う。今話されたことに対しての印象や反応，それらの嘘から拾い集めたパートナーについての真実，また相手の本当の背景や経歴について，観察したことや推量したことなどについて。最後に相手が言ってくれた意見や考えに対して，それぞれがこたえ，そして（この紹介で語った自分の人生のいくつかの部分と比較しながら）自分の本当の背景や経歴を話す。

ワークショップやグループ活動の最初に体験することは，普通まず自己紹介をすることだ。通常の自己紹介は情報を与えるものとはいえ，話し手自身にとってはおなじみのことで，これまで何回も話したことがあるので目新しいことはほとんどない。さらに提供される情報は，この初期の段階では，通常，聞いている人が消化できる量や，本当に興味をもてる内容をはるかに超えている。とくに大きなグループでたくさんの人の紹介が続くときはそうなる。**別人になって自己紹介**では，話し手は自分がよく知っている話から解放される。そこに浮かび上がる内容は，話し手自身にとっても，驚くべきことであり，今まで知らなかったことを映し出す。聞き手にとっても，話し手が投影し，空想したことを聞くことで，その内面にふれる思いがする。聞き手たちは，誰もが異口同音に，単に事実だけを聞くよりは相手についてはるかに多くのことを学ぶことができたと言う。そういう意味で，**別人になって自己紹介**は，ドラマセラピーそのものの実例を示す役目を果たすことになる。ほんの小さな形ではあるが，これから始まることにふれ，体験ができる。このエクササイズだけで，参加者たちは，即興劇を行なうこと，架空の設定を作り上げること，また，自分の知らない人物を演技するのではなく，自分自身から何かを引き出すこと，そして想像することやドラマをするという様式を使いながら，自分自身の内面を表現することを体験するのである。

別人になって自己紹介の後で行なうのに最もふさわしいゲームは，グループの人々の本当の情報を共有するゲームである。**グループの分類分け**はそのような目的のためであり，**別人になって自己紹介**の後に行なうものとして理想的である。

秘密の役でパーティー

ブドウジュースのいっぱい入ったプラスチックのコップがテーブルの上に置いてある。リーダーはグループのメンバーをパーティーに招待しており，1人ひとりが飲

第Ⅱ部 ◆◆◆ 技　　法

みものを手に取る。コップの底には，その飲みものを全部飲んだときに初めて見えるように指示が施してあり，そのパーティーで彼らがどのようにふるまうべきかが書いてある（リーダーが前もってコップの底に指示を書いた紙を張り付けていたのだった）。全員が与えられた役を演じなくてはいけない。そして同時にできるだけたくさんの人に「会う」ようにしなくてはいけない。

　このとき与える秘密の役の指示としては以下のようなものが考えられる。人の注意を引くようにしなさい，議論をけしかけるようにしなさい，他の人を感心させるようにしなさい，誘惑しなさい，みんなを気持ちよくさせなさい，みんなを避けるようにしなさい，プロのような接し方をしなさい，深い・哲学的な対話に人を引き込むようにしなさい，みんなを紹介するようにしなさい，同情を引くようにしなさい，グループ同士の相互交流を促進させなさい，など。この場面が終わったところで，参加者たちはパーティーの他のメンバーがどんな役をしていたかについて推量し，当て合う。

　このゲームを行なうと，グループは大騒ぎになる！　大きな流れと動きが作り出され，グループ内での相互交流プロセスのはたらきが大きくなり，そして，全員の集中力と観察力が高まる。というのは，参加者たちは自分の役目を演じると同時に他の人にもしっかりと注意を向けなくてはいけないからだ。このゲームを始めるときに行なう秘密めいた要素――秘密のメッセージのあるコップ――これには，潜在的な抵抗感を少なくし，遊び気分で活動に参加できるような効果がある。

　このゲームの後には，実際の生活で演じている自分の役割について，または参加者たちがもっと行ないたい役割，とくに社会的な関係の中での役割についての話し合いや演技が行なわれることが多い。

　私が最初にこの**秘密の役で**パーティーを考案したのは，ある精神医療関係の会議で行なった「受け身的，あるいは抵抗を示すグループの相互交流を促進する」という表題で発表をしたときだ。それ以来，私はこのゲームを職員，学生，そしてクライエントたちのグループに使ってきた。このゲームは10人から16人のグループで行なうときに，一番うまく進行する。**秘密の役で**パーティーはセッションを開始するときのゲームとして効果的だ。しかし連続治療シリーズの最初，あるいは早い段階でのセッションではそれほど効果的ではない。このゲームは，第一段階（劇遊び）の終了期に使うのが最適である。

　私はこのゲームのさまざまなバリエーションを作った。それらは，パーティーで行なう役の題材を変化させたり，秘密のメッセージの使い方を変化させたものだ。以下に示す2つの派生的なゲームは，治療目的よりはレクリエーションとして使うのに適している。

第6章　単独セッション，連続シリーズの開始期

【バリエーション】

■**機会に適った役**　ある特定の機会や特定のグループにとって意味のある役を考案する。たとえば私が教えている大学院生の集まりの場合，次のような役を無作為に全員に割り当てた。あなたはこの大学のドラマセラピー課程の学生です，あなたはニューヨーク大学のドラマセラピー課程の学生です，あなたはドラマセラピー課程の先生に今応募中です，あなたはドラマセラピー課程の責任者です，あなたは精神分析医です，あなたはすでに成功した女優です，あなたはセックス・セラピストです，あなたはドキュメンタリー映画の制作者です，など。各人に役が与えられると，私は役を与えられた人たちをパーティーの中で自由に動き回らせた。このとき作り出された相互交流はとても興味深かった。部屋は興奮したパーティーのようなエネルギーであふれた。冗談，真剣な会話，質問，活発な議論，ゴシップ，気の引き合いなどが飛び交った。

■**突然の電話**　かつて，デイケアセンターのスタッフや同僚たちのグループを自宅に招いて，「体験的な集い」というものを催したことがある。私は本当に彼らを驚かし，喜ばせたかった。また，夕食会の後に予定されているワークショップへの移行をごく自然に行ないたかった。私は次のようにこれら2つの目標をうまく達成した。

　夕食会の終わり近くになって，台所の電話が鳴った。私はその電話に出るため台所に行った。電話をかけてきた人は，アンに話したいと言った。お客の1人だ。私がアンに，あなたに電話よ，と言ったら，彼女はたいへん驚いたが，その電話に出るために台所に行った。数分後，電話がまた鳴った。その電話は別のお客への電話だった。4回目か5回目に電話がかかってくると，みんなは何かが起こりはじめていることに気がついた。とくに，電話を受けた1人ひとりが戻ってくると，少しずつその行動が変化していたからだ。そのうちすべての人がこの不思議な電話を受けてしまうと，部屋はさまざまな相互作用と交流にあふれるようになった。

　もちろん，私が友だちに頼んでこの電話をかけてもらったのだ。その電話で彼はそれぞれの人に，事前に計画した内容を伝えた。その内容は，パーティーの誰か1人または何人かの人々にどのようにふるまいなさい，という指示であった。この計画はたいへん複雑に作られていたが，しかし，とくに最初のうちは，ごく典型的な普通の社会で発生する相互作用に似せて作られていた。この筋書きは現実の生活にたいへん近かったので，現実生活からドラマへの移行がたいへん巧妙にゆっくりと行なわれ，そのことで，筋書きの効果はますます高まった。そのいくつかは以下のようなものである。アンは，アーサーと深刻で知的な会話をするようにと言われた。ジョンは，アーサーの注意を他からそらして自分に引きつけなさいと言われた。アーサーは，個人的な問題で心がいっぱいなようにふるまいなさいと言われた。ニックは，他の人にもっと食べるようにすすめなさいと言われた。シンシアは，デイケアセンターについて

建設的な会話をグループ全体にするように言われた。ポールは，他の人が提案することすべてに抵抗するように言われた。バーバラは誰に対してでも極端に賛成するようにと言われた。アンドレアは，他の人のプライベートな会話にとにかく首を突っ込むようにと言われた。これらが続いた後，最後の電話を受け取ったキャロルは，このゲームを止めさせるようにしなさいと言われた。その時点で，誰もが他の人がどんなメッセージを受け取ったのか，お互いに推量し，言い当てようとした。

その後何年もの間，スタッフたちはこの体験について話し，笑い合ったものだ。さらに重要なことは，職場という現実の集団の相互関係の中で，それぞれの人が果たす役割についての意識がとても高まったことだ。

シャボン玉戦争と風船浮かし

グループ全員に石けん液の入った瓶が与えられ，シャボン玉を武器にした非常に楽しい戦争が開始される。参加者たちがお互いにシャボン玉をふきかけ，そして自分たちに向けられたシャボン玉を避けようとして動き回ると，攻撃的な遊びが軽やかさと美しさを伴って行なわれ，部屋は何か魔法にかかったようになる。

シャボン玉が部屋の中に美しさを作り出すのと同じことが風船を使ってもできる。グループ内での相互交流と身体的な活性化を促進するためのウォームアップとして，グループはできるだけたくさんの風船を一度に空中に浮かせようとする。ここで，グループのメンバーは１つのチームとして動き，お互いに対立をする動きをしない。全員が助け合って風船が床に落ちないように，また破裂しないように努力をする。

身体の活性化

人をよける

「部屋の中を歩きまわりなさい」とまずリーダーが言う。「今度は少し早く歩きなさい。さあもっと早く。そして今度は走りながら，できるだけ多くの空間を自分でつかみなさい。貪欲になって。あなたは自分だけでこの部屋全体を一人占めしたい！ 動き回りなさい。他の人にぶつからないように。動きながら他の人をよけて」。

この簡単なエクササイズにおいて，参加者のエネルギーは急速に活性化される。鬱で，受け身的なクライエントで，部屋に入ってきたときには，ほとんど何にも参加できないように思える人たちであっても，一般的にこのエクササイズには参加するようになる。人をよけることは，このエクササイズの重要な構成要素だ。参加者たちは他の人にぶつからないよう**他人をよけろ**と言われるが（これは彼らがまさにそうしたいと思っていることだ），実際には，身体と身体の接近した接触が発生し，ほとんどぶ

つかりそうになる（そこで人をよける動作が必要になる），そのことがかえって相互交流を促進する。できるだけたくさんの空間を自分で取りなさいという指示にも，とても意味がある。参加者たちは，「貪欲になって」よいと許可されると，たいへん喜ぶ。**人をよけるにリーダー自らが積極的にそして遊び気分で参加することが，このウォームアップを効果的にするかどうかの重要な鍵となる。**

背中で押し合う

　2人の人がお互いに背中をつけて，膝を少し曲げて立つ。1人が自分の背中でパートナーの背中を押してパートナーを少し前の方に出そうとする。押される人は，しっかりと地面に足をつけて，その場所にとどまろうとする。自分の足を使ってパートナーを押してもよいが，常にお互いの背中同士をつけているようにと指示をしておくことが重要だ（1人が身体をはずすと，もう1人は倒れて危険だからだ）。しばらく経ったら，彼らは背中をまっすぐに伸ばし，同時に動きを止めてじっと立ったままになる。そして押す役を交代する。この体験の3段階目では，2人ともお互いに押し合い，そして2人は同時に，その場所に根が生えているかのように，動かないよう努力する。

　クライエントたちが自分たちの重さと力をどのように使うかは，彼らの状態をよく表わしている。とても人に頼りがちで，受け身的，または無気力なクライエントは，たいてい同じ場所にじっととどまることができない。たとえパートナーが自分より小さくて，軽くても，簡単に前に押されてしまう。このようなクライエントたちは地面にしっかりと足を張ってとどまることができず，自分の力を背中で使うことがまったくできない。そのようなクライエントがパートナーから押されるとき，私はその人の正面に立ち，しっかりと私自身が力を出せる姿勢をとり，私の手をその人の手に押し当てて，その人が前に滑り出さないようにする。このようにすることで，その人は同じ場所にしっかりととどまることがどんな感じであるかを少なくとも体験できる。そして私の手のひらがその人の手のひらを押す圧力を本人が感じることで，自分でパートナーの背中を押し戻す方法を見つける助けとなる。

　背中で押し合うはグループのエネルギーをすぐに高められる，全員で楽しめるゲームである。このゲームは感情的な作業の前に行なうウォームアップとしても最適である。私は，**1行セリフのくり返し**の前段のゲームとしてよく使ってきた。

立ち上がらないで

　青少年のセッションを始めるとき，とても反抗的な14歳の男の子が頑固に，「僕は絶対にこの椅子から動かないぞ」と叫ぶ。このような反応は反抗するクライエントにはよく見られる。とっさに，私は彼に近づき，そして遊び気分の調子で，こう言う。

第Ⅱ部 ◆◆◆ 技　法

「自分の椅子にできるだけしっかりと座っているようにしてみなさい」。そして，私はやさしく彼の手を取り，彼を立った姿勢になるようにと引っ張り，彼はその場所に座っていようと必死に戦う。彼の攻撃的で反抗的な態度は，1つの遊びの態度に変形し，2人の身体の接触によって，ある種の関係が私たち2人の間に作り上げられる。もう1人のクライエントは，この闘いをとても楽しんで見ているようすであったが，彼は私の場所に入ってきて，僕だったら彼を持ち上げられるよ，と言う。まもなくすべてのクライエントたちは2人1組になり，反抗，降伏，そして力を表わす役をそれぞれ行ない，またお互いにその役を交換していった（Emunah, 1985）。

　ある日私がとっさに無意識で作り上げた動きが，それ以来，反抗的なクライエントを取り扱う際の戦略的な方法である意図的なゲームになった（クライエントの抵抗は，押さえつけられるよりは，もっと抵抗するように奨励される。これは第4章で述べた）。**立ち上がらない**での中で，クライエントたちは，最初からお互いに2人ずつ組になっていることもできる。座っていてよいと言われることは，安全さと安心感を与えることになり，一方，自分の相手を立たせる役目のクライエントたちは，その相手から，どうしようもない挑戦的態度を示された気分を体験する。しばらく経つと，役を交代する。あるいは，自分の相手が立ち上がらせようとしたことに，うまく抵抗し終えて，まだ座っている人がいる場合，その人を持ち上げるようにと，数人の人たちに頼んでもよい。

身体をつなげる

　2人1組になって，参加者たちは，身体の一部分でつながりながら，ちょうど結合双生児のようになって部屋を動き回る。くっつけるのは，背中同士，頭同士，肘同士，お尻同士など，リーダーやグループのメンバー自身が決めた身体のどの部分でもよい。このエクササイズは遊び心がいっぱいで，メンバーを引きつけ，また集中と協力を必要とする。自分のリズム，スピードそして方向の変化に細心の注意を払いながら，パートナーの歩み，動きにぴったりと合わせなくてはいけない。参加者たちがうまくできるようになれば，新しい，もっとむずかしい指示を与えてもよい。たとえば動く速度を速める，あるいは動きながらお互いに会話をするなど。

背中の間のボール

　2人1組になって，参加者たちは部屋を動きまわる。このとき，お互いの背中の間にとても大きなボールを挟んで，つながりながら動く。目的は，ボールが落ちないようにすることだ。**身体をつなげる**のときと同じように，ボールは身体のさまざまな部分の間に置くことができる。そしてむずかしい指示を新しく付け加えることもできる。**身体をつなげる**で，身体の接触が親密すぎる，不快だと思うクライエントにとっ

て，**背中の間のボール**はその代わりなるよいゲームだ。
　背中の間のボールは**ボール投げ**（本章202頁参照）の後に行なうとよい。

背中で会話

　参加者たちは自分のパートナーと背中をつけて立つ。彼らは言葉を使わない「会話」，つまり自分たちの背中だけを使っての相互交流を行なう。リーダーは2人がお互いにはたらきかける方法を口に出して指示をし，どんな動きをするか一定の枠をつくる。たとえば，**楽しげに**，**攻撃的に**，**誘惑的に**，**言い争うように**など。
　背中で会話は，よく経験を積んだ，高度なことのできるグループで行なうのが最適である。というのは，背中で（あるいは身体の他の部分を使って）会話をすることは，多くのクライエントにとってあまりに抽象的すぎるからだ。**背中で会話**は，言葉によるコミュニケーションに頼りすぎているクライエントが，言葉を使わないで，もっと身体で表現するのを助けるために使える。**背中で会話**は，お互いの関係やコミュニケーションを楽しい雰囲気の中で促進してくれる。このゲームは時間を短く行なうと効果は著しく高い。
　背中で会話の後にやりやすいゲームは，**背中で押し合う**である。

四隅へダッシュ

　四隅へダッシュは大きい部屋で行なうのに適したゲームだ。参加者に，部屋の4つの角はすべて**安全地帯**だということを知らせた後，自分で選んだ部屋の隅の1つに行くように指示される。リーダーまたはその役に選ばれた人が，部屋の中心にとどまる。ゲームの目的は参加者たちが自分のいる安全地帯からできるだけたくさん部屋の他の隅へ行くことで，移動するとき，リーダーにタッチされないように［捕まらないように］する。
　四隅へダッシュは子どもの鬼ごっこの単純な変形であるが，ドラマセラピーのウォームアップとして応用できる。というのは，1つの安全なコーナーから次のコーナーに向かって動いているとき，安全な場所へ行こうという考えは，危険を犯そうという体験と同じように，感情を刺激し，興奮させるからだ。しかし，**四隅へダッシュ**の最大の利点は，身体的なウォームアップに素晴らしい効果があることだ。目的のある行動をする（捕まらないように）ので，参加者たちの自意識が少なくなり，自分の最高スピードを出して動くようになる。参加者たちがリーダーの裏をかいて，リーダーが背中を向けているときに音を立てないように一生懸命走ろうとする，また他のみんなが逃げだそうとするときを見計らって，同時に部屋を走って横切ろうとする，そんな風に動くことで楽しさといたずら心が呼び起こされる。リーダーが誰かを捕まえると，今度はその人が部屋の中心に来て，次の鬼になる。

第Ⅱ部 ◆◆◆ 技　　法

円から脱出・円に突入

　この技法は，シュッツの独創的な著書 "*Joy : Expanding Human Awareness*（喜び——人間の意識を拡張する）"（Schutz, 1967）で解説され，それ以来多くの人が解説し，1960年代に発展したエンカウンターグループでよく使われた。グループのメンバーの1人が円の中心に立つ。他のグループのメンバーたちは手をお互いに固くつなぎ合わせ，この中心にいる人を円の中に閉じ込めようとし，円の中にいる人はそこから逃げ出そうとする。普通，その円から逃げ出そうとする人は，身体の動きによるたくみな作戦を使う。しかし身体的でない技術，たとえば，言葉でお願いするなどを使うことを奨励してもよい。このゲームは動きが止まらなければ止まらないほどよい。グループは，中の人を閉じ込めたままにしている限り，部屋の中を動き回ったり，円を大きくしたり，小さくしたり，形を変えたりして，中心にいる人をいたずらっぽくはやしたてたり，からかうこともできる。

　この技法が，最も強力な治療効果をもつのは，グループのリーダーが円の中に閉じ込められるときである。私も，自分に対してまだ表現されていない，おびえたような攻撃的な態度がグループの中にあると感じるとき，自分を円の中心においてきた。このような態度は，私が町の外へ行く旅行のためにセッションをキャンセルした後に発生することが多い。グループの怒りや私を閉じ込めておこうという欲望，そしてそうすることで私が再び彼らを置き去りにできないだろうということを，このテクニックは物理的・象徴的な遊びにしてくれる。私が彼らの感情を受け入れていることは，私がこの相互に関係し合う遊びを楽しみながら，そして長く続けることで表現される。グループ全体が私に対抗することにより，グループの仲間同士の間に結束が生まれる。時には，この活動を終えてから，言葉によるプロセシングを行なうことがある。あるいは，身体的なカタルシスだけで十分の場合もある。

　セラピストではなくてグループのメンバーも円の外に脱出しようとする人に指名できる。それぞれの個人が，円の外に脱出するという課題にどのように反応するかを見ることはたいへん興味深い。ある者は外に出る方法が思いつかず，すぐにあきらめてしまう。このようにふるまう人は，大部分，自分の人生でもなんらかの変化を起こそうとすることに無力感を感じていることが多い。私は，これらのクライエントたちに対しては，簡単に降伏させるのではなく，自分の中にある新たな力を見つけなさいと言って，彼らが実際の解決方法を見つけだすまで，がんばるように強く要求する。驚くほど敏捷で，賢く，あるいはたいへん根気強くこのゲームを行なう人たちもいる。円から抜け出すという最後の勝利が，ある人たちにとっては，人生の中の何か特別な戦いに打ち勝つことを象徴的に表わす場合もある。しかし円の中に**とどまりたい**と感じられる態度を示す人たちもいる。これらのクライエントにとっては円は閉じ込める

ものという感じは少なく、安全地帯、あるいは胎内にいるように感じているようである。

円から脱出はドラマを演技する前のウォームアップとして使うこともできるし、またその後で、逃げ出そうとするときの感情を言葉で言い表わすという作業に移ることもできる。あるクライエントは、円の外に逃げ出そうとする試みを時どきしか行なわず、また、ためらいがちであったが、その後のプロセシングで彼女が話したのは、自分のまわりには自分が作り上げた壁があり、その壁の後ろにいると保護されていると同時に閉じ込められている感じがする、ということだった。その話をもとに、グループのメンバーはその壁になってみた。ベティ（そのクライエント）が、その壁に向かって話しはじめると、彼女が感じている外の世界に対する恐れがますます明らかになった。しかし、しばらく経つと、自分の限られた経験の向こう側に何が横たわっているのかを知りたいという渇望も明らかに表面化してきた。最後に、私たちのやさしい励ましによって、彼女はほんの一瞬だけ外への冒険に出かけた。これは彼女が現実人生の中でまさに行なおうとしている動きであった。

円から脱出しないで、その反対のプロセス——閉じられた円の中に突入——も使うことができる。円に突入は、排除されているという感情を引き起こすことが多いので、グループで扱っているテーマが、仲間に入れる・排除する、などである場合に一番効果がある。これを変化させて、脱出あるいは突入（あるいはその両方）を2人以上の複数のメンバーで同時に行なうこともできる。

円から脱出・円に突入は身体的コントロールがほとんどできないクライエントにとっては適切なゲームではない。このゲームの間は、非常にけがをしやすいので、常に注意深く行なわなくていけない。とくに子どもや青年の場合には細心の注意が必要だ。

新・椅子取りゲーム

新・椅子取りゲームも最初は伝統的な方法で始めることができる。生き生きした音楽をバックにかけて、全員が並んだ椅子のまわりを歩き回る。椅子は互い違いに向きを変えて並んでいる。音楽が止まると全員できるだけ早く椅子に座ろうとする。椅子の数は常に参加者の人数より1つ少なくするので、座りそこねた1人がゲームからはずされていく。ゲームが進行するにつれ、毎回1人の人がはずされ、最後に2人だけが残り、1つの椅子をめぐって争う。

椅子取りゲームは身体のウォームアップとして役に立つ。というのは、このゲームにはすべての人が参加でき、また、彼らの集中力を高めるからだ。急いで1つの椅子をめぐって争うことは全員の注意力を異常に高める！ 音楽も刺激的で、とくに魅力的なダンスミュージックが使われるとき、雰囲気は否が応でも高まる。この新・椅子取りゲームは、従来の椅子取りゲームのやり方をさまざまに変形して行なうものだ。椅子のまわりを単に歩くだけではない。参加者はスキップや片足跳びや後ろ歩きをし

第Ⅱ部 ◆◆技　法

たり，歩きながら歌ったり話したりするように言われる。毎回新しいバリエーションが使われて，ゲームの愉快さを高める。子どものときに知っているゲームと比べて，はるかにおもしろくて独創的な活動になることだろう。

ロープゲーム

　ロープゲームの1つの例としてまず単純な綱引きをあげたい。このゲームは，参加者が身体を動かすだけでなく，対立をめぐっての感情的なワークのウォームアップとして役に立つ（葛藤を発見する，第7章254頁参照）。

　集中力を高め，そしてパントマイムの技術を発展させる目的で，実際の綱引きの後にパントマイムの綱引きを行なうこともできる。参加者は，たった今体験した本当の感覚を使うように言われる。真剣に行なえば，本当のゲームと同じレベルのエネルギーを使うことになる。綱引きを発展させるもう1つの方法は，グループで行なう綱引きの後に2人だけで小さなロープを使って綱引きを行なうというものだ。

　小さなロープは他にもさまざまな使い方がある。2人がペアになってロープの中央部分を一緒につかみ，ロープと相手の体重を支えとし，倒れてしまわないように，気をつけながら，2人とも体を後ろに傾けていく。また単に縄跳びのロープとして使うこともできる。ペアになって同時に縄跳びをするためには自分のパートナーとリズムを合わせる必要性が出てくる。あるいはペアで身体を使う連続した独創的な動きを作り出し，その中で想像力を使ってロープを独創的に組み入れることもできる。

信頼

信頼して倒れる

円の中で倒れる

　誰もが知っているこの信頼育成の練習★2では，グループ全員で作った円の中心に1人が立ち，自分の身体をどの方向でもいいので倒れさせる。グループのメンバーはその倒れてくる人を捕まえる（あるいはもっと正確に言うと，包み込む）。円は「小さく」なっても，あるいは「広がって」もよい。その大きさは，倒れる役をする人の信頼のレベルによって変わってくる。

　「倒れる人」のさまざまな大きさや重さを上手に捕まえる準備として，グループの全員に，人の体重を支えられるような身体の姿勢をとらせておくと役に立つ。一番よ

★2　多くの信頼育成練習が1960年代そして1970年代に，エンカウンターグループの展開の中で開発された。円の中で倒れるは，基本的に，シュッツが解説しているロール・アンド・ロック［転がす・揺さぶる］の技法と同じである（Schutz, 1967）。

第6章　単独セッション，連続シリーズの開始期

い姿勢は，一方の足をもう一方の足の後ろに置いた姿勢で両足を地面にしっかりつけて立ち，膝は少し曲げ，そして両手は捕まえる準備をしている姿勢だ。「倒れる人」は自分の両足を地面の一点にすえつけて動かさないようにする必要があり，身体は自由に揺らぐようにする。

　円の中で倒れるは，お互いの信頼を作り出すと同時に，人をやさしくはぐくむ雰囲気をもっている。円という形が，安心，境界線，結束という感覚を作り出す。

　このゲームのバリエーションは，倒れる人が何か音を出すことだ。その音をグループ全体がくり返す。または，倒れる人が言葉を口に出して言い（通常，自己確認をするような言葉），それをグループがくり返す。この形は，高い親密度のレベルに到達したグループで行なうときに最も効果が高い。

2列の間に倒れる

グループは，円ではなく，2列に並び細い通路を作る。1人ずつ順番にこの通路を歩きながら，どこかで後ろに倒れる。2列に並んでいる参加者たちはいつでもその人が倒れるのを捕まえられる用意をしておく。

　2列の間に倒れるは，**円の中で倒れる**より，はるかに楽しいバージョンの**信頼して倒れる**ゲームだ。この2列に並んだ形は円のときよりも，冒険する気持ちを多く必要とするが，同時に閉じ込められているという感覚は少なくなる。倒れることがまだ恐いクライエントたちは，倒れないで，そのまま歩いてしまってもよいことになっている。またグループを驚かすために突然倒れることもできるし，グループを「騙す」ために，倒れそうに見せてやめることもできる。**2列の間に倒れる**は，気楽な雰囲気を作り上げるので，まだ親密さがそれほど発展してないグループでプロセスの初期段階に行なうのに適したゲームだ。これに対して，**円の中で倒れる**は，はるかに親密度の高いゲームであり，グループの中の信頼と親密さが成長していることを反映するゲームとして使った方がよい。グループの後期段階では，**円の中で倒れる**を，セッションの終わりや強い感情を扱った場面の後に使うと効果的だ。そのときはこのゲームをグループの全員が［そのセッションで演技した人を］支持していること，また，みんなの中に包み込まれていることを表現する方法として使用する。一方，**2列の間に倒れる**は，セッションの最初だけに使うことが望ましい。このゲームは，クライエントがセッションに参加する際，何か他のことを考えていたり，あるいは引きこもっていたりするときにとくに効果的だ。というのは，このエクササイズはただちに反応しなくていけないという性格をもっているので，グループの活動に積極的に参加することやまわりの状況にすぐ反応することを要求されるからだ。

　感情障害をもっているクライエントたちは，「誰も信頼することができない」と主張し，倒れることを最初は非常にためらう。グループが辛抱強くその支持を表明する

ことにより，彼らは次第にメンバーを信頼するようになり，時間がある程度経つと，倒れる能力が目を見張るほど進歩する場合が多い。また他のクライエントたちの場合，最初，あまりに簡単に，あまりに強く倒れることがある。自分の体重のすべてを使ってグループのみんなの腕の支えに反抗して地面に倒れ落ちる。彼らは，このようにして本当に信頼する人は誰もいないことを「証明する」。臆病な「倒れる人たち」と同じように，これらのクライエントたちもしばしば虐待や育児放棄の犠牲者である。引きこもりになるのではなくて，彼らは感情をすぐに行動に移し，限界を試し，そして他の人が彼らに対して否定的に反応するようにと挑発し，同じ反応のくり返しをするようにあおる。治療への抵抗意識が消えると，これらのクライエントたちも，しばしば驚くべき進歩を遂げる。そして彼らの変容は，この**信頼して倒れる**ゲームの中で，身体的な動きとして実際に表現される。

パートナーに倒れる

　2人1組で倒れることもできる。1人の人が倒れ，もう1人の人が受け止める。「受け止める人たち」に，足をしっかり地面につけるように再度注意をする（前述の**円の中で倒れる**で説明したように）。この姿勢をとることで，自分よりも体重の重いパートナーを受け止めることができる。最初はほんの少し倒れるところから始めるのが最も望ましい。そして倒れる回数が進むごとに，だんだん大胆に，最後は「倒れる人」も「受け止める人」も自分の限界まで試す。

　これを3人で行なうこともできる。2人の間に1人が立ち，後ろか前に倒れる。

パートナーに寄りかかる

　このエクササイズでは，後ろに倒れないが，今までの技法と関連があり，**パートナーに倒れる**と一緒に（あるいはそのすぐ後に）行なうのがよい。参加者たちは，お互いに向かい合い，自分のパートナーの手に自分の手を合わせる。相手の手に圧力をかけ，自分の体重を前に移動し，お互いを支えながら少しずつ足を後ろに下げていき，最後はできるだけ水平に近づくところまで行なう。リーダーはグループの全員に，「決して力を抜かない」ようしっかり注意をしておく必要がある。2人が限界に達したとき，少しずつ一緒に起き上がり，最後は，もとの立っていた姿勢にまで戻る。

人を持ち上げる

　グループのメンバーが床の上に横たわっている1人を取り囲む。メンバーは，横たわっている人の下に手を静かに入れ，ゆっくりとその人を持ち上げる。このバリエーションとして，身体にあまりさわらないように，つまりその人を怖がらせないために，毛布にくるんで持ち上げることもできる。その後は，持ち上げた人を，揺さぶっ

第6章 単独セッション，連続シリーズの開始期

たり，あるいは部屋の中を運んで動き回わったりする。
　ある程度の信頼感がすでに発達したグループの中では，**人を持ち上げる**ゲームは大きな安心感を醸成する。**人を持ち上げる**は，とくに心の痛みを伴うと思われるセッションの最初や最後に，さらに強い感情を扱った場面のすぐ後に行なうと効果的である。後者の場合，場面で主役を演じた人が，円の中に入り，持ち上げられる。場面の間，背景にとどまっていたグループのメンバーを，持ち上げられる人に選ぶこともできる。これは，その人がグループの中に存在することを確認する方法として行なわれる。

新・目隠し歩き

パートナーと目隠し歩き

　伝統的な**目隠し歩き**は，部屋の中で，1人の人がもう1人（目隠し，または目を閉じている人）を導くものだ。
　グループとして，ある程度の構成や，どこかに焦点を合わせることが必要な場合，あらかじめ部屋の中で探す物を決め，目隠しした人がそれにさわって何であるかを当てなさいという指示を付け加えるとこのゲームは行ないやすくなる。
　グループとして，もっと自由に行なった方がよい場合は，広いスペース，たとえば，屋外でこのエクササイズをすることが望ましい。屋外，とくに自然の中では，体験する感覚の感度はより高まる。また，はっきりとした物理的な境界線がないところでは，お互いにより多くの信頼感が要求される。
　次に説明するのは，**目隠し歩き**のさまざまなバリエーションである。これらは，よく知られたこのエクササイズを，新しい感覚で行ない，新しいむずかしさを付け加え，信頼以外の新しい分野での成長をうながすようにしたものだ。基本的な形と比べて，変形されたものはより複雑になるので，通常，最初に伝統的な**目隠し歩き**を行なう方がよい。

【バリエーション】

■**誰の頭か当てる**　グループメンバー間の相互交流を活発にするために，リーダー（目隠しをしていない導き役のパートナー）は，部屋の中の物体ではなく，他の人の頭の上に，自分のパートナーの手をのせるように指示される。目隠しをしているパートナーは誰の頭にさわっているかを当てようとする。（頭に，という風に，身体のどこにさわるかをはっきりと指示することは，不愉快さや不適切なさわり方を避けるために重要である）。
■**私の音についてきて**　身体にふれて導くのではなく（目隠しをした人の手とか腕をつかむのではなく）音で導く。それぞれのペアは，どんな音を出すかを決める。そして，導き役は，その音を出し，目隠しをしたパートナーは，身体の接触や言葉を頼り

にしないで，音だけを頼りについていく。最初，目隠しをしていない人は，物理的に近いところから導く。そして，しばらくすると相手から離れたり，方向を変えたりして自分のパートナーにとってむずかしくなるようにする。

　私の音についてきては大きな集中力を必要とし，聴覚を高める。人数がたくさんいるグループでは，部屋全体がさまざまな音で充満し，そのため1つの音に集中する必要性が高まる。そして活発で愉快な雰囲気を部屋中に作り出すことができる。

　ゲームのむずかしさや複雑さをさらに増すために，私はしばしば，**ペテン師の役割**を行なう（あるいはこの役を，目隠しをしたくないクライエント，あるいはグループが奇数の人数のために単にパートナーがいない人などと一緒に行なう）。このペテン師は，ある特定の音のまねをして，目隠しをした人が自分のパートナーの「本当の」音と，ペテン師の作った音とを区別できるかどうかを試す。

　ベイツは（Bates, 1987）これを俳優と行なったとき，（目隠しをした後に）部屋の中に障害物を作ることで，**私の音についてきて**のやり方をよりむずかしくした。導き役たちは1つの音だけに制限されず，（実際の言葉を除いては）**でたらめ語**でもどんな音を使ってもよいと言われた。

　私の音についてきては人数の多いグループ，10人あるいはそれ以上のときに一番効果が高い（30人程度までのグループでもたいへんうまくできる）。そして，時間を短く行なうのがよい。このゲームは，混乱でメンバーの「気が変になるほど熱中する！」直前にやめる方がよい。**私の音についてきて**は，見当識のないクライエント，あるいは，精神疾患のあるクライエントに使ってはいけない。

■**私の香りについてきて**　音を頼りについていくのではなく，ここでは香りが使われる。強い香りをもつもの，たとえばコーヒー，ベビーパウダー，香水，切ったタマネギなどがセッションに持ち込まれ，1組に1つずつ渡される。導き役が強い香りをもち，それを目隠しをしたパートナーが追う。

　私の香りについてきては，時には，たいへんおもしろい光景を作り出すことがある。目隠しをしたパートナーは，しばしば四つん這いになり，まるで犬のように一生懸命，活発に鼻をクンクンさせて匂いを嗅ぐ。子どもや青年たちの場合，**私の香りについてきて**は，グループ全体で同時に行なわないで，1回につき1組のペアで行なってもよい。こうすると単純ではあるが，たいへんおもしろいパフォーマンスを作り出すことができる！

■**私の指示に従って**　目隠しをしたパートナーは，身体の接触や音，匂いではなく，言葉による指示で導かれる。ここでは，お互いの身体にさわらない。目隠しをしていない人は，目隠しをしているパートナーに，たとえば，「2歩前に進んで。今度は左に曲がって。今度は私が止まれというまで前に進んで」というような指示を出す。

　私が好んでこの**私の指示に従って**を使うグループは，潜伏期の子どもたちや青年た

ちである。私は，このエクササイズをちょっとしたパフォーマンスに変える。その方法は，目隠しをした2人が舞台に上がり，目隠しをしていないリーダー役の2人は舞台の外にいる，という配置で行なう。リーダー役は事実上，演技の振り付け師あるいは監督になる。若者たちは，この役から力と支配という感覚を手に入れ，たいへん喜ぶ。そして彼らのパートナーも，すべての責任と決定権をまったく放棄してしまうという機会を楽しむ。実は，この2つの立場は，青年期初期に基調となっていて，間接的に表現されることの多いテーマを反映している。

　私はよくこれらの**監督**たちをうながして，彼らの**俳優**たち同士に何らかの相互交流を行なわせることが多い。たとえば，監督たちは自分のパートナー同士に握手をさせたり，あるいはお互いに並んで座らせたりする。その結果でき上がる演技の効果は，**私の音についてきて**のときよりも，見ていてもっと楽しいことが多い。さらに大事なことは，このエクササイズで重要な技術が身につくということだ。それは，はっきりとした言葉によるコミュニケーション（監督の場合），協力（2人の監督の間で），そして注意深く聞くこと（目隠しをした演技者の場合）などである。

■**自分のリーダーを当てる**　このバリエーションは，標準の**目隠し歩き**に似ている。違うのは，（目隠しをしていない）自分のパートナーが誰だかわからないという謎と，それを当てるむずかしさが付け加わる。グループの半分が目隠しをして座る。グループのもう半分のメンバーはそれぞれ目隠しをしたパートナーを選び，部屋の中を導いていく。このエクササイズをしているときに大事なことは，目隠しをしてない人が，自分が誰かを声に出して明かさないことだ。歩き回った後，目隠しをした1人ひとりは，自分の直感と，導き役の非言語的な存在の感覚をもとに，自分のパートナーが誰であるかを当てる。**自分のリーダーを当てる**は信頼感と安心感をすでに作り上げたグループにおいてだけ行なう方がよい。

グループで目隠し歩き

　これから紹介するバリエーションでは，すべての参加者が目を閉じる。

【バリエーション】

■**円を作る**　グループの全員が目をつぶって歩き回る。グループのリーダーとメンバーの中で指名されたもう1人か2人（自分の目を閉じると不快感を感じる人になってもらう場合が多い）が衝突や事故がないように見守る。しばらく歩き回った後，グループリーダーは参加者に対して，他の人と手をつなぎはじめるようにと言う。そしてすべての人が手をつないで円を作らせるようにする。リーダーは，すべてのメンバーが手をつなぎ，円が完成したら，そのことをグループに伝える。この時点で，グループに（まだ目を閉じたまま）一緒にその場に座るように言う。

第Ⅱ部 ◆◆◆ 技　　法

■**誰かを当てる**　これは**誰の頭か当てる**や**自分のリーダーを当てる**に似ているが，**誰かを当てる**では，目を閉じて歩き回り，言葉を使わないで他の1人，あるいは数人の人と相互に交流をもち，そして彼らが誰であるかを当てなくてはならない。

■**同じ手を探せ**　**同じ手を探せ**は，**目隠し歩き**の中では，私の好きなバリエーションだ。これは，グループ内での相互交流をもたらし，同時に信頼や感覚の鋭さを発達させてくれる。目を閉じながら，しばらくお互いに入り混じった後，参加者たちはゆっくりと動きながら他の人とペアになるように言われる（言葉を使わず，また，目を少し開けて覗いたりしないで）。そしてそのパートナーの両手を握るように言われる。すべての参加者がペアになると，グループリーダーは全員に向かって，パートナーの手をよく調べて覚えるようにしなさいと言う（「あなたのパートナーの手の皮膚の感覚や温度を感じなさい。指輪がありますか？　その手はあなたの手より大きいですか，小さいですか？」など）。そして，参加者たちは自分のパートナーの手を離して，また自分1人で歩くように言われる。しばらく1人で動き回った後，グループリーダーは参加者たちに，さっきのパートナーの手を探しなさい，と指示をする（もちろん目は閉じたままで）。エクササイズのこの部分は見ていて本当に素晴らしい。参加者たちは，手を探し，つかみ，違った手を拒否する。そして最後に正しい手を見つけて，喜びの時がくる！

　受身的な人は自分のパートナーの手を探すのにより多くの時間がかかる（とくにその相手も受身的である場合）。だから，グループリーダーの助けが必要になるかもしれない。**同じ手を探せ**は，グループの人数が多いときに効果が高い。私の経験では12人ぐらいのグループで行なうのが最も楽しい。

さわったり匂いを嗅いだり

　感覚を呼び覚まし，信頼を発展させるという2つのことを一緒に行なうために，参加者たちは，形や匂いを感じて，ある物体や物質が何であるかを当てるように言われる。最初はさわることから始めるのが一番よい。というのは，さわって当てる方がより簡単で，また不安を感じさせることも少ないと思われるからだ。その後で，匂いを嗅ぐことに進めばよい。このエクササイズで使う2つのおもな方法は，1) 参加者は，1人ずつ舞台の場所に入る。そこで目を閉じ，グループリーダーからある物体を渡される。自分の手でそれをさわって，それが何であるかを当てる。2) グループは2人1組のペアを作る。ペアの1人が，目隠しをしたパートナーに，リーダーからもらった物体を渡す。それによくさわって，何であるかを当てる。1) の方法は，リーダーと参加者たちの間の関係を深め，またその場に簡単な演技モードを作り上げる（観客がいて，1人の行動を見ている）。2) の方法は，参加者同士の関係を深める。そしてプロセスが続行している状態を作り，維持してくれる。そこではグループ全体

第6章　単独セッション，連続シリーズの開始期

が一緒に行動を起こしている。

　さわるための物体として最も適しているのは，それぞれが特徴のある素材（たとえば，羽のはたき，松ぼっくり，イチゴ），またおもしろい形のもの（たとえば，砂時計，犬用の革製の骨など）。匂いを嗅ぐものとしては，すぐに気がつくようなはっきりとした匂い（たとえば，コーヒー，ベビーパウダー，シナモン，レモン，切ったタマネギ，消毒用アルコール，ミントなど）が最適である。

　さわったり匂いを嗅いだりは，受身的なクライエントにたいへん効果が高い。というのも，この活動では彼らは**受身のままでいてよい**からだ。彼らは，単にあるものを渡されるだけだが，そのうち，次第に受け身の気分より興味の方が強くなる。これは，座ったままで行ない，参加者に不安を与えないエクササイズなので，高齢者たちに行なうのにもたいへん適している。ものの表面や匂いにふれることで，眠っている感覚が呼び出され，さらにさまざまな記憶が呼び起こされることが多い。

　さわったり匂いを嗅いだりは，その後，すぐに話し合いや場面演技につなげることができる。普通はパントマイムの前段としても使われる。**さわったり匂いを嗅いだり**で，参加者たちは［実際のものにかかわるという］**本当の体験**を手に入れ，それが次に行なわれるパントマイムやドラマの場面などに必要な，ある種のリアリティを呼び起こす。そのため，この後の活動で彼らは何かをしているふりをするのではなく，実際にそのようすを想像することができるようになるので，演技がすべての五感を伴った豊かなものになってくる。そのような進め方の一例として，**さわったり匂いを嗅いだり**の後に**パントマイムで食べる**を行なうとよい。

ぬいぐるみ人形

　ペアを作り，1人が床に横たわり体をリラックスさせる。もう1人は，横たわっている人の横に座り，その人の身体の一部分をやさしく持ち上げ，そしてもとのところに置く。最初は手から始め，次に腕，そして足先あるいは足全体に対して行なう。床に横たわっている人は，動きの手助けをしてはいけない。むしろ完全に力を抜いて，ぬいぐるみ人形のようにする。自分が重たい，あるいは重くて動けないという感覚になってもよい。目を閉じて床に横たわっている人は，自分のコントロールや責任を完全に放棄する方がよい。そしてパートナーが身体を持ち上げ，動かすとき，さらに完全にリラックスする。しばらくして，十分な信頼関係がお互いの間にでき上がったら，その頭をやさしく持ち上げてもよい。**ぬいぐるみ人形**は一般的に，静かな，人をやさしくはぐくむエクササイズである。しかし，もっと遊びの雰囲気を出すこともできる。そのためには，ぬいぐるみ人形の体全体の位置を動かす。たとえば，（パートナー役が人形を後から支えながら）人形を座らせる，あるいは転がす。

　クライエントによっては，自分の身体の力を完全に抜いて，自分からは何も動かず

に，パートナーに自分の身体をまかせることがうまくできない人もいる。これらのクライエントは，別のエクササイズのときも，また実際の人生においても，自分を制御している必要があり，他の人に信頼をおくことができない（**信頼して倒れる**，と同じように）。彼らの場合，**ぬいぐるみ人形**は治療のもっと後の段階で使う方がよい。

　ぬいぐるみ人形は，すでに信頼を作り出したグループで効果が最も高い。そこでは，このエクササイズで発生する身体的な親密さがメンバーを怖がらせることはないだろう。このエクササイズは，相手への思いやりをもった，やさしく，適切な身体へのふれ方のできるグループでのみ行なうべきだ。これらのグループでは，**ぬいぐるみ人形**は，セッションの開始期に使うと，リラックス感を強く与えるエクササイズとなる。

　ぬいぐるみ人形は，**パートナーを彫刻する**および**自己彫像**の前段としても適切である。

観察と集中

ボール投げ

円になってボール投げ

　円になってボール投げは，シリーズの最初あるいは2回目のセッションで私が一番よく使う技法の1つであり，メンバー全員の反応を活発にし，メンバー同士の相互交流をさかんにするとともに，即座に参加者の関心と集中力を高めることができる。楽しくて，怖がらせることは何もないこの**円になってボール投げ**は，グループが最初に感じる不安な気持ちを和らげる。

　グループは大きな円を作る。指示は何もしないで，私は床から大きなボールを拾い上げる。ただし，パントマイムで。そしてグループの中の誰かにそれを投げる。私は，この想像上のボールを投げながら，相手の名前を言う。そのとき，私は素早く言葉を差し挟んで，その人がボールを捕まえて円の中の他の人に，その人の名前を呼びながらボールを軽く投げるようにと言う。すぐに，参加者たちは自然にボールの大きさや重さを変えはじめる。ボールは，テニスボール，ボーリングのボール，そして風船などに変えられ，次第に投げ方も，手でパンチをしたり，突き放したり，息で吹いたりするようになる。1人ひとりは自分の方に投げられるボールに細心の注意を払い，ボールの重さ，大きさ，形に見合った捕まえ方をする。ボールを受け取ったら，今度は自分の好きなように変化，変形させる。

　私は，よくこのエクササイズの後に本当のボールを使ったエクササイズをする。私が使うのは，とても大きくて軽い，色鮮やかなボールで，グループの中の誰かに，その人の名前を呼びながら，軽く投げる。そして私は2つ目，3つ目のボールを付け

加える。3つか4つのボールを同時に投げ合っていると，メンバーには「自分だけぽんやりする」自由な時間はなくなってしまう。誰にでも，非常に高い頻度でボールが向かってくる（時には，一度に2つか3つのボールを持つこともある！）。このむずかしさとおもしろさをもっと増やすため，とくに多人数のグループでは，ボールの数を5個か6個まで追加してもよい。普段なら，すぐに注意が散漫になったり，興味を失ったりしてしまうクライエントでさえも，このエクササイズを行なうと，高度の集中と注意を示すので，それを見るとたいへんおもしろく，嬉しい気持ちになる。

ボールを捕まえろ

　私はボールを使ってグループのみんなをからかう。部屋を走り回りながら私はボールを独り占めにする。そしてグループの全員に，ボールがほしいんだろうけれどあげないわ，でも奪い取ろうとしてもいいのよ，と言う。最後に私はそのボールをグループの誰かの名前を呼びながらその人に投げる。そして，そのボールは私とその人だけのものだと宣言する。私たちはお互いにボールをパスし合い，常に動き回る。グループのメンバーは，私たちと一緒に走り，身をひねりながらそのボールを奪おうとする。誰かがボールを奪い取ると，そのボールはその人と（その人がグループのメンバーの中から選んだ）もう1人のものになる。次に，そのペア以外の人がボールを奪い取ったとき，そのボールは新しい人たちのものになる。このようにゲームを続けていく。

　このゲームのバリエーションは，グループ全員がボールをパスし合うが，選ばれた1人にだけはボールを渡さないというものだ。グループは走り回り，その人がボールを捕まえようとすると，他の人たちはボールを別の人に投げ渡し，受け取ってもらう。この形は，排除されるという感情を作り出す。これに対し，2人の間でボールをパスする（グループの残りの人がボールを捕まえようとする）方法は，（この2人の間に）つながりがある，関係がある，という感覚を生み出す。このため2人でボールをパスする形は，シリーズの開始期に行なう方が適切である。

　ボールを捕まえろは，身体をたくさん使い，参加者を大いに活気づけるので，**身体の活性化**を促進しつつ，**観察と集中**の力も高める。**ボールを捕まえろ**は，円になってボール投げの後に行なうのによいゲームだ。また，感情の込もった**1行セリフのくり返し**（そのときのセリフは「私はそれがほしい」と「渡さない」を使う）の前に行なう身体的なウォームアップとしても効果的だ。さらに，**背中の間のボール**の前段として，気分を愉快にするためにも使える。

ここはどこ？

　ここはどこ？は，決められたある場所や状況に自分がいると想像するゲームだ。グループを2つに分けて行なう。最初のグループが，リーダーからある場所を指定さ

れた後，言葉を使わないで，そこにいるようすを演じる。もう一方のグループが，そこがどこであるかを当てようとする。

　このエクササイズでは発展段階がはっきりわかるようにする方がよい。単純なものから複雑な演技に（後で，他のメンバーの前で行なうセリフのある場面演技や発表の準備として），そして構成のある形（状況が指定される）から自由な形へ移る（自分たちの独自のアイデアを使って演技する），という風に。この進行の度合いを，たいへんゆっくりしたものにし，最初の頃のエクササイズで不安を感じさせないようにすると，これらのエクササイズを終了する頃には，参加者たちは気がつかないうちに，演じたり，発表をしたりしている。

　一般的な進行の仕方は，それぞれの小グループに，彼らが**見つめているもの**を課題として与える。たとえば，テニスの試合，フットボールの試合，悲しい映画，鳥など。この初期の段階では，話すことも動くこともない。グループのメンバーは，自分が今いる場所で，自分の椅子に座ったままだ。こうすることで，心配する気持ちは少なくなる一方，集中力は高まる。さらに，推量するという形式を使うので，自意識が薄れる。メンバーの全員が，与えられた場所に自分たちが今本当にいると想像するような段階に到達すると，雰囲気にあった表情の顔や身体の動きが，メンバーの中に自然に無意識に起こってくる。

　このゲームの2回目は，ある決められた場所で**待っている**動作になる。たとえば，病院の診察室や産科病棟，または劇のオーディションや仕事の面接の控え室など。ここでも，話すことはしない。しかしこの時点で，メンバーは座ったままでいることもできるし，動き出してもよい。また，お互い，なんらかの交流をしてもよい。3回目では，立ったり動いたりすることが自然に起こり，さらにドラマとしてのかかわりがたくさん出てくるような場面を設定する。たとえば，バスの停留所，空港，コインランドリー，博物館，動物園。この段階も，言葉を使わないで演技が行なわれる。しかし，このエクササイズは，言葉を使ったドラマの場面への導入となる。

　ここはどこ？の別のバリエーションは，グループ全体で，場所あるいは状況を決めることだ。**グループの気分当て**と同じように，1人が（グループがその場所を決めるときに外に出ていて）その状況を当てる。この形式は，目的が**観察と集中**だけでなく**グループ内の協力**である場合におすすめできる。感情表現することを少し恐れているグループの場合，このゲームを**グループの気分当て**の導入としても使うことができる。ここはどこ？には，**グループの気分当て**にある感情表現部分が欠けているが，にもかかわらず，自発性や創造力がより要求される。グループは素晴らしいアイデアを思いつくことが多く，楽しい演技に結びついていく。この1つのゲームだけでセッション全体を使うこともよくある。

　3つ目の形は，グループの1人ひとりが，ある場所にいるようすを演じ，残りの

第6章　単独セッション，連続シリーズの開始期

人がそれを見て当てるというものだ。この形は，演じる意欲の高いクライエントの場合に効果的だ。このゲームは子どもたちや青年たちと行なうことが最も多い。

ここはどこ？のさらに別の形として，参加者たちに，何か**聞いているところ**を想像させる。たとえば，ロックミュージック，クラシック，海辺の音などであり，見ている人たちには，それが何の音かを当ててもらう。これには，たいへん高い集中度と，とても微妙な感覚を要求するので，複雑なことに対処できる高い技術をもっているグループだけに使う方がよい。

ここはどこ？は参加者に不安を与えることもなく，愉快な，相互交流を作り出すので，初期の段階で使う技法としてたいへん素晴らしいものだ。ここはどこ？は，ユーモアと創造力を促進し，非言語的表現力を高め，さらに後に行なうドラマの演技に必要な集中力を発達させる。

パントマイムで食べる

パントマイムで食べものを食べるのは，効果が高く，失敗のほとんどない技法である。おそらくその理由は，誰にとっても食べることは慣れ親しんだ活動だからであろう。食べることは普通，誰かと一緒にいるところで行なわれ，大部分の人にとって肯定的な連想を起こすものだ。**パントマイムで食べる**は，ここはどこ？で示した形のどれでも使うことができる。しかし，私が好きな形は，グループを3人か4人ずつのいくつかのグループに分けて行なう形だ。

ここはどこ？と同じように，最初の段階では，リーダーが答えを決めて，メンバーに伝える。最初の段階が終わると，参加者たちは，自分で考えるように言われる。提案された内容は，グループのレベルに合わせて変更される。表現したり，当てたりするのが簡単な基本的なアイデア（スパゲッティ，軸付きトウモロコシ，バナナなど）を必要とするグループもある。また，むずかしく，工夫が必要なアイデア（アーティチョーク，ロブスター，グレープフルーツなど）を必要とするグループもある。食べもので何回か行なった後，飲みものにすることもできる（コーヒー，アイスクリームソーダ，マルガリータなど）。高い技術をもっているグループでは，与えられた食べものや飲みものと関連する感情も一緒に表現するように指示することもできる。

実際の食べものの匂いを嗅ぐ練習（**さわったり匂いを嗅いだり**，本章200頁参照）など，感覚を呼び覚ます練習は，**パントマイムで食べる**の前に行なうと効果的だ。というのは，これにより参加者の集中力が高まり，そしてパントマイムにいっそう現実的な感覚を与えるからだ。**パントマイムで食べる**の後に**レストランの場面**（第7章228頁参照）を行なうと，とても自然に行なうことができる。

パントマイムで食べるは，パントマイムをしている人の集中力を高め，それを当てる人の観察力を高める。しかし見ている人たちが，何とかして当てようと熱心になる

あまり，思っていることを言葉に出してしまうと，演技してる人の集中力を削いだり，実際に演技そのものをやめてしまうことがある。そのようなとき私は観客に対して，私が演技を「カット［停止］」するまでは，推量した言葉を口に出さないようにと指示をする。子どもや青年たちのグループのように，抑えることができなくて思わず口に出して叫んでしまうような場合，演技が続いている間は，思ってることは自分の「隣の人」にだけささやきなさいと提案する。

　パントマイムで食べるのバリエーションは，グループの全員で想像上のピクニックに出かけるというものだ。1人ひとりが順番に，円の中心に置いてある大きな（想像上の）バッグから食べものを1つずつ取り出し，それを食べる。まわりの人は，その人が何を食べているかがわかったら，（口に出さないで）自分もまたその同じ食べものを食べはじめる（あるいはその飲みものを飲みはじめる）。最初に食べはじめた人は，まわりを見て本当にみんなが同じものを食べているかどうかを判定する。これは，セッションの終わりに行なうとたいへん効果的だ。

誰が動きを始めたか

　スポーリンによるこのシアターゲームは，1人が部屋から出て行き，その間に他の人たちがリーダー役を決める。そして，部屋の外から戻ってきた人は円の中心に立ち，誰がリーダー役かを見つけるというものである。円になっているメンバーは，できるだけ同じようにリーダー役の動きをまねし，円の中に入ってる人に誰がリーダー役か当てられないようにする。リーダー役は，何度でも好きなように動きを変えることができる。しかし，変え始めているところを見つからないようにしなくてはならない。

　誰が動きを始めたか（これは**ミラー・エクササイズ**の項目にも入っている）は，演技者全員に大きな集中力が必要であり，リーダー役を当てようとする人には，鋭い観察力が要求される。

3つの変化

　スポーリンの解説によれば，この技法では，グループを2列に分け，お互いを向かい合わせにする。参加者は，それぞれ自分の前にいる人をよく観察し，その人が何を着ているかを覚える。次に2列とも向きを変えて，背を向け合う。1人ひとりが，自分の服装などに3つのちょっとした変化をつける。たとえば指輪を違う指にはめる，ボタンを1つはずすなど。参加者は再び向かい合い，その3つの変化が何かを当てる。このゲームのバリエーションの1つとして，変化と観察を同時にお互いが行なうのではなく，一列の参加者が変化を作り，別の列のパートナーが観察をするというものもある。

第6章　単独セッション，連続シリーズの開始期

　スポーリンは，難易度を上げるために，参加者に4つ以上の変化を行なうことを提案している。難易度を上げるもう1つの方法は，何回も行なうことである。ちょっとした変化を見つけるのは回を重ねるごとにますますむずかしくなる。私はグループの相互交流と協力をもっと強めるために，さらに異なったバリエーションを作り出した。2列に並んだ人たちは，椅子に腰掛ける。そして，**グループ内で，3つの変化／お互いに何かを交換するように**と言う。たとえば，デービッドの腕時計がジョンの手首にはめられる，メアリーのネックレスをキャシーがつける，など。そして，もう1つのグループが相手のグループの中で行なわれた3つの変化／交換を見つける。高い技術をもったグループ（あるいはお互いに親密な関係を深めた人たち）はゲームをもっとむずかしくするために，さまざまな想像力を使う。私がこれまで見たのは，ベルト，イヤリング，そして靴下まで変える人たちだ！　しかし，自他の境界と自己感覚の弱いクライエントにとっては，このバリエーションが適切でないことは明らかだ。

　3つの変化（とくに最後のバリエーション）は次の**犯人は誰だ**の導入として使うと効果が高い。

犯人は誰だ

　このシアターゲーム形式のウォームアップでは，グループを半分ずつの小グループに分ける。それぞれ列になり，グループ同士でお互いに向かい合って座る。1つのグループには，観察する役目を与える。もっと具体的にいえば，このグループのメンバーは刑事であり，その仕事はもう一方のグループのメンバーを観察することだ。場面は（ある警察署の）待合室であり，刑事たちに，そこにいる人たちの1人が犯人で，その人以外は無実であると教える。刑事ではないグループの人たちは今から尋問されるのだが，その前に，マジックミラーを通して観察されることになる。刑事たちは限られた時間で，そのグループの人たちの非言語的な態度や表情を観察し，誰が犯人かを推理する。

　観察されるもう1つのグループの人たちの任務は，与えられた役割にしっかりと集中することだ。1人ひとりは与えられた状況に自分がいると想像しなくてはいけない（グループのリーダーが，はっきりと指定した状況。たとえば，自分が乗っていたメキシコからカルフォルニアへ行くバスの中で，密輸の麻薬が発見されたので乗客全員が勾留されている，など）。犯人役の人（その決め方はくじを引いてそこに×が書いてある人がその役になったり，あるいは，単純にグループ全員が目を閉じているときにリーダーがその人の背中をたたいたりして決める）は，とくに自分に与えられた状況に集中しなくてはいけない。この技法が効果をもつためには，犯人役になった人が，沈着な集中力をもつことだ（この理由から，私は犯人役を選ぶとき，無作為に

選ばせないで自分で選ぶ）。犯人役の人も，その他の人たちも，何か特別の行動をするのではない，ということをはっきりと知っている必要がある。むしろ彼らは，与えられた自分の役目と自分の状況の中にいると想像するだけでよい。

　刑事たちがその犯人捜しの推理について陳述を開始すると（もっとドラマらしくするのならば，有罪の告発状を述べはじめると），容疑者たちは黙って，すべての刑事が推理するのを待つ。全員の推理が終わった時点で，罪を犯した人間はゆっくりと立ち上がるように言われ，そこで犯人は自首する。グループのメンバーは，自然に，この最もスリルのある瞬間を有効に演出しようとする。何人かの容疑者が，ちょっと位置を変えたり，あるいは少し立とうとしたりして，その緊張の時間を引き延ばす。そして「本当の」犯人が最後に立ち上がる。クライエントたちはこの「決定的瞬間」を大いに楽しむ。

　次に役割を交代する。これまでの刑事たちが容疑者になり，容疑者たちは刑事に交代する。**犯人は誰だ**は進行を何段階かに分けて，容疑者たちが質問を受けるようにもできる。非言語的な状態から，言語を使う状態に移行することで，即興劇の場面に移行することが容易となる。

　犯人は誰だはグループのメンバーにとって，**ふりをすること**より，むしろ**想像する**という概念を理解する手助けとなる。集中と観察のスキルを向上させ，そして非言語的な言語や表情により注意を向けさせる。とくに青年たちはこのゲームにたいへん引きつけられる。おそらくその理由は，問題に巻き込まれ，有罪である感覚をもち，そして他人から非難されるということが，彼らになじみ深いものであるからだろう。**犯人は誰だ**は人数の多いグループでうまく機能する。理想的な大きさは10人から14人のグループだ。

話題を当てよう

　2人のメンバーに，他の人たちにはわからないように，ある話題を与える。グループの残りの人たちはこの2人の演技者が，与えられた話題について会話をするのを注意深く聞く。この2人は話題が何であるかを言葉ではっきりとは言わない。彼らの会話は，聞いている人に，その題材がはっきりとわからないように，意図的にあいまいに行なわれる。会話はたとえばこんな風になる。

「君はそれをやったことはあるのかい？」
「もちろん。いろいろな種類のものを長い間やってきたんだよ。最初にそれをやったのは，僕が十代の時だった。君の場合はどう？」
「いや一度もやったことがない」
「本当？　一度も？　どうして？」
「さあわからないねえ，たぶん怖かったからだろう」

第6章　単独セッション，連続シリーズの開始期

「最近は，妻と一緒にやっているんだ。もう1年近くね」
「それはどんな風？」
「必ずしも楽しいことではない。しかしいいことだよ。僕たちは本当に自分の思ってることを言うようになった。近いうちに，グループでもそれをするつもりだ」

　何が話されているかわかったと思った観客は，すぐに演技者たちの会話に参加をする。もし新しく会話に参加した人が自分たちの話題について話しているのではない，と最初の2人が判断したら，その人を観客席にまた戻す（このゲームで最も楽しく，そしてワクワクする部分は，誰かが活発に会話に参加したものの，次第に自分が別のことについて話していると気がつくところだ）。このゲームはグループ全員が会話に参加した時点で終了となる。

　先にあげた例が示すように，とくに会話をしている2人が，他の人に答えがわからないようにほのめかしたり，ふざけたり，意図的に人を惑わしたりしようとするときには，話している話題を推察するのが最初のうちはむずかしい。ここで行なわれる会話はしばしば頭脳的で，ユーモアに富んでいるので，聞いている人は，その注意力と集中力を非常に高める。**話題を当てよう**は言語的に能力の高いグループに使うのが最適だ。

　ちなみに，先の例の話題は「心理療法」でした。

人間あやつり人形

　ペアになって，1人があやつり人形に，もう1人が人形遣いになる。人形遣いは想像上のヒモを人形役の人につけ，それを操作する。人形遣いは，人形の腕を操作するヒモから動かしはじめ，人形の腕をさまざまな方向に振ったり，上げたりしようとする。人形に何をやらせるのかをはっきりと伝えるために，人形遣いは想像のヒモを操作するにあたって，できるかぎり正確に操作しなくてはいけない。人形は十分に集中し，しっかりと観察をし，そして自分の身体に送られるかすかな信号を拾い上げて，人形遣いの示す方向をほとんど直感的に感じ取らなくてはいけない（**人間あやつり人形**における2人の間の集中と反応の高さは，**パートナーのミラー**とたいへんよく似ている）。ペアが，基本的な操作をマスターしたら，もっと複雑な動きを試みることができる。人形遣いは人形を歩かせ，手を叩かせ，微笑ませ，ダンスをさせることさえできるようになる。人形遣いの1人ひとりに，グループのメンバーの前で自分の人形を「自慢する」ように言ってもよい。

　人間あやつり人形はスポーリンの**あやつり人形**と**自動操作**のバリエーションである。スポーリンの場合，演技者たちが場面の中で人形のように演技をしたり，あるいは1人の人形遣いが，人形として反応する多人数のグループを操作したりする。**人間あやつり人形**は，**パートナーのミラー**がたやすくでき，そして集中力を長く保つことがで

きる技術の高いグループで行なうのが望ましい。これは，**パートナーのミラー**よりも要求度が高く，高度の技術を必要とする（実際，パントマイムの技術が上手になる）。しかし親密さの度合いは，**ぬいぐるみ人形**（**信頼**のカテゴリーに入れてある）よりは低い。**人間あやつり人形**はとくに感情表現や情動を促進するものではないので，私はまれにしか使わず，**パートナーのミラー**あるいは**パートナーを彫刻する**の方をより多く使う。

空間物質

　これはスポーリンのシアターゲームの1つである。グループが空間の中を歩くのだが，その空間はまるで何か特別の，感覚や感情を刺激する物質でできているという想定だ。リーダーはそれがどんな物質かを声に出して指示する。たとえば，**霧**，**泥**，**糖蜜**など。スポーリンは，グループに何か新しい，今まで知られていない物質を想像させるように提案している。しかし，私の経験では，もともと抽象度の高い練習であるので，すでに知られている物質を使う方が，ドラマセラピーの身体的ウォームアップとしては効果がより高いように思われる。

　空間物質は，想像力と集中力を発展させる。私の経験では，子どもに使うときが1番効果的だ。一方，より多くの具体性そして相互交流を必要とする統合失調症のクライエントには不適切である。このエクササイズは，ある物質を指定するよりも，物理的な環境を想像させる方がもっと具体的なものとなる。たとえば，**氷で覆われた小川**，**熱い砂**，**重力のない惑星**など。このゲームは，参加者たちを，たとえば，「岩場がたいへん滑りやすいのでお互い助け合って小川を渡りなさい」あるいは「流砂に誰かが沈みかかっているのでその人を助けなさい！」などといった，お互いを助けたいと思うような環境におくと，もっと相互交流の強いゲームになる。

第7章 単独セッション、連続シリーズの中間期

単独セッションの中頃および連続治療シリーズの中間期の目標となるのは，**表現とコミュニケーション**，**登場人物と役の発展**，**グループ内の協力**，そして**自己開示**だ。自己開示を除く3つの目標に分類されているさまざまな技法の多くは，連続治療シリーズの第二段階（場面演技）で使うのに最も適切している。しかし，ドラマセラピーの技法の中で主要な**電話**は例外であり，シリーズのどの段階でも使用できる。最後にあげた目標，**自己開示**に分類される技法は，第三段階（ロールプレイ）および第四段階（最高潮に達する演技）のためのツールである。**自己開示**にかかわる9つすべての技法は，ドラマセラピーの中で最も重要な位置を占めており，そのため，この最後の目標が本章の中で最も発展した項となる。

表現とコミュニケーション

電話

1台の電話が部屋の真ん中に置かれている。それは線につながっておらず，実際にはかけられない。そんな単なる小道具であるのに，その電話はそこにあることで，さあ電話をかけなさいとみんなを招いている。

セッションがちょうど始まろうとしているとき，攻撃的な雰囲気の1人の青年が部屋の中に駆け込んでくる。彼は怒りにふるえながら，まるで何か難問を私に突きつけようとしているようだ。しかし，彼の目は電話をちらっと見る。とっさに彼はそれに手を伸ばし，受話器を取り上げて話しはじめる。「もしもし？ （間）やあ，父さん。僕の調子はどうなのかだって？ ちくしょう，いったい僕が何をしてると思ってんだよ？ あんたが僕を頭の病院とやらにぶち込んだから，怒り狂ってんだよ。それが今の気分さ」。彼は受話器を叩きつける。グループのメンバーは笑っている。でも不安も感じている。しかしメンバーの気分は明らかにそこに引き込まれ興味をそそら

れているのだ。私は全員に尋ねる。「誰かこのお父さんになってくれる人はいない？このお父さんが話しているように電話で話してもらえる？」すぐに，2人の青年が立ち上がる。「簡単だよ。父親の言いそうなことはわかってるさ」。私はそのうちの1人を選び，お父さんの役をやってもらう。そしてもう1人に，たった今，食らいつくように電話をかけた青年の役をしてもらう。こうしてセッションの治療が始まったのだ。

　私が最初に電話を使うというアイデアを思いついたのは，ドラマセラピーへの参加に極端に抵抗する，敵対的な青少年たちのグループの治療を行なっていたときだ。言葉を使って指示したものは，どんなものでもすべて抵抗のきっかけとなった。私は必死になってセッションを何とか始める方法を探していた。言葉による指導をまったく行なわないで，彼らにとっては抵抗しがたいようなやり方を見つけたかった。いろいろな考えを思いついたが，すぐにそれらは使えないと思われて却下した。彼らがどんな反応をするか，すぐに想像できてしまったからだ。「まったくアホみてーだぜ」「そんなこと絶対にやらねーよ」と連中は言うだろう。必要だったのは彼らに身近なもの，関係があるもの，それでいて彼らが何の抵抗もできないようなもの，不意を突かれていつの間にか参加してしまうようなものであった。電話が鳴っているイメージを思い浮かべたとき，私は即座にこれならうまくいくと思った。

　青少年たちにとって電話はとても大事なものだ。どの年齢層にとっても，電話はコミュニケーションを意味している。しかも距離の離れた相手との対話だ。この小道具は本物そっくりなので，クライエントたちは現実に起こった場面をすぐに思い浮かべることができる。この電話は線がつながっていないので，クライエントたちは押さえつけていた感情を表現したいと思うようになる。つまり，この電話を使えばさまざまな感情を安全に吐き出すことができ，しかも，相手からの反抗もない。

　抵抗の度合いがとても高いグループでは，電話から本当の「ベルの音が鳴る」と効果が高い（目立たないように置いたテープレコーダーで電話のベルの音を鳴らすとよい）。クライエントたちはとっさに受話器を取り，自分で会話をすぐに始めたり，その電話を，電話だよ，と言って他のクライエントに渡したりする。抵抗がそれほど強くなく，対応策がそれほど必要でないときには，次の3つのステップで進めるのが望ましい。

　1）クライエントたちに頼んで，ある特定の雰囲気や感情を引き起こすような電話を考えてもらう。そしてごく普通に1人ずつ電話をかけはじめる。しかし実際に声を出しては話さない。それを見ている観客は，その電話について観察したこと，推察したことを発表する。たとえば「あなたは誰かに怒っている」「誰かに素晴らしいニュースを教えたくてたまらない」「勇気をふりしぼって誰かをデートに誘おうとしている」など。

2) 言葉を使わない段階から言葉を使う段階に進行する。前の段階で使われた状況を発展させる。クライエントはここでも適切な雰囲気を思い浮かべながら電話をかける。そして今度は、電話の向こう側にまるで誰かがいるように実際に話してもらう。ここでは以前に起こったことだけでなく、新しい状況や対立について話しはじめることもできる。治療的見地からいうと、ここで話される独白はセラピストに多くの情報を与える。というのは、この独白はクライエントの内面にある気がかりなことを反映していることが多いからだ。演劇的見地からいうと、独白はそれがもつ写実性と真実性ゆえにとても魅力的だ。演技者が想像上の人物の話を聞き、その人にこたえているという状況を見ること自体ドラマとしてたいへん興味深い。

3) ここで、場面が独白から対話へと発展する。2つ目の電話が付け加えられ、グループ内のもう1人が電話の向こう側にいる人の役を演じる。これら2人の演技者たちは、お互いに向きを変えて姿が見えないようにしている。というのは現実の電話では実際に相手と目を合わせることはないからだ。

青少年たちが最初にかける電話は自分の仲間を感心させるような内容のときもある。たとえば麻薬のディーラーに電話をするなどはまれではない。これらの電話は、セラピストがクライエントにもう一度電話をさせることで、最初に扱われた問題をより深いところで考察することができる。しかしほとんどの場合、十代の青少年たちは自分のあこがれや苦闘を表現する電話をかけることが多い。入院している青少年たちはしばしば自分の家へ電話をかけ、どこの家族でも見られる家庭内の対立を表現しつつも、自分がホームシックになっていることを表明する。ある14歳の女の子は自分の家に電話をかける機会に飛びついた。彼女のホームシックは病院に入院させられたことへの怒りと混ざり合っていた。明らかに彼女は「騙されて」入院させられていた。両親は彼女にこの「お出かけ」が精神科の病院に行くことだとは話していなかった。この**電話**のセッションで彼女は自分の怒り、心の痛み、恥辱を表現するように励まされ、彼女が表明した内容はやさしく受けとめられた。セッションのかなり後になって、他の十代の子どもたちがどのように病院に入院してきたか、その状況をお互いに知り合った後、彼女は自分の父親の役になり次のように言った。「おまえをここに連れてきて助けを求めるには、この方法しかなかったのだ。もし私たちが病院に連れて行くと言っていたら、おまえはまた逃げ出していただろう。そうだろう？」彼女は自分の役をやっている女の子にこう答えさせた。「その通りよ」。必ずしも親をゆるすところまで到達したわけではないが、自分と父親の両方の役を演じることで、深いレベルで親を理解することができた。

第二段階（場面演技）で、**電話**はユーモアや独創的な考えを導き出すことが多い。クライエントたちは、ピザ注文の電話をしたり、間違い電話をしたり、大統領に精神治療補助金について不満を言う電話をかけたりする。第三段階（ロールプレイ）では、

実際の状況を扱う電話が多くなる。クライエントたちは**電話**の作業を現実の体験の準備として使う。たとえばデートを申し込む（あるいは断わる），仕事の面接場面を作る，拒否されたときの対処の仕方を練習するなどである。

第四段階（最高潮に達する演技）に入っているグループでは，電話の内容は感情的に重いものになる場合が多い。1つの電話の話がもう1つの電話の話を引き出し，セッションは螺旋状に進行してますます集中度を高めていく。ある女性のグループでは，29歳のクライエントが母親に電話をかけた。彼女は，母親と何年もの間話をしていなかった。たくさんの感情が浮かび上がってきているのは明らかだった。会話のある時点で彼女は静かにこう言った。「私には姉妹ではなくて，お母さんが必要だったの。私には保護してもらうことが必要だったの」。私は，彼女にこのセリフをくり返すように言った。というのは，彼女もそしてグループのメンバーもそこからわき起こってくる，さらに深い感情，その後に引き続いて起こる，それまで隠されていたさまざまな事情の開示に耐えられると思ったからだ。

この電話に影響と刺激を受けた24歳の女性は自分の母親と対決し，自分が十代のときに義理の父親から受けた性的虐待を彼女が無視をしていたと非難した。彼女はどんなに保護を求めていたことであろうか！　このグループのメンバーは深い共感を示したが，私は，グループ内の3人の母親の中に不安がわき起こってくるのを感じた。その1人が話しだした。彼女は子育てに対する責任とプレッシャーへの怒りを表明した。その役割は，私たちの社会の中ではおもに女性に任されている。そして，間違いを起こさない母親でいることは不可能だと怒った。それから彼女は，自分が母親として失敗したと感じてきた，そのことに心の底で罪悪感を感じてきたという感情を吐き出した。

部屋はしばらくの間沈黙に包まれた。あるレベルで，グループ内での転移が起きていた。娘たちは，母親たちを受け入れるであろうか，たとえ母親たちが自分たちに小さな罪があることを告白しても？　母親たちは，娘たちの経験した傷を理解するであろうか？　グループの女性の年齢差は，普段の私たちの劇の中ではあいまいであり，劇の内容とは無関係なのだが，今はこれが前面に出てきている。

人間相互間の動的な関係がようやく明確になってきた。グループのメンバーが自分たちの感情やグループ内の関係を省みるにつれ，また，それぞれの人の見方をお互いに認めるにつれ，グループがさらに深いレベルの関係と結びつきを手に入れつつあることがはっきりと見てとれた。今度は47歳の女性が，自分の21歳の息子に電話をかけた。話の内容は息子の子ども時代に彼をベビーシッターにあずけたことを後悔したということであった。それは彼女が再び働きはじめたときのことであり，また自分の夫に見捨てられたことに対して，自分の感情を調整しようと必死になっていた時期のことであった。その後の多くのセッションにおいて，このグループはいつもこの日の

第7章　単独セッション，連続シリーズの中間期

「電話のセッション」のことを思い出し，自分たちのセラピープロセスの転換点であったと話した。

　ドラマセラピーのセッションにおいて電話をかけることは，今まで述べてきた具体的な状況よりもはるかに象徴的な性格をもつこともある。クライエントはもう1人の自分，違った状態の自分，想像上の友だちなどに電話をすることもある。時には，セラピストが，具体的な相手への電話の後にもっと象徴的な相手に電話をするようにと指示をするときもある。あるクライエントは，スタッフから怒りを内面に向けすぎ，鬱になる傾向があると最近指摘された。彼は自分の家主にたいへん怒っていたので，家主への電話の中で怒りを外に向かって表明しようとした。その電話の後，彼はこう述べた。「こんなことをして何になるだろう？　実際には僕はこんなことは決してしない。こんなことをしたらアパートから放り出されてしまうからね。僕はこれまでただ不運だっただけなんだね。僕は自分の人生の状況にまったくうんざりなんだ」。私は彼に，**人生の状況**に電話をかけたらどうかと尋ねてみた。彼はいやいやながらもその電話をかけはじめた。しかし独白が進むにつれ，彼の言葉には感情が込もってきた。チャールズ［このクライエントの名前］は今まで何年もの間，自分が対処しなくてはいけなかった「不公平な状況」に対しての，積もりに積もった怒りを表明した。そして，自分が人生で当然受けるべきものを言ってみて，という私の指示に従い，彼は力強い調子でそれらをすべて言いあげた。その場面の後，どういう風に感じたかを聞いたところ彼はこう答えた。「健康的で，たくましい気分です。ここで怒りを表明したことで気持ちがよくなった。それに自分を傷つけてもいないし，他の誰も傷つけていない。たぶん，今感じているエネルギーを使って，私の現実の状況について何かできるかもしれない」。

　電話の場面を指導するとき，どの時期に（もう1人の人に電話に出てもらって）対話を始めるべきか，また，どのような場合にこの場面を独白のままにしておくか，この状況の区別をドラマセラピストがはっきりと知っておくことはたいへん重要である。対話が望ましいのは，次の兆候が1つまたはそれ以上認められるときだ。1) 治療上の重点が2人の人の間の関係／コミュニケーションにあるとき。2) 今，行なわれている相互交流を現実でも経験する方がクライエントにとって有益であると思われるとき。3) 電話に出る人を場面に参加させることがクライエントの場面へのかかわりを深める，または表現を強める唯一の方法であるとき。

　独白が望ましいのは，クライエントが相手なしでも集中度を維持できるときである。さらに，1) クライエントの感情表明が治療上の重点であるとき，2) 今，行なわれている状況が現実には決して変わらないであろうと思われるとき（たとえば，それがすでに過去の問題となっており，相手が「すでに現実の関係から出てしまっている」人である場合など）である。たとえば，先に取り上げた性的虐待を受けた若い女性は，

後のセッションで義理の父親に電話をすることを選んだが，そのときは独白のスタイルだけが使用された。義理の父親を実際の人として登場させることは是認できない。ここで唯一しなくてはならないことは，私のクライエントがいだいている怒りに声を与えることであり，それを何からも妨げられずに行なえるようにすることであった。しかし，別の14歳の少女の場合では，彼女が思いつめて，自分の父親に電話をし，もっと自由を与えてもらいたいと頼んだとき，私はそこに対話が起こるように指導した。その後で，**役割交換**を行なった。それは現在の関係の中でよりよいコミュニケーションが起こりやすくなるようにとの意図からであった。このプロセスを経ることで，クライエントは自分に何が必要であるかを，そして同時に父親の観点をも理解することができた。彼女はこのロールプレイの後，それまでのように感情にかられて行動してしまうのではなく，自分の感情を相手に直接表明することにより，自分たちの相互関係が否が応でも変化するということを体験した。

　電話を使っての独白と対話は，演劇的にも感情的にも大きな可能性をもっているので，私はその場面を実際の劇に取り入れたことがある。劇「**内側から外側へ**」（第Ⅲ部で論じている）の一場面でカリンという女性が１人でステージに座っており，父親からの電話を受ける。観客は父親の声（グループのメンバーの１人が演じている）をテープレコーダーで聞く。この音は劇場の音響システムから大きく響いてくる。この父親はカリンの子ども時代に肉体的，感情的に彼女を虐待していた。父親は，もし彼女が家に帰ってこないで「お前の人生がどこに向かっているのか，私の質問に答えなかったら」縁を切ると言って彼女を脅す。彼女がその返事を拒否すると，彼は言葉で彼女を攻撃しはじめ，次に受話器を叩きつける。観客はその場面が本当に起こったことだと感じ取り，カリンがどのように反応するかに注目している。まず彼女はヘロインの入った注射器を取り出し，その後，剃刀で自分を切ろうと考える。しかし彼女はそこでやめ，代わりに自分の心の痛みを感じ取り「この痛みと一緒に生きること」を選ぶ。舞台の上で，多くの人々の目前で，何回もの公演にわたって，薬物乱用，自殺未遂，精神科への入院歴のあるこの23歳の女性は自分の決断を語る。「今から私は生きるわ。自分のために」。

　今となっては，電話を使う前の時期を想像することはむずかしい。今，小道具を１つだけしか持てないと言われれば，私は電話を選ぶだろう。ドラマそのものと同じように，小道具としての電話は**ほとんど現実と同じはたらき**をもっており，現実と想像の間をその細い線でつないでいる。その線を通してこのように力強い演劇と治療が可能となる。

手のジェスチャー

　座っている人が自分の腕を椅子の後ろに回す。この人はこの即興劇場面の中の**話す**

人となる。もう1人が椅子の後ろにしゃがみ（**話す人の腕と胸の間から**）まるで自分の手が場面の中の話す人の手であるように，その手だけを前に出す。そして，話す人はグループのメンバー，またはもう1人の演技者からインタビューを受ける。**手のジェスチャー**を行なう人は話す人の言葉の反応に合わせて手でその感情を表現する。この技法は最初はこのように簡単な方法で導入するとわかりやすい。当然，これにはたくさんのバリエーションがある。2人が即興劇の場面に登場し，その手のジェスチャーを別の2人にそれぞれ行なってもらうということもできる。

　手のジェスチャーを演じているクライエントたちがとても独創的になることには驚かされる。彼らは場面の中のかすかな感覚に反応し，性格の特徴や身体の癖をとらえ，発展させ，話しをしている人に従い，かつ導いていく。手のジェスチャー役をすることは，言葉を使う場面を演じることに憶病な，自意識の高いクライエントにとってよいことだ。彼らは人から見られたり，セリフを言ったりしないでも，光り輝くチャンスを与えられる。手で操作できる小道具，たとえばタバコ，サングラス，財布，帽子を付け加えると創造性はさらに刺激されおもしろさが倍増する。

　手のジェスチャーは間違いなくたいへんにおもしろい。しかし，**手のジェスチャー**に本来備わっているユーモアと独創性よりも，もっと重要なことは，このエクササイズでは演技者たち（話す人とジェスチャーをしている人）の間に共感的なつながりができ上がることである。というのは，彼らはお互いが出す手がかりを鋭い感覚で受け止め反応し合わなくてはいけないからだ。**手のジェスチャー**を行なうと，言葉を使わない伝達方法にどんなものがあるのか，関心が高まる。

　手のジェスチャーは見ていてとてもおもしろく楽しいので，私は公演の中にも取り入れた。**分析を超えて**というグループが演じた「エピソード」という劇の一場面で，精神科医と患者がそれぞれ手のジェスチャーをする人を後ろに従え，観客が声で指示した感情に従って，その場で即興の対話を行なうという場面を作った。「統合失調症」，これがこの劇の主題でもあったが，この病気に関連する即興の言葉遊びがくり返し出てきた。その患者は医者からどうしてそのように怒り狂った手のジェスチャーをするのかと質問をされ，患者は自分が身体と切り離されているみたいだと叫び，「あれは私ではなかったんです！」と主張するような場面が何度もくり返された。

　手のジェスチャーをする前のウォームアップとして効果的なのは，グループの各人が手だけのジェスチャーを使って，感情を表現したり言葉で言いたいことを表現し，他の人たちがその感情や言いたいことが何であるかを当てるというゲームだ。

でたらめ語

　これはスポーリンが解説した技法であり，聞いてわかる言葉の代わりに音だけを使うというものである。基本は，演技者たちが自分で作り上げた即興言語を使う。身体

の動き，身振り，表情，声の調子で，話の内容を伝える助けをする。私がドラマセラピーにでたらめ語を取り入れた目的は，感情の表現，とくに怒りの感情を容易に発現させるためだ。でたらめ語はもともと楽しいものであるので，押さえつけられていた感情を外に出しても相手を怖がらせない。その他の副次効果としては，禁止されているという感覚が薄れる，ユーモアと自発性を促進するなどである。

でたらめ語は，導入の仕方・時期によって人を解放的にしたり，萎縮させたりもする。このゲームは，すでに自発性と自信を身につけ，自分が馬鹿げて見えても怖くないと感じるようになったグループに対してのみ使うべきである。でたらめ語が成功するかどうかは，クライエントたちをどのように導くのかという方法によって大きく左右される。以下に，望ましいウォームアップと進行方法を記述する。1) クライエントたちを2人1組にする。そして話を止めないで，同時にお互いの言っていることを聞かないで，しゃべり続けるように言う。2) 限られた時間の間，1) のステップをくり返す。このとき付け加える指示は，議論をしているように，また，相手より大声を出す，できるだけ大声でしゃべる，などである。ここでグループのメンバーに強調しておくことは，実際に口から出た言葉の内容は重要でないということだ。3) 前の2) のステップをくり返すが，いつも使っている言語（母国語）の代わりに，まるで激烈な議論をしている外国人のように勝手に作り上げた言葉を使うように参加者たちに言う。4) それぞれのペアは，議論をするような，または怒りを表わすような状況を創り，それをでたらめ語で演じるように言われる。グループのメンバーはその演技をまるで字幕のない外国の映画であるかのように観察し，何が起きたか推理をする。このように，お互いが議論をするという相互作用に焦点をあてて進行することにより，でたらめ語を作るのが簡単になる。というのは，議論をする形は調子や情動がはっきりしており，言葉や文化を超越した形だからだ。またこの方法で進行すると，エクササイズのときの焦点がただちに感情表現におかれる。

監督は，演技者たちの議論を激しくさせ，そして最終的には解決に到達するようにと指示することで，この場面をさらに発展させることができる。または，強い感情表現を必要とする日常言語で行なう場面の準備として，この場面を使うこともできる。また当然ながら，よりシンプルな構成ででたらめ語を使った場面を行なってもよい。演技者たちは（議論という形に限定されないで）独自の筋書きを作ることもできるし，単にその場で作り上げる**まったく準備をしない即興劇**を行なってもよい。場面に通訳者をつける，つまり登場人物1人に1人ずつの通訳者をつけることで，ドラマとしてのレベルをより複雑にしたり，感情表現からコミュニケーションに場面の焦点を移すことができる。習熟度の高いグループの場合，これらの場面はとてつもなく愉快なものになることが多い。

でたらめ語は，通常，第一段階と第二段階における創造的な劇作りという上級レベ

ルの技術だと見られているが、第三段階そして第四段階の個人的でサイコドラマ的な場面の最中に挿入することもできる。このような挿入が役に立つのは次のようなときである。1) 主役が、演技をしている状況でユーモアや馬鹿らしさに気づき、ちょっとした笑いが出そうになったとき。その時点で、セラピストはその場面をでたらめ語で続ける（あるいは再度演じる）ように指示する。そうすることで気づいたことがさらに強く表現され、また新しい見方を際立たせてくれる。2) 主役の感情表現が阻害されており、そしてセラピストが、架空の言語に変更すればこの阻害を解消できると感じるとき。3) 場面が主役にとって恐怖感をいだかせるようになり、その重みを取り除く必要があるとき。この場合、**でたらめ語**は［本人と役の間の］距離を増やす手段となる。

でたらめ語の別のバリエーションは、グループ全体が同時にでたらめ語で話をするというものだ。これは自由な演技、または特定の筋書きのもとでの演技のどちらの場合にでも使用可能な方法である。たとえば、リーダーがグループに与える指示としては、外国でラッシュアワーの混雑した電車に乗っている見知らぬ人同士、またはバーで冗談を言い合っている仲間同士などがある。あるいは、単にリーダーがさまざまな感情を指定してもよい。グループはそれを（でたらめ語で）表現し、自然発生的な相互作用にまかせてそのようすを発展させる。

でたらめ語に非常に似ていて、私がさまざまなグループと一緒に使ってきた技法の1つに、グループの中に1人か2人の外国語をしゃべる人がいるときに使う方法がある。言語の壁により引きこもりがちなクライエントはさらに孤立する。その障壁を無視するのではなく、この技法は逆にその壁を建設的な方向で使うことができる。たとえば、騒がしくすぐに感情を行動に表わしてしまうカリフォルニアの十代の青少年たちのグループの中で、たいへん引っ込み思案の2人の中国人が途方に暮れていた。私は、彼らに中国語で1つの場面を演技するように頼んだ（これはグループにとって**でたらめ語**と同じだ）。青少年たちにはその場面を見て何が起こっているかを理解するという困難な課題が与えられた。2人の演技者は自分たちの場面を演じているとき、とても活発になり表情豊かになった。そして場面の基本的な内容をはっきりと伝達することができて、私もそしてグループ全員も驚きそして喜んだ。熱烈な拍手が起こり熱心な話し合いが行なわれた。その後、アメリカの十代の青少年たちは中国人のクライエントに、さまざまな言葉を中国語でどう言うのかを尋ねはじめた。その週の残りは病院のすべての十代の青少年たちは中国語を習っていた。その中には英語で禁止されているいくつかの表現も含まれていた！　2週間前に入院してから初めてこの中国人のクライエント2人はまわりの同年代の者たちの仲間になった。

感情を指定する

　2人の演技者が即興的な場面を演じているときに，観客は彼らに対してある感情を声に出して指定し，演技者たちはただちにそれを「引き受け」その場面に組み入れなくてはいけない。たとえば2人の演技者が，レストランで結婚記念日を祝っている夫婦の役を演じている。観客の1人が「ロマンティックに」と叫ぶ。すると演技者たちは即座に（自分たちの今の場面をそのまま続けながら）ロマンティックな雰囲気にお互いの演技を変える。しばらくして観客の中の別の1人が「悲しく」と叫ぶ。すると演技者たちはすぐにムードを変えて演技する。数分後「疑い深く」と，指定する声があがる。すると会話も雰囲気もまた変更される。一般的に観客は場面の中に含まれる微妙な感覚に反応してくる。そして演技の中で今表面化しようとしている，またはその底に横たわっている感情を指定することが多い。しかしある場合には，場面で起こっているものとは関係のない感情が指定されることがある。演技者たちがすぐに演技を変更できるかどうかを試すためだ（そしてたいていとても愉快な結果をもたらすことが多い）。

　感情を指定するの別の方法は，観客全体ではなく観客の1人に監督の役を与えて演じるべき感情を言わせるという方法だ。また監督を2人にして，演技者1人に1人の監督を当てることもできる。2人の監督がいると2人の演技者は異なった感情の指示を受け，場面はより複雑になる。

　感情を指定するは，感情表現を即興の場面で行なうということに主眼点がある。演技者たちが普段はあまり表明しない感情が指定されることがあるので，感情表現のレパートリーが広がることになる。また場面が終わった後，演技者たちにどの感情を演じるのが一番心地よかったか，どの感情が一番むずかしかったかと尋ねることもできる。**感情を指定する**では，演技者たちが（または監督やグループ全体が）事前に自分たちがどんな感情を試してみたいかを決めておくこともできる。その場合は特別に選んだこれらの感情が場面に用いられる。たとえば青少年たちのグループは，実際に表現するのがむずかしい感情を4つ選びなさいと言われると，たいてい，怒り，悲しみ，愛，恐怖と答える。続いて，指名された2人の監督はこれらの感情を場面の中で口に出して指定する。感情は事前に決まっているが，監督たちはその順番や，長さや，頻度，場面の最後の感情や瞬間を決めることで，また，もう1人の監督や演技者たちと演出を競うことで，なお芸術的操作を加えることができる。（時には，両方の監督が自分たちの演技者に同じ感情を同じタイミングで表明するようにさせたり，またさまざまな感情を興味深い方法で並び合わせたりする）。監督たちはさらに，感情の強さを「怒りをもっと強く」とか「愛をもっと強く」などと指示することができる。演技者それぞれに監督がいるので，演技者たちは与えられた感情をそのまま表現

する，大袈裟に表現する，強めるなどの許可をもらっていると感じる。さらにそのことは，演技者たちが自分たちの場面を維持し，発展させる手助けにもなる。そのため，自分の感情状態を継続するために，しっかりとした構成と「背骨」が必要なクライエントにとって，これはとくに有効な方法である。**感情を指定する**は，また自意識が強い（したがって演技をするにはまだ臆病な）クライエントたちにも，監督の役を受けもたせることで積極的で中心的な役割を与えることができる。

　感情を指定するはスポーリン（V. Spolin）の技法のいくつかを基礎としたものだ。1) **感情を変える**：リーダーが身体的な活動を行なっている演技者に対してさまざまな感情を口頭で指定する。2) **内面活動の強さを変化させる**：リーダーが場面を演じている演技者に指示をして，感情を段階的に強めていく（疑い，恐れ，恐怖へと段階的に進めるなど）。3) **感情を跳ぶ**：演技者1人ひとりが，スポーリンが「内面躍動＜inner action＞」とよんでいる急激な変化を事前に選んでおき，それを場面にふさわしいように当てはめる（たとえば恐怖心を英雄主義に変化させる）。**感情を指定する**においても，セラピストが監督／コーチの役を担うことができる。しかし私の場合，観客やクライエントに場面の監督として参加してもらうことが多い。**感情を指定する**のバリエーションは，感情ではなくて態度，または気分を指定することだ。

　演技者たちがドラマにある程度慣れ，演技技術も上手になり，自発性や感情表現の幅などの技術が相当程度発展しているときには，**感情を指定する**の結果はとても魅力的なものになる。私はこの技法を数多くの一般向けの公演で使用してきた。そこでは観客がさまざまな感情を叫んで指定する。劇「**内側から外側へ**」の中にグループセラピーを演じる場面がある。その場面の最中に観客がさまざまな感情を大きな声で演技者に与えはじめる。それらをすべての演技者たちは（グループセラピストも含めて）同時に表現していく。数分経つと今度は，それぞれの演技者にそれぞれ異なった感情が与えられる。いつの上演でもこの場面は笑い転げるほど愉快であり，そして同時に，心に響く深い内容を示す瞬間を見せてくれる。

　私はまたこの**感情を指定する**を多人数のドラマセラピーワークショップや職員の内部研修で使ってきた。スタッフの研修で使う1つの方法は，2人のボランティアにクライエントとセラピストの役を演じてもらうというものだ。観客がその2つの役割に対して演じるべき感情を口に出して指定する。このようにして精神医療分野で働く人たちには，カウンセリングの状況で自分たちが経験する（そして押さえつけられている）感情を，楽しく，ユーモアのある（そしていつも大袈裟に強調した）方法で吐き出す機会を与えるのだ。

　感情を指定するは，ゆっくりだがさまざまに変化していくことが多い。というのは場面が進展していくにつれ演技者たちはますます「熱が入ってきた」と感じ，一方観客は，ますます自由に感情を指定することができる（そして演技者を支配する力も拡

大する！）と感じるからだ。ところでこれまで，一度として，観客が「欲情的に！」と叫ばなかったセッションや公演を思い起こすことはできない。

吹き替えとサイレント場面

　吹き替えはスポーリンの技法であり，演技者は身体を使ってお互いに反応し合うが，口を動かすだけで実際のセリフを声に出さない。通訳者が，外国映画の吹き替えの要領でその意味を伝える。この効果を高めるために，スポーリンは通訳者がマイクを使うことを推奨している。

　吹き替えは，その前に通訳者なしで身体で表現するだけの場面を行なったり，通訳者なしの場面に変更することもできる。このような**サイレント場面**という方法では，演技者は基本的にパントマイムで演技をする（口は動かさない方がよい）。そして言葉を使わないで何が起きているかをできるだけはっきりと伝達するように努力する。場面が終ったら，観客はその場面が何についてであったかを当てる。この方法は子どもや若い青少年たちに用いるとたいへん効果的だ。そしてこのやり方には言葉を言わなくてはならないという恐怖感がないため，言葉を使う即興場面演技の前段階としての役目を果たす。私は，耳の聞こえる人たちの中に耳の聞こえないクライエントが1人いたグループに，この**サイレント場面**を非常に有効に利用した。もう1つのバリエーション（**物語り**，第8章266頁参照）では，1人か2人の**語り手**が，ある物語（事前に決めた話，またはその場で作った話）を語り，そして演技者たちがその物語を言葉を使わないで演技する。

ニュースを伝える

　第二段階（場面演技）で感情的場面の演技が楽にできるようになるための練習として，場面の中で1人の演技者がもう1人の演技者に重要なニュースを伝えなさいという指示を与えることができる。2人の演技者の関係は事前に決めておく。しかしニュースの内容はニュースを伝えられる演技者には事前には教えられていない。ニュースは演技者自身が作ってもよいし，セラピストがささやき声で教えてもよいし，紙切れに書いたものを渡してもよい。そのニュースはたいへん劇的なものであってもよい。たとえばその人に宝くじが当たった，親類が亡くなった，または不実の配偶者から裏切られたなど。あるいはもっと複雑なものでもよい。いずれの場合でも，ニュースを伝える人は配慮と思いやりをもって伝えなくてはならない。そしてニュースを受け取る人は感情的にとても揺さぶられる可能性のある状況を聞くので，それに対して劇的で本当であるかのような反応の仕方を行なうというむずかしい演技の準備をしてなくていけない。**ニュースを伝える**は，第二段階の場面において参加者たちがある程度ドラマを演じるのに慣れており，また架空と現実との境界が内面で明確になってい

第7章　単独セッション，連続シリーズの中間期

る参加者にのみ行なうべきである。

歌に合わせて口を動かすのをビデオで撮る

　クライエントたちに，自分にとって特別に意味のある，自分が強く同化できるような感情を表現している歌のテープを持ってくるように頼む。グループ全体でいろいろな歌を聴いた後，1人ずつ自分の持ってきた歌が演奏されるときに口の動きを合わせる機会がもうけられる。ここで強調することは，その歌を感情と情熱を込めて「歌う」こと，できるだけ表現を豊かにすることである。歌を覚えていればやりやすくなる。そして，口の動きを合わせて歌っているようすをビデオで撮る。そうすることで演技力が高まる。またクライエントたちは新しい役を表現している自分をそのビデオで見ることができる。

　歌に合わせて口を動かすのをビデオで撮るは青少年たちの活動として望ましい。私は感情障害のある青少年のグループにおいて，言語コミュニケーションがほとんどなく，感情の動きが平坦で，引っ込み思案のクライエントたちが口の動きを合わせて歌っているときに生き生きとしてくるところをたびたび見てきた。またいつもは興奮しやすいクライエントたちが心を込めて大きな声で歌うときには，感情を正確にきちんとコントロールしながら発するところも見てきた。もちろん，クライエントは口を動かして言葉をまねるだけではなく，実際に声に出して歌ってもよい。演技をすることへの不安を少なくするために，グループ全体をバックコーラスにし，前に出ている歌手を支えるという形にしてもよい。1人ひとりが自分の楽器を選び，ビデオが回りはじめたら，パントマイムでその楽器を演奏したり，クライエントの中からダンサーになる人が出てもよい。

　歌に合わせて口を動かすのをビデオで撮るをロックビデオの制作という形に拡大してもよい（Emunah, 1990）。クライエントたちは，映像作業とグループでの話し合いを通して，その歌がもつ感情を象徴的に表わす映像を作り上げる。これらの映像はビデオの中に歌手やバンドの映像を交えて構成される。動いている人やダンスをしている人，芸術作品の映像，そして歌のテーマや感情に関連のあるドラマ場面の一部分などがあってもよいだろう。ロックビデオの制作には，根気と協力が必要だ。そして，ビデオが完成したとき，たいていのクライエントはそれを見て，達成感と誇りを感じる。

第Ⅱ部 ◆◆◆ 技　　法

登場人物と役の発展

家族内の役割

　「今日もまた遅かったのね。バーにでも寄ったんでしょう？　そうでしょう？」妻は怒った，非難めいた顔つきで見る。
　「いや，寄らなかったよ。会社に残って仕事をすませなくちゃいけなかったんだ。少しは，平和で平穏な気持ちにさせてくれよ！」と夫が答える。そのまま，彼はテレビをつける。
　8歳のケイティーが走り込んでくる。テレビの前で，でんぐり返しを始める。
　「お父さん，見て，こんなことができるよ」
　「いい子だから，後で見せておくれ，夕食の後に。少し静かにしていてくれるかい？」
　「決まりきった返事ね。食事の後でちゃんと理由を聞くわ」と妻はつぶやく。ケイティーは，でんぐり返しを続ける。
　「ケイティー，上手じゃない」と12歳のリサが言う。彼女は今電話をかけ終わったところだ。「そうね，しばらく2人でケイティーを見ていてくれない。私が夕食の準備をするわ」。

　グループは，4人の演技者がこの即興劇を5分か10分ほどで演じるのを見る。場面が終わると観客は，家族の1人ひとりが演じて見せた役割が何であるかを考える。それほどむずかしくはない。母親は**非難をする人**，父親は**面倒なことを避ける人**，小さい娘は**注目してほしい人**，そして大きい娘は**仲裁者**である。
　次の場面はもう少しとらえにくい内容だ。出てくるのは同じく4人の人物である。演技者は，すでに成人した兄弟たちで，母親の，60歳のサプライズ誕生日パーティーを計画している。登場人物はそれぞれ多様な性質をもっており，この架空の家族の中で彼らがいつも演じている役割を表面化させるのにしばらく時間がかかる。場面が終わって，観客がそれぞれの役割の特徴を判断しようとし，また演技者たちも自分が場面の中で感じたこと，そして行なった役と自分との関係について考察をするとき，メンバーの間で少し話し合いが行なわれる。
　家族内の役割は，グループを4人ずつの小グループに分けることから始まる。それぞれのグループは家族を構成し，それぞれがお互いにどんな関係であるかを自分たちで決め，その役の1つを自分で選ぶ。上記の役割，**非難する人**，**面倒なことを避ける人**，**注目してほしい人**，そして**仲裁者**はいつも私が使う役割だ（技術の習熟度の高いグループにはもっとたくさんの役割を選べるようにしてよい。あるいは自分たちで考えた役割を使ってもよい）。小道具を使って，演技者たちが登場人物や役割を発

第7章　単独セッション，連続シリーズの中間期

展しやすいようにもできる。さまざまなカツラ，帽子，眼鏡，洋服，台所や家の物品，おもちゃなどが望ましい。そしてこの**事前計画をした即興劇**の1つひとつがグループ全体の前で演じられる。

　家族内の役割には，決められた中から役を選ぶ，事前にお互いの関係が決まっている，場面の中でのそれぞれの目標が明快であるといった構成が備わっているので，演技の初心者が長めに演技を続けやすい。家族関係にはもともとさまざまな感情が含まれているので演技に参加しやすいし，またドラマを発展させやすい。**家族内の役割**は，連続治療シリーズの中で，ドラマ場面としては最初に発展した内容をもつものとなる場合が多い。

　家族内の役割は意図的に不特定の家族について行なうもので，自分自身の家族について行なうのではない。しかしながら家族間の動的な関係という主題は，当然，現実の自分の家族についての動的な関係に関する考察や話し合い，議論を引き起こす。**家族内の役割**は架空の場面と自分の実際の場面との間をつなぐ橋の役目を果たし，それゆえに第二段階（場面演技）で使うのに最も適している。この時点で，グループはドラマによる場面と現実人生の体験との間を結びつける段階に到達している，または近づきつつある。

　この場面の準備段階で，クライエントたちは，たいてい自分に親しみのある役を選ぶ。精神治療の現場では，誰もが**面倒なことを避ける人**の役を競って行ないたいように見える。メンタルヘルスのスタッフのためのワークショップでは，**仲裁者**の役がすぐに取られてしまう。参加者たちは，場面演技の最初の一巡目で自分自身の役割や自分が通常行動する立場に近い役を演じるのに成功すると，2回目以降は，だいたい他の役にも目が行くようになり，自分に親しみのない役割も選ぶようになる。（この時点で，怒っている**非難する人**の役がたいへん人気を集めてくる。これは鬱でものごとを避けたがる多くの精神疾患患者の表面的な態度の下に秘められている立場だ）。クライエントにとって，新しい役を演じることは，別の行動方法を体験できる機会となる。

　家族内の役割の前に行なう効果的なウォームアップは，それぞれの小グループが言葉を使わず，家族という特別な形ではなく，より一般的な4つの役を演じてみることだ。演技者たちは部屋の中を動き回り，自分たちの役を身体で表わし，また自分の役に従って他の人たちとの相互関係を演じる。1つの小グループが言葉を使わないこの即興劇を短い時間で演じると，グループ全体でそれぞれの役のはたらきを当ててみる。このように簡単で短い場面を演じることにより，参加者たちは与えられた役を演じるというプロセスに慣れ，その役を自分の身体で感じ，他の人と即興的な相互交流を行ない，また演技することに慣れることができる。この段階を踏むことで言葉を使った，より複雑な場面を創作し演じる段階まで進みやすくなる。

第Ⅱ部 ◆◆◆ 技　　法

　ドラマセラピストの指導と介入により，言葉を使った場面は演劇としても，治療としてもさらに延長し発展させることができる。場面の発展のさせ方として，以下のような方向が考えられる。1) 場面の中の2人の人に焦点を合わせる（他の2人は場面を立ち去るか，または場面の背景に退いたままにする。または何か言葉を使わない活動を背景で行なわせる）。2) 場面の登場人物の1人に**ダブル**を付ける。**ダブル**を付けるのに適した役は，**面倒なことを避ける人**だ。**ダブル**を使うことで，この役の中に押さえつけられている感情が表現されるようになる（避ける人の役を演じている人自身がこの**ダブル**になる機会があると，安堵感を味わうことが多い）。3) 演技者たちに自分の役を変化させるように言う。そうすることで相互関係のパターンをゆっくりと変化させる。これは**ダブル**を使うことによって自然に起こることもある。というのは**ダブル**が入ることで，その場面の潜在的な感情や意図を考察し表現しやすくなるからだ。

家族療法

　1家族あるいは2家族が家族療法士に診てもらうという場面を作る。各家族の問題点やものの見方については場面を開始する前に，グループリーダーが簡単なインタビューをする形でおおむね決めておく。1人ひとりが自分の意見を述べ，それらを積み重ねることで，家族間の動的な相互関係や状況を共同で作り上げていく。**家族療法**の場面はこれら以外，ほとんど何の準備も必要としない。実際，青少年たちのセッションの最初に，私は**家族療法**を次のようにだけ言って開始することがある。「家族療法のセラピストになりたい人，誰でもいいからこの椅子に座ってください（すでに舞台に椅子が配置されている）。お父さん役をしたい人，この椅子に座ってください。十代の子どもはあの椅子です」など。このような招き方で，今から行なおうとする演技への彼らの心配をそらし，ある役を自分で受けもつというチャンスの方を強調する。たいてい，椅子はすぐに割り当てが決まり，インタビューは開始される。

　私は，**家族療法**を**家族内の役割**と同じように，第二段階の後半に入ったグループのニーズに応じるために考案した。ここで行なう場面は自分自身の家族というよりは，ある不特定の家族についてである。しかし自分自身の実際の家族，そして人生の中の役割に関しての考察も十分にこの中で引き起こされる。ここでのドラマの設定は，セラピーのセッションが行なわれており，そこでさまざまな問題が露わになり吟味されるというのであるから，**家族療法**の場面では**家族内の役割**よりもさらに1人ひとりにとって刺激的なものになりやすい。この技法は十代の青少年たちに最も強い影響を与える。というのは十代の青少年たちは家族との葛藤に深く陥っており，現実に近い場面を演じることに意欲的である。そのためこの場面の中に実際の人生の対立や葛藤を持ち込んでくることが多い。息子や娘たちの役を演じている青少年のクライエント／演技者たちは，押さえつけてきた感情や悩みをここで表現する。親の役割を演じ

第7章　単独セッション，連続シリーズの中間期

ている者たちは，たいてい自分の実際の親たちの情動や立場をそこに作り上げる。最初は少し誇張と滑稽さを加えて演じているが，場面が進行するにつれ，その演技は次第に真に迫ってきて，時には親に対して共感的な立場をとることさえある。

　治療的に最も意味のある役は家族療法のセラピストである。この役を演じているクライエントは，ある程度の客観性を維持し，すべての参加者に対して共感を示し，そしてなんらかの方法で指導，介入を行なわなくてはならない。多くの青少年たちはこの役を演じたいと意欲的なようだ。その理由は，彼らがこの役に力があると感じているためであろうし，あるいはよく知ってはいるが恐ろしいと感じた体験に対して，少し自分が優越感を感じるチャンスが与えられるせいなのかもしれない。または，子どもの頃に，お医者さん役をやった［人を治療してあげた］ときのことを思い出すのかもしれない。この役を演じはじめると，青年たちは，この役には力を手に入れる以上のものが付随していると気づく。たいへん感動的なのは，普段は感情的にとても激しやすい十代の青少年が，この場面にしっかりかかわりながらも感情的に距離を置いて演じているのを見ることであり，また，助けてくれる人は誰もいない，将来への望みももっていないと思える十代の青少年が，家族を助けたり，希望を与えたりする方法を発見していくのを見ることだ。セラピスト役という仮装のもとでクライエントたちが驚くべき見方や知恵を示すのを，私はこれまで何度も見てきた。この役を行なうことによって彼らが発見したことは，グループでの重要な話し合いにつながっていく。同時にこの発見は彼ら自身の人生への重要な処方箋ともなっていく。

　家族療法は登場人物たちの役割交換を通してさらに発展させることができる。実際，青少年たちは，たいてい自ら役割交換を要求する。セラピスト役を演じることに備わっている治療的な力は，クライエントが他の家族の役を演じ，その中で行き詰まってしまった後では，さらにその効果が高まることが多い。

　感情障害のある，または感情をすぐに直接行動に表わしてしまう青少年たちが共同生活をしている施設では，**家族療法**のすぐ後に，近いうちに行なわれる予定の実際の家族療法や「合同」ミーティングの演技を行なってもよいだろう。青少年たちはこれらのミーティングに大きな不安を感じている。家族の中のコミュニケーションがバラバラであったり，感情が抑圧されている場合，安全で包み込まれた状況の中で現実の練習や準備のための演技を行なうことは，実際のミーティングを生産的にするための最良の方法となる。

セラピストとクライエント

　セラピストとクライエントでは，1人のクライエントがクライエントの役を，もう1人がセラピストの役を演じる。これらの場面は，自分の人生でクライエントの役をたくさん体験してきた人たち，たとえば施設に入院している成人精神疾患患者な

どにとって大きな意味をもつことになる。患者の役を長期間行なっていると依存心が高まる。ドラマとはいえ、自分が助ける役目に代わることで、自分の中のより強い、より独立した側面を呼び起こす。さらに慢性的な患者は、セラピストに何年間も診察され、観察されてきたばかりでなく、何年もの間セラピストを観察してきている。セラピストこそ彼らがよく知っていて、上手に演じることができる役の1つである。実際のところ、クライエントが描写するセラピストは、普通恐ろしいほど抜け目がなく、また非常におもしろいことは言うまでもない。**セラピストとクライエント**の場面は、患者たちに、自分たちが共通してもっている体験を皮肉って笑いの種にする機会を提供する。治療、とくに入院治療は不名誉であると思われているという事実があるので、この題材を演じることにますます重要な意味が出てくる。私が指導した精神治療入院施設での多くの劇には、**セラピストとクライエント**の場面がたくさん含まれ、その関係者たち全員、クライエントにも、セラピストにも、分け隔てなく愉快な息抜きを与えることとなった。

　セラピストとクライエントの場面はとても心を動かし、治療上重要な意味をもつことにもなる。とくにクライエントが自分自身をクライエントとして演じるときだ（この役は、セッションの中で自分自身の存在、感情、またはジレンマから離れたくないと思っているクライエントにとって実に適切な役となる）。そして、この役が行き詰まった時点でセラピストの役に交代することができる。この新しい役をもらうと、その人は、それまでの自分自身に対して共感を示し、そしてその支えとなるように対応する。この対応の中には、対決する、忠告する、洞察を与える、または分別のあることを暗示して伝えるなどが含まれる。自分自身を診察するセラピストを演じることにより、内面に蓄えられた力、そして蓄えられている健康な部分が導きだされ、また観察する自我が強められる。このような観点では、**セラピストとクライエント**は**内面に存在するはぐくみの親を導きだす**という介入の手法と似ている。

レストランの場面

　全体を、3人か4人のグループに分けた後、参加者たちにレストランでの場面を作るように言う。1人がウエイターかウエイトレスの役を演じ、他の人たちはお客となる。場面の計画を立てる段階で、それぞれのグループはその場面で発生するもめごとを何にするかも決定する。

　レストランの場面は、第二段階（場面演技）の初期に行なう**事前計画をした即興劇**としてうまく使える。連続治療シリーズの適切な時点で、さらにそのとき適切なウォームアップをしてから**レストランの場面**を導入すると、クライエントは間違いなく、即興劇を行ない演じるということへの自信を得ることができる。レストランというよく知っている状況、そしてその場面の中で役がはっきり分かれているということから、

第7章　単独セッション，連続シリーズの中間期

　レストランの場面は即興劇を初めて演じる人たちにとって，比較的簡単でそれほど怖さを感じさせない場面だ。また，場面の中にもめごとがあるので演技がやりやすくなる。とても引っ込み思案のクライエントたちであっても，ウエイターの役は魅力的に感じられる。というのはウエイターには注文を取ったり食事を出したりするなど特別な役割があるので，（舞台の上に）いつもいる必要はなく，出たり入ったりしていいからだ。

　レストランの場面のもめごとはよく見られる典型的なものになることが多い。たとえばスープの中に蠅を見つけるとか，何かのサービスが悪いなどである。このホームコメディ的な筋書きは精神治療現場でしばしば使われる。この時点での目的は演技者たちに自信を与えることなので，場面が単純でも，ごくありふれた内容でも，まったく問題ない。さらに多くの精神疾患患者は社会の通常の流れから除外され，疎外された中で生きているので，ありふれた状況を演技すること自体が積極的な意味をもつことにもなる。即興劇を作ることが楽しめるほどの洗練した技術をもつグループの場合であれば，陳腐な場面をつい演じてしまいがちな状況を回避するためには，計画の段階で，もめごとはお客とウエイターとの間ではなく，**お客同士の間**で起こらなくてはならないと指示すればよい。これで，焦点はお客同士の間の**関係**に移り，それはさらに発展した複雑な相互作用につながり，かつたいへんユーモアに富んだものになる。ウエイターはドラマ上の引き立て役となり，お客同士の間のもめごとに反応する（そして影響を与える）。たとえばわざとおせっかいをやいたり，手助けをしたり，邪魔をしたり，あるいは挑発したりする。レストランは公共の場所であることにより，もっと感情的にエスカレートしそうな場面でもそこには制限が加わる。そのため，連続治療シリーズの初期の段階で演技をする人たちはより安全であると感じる。

　レストランの場面の前に行なうものとして理想的なのは，**パントマイムで食べる**である。これは次のステップで行なうとやりやすい。1) **パントマイムで食べる**　2) **パントマイムで食べる**を食事全体に拡大する。観客は，一皿の料理の種類ではなくて，食べている食事の種類を当てる（たとえばイタリア料理，中国料理など）。3) それぞれの小グループに自分たちが食べる食事の食べ方，レストランの種類などを決めさせる。（言葉を使わない演技を見た後で）観客は，それが何であるかを当てる。もっと具体的な指示が必要なグループの場合には，セラピストがいくつかのアイデアを提供する。例としては，エレガントなフランス料理レストラン，くたびれきった・みすぼらしい簡易食堂，高校のカフェテリア，トラックの休憩所など。言葉を使わないこれらの即興劇において，登場人物の性格描写は自然に行なわれ，その後演じるさまざまな場面への準備となる。4) これでグループは第4のステップである完全な**レストランの場面**を演じることができる。ここでは，役割，登場人物，そしてもめごとをより発展させ，言葉を使った演技が行なわれる。

第Ⅱ部 ◆◆◆ 技　　法

新聞

　グループのリーダーが舞台部分で，新聞を読みながら座っている。リーダーはそこが公園のベンチであると説明し，その新聞がとても貴重なものであると言う。そしてグループのメンバーに，この新聞を取れるもんなら取ってみなさいと挑発する。グループのメンバーたちは物理的な力を使わない限りはその大切な新聞をリーダーに手放させるためにどんな独創的な試みを行なってもかまわない。登場人物の性格描写をはっきりさせるために，また想像力を刺激するために小道具を用意しておく。

　徐々にその公園の場面にメンバーが参加しはじめる。たいていは一度に1人ずつ場面に入ってくる。登場するのはホームレスの人かもしれず，寒さで体をふるわせており，体を温めるためにその新聞をくださいと哀願する。あるいは犬の散歩をしている人がその仔犬の汚したものを掃除するために新聞がほしいと言う。あるいはナルシストの犯罪者が自分の最近の犯罪が新聞に載ってるかどうかを知りたいと言う。リーダーは，新聞をその人にあげてもよいと思えるような特別なはたらきかけの力をもつ演技を行なった人にだけ新聞を渡す。新聞を受け取った人は，今度はリーダーの役を引き継ぎ，次の演技場面を始める。

　新聞は雪だるま式に効力を発揮する。最初メンバーは気乗り薄である。しかし一度誰かが参加しはじめると，さまざまなアイデアが急速に生み出され，そしてでたらめな物語や登場人物がどんどん発明される。そこに解決すべき難問と仕事――新聞を取り上げること――があることが，創造力を刺激し，一方演技することそのものからの注意をそらす。さらに短いドラマ形式のエピソードの形であって，完全な場面を展開する形ではないので，演技をしなくてはいけないという心配を少なくする。参加者たちは演技に参加した後，すぐにその場面から出ることができ，また後で別の人物として再登場できる。一方で**新聞**はグループの中の1人ひとりが主導権をもって演技することを要求するので，きちんと構成の決まった行動をする必要のあるグループ，または想像上の人物を演じることをためらうようなグループでは，戸惑いを感じることになる。**新聞**を使用するのに最もよい時期は，第一段階（劇遊び）の最後，あるいは第二段階（場面演技）の最初であり，すでにある程度の自発性と創造性を発揮できるようになったグループの中に，愉快な遊び気分を作り上げるため，そして新しい役や登場人物の実験を行なおうという意欲を喚起するために行なうとよい。

テレビインタビュー

　「テレビインタビューショーにみなさまようこそ。毎晩，私たちは興味ある人物にインタビューを行ない，人生のあらゆる分野の人たちのお話を聞きます」とドラマセラピストが，そのときのグループに関係のありそうな言葉，独創的なショーのタイト

ルを付け加えながら開始する。セラピストが司会役を演じ続けてもよいし，グループの誰かを司会役にしてもよい。次に希望者がある人物となってショーに加わりインタビューを受ける。このときの人物描写には，有名であってもなくても，メンバーが知っている人物や架空の人物を使うこともできる。この**テレビインタビュー**をより個人的な形にした方法は，インタビューを受けるクライエントが自分の生活の中にいる実際の人物として，または自分自身として，未来の自分として，過去の自分として登場するものである（ここは**違う年齢のあなた自身**と同じだ）。別の人物を作るときには小道具が助けになる。自分自身を描くときは小道具はかえって注意を拡散してしまうことが多い。

　テレビインタビューはいつも愉快で多様な性格描写から始まることが多い。そして次第により個人的なインタビューへと進んでいく。人物を創り出すとき，自分の希望や空想がそこに現われることが多い。そのため，将来自分がそうありたい姿の演技化へと自然に移行することができる。セッション全体が，さまざまな人物を作ることに終始し個人に関係するようなインタビューがなかったとしても，典型的で表面的な人物の描写から，より複雑で発展した人物描写へと進行することが多い。

　これに関連した技法で，**テレビインタビュー**の効果的なウォームアップにもなる**トークショーの聞き手**というものがある。これはアダム・ブラトナーとアリー・ブラトナーが考案した（Blatner & Blatner, 1991）。グループのメンバーは想像上の人物を思い浮かべる。このプロセスを簡単にするために，ブラトナーらは，あるテーマをみんなに提案する。たとえばとても魅力的ではあるが，すぐにはよくわからない職業をテーマとするなど。メンバーはペアになり，1人がインタビュアー，もう1人は自分の選んだ人物となる。2人の参加者はテレビカメラ，そしてテレビの視聴者の前にいると想像する。およそ5分間インタビューを続けた後，役を交代する。このエクササイズは，役になることを学ぶための基本的なウォームアップとなる。

　テレビインタビューは，とくに潜伏期の年齢の子どもたちや青少年たちにふさわしい活動だ。通常，テレビは彼らの生活の中で大きな部分を占めている。そのため，ここで使われる技法にはなじみがあり自分でやってみたいと思うものだ。インタビュアーの役を演じている人は，他の人を打ち解けさせ，その本心を話してもらうこと（そしてこれらの年代の子どもたちであれば，そのむずかしさ）を体験できる。インタビュアー役の人に，テレビ番組を見にきているお客さんからの質問を受け付けさせることで，インタビュアー役の自分へのプレッシャーを減らすことができ，また観客になっている人たちを場面に参加させることができる。

　テレビインタビューは，既存のグループに新しいメンバー（1人でも数人でも）が入ってきたとき，またはグループの中の人たちがお互いをよく知らないときに効果的に使うことができる。ある人にその人自身としてのインタビューをするという形式

は，グループの仲間を紹介する，またその人の情報をもっと知ろうとするときに，流れの決まった，かつ楽しい方法である。

隠された葛藤

　スポーリンが解説したこの技法では，演技者1人ずつが自分の内面にある葛藤を決める（あるいは与えられる）。そしてその場面を演じる。ただしその葛藤は決して言葉には出さない。スポーリンは，例として朝食時の夫と妻をあげている。場面を始める前に，夫は自分が今日仕事に行きたくない気分であると指示されている。妻は彼にすぐ出かけてほしいと思っている，というのは秘密の訪問者がもうすぐくるからだと指示されている。容易に想像できるように，このような即興劇の場面の結果はとても興味深くおもしろいものになることが多い。

　私はこの**隠された葛藤**を十代の青少年たちによく使った。というのは彼らは何かを隠しているという考え方にすぐなじむし，私から秘密のメッセージをもらうという形をたいへん喜ぶように思えるからである（場面が始まる前に部屋の外で私はメッセージを渡す）。その場にふさわしい筋書きが作り出される。そのような例の1つが母親と十代の娘の話だ。娘は自分が妊娠しているということを知ったばかり，そして母親は，娘がまだ無知だと思っており，娘に対して性の秘密について話さなくてはいけないと不安に思っている。相互に関係する葛藤がドラマとしての緊張感とおもしろさを高めてくれる。**隠された葛藤**の場面は即興劇の技術を必要とし，またその技術をさらに発展させる。演技者たちは2つのレベル以上の相互関係に参加できなくてはいけない。**隠された葛藤**は，幼い子どもたちや発達障害のある大人たちに対して使ってはいけない。彼らにとって隠されている葛藤を口に出さないようにすることはむずかしい。**隠された葛藤**は感情障害のあるクライエントにとっても不適切だ。彼らはもともとの家族環境において，背反する意味をもつメッセージを聞いてきており，そのような体験を思い出し，おそらく苦痛を感じると思われるからだ。

　隠された葛藤に引き続いて行なう，理想的な場面は，演技者の内面の考えや感情を口に出して言う**ダブル**を使う場面だ。**ダブル**を挿入するという介入により，場面はもっと心理的な方向に動いていく。さらにこのような場面の後クライエントたちに，他人に隠している自分の葛藤や感情を伴う実人生の状況を考えるようにと言うこともできる。次にそのような状況を演技にすることで，興味深い逆説的状況が生まれる。場面の内容は他の人に秘密にしていることなのに，その場面を演技しているという事実は，その秘密をさらけ出していることを意味する。クライエントにとって，これは自分の重荷を軽くするという経験となる。このエクササイズを通して，人がどのようにして，何かを隠したり，偽りの姿を見せたり，嘘を言うかということについて，またこのような行動の背後にある動機や恐れについて，より深い洞察が得られる。

台本による場面

　即興による場面がドラマセラピーの通常の形態であるが，時には従来の劇を使った場面を行なうこともある。**台本による場面**を導入するのは，グループのメンバーが，台本を使って演技をしたいと自ら興味を示すときだ。その場合ドラマセラピストは注意深く適切な場面を選び，その台本をセッションに持ち込む。台本はグループが扱っているテーマ，あるいはグループの特定の個人がかかえているテーマに関連する内容である。セラピストは，クライエントがこの体験に成功するように，その人にとって演じることがやさしい役を見つけるよう努力する。また，その役が特定のクライエントにとって治療上の目標（たとえば，主張する，怒りを表現するなど）を達成する助けになるような役を見つけるよう努める。**台本による場面**は，感情的なカタルシスと役のレパートリーの拡大を同時にうながすことができ，クライエントにとって創造的な達成感を得ることができる。とくにセリフを暗記して演技するとより効果的だ。

　台本による場面に興味を示すグループは演技をすることにも惹かれていることが多い。これらのグループの参加者は，何かを演技したいとその機会をいつも待ち望んでいる場合が多い。彼らは**台本による場面**にのめり込むことがよくあり，取り組み方はたいへん熱心だ。クライエントたちが練習のために台本を家に持って帰りたいと思うことはめずらしくない。ある精神科病院の2人のクライエントが病院内の比較的人のいない場所で，お互いに感情を込めて叫び合っているのをまわりの人が聞いたということがあった。すぐに緊急信号が発せられ，2人はそれに応じてかけつけた病院のスタッフらに取り囲まれた。しかしその2人のクライエントは，私のグループのメンバーであり，台本の場面の練習をしていたことがわかった。クライエントたちは後でその話をグループの他のメンバーに誇りをもって語った。スタッフたちは彼らの**演技を本物**だと思ったのだ！

　台本による場面は次のような方法でさらに発展させることができる。演技者たちに，1)その登場人物としてインタビューをする。2)場面の最後を変更する。3)台本に沿いながら，即興劇を作る。即興部分は，過去あるいは未来に起こるというシナリオで，もとの場面に登場する人物の数より少ない，あるいは多い人数の演技者が出てくる筋書き，また登場人物とセラピーセッションを行なうという筋書きでもよい！

グループ内の協力

場面に加わる

　場面に加わるは，基本的にスポーリンのどこ？ゲームで使う技法と同じである。1

人が舞台部分に入り，そしてなんらかの演技を始める。別の1人が最初の演技者が何をしているのか（あるいは彼がどこにいるのか）がわかったら，その人はその状況に適切と思われる役になってその場面に加わる（そしてそれはどんな人物でもよい）。グループの他の人も，同じような形で一度に1人ずつその場面に加わることができる。また，場面では2人目の人が入ってきたときから言葉を使いはじめる。

　場面に加わるはグループの協力を促進するための愉快で創造的な方法である。1人ひとりの貢献はその場で受け入れられ，支持され，そして発展させられる。すべての人は他のすべての人に反応しなくてはならない。他の人が新しい事態や新しい情報を付け加えるのに合わせて，誰もがその場でその場面についての今までの考えを変更する。場面の複雑さは次第に増加する。たとえばある女性が舞台に入ってきて靴を履きはじめる。もう1人が靴の入った箱を持って舞台に入って言う，「ほら，これを試してみてください。こちらの方がぴったりすると思いますよ」。お客と靴のセールスマンの間の場面が何分間か続く。すると突然ある男が大きい声でしゃべりながら入ってくる。「マギー，どこにいたんだよ。このショッピングセンターの中を探し回ったよ」。女性は皮肉っぽく言い返す。「靴屋さんに行くって言ったでしょ。でもいつものようにあなたは自分のことに気をとられて，私の言うことなんか聞いていなかったんだわ」。売り子はおもしろそうにそのようすを見ている。その間にもう2人が，母親とわからず屋の子どもになって店に入ってくる。また別の1人がステージの別の部分から入ってきて，売り子をちょっと観察した後，権威をもった雰囲気の声でこう言う。「アーサー，君に少し話があるんだ。こちらに来てくれないか？」これらの場面にはいつも自然な流れがあり，時どきびっくりするような場面が展開し，これらの場面をさらに発展させていく。グループが協力し合うことを中心にし，人前で演技することに重点をおかないために，（最終的に）全員が場面に入るようにと指示するのも1つの方法である。場面は最後の人が加わると終了する。この練習はグループが6人あるいは7人より少ないときに効果的だ。もっと人数の多いグループでは場面があまりにも混乱してしまうことが多い。

　場面に加わるのバリエーションの1つは（セラピストによって，またはグループのメンバーによって）どこか特定の時点で場面を「一時停止」させることだ。その時点で新しい人が入る。そして現在の場面に何かを付け加えるのではなく，その人は場面を変化させる。すでにステージにいる人たちはその変化に従って反応する。この方法は身体を使う場面が多いときに一番大きな効果があり，言葉が主である場面の場合にはそれほどの効果が出ない。演技者たちの動きを一時停止させるタイミングは，普通，その身体の動きが何かを表わしているときが多い。このように新しいシナリオは，舞台に新しく登場する人がそれまでの演技者たちの身体の動きから自然に連想したことをもとに発展する。多くの自発性が必要とされ，またそのような感覚や態度が発達

する。

変容

　変容は**場面に加わる**に似ているが，演技者自身がその変容を行なうという点で異なっている。「一時停止」は使わなくてもよい。そのため1人の演技者が場面の真っ最中に自発的に場面をまったく異なった別の場面に変形，変容させることができる（他の場所，他の関係などを含む）。その時点で他の演技者（たち）は即座に新しいシナリオに自分たちを合わせなくてはいけない。この技法はスポーリンが最初に記述したものであるが，1960年代の実験即興劇場によって導入された。その後，ドラマセラピストのデービッド・リード・ジョンソンが，ドラマセラピーの発展的アプローチをさらに進めた形式として開発した（Johnson, 1982b, 1986, 1991）[のちに彼は**発展的変容**＜Developmental Transformations＞と名づけた]。ジョンソンは，ドラマセラピーの個人セッションをほとんどこの**変容**だけを使って行なう。クライエントもセラピストも，場面の中の材料から引き起こされた連想に基づいて，劇のどの時点でもこの変容を開始することができる。刺激に満ちたこの方法では，自由連想というプロセスが活性化される。そして，楽しく，安全に包み込まれた空間の中で人の内面の世界が受け入れられ，探索される。ジョンソンはこう言っている。「クライエントとセラピストがその題材に深く関与するにつれ，場面はそれ自身で変容していくように思える。参加者たちが意識的に計画をしているのではなくて，まるでイメージがどこか別のところから訪れてくるかのように変容する。第二に，変容に登場するイメージ，場面，登場人物は，たいへん素朴で個人的な内容をもっており，心理療法によって触発されたより深いプロセスを反映している」(Johnson, 1991, p.290)。

　ジョンソンの**変容**は，ここで簡単に説明したよりはるかに複雑なプロセスであり，多くの治療目標をその中に含んでいるので，第Ⅱ部のさまざまな項目のもとに分類することもできるだろう。

裁判の法廷

　法廷の演技は，ドラマを演じながらお互いに協力をするという感覚をグループとして発展させるための素晴らしい方法だ。登場人物と進行が決まっているはっきりした構成により，クライエントは場面に積極的に参加することができる。証人が証言台に1人ずつ呼ばれるので，それぞれの人がはっきりと決められた役をもち，演技の順番が決まっている。この場面にはグループ全員が参加するので，演技者と観客に分かれて雰囲気が抑制されることはない。とくに大事なのは，裁判に備わっているサスペンスとドラマ的な感覚である（「裁判ドラマ」という用語があるくらいだ）。**裁判の法廷**は，いつも高度に発展した，サスペンスに満ちた場面になり，セッション全体の

時間を使う。一定時間継続する，現実的でさまざまな考えを引き起こし，また，共同で作ったドラマに参加するという経験を通して，グループのメンバーは演劇がもたらす多くの可能性に気づき，刺激を受ける。この場面が終了したとき，グループのメンバーは達成感を感じるが，その感覚はビデオ撮影したものを後で見ることによってますます強められる。

　私はメンバーに，どの役を演じたいかと尋ねることからセッションを始めることが多い。裁判官の役はたいへん人気があり，そして治療的にもとくに有利な点をもっている。この役は中心的な役であるにもかかわらず，たくさん発言をする必要がない。このためグループの中でいつも目立たなくて受動的なクライエントにとっては，素晴らしくぴったりの役となる。また自己コントロールを継続するのがむずかしく，他の人を妨害しやすいクライエント（騒がしい青少年グループの扇動者である場合が多い）にとっても有意義な役となる。裁判官になったクライエントは，法廷の秩序を守らせるという地位におかれる。この任務を与えられたクライエントは，この役を演じることを通して権限や制御の使い方を練習する。そして実際に，セラピストに反抗しないで，セラピストを助ける役目を果たしてくれる（Emunah, 1985）。

　弁護士と検事の役は最もむずかしく，そして能力が試される役だ。これらの役は言葉による表現に卓越しているメンバーに行なわせるのが適切である。被告も，もう1つの中心的な役だ。証人たちの役は，主要な役，そうではない役のいずれにもなり得る。執行官は，細かく指示された役目を上手に行なう人に演じてもらうのがよい。この役は言葉の表現も即興的な技術も必要としない。残ったメンバーは陪審員になる。彼らが評決を下す力をもっている。この責任を与えられているので，注意が散漫になりやすいクライエントたちでも注意を引きつけておくことができる（観客に任務を与えると，彼らは例外なく積極的に参加するようになる。私が演出をした演劇を上演したとき，観客を陪審員にしたことがある。観客は，たった今見た裁判の場面に，休憩の後評決を決定して戻ってくるようにと指示されて驚いたであろう）。

　裁判の法廷の開始の仕方として，もう1つの方法は被告を最初に選び，事件の性質をどんなものにするかを決定する。その後，被告はグループの他のメンバーの中から自分の弁護士と検事を選ぶ。言うまでもなく，これらの選択の仕方は被告の意図をはっきりと示すことになる。

　裁判の法廷の場面は言葉が主体となってしまうので，その演劇的効果を高めるために，私は指導するとき，非言語的な反応（眼つきから怒り狂った叫びまで），力を込めた「異議あり」，弁護士・検事役が劇的で感情的な最終口頭弁論などを行なうことを奨励する。技術的な議論よりも，人物描写を中心に証言したり，犯行動機を中心に議論することなど，心理的な側面について議論をするようにとも奨励する。犯罪の中味は，本物らしさがなく象徴的であってもよい。またその犯罪の内容は，架空のもの

ではなく，実際の人物，グループ，または社会問題に関連したものであってもよい。たとえば精神疾患のある患者向けの社会復帰施設に入っているあるクライエントは「他の人と違っている」ことを裁判で裁かれたいと申し出た。また別のときに，いくつかのセッションを欠席した反抗的で扱いにくいクライエントを常習的な欠席に関しての裁判にかけた。このとき，彼は自分の弁護士，それに自分の意見を代わりに述べる証人を選んだ。それらの役を通して，グループのメンバーは，彼の度重なる欠席に関しての自分たちの感情，怒りと心配の両方を表明した。被告は自分が欠席していることの深刻さとそれが他の人に与えている影響について知るようになった。彼の行動は彼と私の間の問題ではなくて，グループの問題となった。この場面は出席という当面の問題について探査するだけでなく，責任と参加というもっと大きなテーマについて意見を交換する場になった。この問題は精神疾患のあるクライエントのグループ全員にとって大きな意味をもつ問題だったのだ（Emunah, 1983）。

　私がこの**裁判の法廷**で最も成功を収めたのは，実生活で裁判システムを体験したことのある非行少年たちに使ったときである。彼らは，安全な環境の中で，トラウマになっている体験を再度演じることができることをたいへん喜ぶ。また，裁判官，検事，陪審員という力をもつ役を演じることがとくに好きだ。場面を演じた後の話し合いも，実際の（あるいは象徴的な）犯罪，それから発生する罪の意識に関して行なわれる場合がある。さらには，もっと一般的で比喩的な言い方になるとはいえ，話し合いやそのすぐ後で演じられる場面の中で，自分が訴追を受けたり，弁護されたり，裁かれている個人的な関係が吟味・実験されることもある。

　裁判の法廷は教育的な環境でも効果を発揮する。この活動は若者たちに法律システムについて考えさせるだけでなく，根本的な心理的，哲学的問題について考えさせる独創的で楽しい場を提供する。たとえば犯罪の原因は社会的なものか，感情的なものか，また，無罪であることと，有罪であることとの境界線についてなど。弁護士や検事の役を演じる学生たちは自分たちの視点を明確にする練習ができる。裁判官と陪審員を演じる者たちは意思決定を下し，その責任をとるという体験ができる。

　裁判の法廷の場面は，さまざまな側面を刺激する場である。頭脳的に，感情的に，そして演劇的に。

セラピー効果のある理想の共同体

　「私はこの場所が嫌い」と17歳のシェリーは，精神科の病院に入院中の青少年たちに行なわれるドラマセラピーセッションに入ってきたときにつぶやいた。「それに，私には何もやらせないでね。もううんざりなんだから！」。

　私は，彼女が部屋に入ってきて，すぐに他のメンバーに与えた影響を見て意気消沈した。ほんの少し前までグループの他のメンバーは活動を始める準備ができていたの

に。彼らも，すぐに，椅子に深く座って，同じことを言いはじめる。「そうだよな。ここはサイテーの場所だ」「僕も何にもやりたくないね。人から何かをやれと言われることにうんざり」。

　今度は，シェリーはすねたようすで黙っている。彼女が抵抗する姿勢を示す原因は，誰も助けてくれない，何の望みもないと彼女自身が感じているからのように思える。私が彼女に，病院で一番嫌いなものは何かと尋ねると，彼女は延々と非難を始める。そこで，私は彼女に尋ねる。あなたはどんな場所にいたいの，と。彼女は答える。「こことはまったく違った場所」。私は彼女に，そこがどんな所であるか話してくれるように頼む。しばらくすると，シェリーはグループの他のメンバーと一緒に，理想的な青少年のためのセラピー効果のある共同体を考案しはじめる。

　自然な流れで，彼女をその新しい施設の所長に任命する。このようにして，話し合いがドラマによる演技へと移行する。彼女はグループの中からその施設の職員になる人たちを選ぶ。クライエントの何人かとそこに参加している実際の職員の1人が，新しく入所する患者の役を演じる。彼らは，今までまったく無秩序な世界──混乱し，敵対的で，薬づけの世界──にいた。シェリー演じる所長とその職員たちは，少し前からここに入院している十代の子どもたちの助けを得ながら，1人ひとりの患者を上手に扱う。シェリーの情動は，自分が参加する場面を運営していくにつれ，驚くほど変化する。

　演技が終ると，シェリーは，自分が体験した鬱の気分や希望のなさについて話し，病院にいる残りの期間や，退院してからの自分の生活の責任を少しでもとるためにはどうしたらいいか，ということまで話すことができた。明らかに，彼女は，ある程度の距離と客観性を獲得し，同時に希望という感覚をもちはじめたのである（Emunah, 1985）。

　セラピー効果のある理想の共同体の最も重要な治療的側面は，自分の力で行動するという感覚が得られることだ。何かを創り上げる，そして，ドラマを作るという作業は，自分の環境や生活に対して自分が制御しているという感覚を失っているクライエントたちに，自分がものごとを制御しているという体験を与えてくれる。そしてこの制御するという感覚が，内面的な自己統御の象徴となる。次に彼らが手に入れることは，新しい創造を達成したという体験であり，そして未来には可能性が広がっていて，希望があるという感覚である。**セラピー効果のある理想の共同体**は，さらにグループが共同して作業をする助けとなる。**裁判の法廷**と同じように，この全体の演技の中には，多くの小さな場面が含まれるので，通常，この活動はセッション全体の時間を使う場合が多い。グループによっては，このセラピー効果のある共同体のさまざまな部分を個別に演技したい，1人のクライエントが入院してから3か月後に退院するまでの体験を追ってみたい，と希望することもある。**家族療法**をこの演技の中に取り入

れることもできる。

【バリエーション】

■**理想の惑星** **セラピー効果のある理想の共同体**と同じように，**理想の惑星**も偶然の出来事から生まれた。ある日私は，大人のデイケア治療グループの何人かが，「人生がもっとましなところ」である想像上の惑星について冗談を言っているのを聞いた。セッションが始まったとき，私は彼らにその惑星についてもっと話をしてみたいかどうか尋ねると，彼らはそうしたいと言った。その惑星の内容は，インタビュー形式の質疑応答を行なうことで，次第に発展していった。私は，彼らの創造力にたいへん感激した。このグループのクライエントたちは，子ども時代に肉体的そして性的に虐待を受けた者が多く，大部分の者が自己虐待者になっていた。にもかかわらず，彼らが考案した惑星では，「犯罪も暴力もなく，他の人を傷つけるとか，自分を傷つけることもない。また，自分の子どもへの虐待も，他人の子どもへの虐待もない」。私が，このグロッケンスピーガル（この惑星はこういう名称のようである）という惑星に住んでいる人々は，悲しくなったり憂鬱になったりしないのか，と尋ねると，返事はこうであった。彼らもそうなる，しかし，その悲しさには甘さがあり，やさしさがあり，自分たちの涙を自由に流し，感情は外に向かって表現され，自分の中に閉じこもることがない，と。私が，地球上の人間にその惑星を旅行させてあげたらと提案したことで，それまでの話し合いが演技の場面へと移行した。その結果行なわれた旅行の演技はたいへん詳細なものであった。訪問者たちは，グロッケンスピーガル人の特別清浄プロセスの体験も行なった。そのプロセスを通過した人は，すべての否定的な感情が発見され，洗い流される。

　セラピー効果のある理想の共同体と**理想の惑星**は，想像の世界であるとはいえ，グループのメンバーにとっては現実世界の苦痛からの一時的な休息となる。そして，実際外国旅行と同じように，自分の国に戻るときに，むずかしさが発生する場合がある。そのため，**セラピー効果のある理想の共同体**そして**理想の惑星**からセッションの終了に移行するときが，最も重要で大切である。そのとき，クライエントたちは再度自分たちの現実の状況に直面する。セッションの終わり方としての最良の方法は，話し合いを行なう中で，自分たちが発明した共同体や惑星で体験をしたこと，または，そこで試みたさまざまな側面の中で，どれを現実世界に持って帰れるのか，あるいは，どれを現実の人生に導入できるのか，ということをふり返ることである。

劇を作ろう

　リーダーはグループに，単に，次のように言ってセッションを始める。「次の劇はどんな内容にしたいですか？」。この技法は，英国のドラマ・イン・エデュケーショ

ンのエキスパートであるドロシー・ヒースコット（D. Heathcote）の方法に基づいている（Wagner, 1976）。ヒースコットはグループの興味と関心事を引き出し、グループがこの材料をドラマとして組み立てることを助ける。時には、劇の内容が、ある特別の話題に関連することがある。たとえば、歴史のクラスでは、南北戦争に関する演劇をグループで作りたいと思うかもしれない（ここで使う劇という言葉は、外部の観客の前で上演するということを意味せず、グループがグループのために連続した場面として発展させたものを演じる、という意味だ。すべての人が同時に動き、または演技に参加する）。ヒースコットは劇についての話し合いを始めるとき、詳しい内容を聞きだし、そして考えを刺激するような質問をする。ここで中心となる目標は、取り上げる問題に関して深く考察し、理解することであり、また外部で起きた出来事を自分の内面的な体験と関連づけるための共感と受容能力を高め、さらに、創造する、達成する、協力するという体験を得ることだ。ここでの**劇を作ろう**は、ドラマ・イン・エデュケーションとしてではなく、ドラマセラピーとして使っており、決して、話題を事前に決めることはしない。その中で扱う題材は、それぞれのグループから発生してくる社会的、個人的な関心事なら、どんなものでも受け入れる。

　他の多くの技法とは違って、**劇を作ろう**では、リーダーは事前の予測や予想を何もしないで始める。ウォームアップもフォローアップも必要ではない。直前に使っていた（あるいはその直後に使う）技法との間にスムーズな移行もいらない。これは、劇を作ろう自体が完全な活動であり、セッション全体を使って行なうものだからだ。ドラマ・演技に対して積極的な態度をもち、アイデアをリーダーに過大に頼らず、構成の決まったシアターゲームよりは自分たちで行動を起こすことに意欲的であるような、すでにでき上がったグループには**劇を作ろう**がとても大きな効果をもつ。グループには大きな責任が与えられ、その結果、無から自分たちでものを作り出すという喜びを感じることができる。最初は、かなり混乱するが（ちょうど真っ白のカンバスに向かっているかのように）、次第に1つの考えが生み出されはじめ、このアイデアが（最初はどんなに小さくても）セッションの終わりになるとミニ演劇として花開くことになる。

　プロセスと作品の両方が重要である。リーダーはグループのメンバーを手伝い、意思決定をさせ、役を選ばせ、これらの役を発展させ、さらに、その劇の中で、他にとるべき行動を発見させる。事前の話し合いを詳しく行ない、演技をする前に、筋書き、登場人物を詳しく作り上げてもよい。しかし、たいていの場合、話し合いと実際の演技とはお互いに混じり合っている。話し合いによって演技が作られ、それに基づいて演じられ、また（通常リーダーによって）演技が時折中断され、そこでグループは演技から少し離れて内容を考え、次にどうするかの決定を行なう。完成した作品がグループの達成感を高める重要な意義をもつと思われる場合には、ビデオで撮影して後で

見るという作業を行なってもよい。最終的に完成した場面は記録され（そこには話し合いや「リハーサル」部分は入っていない），セッションの終わりにグループ全員で，自分たちが創作した作品を鑑賞することになる。もし1回のセッションの中でグループがこれらすべてを達成し成功しようとするのであれば，そのときは，きちんとした構成と多くの手助けが必要となるのが普通である。

おめでとう

　私がこのゲームを知ったのは，ロンドンのコミュニティアート組織である「インターアクション」というグループからであった。まず，1人が部屋の外に出る。残ったグループのメンバーは，外に出た人にたった今何か出来事が起こったことにし，その出来事を何にするか決める。この何かは積極的なもので，たとえば宝くじに当たった，賞をもらったなど，おめでたいものにする場合が多い（そうでなくてもかまわないが）。外に出ていた人が戻ってくると，グループのメンバーは，決めた状況に従ってその人に対応する。しかし，その状況が何であるかは，明確にはわからないようにする。主役は（何が起こったか自分も知っている場面であるかのように）一緒に演じる。しかしその間中（心の中では），何が起こったのかを一生懸命に当てようとする。入院中の十代の女の子たちのグループが作り出した状況を例にあげると，妊娠をした，ドラマセラピーのグループに参加することを止められた，地域の演劇に役をもらって出演する，ボーイフレンドと別れたなどである。妊娠のことについて行なった場面に出てきたメンバーの発言は，「それで気持ちはどうなの」「いったい，どうするつもりなの」，そして「両親にはもう言ったの？」などである。何人かは個人的な意見も付け加えた。たとえば「私にも同じことが起こったことがあるわ。本当にショックだったわ」などである。この**おめでとう**では，まだ何について話されているのかはっきりとわからないうちから，主役たちの反応が状況にとてもぴったりとするのは恐ろしいほどである。

　おめでとうでは，主役になった人は先入観を捨て去り，あいまいさや不確かさに耐え，そしてグループのメンバーの発言やその調子に反応する必要がある。グループは言葉をいくらかたくみに使える必要があり，あるいは最低，言いたいことを隠しながら，そしてニュアンスを込めて発言する能力をもっていなくてはいけない。またグループは十分な配慮をもって状況の選択を行なうことが大切だ。リーダーは，主役が怒りを感じたり憂鬱になったりするような状況が使われないように配慮しなくてはいけない。いつも積極的な状況（コンテストに勝つ，仕事を見つける，病院から間もなく退院できると言われる，など）を選ぶグループもあるが，それでもなおなんらかの意味で，主役の本当の人生に関係するものが選ばれることが多い。役と自己との間にはっきりとした境界線を作ることのできるグループのメンバーは，たいてい，さまざ

な可能性を演じて楽しむことができる。たとえそれが「不愉快なもの」であっても。おめでとうは，想像上の世界ではあるが，ある特別の人生の出来事を実際に体験するという機会を参加者に与える。多くの参加者たちは，前もって決められた状況が何であるかがはっきりとわかった後でも，この状況の中にいる時間をのばしたいために，ゲームを続けることが多い。

自己開示＜Self-Revelation＞

彫刻と自己彫像

　彫刻では，1人のクライエントがグループの他のメンバーを特別な姿勢・形に配置し，静止した活人画を作り上げる。この**彫刻**は，自分自身の家族を描くときによく使われる[1]。1人ひとりの姿勢に注目するだけではなく，その活人画の中で1人ひとりが他の人とどのような関係に配置されるかにも注目する必要がある。たとえば，ある十代の女の子が作った彫刻は，舞台部分のはるか隅の方に父親が置かれ，他のみんなに背を向けていた。彼女の兄弟の1人は別の隅にうずくまって，一方の手に瓶を持ち，もう一方の手で目を覆っていた。母親は椅子の上に立つ姿勢で置かれ，娘（私のクライエント）を見下ろしていた。一方の手は娘をつかもうとして伸ばされ，もう一方の手は罰を与えるかのように指差していた。娘は母親のすぐ下に縮こまっておかれ，しかし，その両腕は外側に，まるで自由をつかもうとしているかのように，差し出されていた。このように多くを物語り，さまざまな感情を引き起こす彫刻はめずらしいものではない。家族療法では，家族の1人ひとりが彫刻を創作し，それによって自分が考えている家族の間の動的な関係を示し，そして他の人にそれを伝える。

　彫刻というよく知られた技法を変形したのが，**自己彫像**である。これは，自己開示の技法として私が最もよく使うものである。1人が，他の人たちを彫刻して自分のさまざまな側面を表現するようにと指示される。この技法には，いくつかの発展段階があり，それぞれの段階はそれ1つで独立しており，セラピストはどの時点で終了してもよい。

　1）主役［彫刻する人］は，グループの中から3人を選び自分の中の重要な部分を彼らに表現させる（何人にするかは，決めなくてもよい）。主役はそれぞれの人の身体を動かし，その人に一定の姿勢や格好をさせる。さらに複雑になるのは，主役が，その3人をお互いに関係づけて配置するときである。たとえば，精神的に優越な像は他の

★1　バージニア・サターは，家族の治療にこの技法を使い，**家族彫刻**とよんでいる（Satir, 1988）。この技法は，銅像製作ともよばれてきた（Seabourne, 1963）。そしてサイコドラマでは，アクションソシオグラムとよばれてきた（Blatner, 1988b）。

像より前におかれたり，また他の像を邪魔するように配置されたりする。

2) 彫刻が完成すると，主役はそれぞれの部分の後ろに立って，一人称を使って，その像に関して，何か言葉で言い表わすようにと言われる。そして「私は（主役の名前）の一部分であり，この部分は…」と言う。たとえば「私はダイアンの一部分で，とてもか弱いのですぐに傷つきます」などである。

3) 彫像に「生命を吹き込む」。つまり，彫像の1人ひとりが表わしている主役のその部分を，実際に身体の動きや身振りで，音で，そして言葉で具体的に表わす。主役はその演技を指揮してもよい。指揮者としてそれぞれの部分を順番に指揮し，指示を与える。数分経ったら，その小さな場面は，途中の状態で動きを止められ，また彫像に戻る。主役が彫像を動かしたり，止めたりする。このようにして，主役は場面の長さをコントロールできる。もし場面を見ることがあまりに苦しく，感情的に圧倒されるようであれば，主役はすぐに動きを止めることができる。場面の停止はまた，「立ち止まって考える」時間にすることもでき，主役は自分が作り出したものについて考え，そして，自分の内面の自己像をもっとよく表わすように演技者たちの形を修正することができる。時には，「これがちょうど今私が感じているようすだ！」と監督をしている主役が叫ぶようになるまで，そのような改良が数回行なわれることがある。

4) 主役に，役の彫像の1つになってもらう。しばらくして，主役にさらに異なった像になるようにと言う。そして，すべての像を主役は演じる。最後に行なう像は，通常，感情的に最もむずかしく，そして密度の濃いものである場合が多い。この彫像こそ，主役が意図的に最初に演じることを避けたものだ。

この時点で，この作業の中で引き起こされた問題に従って，ドラマセラピストはさまざまな方法で介入することができる。介入方法として考えられるのは，主役に指示をして，(1)場面の外に出て，自分が希望する内面の変化，あるいは精神的な統合が象徴されるように修正させる（新しい像が必要なときもある）。(2)それぞれの像に対して（今自分が，自己観察をしている自我であり，その自我は，自分の内面の自己を見つめ，指導できるという有利な立場から）話しかけ，それぞれの像を自分自身の中に受容するという目標・自己受容に向かわせる。(3) 2つの像にだけ焦点を合わせる。そうすることでこの2つの像の間の動的に変化する関係を吟味しやすくなる。

先に述べた段階のすべてを使用するかどうかは，作られた彫像が表わしている内容の深さと複雑さで判断することもある。自己の表面だけを表現している彫刻の場合は，そのままにしておくのがよいだろう。しかし，たいていセッションが進行するにつれ，彫刻の中に表われる自己開示の度合は増大していく。セラピストは感情的に訴えるものの多い彫像（明らかに多くのグループメンバーを感動させるような彫像）が提供されるまでは，どの人の場面も発展させるべきではない。こうすることで多くのメンバーに彫像を作り上げる機会を与えることにもなる。自己の表現は，どんなに簡単で簡

第Ⅱ部 ◆◆◆ 技　　法

潔なものであれ，それを目撃するのはいつも興味深い。そしてグループのメンバーがよくまとまっている場合，メンバーは仲間のいろいろな面が芸術的に，ドラマとして表現されることに大きな興味を示すものだ。それらは，彼らがよく知っているものばかりではなく，驚きをもって迎えるような面も出てくる。この活動を通してグループのメンバーの，お互いに対していだく考えや感想は明確になり，強調されるので，このことを利用して1つのゲームを行なうことができる。ある彫像を作って，それが誰を（そしてその人のどのような部分を）表現しているのかを，当てるというゲームだ。しかし一般的に言ってこのセッションは，グループ間の相互作用を強めるというよりは，場面がさらに発展し，より個人的になり，サイコドラマ的場面演技に進むことが多い。

自己彫像の前に行なう練習として最も適切なのは，人間を使った彫刻にクライエントたちを慣れさせるエクササイズ，そして3人の人を彫刻して，その3人が「生きた人になる」というエクササイズだ。すべての自己開示の技法に言えることであるが，クライエントたちは，複雑な指示に心を奪われない方が，簡単に感情的領域に入ることができる。**自己彫像**の前に行なうウォームアップとして望ましいのは，**パートナーを彫刻する**，次に**場面を彫刻する**を行なうことだ（第6章179頁参照）。**場面を彫刻する**よりも，さらに個人的な領域に進むには，1人の人に，その人の人生の現時点で最も関係のある3つの感情を3人の人に彫刻するように指示してもよいだろう。この作業を行なうようになれば，その時点から，グループ全体は**自己彫像**にとりかかる準備が十分にできている。

自己彫像の場面はたいていの場合，詩的で，感動的・感情的であり，さらにユーモアを伴っている。場面が発展するにつれ，美的な資質が現われてくる。これは**自己開示劇＜Self-Revelatory Performance＞**への道を準備するものだ（本章256頁参照）。まさに**自己彫像**は**自己開示劇**の前に行なわれるセッションで用いるのに最も適した，素晴らしい技術である。**自己彫像**は，具体的な出来事の演技ではなく，象徴的な演技をさせることにより，また内面の苦闘や自分自身との関係を扱うテーマをドラマ化させることにより，第三段階（ロールプレイ）から第四段階（最高潮に達する演技）への移行を促進する。**自己彫像**は，グループのメンバーがお互いをよく知るようになった時点でのみ用いるべきである。その理由は，それが自己開示をもたらすことになるからというだけではなく，補助自我を演じるためには，主役の心理的な変化と動き，そして，板挟みになっている苦しい立場に対する鋭い理解が必要となるからだ。

自己彫像を指導するとき，セラピストが創造性を発揮することで，この技法を新たなバリエーションへと導くことができる。あるセッションの最後の彫像がわかりやすい3つの部分を含んでいた。主役がそれぞれの像を演じ終わったとき，私はグループのメンバーに，場面に加わり，3つの像の中から自分たちが望む1つの像になる

ように言った。個人に焦点をあててきたセッションは、このようにして活気のある、エネルギーに満ちたグループ場面へと高揚したのだ。また別のセッションでは、自分の表面的な側面を彫刻した女性に、「それぞれの像の下にもう1つの像」を付け加えるように指示した（ただしセッションそのものはかなり深いレベルにまで達していた）。最初に表現された部分は、その下に横たわっているもっと傷つきやすい彼女の一部分の保護者の像になった。この像になった6人の演技者たちは、力を合わせて直感的に身体を動かし声を使って複雑な内面の相互作用を即興で演技した。さらに別のセッションでは（第4章の終わりに述べたが），1人のクライエントがグループ**全員**を使って彫像を作った。彼女は、隣に住む人がエイズと診断された知らせに触発され、複雑で強い感情を表わす具体的な像を作った。また、**自己彫像**は言葉を使った場面に移行することもあった。そこでは、自分自身の中のさまざまな部分が会議を開いて、自分たちの内面の関係がどのようになっていて、どう変化できるかについて討論した。

自分の仮面

　真っ白の仮面がみんなに配布される。この仮面は普通の紙や厚紙を顔の形に切って、2つの目の穴をつけ，（仮面がかぶれるように）両側に紐をつけた簡単なものでよい。クライエントたちに、その仮面に自分自身の自己肖像を描くようにと言う。肖像画は、抽象的で表現主義的な描き方でよい。外面の特徴を複製するのではなく、自己像を表わすようなものの方がよい。描くためのさまざまな道具を用意し、芸術的にまったく自由に描くことができるように準備する。クライエントたちは、線で描いてもよいし、色を塗り、コラージュを作り、仮面をオブジェで飾ってもよい。できあいの仮面を使って感情表現を行なわせようとするよりは、自分で作った仮面を使う方が、自己開示をより促進する（**仮面とパントマイム**、第6章178頁参照）。

　完成した仮面を一列に並べて展示する。希望者が仮面の並んでいる方に歩み寄り、とくに興味をもった1つの仮面を選ぶ。その人はその仮面に話しかけ、質問をしたりコメントを言ったりする。その仮面の持ち主が、仮面としてそれに答える。そのとき、一人称を使う。ここで大事なことは、インタビューをしている人が、仮面の制作者を見るのではなく、その仮面を見続ける（あるいはそれに話しかける）ことだ。この距離のおかげで、仮面の制作者は、保護してくれる仮面による役という外観をもつことで、自分をよりさらけ出すことができるし、一方、仮面には1つの独立した人格として命が吹きこまれる。

　自分の仮面はアートセラピーとドラマセラピーとの間の橋渡しの役を果たす。制作された芸術的な作品は、たいてい、素晴らしく見栄えのよいものだ。1つのグループの中では、お互いの仮面の間にある種の類似性が存在することが多い。精神疾患があると診断されているクライエントたちの多くの仮面には、3番目の目や、疑問符

が描かれていた。虐待を受けた人たちの仮面の多くには火のように赤く，太く描かれた線があり，彼らの怒りを表わしていた。グループのメンバーと仮面との間の会話は，その仮面の制作者にしばしば新しい洞察をもたらす。この言葉を用いた活動の後，身体を使って動くこともできる。クライエントたちは自分たちの仮面を付け，それに基づいた動きをしたり，ダンスをしたりする。そうすることで，このセッションにクリエイティブアーツセラピー［創造的芸術療法］のもう1つの形式である，ダンスセラピーを取り入れることになる。1人あるいは数人のクライエントに，動きと音で簡単な即興を作ってもらってもよい。仮面にはもともと演劇的な要素が備わっているので，そこに従うべき枠を作る必要はほとんどない。あるいはその代わりに，相互作用のあるゲームを行なうこともできる。グループの1人に，どの仮面であるかを知らせないで，1つの仮面をかぶらせる。その人は，グループのメンバーが自分に対して，どのような関係をとり，どのように応答するかに基づいて自分がどの仮面をかぶっているのかを当てなくてはならない。

　自分の仮面は，さまざまに変形させることができる。以下は，そのいくつかの例である。1）クライエントたちは2つの仮面を制作する。1つは自分の社会的な仮面，もう1つは他人にほとんど見せることのない部分を表わしたものだ。後者の仮面は，別の真っ白な仮面を使うのではなく，前者の仮面の裏側に描かれる。2）クライエントたちは，自分のさまざまな側面を表現するいくつかの仮面を制作する。このバリエーションは**自己彫像**と上手に統合することができる。3）自己肖像の代わりに，クライエントたちはヒーロー，女神，あるいは強力な存在（神話的あるいは霊的な力をもつ場合が多い）の仮面を作る。この仮面は彼らが尊敬し，そして自分の内面に取り入れたいと願っている存在である。4）紙や厚紙を使う代わりに，ガーゼの仮面を作る。ガーゼは細長い束に切り，ぬるま湯で濡らし，（プラスチックのゼリーをつけた）その人の顔に1枚ずつのせる。ガーゼは，前のガーゼが乾いたら，次の1枚を付け加える。鼻の穴と，口，そしてその人が望めば目のところには空間を作る。この作業は，通常2人1組で行なうが，お互いに信頼があり，顔にさわられることに耐えられる必要がある。そして，でき上がった人の顔の最終的な型に色を塗ったり装飾をつけたりする。

関係を作り上げる

　スポーリンが（**私は誰ゲーム**として）開発したこの技法では，演技者Aはステージ部分に座っている。演技者Bが，前もって決められた役で入場する。［Bの心の中では］自分の役とAとの関係がはっきり決まっている。言葉，言葉以外の両方を含めたBの示すAとの相互関係から判断して，Aは自分が何の役であるかを当てなくてはいけない。その間，Aはその役が何であるか，わかっているかのように演技を続ける。

第7章　単独セッション，連続シリーズの中間期

　私は誰ゲームをドラマセラピーで使うとき，まずリーダーがBにある役を割り当てる（ささやいてその人に言う，またはこっそりと教えるために，その人を部屋の外に連れ出す）ところから始める。ここではメンバーになじみのある関係を使うようにする。たとえば，青少年たちの場合，椅子に座っている人（A）は，十代の息子，自分の親，あるいは自分のカウンセラーだと伝える。おもしろい場面に発展するように，他にも提案をする。たとえば大人のグループでは，BにはAがブラインドデート［お互いにまだ面識のない人とのデート］の相手であり，その人の個人広告に返事をして，今から喫茶店で会うところだと伝える。セラピーを行なう場面（通常，Bがセラピストとして入ってくる）は，いつもおもしろく，またクライエントのことをよくわからせてくれる。しばらくこのゲームを行なった後，リーダーは役目を割り当てることをやめ，メンバーたちが自分たちの独自のアイデアで役を作り上げる。

　関係を作り上げるは，能動的に相手の話を聞く姿勢を作り上げる。演技者Aは，自分が受け取るすべての小さな発言やしぐさにも反応し，自分の直感に従う。しかし，間違った判断をくださないように，自分の先入観や予測には十分注意をしなくてはいけないという難問が与えられている。**関係を作り上げる**が最も効果を発揮するのは，あいまいさや不確かさに耐えられる人たち（というのは，Aは自分がどんな状況にいるのかまったくわからない中で，演技を続けなくてはならないからだ），そして微妙さやニュアンスのある行動ができる人たちに対してである（というのは，Bは自分の役がすぐにはわからないように演技することが重要だからだ）。これらは，**おめでとう**でも必要とされた資質である。**関係を作り上げる**は**自己開示**の項目の中に入れている。というのは，このゲームは，関係が動的に変化していくことについて考察をさせるし，またもっと明確に個人に焦点をあてた技法である，**あなたの人生の人物**を導入するのに効果的なウォームアップになるからだ。

あなたの人生の人物

　あなたの人生の人物は，スポーリンのドラマを中心とした技法である**関係を作り上げる**または**私は誰**ゲームをセラピー的に応用したものだ。**関係を作り上げる**と同じ形式で，Bがある役になって場面の中に入場する。ただしこの技法においては，その役はその人の現実の人生の中の具体的な人物との関係に基づいた役である。部屋で座っているAは，Bの役を演じる。しかしBが何の役でどのような関係を演じるべきかについてはまだ知らされておらず，これから類推することになる。たとえば，ジョンが舞台部分に座っている。アンソニーが怒鳴りながら入ってくる。「君のことは本当にわからないよ。そこにいつものように座っていて，何もやらないんだから」。ジョンは自分がアンソニーを演じていることはわかる。しかしアンソニーが誰を演じているのかについてはまだわからない。「僕はただ座っているだけではないよ。考えている

んだ。それにね，僕のこと，本当に理解してほしいな」。次第に，アンソニーがアンソニー自身の父親を演じていることがわかってくる。彼は自分の息子（アンソニー，今ジョンによって演じられている）が仕事上もっと成功すべきだと非難している。

あなたの人生の人物では，必ず役割交換を行なう。そうすることで，場面に入ってきた人は，自分が最初に始めた関係の中で，自分自身として反応することができるようになる。先の例では，アンソニーが自分自身を演じる役に交代する。すると，自分の父親が認めてくれないことに対する自分の反応を明らかにすることができる。ここまでくると，ジョンは父親の役をどのように演じるべきか，はっきりと理解している。この後に発生するサイコドラマ的場面は，さまざまなセラピー的介入を行なうことにより，さらに発展させることができる（第5章参照）。

関係を作り上げるは，**あなたの人生の人物**のウォームアップとしてたいへんよい。というのは，ゲームの形に慣れることができるし，そうすることで，**あなたの人生の人物**を開始したときによく見られる混乱を減らすことができるからである。**あなたの人生の人物**において，感情表現や自己開示をどの程度にするかは，最初に役を演じはじめる人次第だ。たとえば，自分の美容師ほどに，まるで自分に関係のないような人物としてステージに登場することもできる。最初，（とくに，**関係を作り上げる**という楽しいゲームの後に行なった場合）演技は個人的な内容の少ないシナリオから始まる場合が多い。しかし演技は，個人的で感情の込もったシナリオに急速に発展する。結局，クライエントたちは，自分たちが現在苦しんでいる主要な人間関係の心理力学を明らかにするのである。

あなたの人生の人物のもっと単純化した以下のバリエーションは，**あなたの人生の人物**のウォームアップとして，またフォローアップとしても使うことができる。この方法では，グループにペアを組ませ，1人が自分の人生に関係する誰かの役を行ない，もう1人が話を聞く，あるいは質問をする。ここで中心となるのは役を演じている人に，［その役から見たかたちで］自分自身のことについて話をしてもらうことだ。つまり，たとえばマークが自分の弟であるチャールズの役を演じる。すると，チャールズの役を演じる彼（マーク）は，マーク（現実の自分自身）に対するチャールズの感情（そして考え）について語る。彼の相手役であるサラは，自分自身として単にマークが演じるチャールズの話を聞いているだけでもいいし，または彼女も役を演じる（たとえば自分の夫であるアイラを演じ，サラについて話す）といったものである。それぞれの役は最初から明らかになっており，会話は全員が座った状態で行なわれる。この形は，**あなたの人生の人物**のウォームアップとして，自分の人生の中の誰かの役を演じるための，適切で，恐怖感の少ない練習である。フォローアップとして使った場合には，この方法はクライエントたちに，さらにさまざまな関係を実験する機会を提供する。メンバーは，すぐ前に自分たちが演じた関係を発展させたり，あるいはグ

ループの他の人たちが演じた場面によって触発された人間関係を自分で確かめてみたりすることができる。

違う年齢のあなた自身

　クライエントたちは，過去あるいは未来の違う年齢の自分自身を演じる。たとえば20歳代後半の2人のクライエントが，自分たちが覚えている13歳の頃の自分たちを演じる。即興劇の要領で，彼らは初めてお互いに出会うところを演じる。場所は避暑地あるいはサマーキャンプで，自分たちの人生について話をする。あるいは16歳のクライエントが，彼の両親が離婚した6歳の頃の自分としてインタビューを受ける。インタビューを行なうのはセラピストあるいはグループの他のメンバーである。あるいは，この同じクライエントが，今から5年後の，21歳の自分自身としてインタビューを受ける。クライエントは，この未来の日付に向けて自分のイメージを作り上げ，未来という有利な時点から，青少年期の問題に苦しんでいた5年前の自分の人生について考察する。**違う年齢のあなた自身**で行なう未来への投影は，第8章で説明する再会に似ている。

　未来への投影が行なわれるとき，クライエントたちが描き出す自分の姿は多くのことを物語る。とくに自分が変化することに関しての，彼らの意欲の度合いと期待を語ってくれる。感情障害のある青少年たち，また感情を直接行動に表わしてしまう青少年たちとの治療でとても印象的なこととして，未来の自己の姿（5年後の未来は，青少年たちの場合ハイティーンになっている頃で，未来として扱うのにちょうどよい）を積極的な役として描き出すクライエントたちは，たいてい，治療において重要な進展を見せはじめた人たちであり，さらに自分の感情的な成長を深めるために，懸命に治療を続けようとしている人たちだということに私は気がついた。自分が同じ場所にいる，あるいはもっと悪い形になっていると自分自身を描き出すクライエントたちは（これが場面の中で一種の冗談のように見えたとしても）明らかにセラピーに対して最も抵抗しているか，自分たちの状況について絶望的になっている人たちである場合が多い。積極的ではあるがたいへん非現実的な描写，自己の現在の感情状態とつながっていない雄大な雰囲気の描写をよく行なう人たち（たとえば，「自分は今や大金持ちだ」など）は，心の底では変化に対して抵抗している場合が多い。これらの比較は，処方や診断上の分類というのではなく，今までの観察の結果である。どんな役をどのように解釈するにせよ，セラピストは多くの異なった要因に導かれてその解釈を行なう。このことは，第Ⅰ部で議論をした内容である。

　過去の自分自身を演じるときには，クライエントに十分な準備ができていることが大事だ。というのは，年齢をさかのぼる方法はドラマとしての達成がたやすくはないからだ。そこで，ウォームアップとして，グループ全体に同時に，ある特定の年齢の

自分を演じるように頼む。あるいはペアになって，1人ひとりが順番に，ある特定の年齢の自分自身としてインタビューを受ける。より演劇的なウォームアップは，スポーリンの**私は何歳でしょう**である。このゲームでは，参加者たちは特定の年齢を書いたメモを渡される（あるいは自分でその年齢を選ぶ）。そして言葉を使わずに，バスの停留所で待っているようすを即興劇で行ない，自分が何歳であるかを伝えようとする。

違う年齢のあなた自身は，過去の記憶を呼び起こし，その人の人生の特定の時期で体験した感情や感覚を再現することができる。これは簡単に，言葉を使う個人セラピーの中に取り入れることができる。クライエントが過去の特定の時期の自分について話すとき，セラピストは単に，その年齢の自分として話をしなさいとクライエントに告げるだけでよい。またクライエントが未来の自分について話すとき，セラピストは，クライエントに，その未来の時点での自分として話をしなさいと提案することができる。このようにして，投影をより生き生きとしたものにすることができる。**違う年齢のあなた自身**は，**時間の操作**に類似している（第5章147頁参照）。これは，即興的な場面を指導したり，その場面を発展させようとしているときには，いつでも導入できる介入の1つの方法である。

違う年齢のあなた自身をさらに複雑に，またサイコドラマ的に変形するには（グループのメンバーの1人がある特定の年齢の自分を演じているときに）他のメンバーがその役に代わることだ。一方，もとの人は，現在の自分に戻り，昔の（あるいは未来の）自分に対して話しかける。その例は第3章のイワンの話を参照されたい。

自分自身のセラピストになる

「このままではもうやっていけないわ」とアリアナが言葉に出す。彼女は重い鬱の症状がある20歳の女性だ。「人生はあまりにも不公平よ。あまりにも苦しい。この苦しみを感じるのはもううんざりよ」。

私は彼女に，この感情を直接話せる相手をグループの中から選びなさいと静かに言った。彼女は，親しみを感じることのできるミッシェルに合図をした。ミッシェルは彼女の側に座り，話を聞く。「私の過去は本当に醜いことでいっぱい，そんな気持ち。私はそれを拭き取って消すこともできないのよ。そして，今の生活には，私が今まで体験した辛いことを埋め合わせるようなよいものは何もない。それに，今日私がいる社会復帰施設が閉鎖されることを知ったの。どう対処していいのか，もうたくさんだわ。今，私が感じているのは，すべてを終わりにしてしまいたい，ということなの」。

ミッシェルは，相手と共感しながら話を聞き続ける。私はグループのメンバーに，アリアナの横に立ち，彼女のダブルになるように頼んだ。メンバーが彼女を支えていること，そして彼女の言うことを受け入れていることを示し，同時に，もっと話をするように勇気づけるためにだ。まず2人の人が場面に入り，そして3人目の人が続い

て加わった。アリアナは今，自意識がいくらか少なくなったとみえて，さらに強く集中し，大きな情動をもって話し続ける。しばらく経つと，場面は行き詰まる。私は，アリアナとミッシェルに役割交換をするように言う。

　私は静かにアリアナに，あなたは今，最も理想的な（と彼女が思う）セラピストの役を演じていると伝える。彼女は一瞬不安そうなようすを見せる。しかしミッシェルの言葉がただちに彼女の全神経を集中させる。ミッシェルは自分自身が体験したことを言葉に込めながら，またアリアナの調子と情動を的確に再生して「私は辛いことはもうほとんど体験したわ。私の感じている苦しみにもう耐えられないわ」と言う。アリアナは話を聞く。彼女は何の反応もしない。しかし明らかに，自分の心の状態が自分自身に対して再演されるところを目撃して，心を動かされている。この再演は，自分の言ったことが正しく伝わり理解されたということを意味している。おそらくミッシェルも，現実に，このような立場だったことがあったのだろう。

　アリアナは，自分を映し出す鏡の中の像に心を動かされ，そして自分の役に備わっている任務に従い，ようやく語るべき言葉を見つける。「どんなに辛いことか，私にはわかる。不公平よね。そして決してたやすいことではないわ。でもあなたが体験したすべてのことは，あなたを強くしたの。ここまでたどり着いたじゃない。もしここで止まってしまえば，これからの人生のよい部分を逃してしまうかもしれない」。ミッシェルは集中して話を聞き，アリアナにとっては実行のむずかしいこれらのコメントをしっかりと受け止める。私は，アリアナが次の言葉を言ったときにこの場面を終わらせる。「今あきらめないで。私があなたと一緒にいるから。私の所にきて。そしたらいつでもあなたを助けるわ。あなたがさらに前に進めるように」。

　自分自身のセラピストになるは，自分の中にある力や，自己をはぐくむ能力を蓄えている場所にクライエントを到達させる。セラピストの役を演じることで，クライエントは，以前には自分の中にまるで存在しなかったように思える答えと，新しい見方，希望，あるいは知恵を見つけだすことが多い。自分自身の中にこれらの蓄えを見つけだし，自分自身の声が，勇気づけの言葉や忠告の言葉を語っているのを聞くことは，同じことを他の人から聞いた場合よりも，はるかに大きな衝撃力がある。自分の一部が自己のセラピストの役目ももっているという意識は普段は潜在的なままで，表面化することはない。しかし時には，この自意識は，例示したアリアナの最後の言葉のように，かなり明白に理解される。

　自分自身のセラピストになるは，第三段階（ロールプレイ）と第四段階（最高潮に達する演技）で行なうさまざまな場面の介入方法としてよく使われる。その目的は，第5章で説明した，**内面に存在するはぐくみの親を導きだす**がもつ治療上の目標と重なっている。この介入は，複雑さとあいまいさを表現でき，それに耐えることのできるクライエントたちに使うときに効果が一番大きい。そうでないと，セラピストの役が表面的にのみ演じられ，アドバイスを与え，前向きになることを強制するだけに

なってしまう。

　それぞれのクライエントにとって，どんな人のイメージが一番助けになるかによって，セラピスト役の代わりに，親友，賢い老人，あるいは精神的助言者などの役を使うこともできる。たとえば，第3章で描写したクリスティンのセラピーの最高潮に達する場面において，彼女は「助けようとしている大人」になるようにと言われただけだ。子ども時代の経験をサイコドラマ的場面で演じた後の場合など，クライエントに現在の自分になるように，そして昔の自分である子どもに対して，本人が今もっている大人の力で助けるように指示する。第5章のハロルドの話はその一例である。

魔法のお店

　魔法のお店はよく知られた，そしてたいへん役に立つサイコドラマの技法である。グループのメンバーは，1人ずつ魔法のお店に招待される。そこで彼らは，人間の性質を買うことができる。店主は，少なくとも最初のうちはセラピストによって演じられることが多い。しかしこの役もグループのメンバーに演じてもらうことができる。店主は重要な役割をもっている。お客の1人ひとりと，お客がほしい性質について会話を行ない，その中でお客が自分の考えをはっきりさせ，深い洞察を得られるように手助けをするのである。お金は受け取ることができないので，お客と店主はその購入の対価として適切なものを見つけなくてはいけない。支払われる対価は，たいていさまざまな性質（または自己のある一面）であり，購入したものが本当に効果的であるためには捨て去らなくてはいけないもの，あるいはお店が在庫に加えたいようなよい性質で，お客はそれをたくさんもっており，少し引き渡してもかまわないものということになる。

　店主は，最初にお客が何を買いたいかを，よりはっきりさせる手伝いをする必要があるだろう。次に示す会話は，その交渉の最初の部分の一例だ。

　　お客：やれやれ，やっと魔法のお店にきました。このお店についてたくさんの話を聞いてました。私がほしいのは愛なんです。
　　店主：愛ですって！　さてさて，それは私たちの店ではとても人気のあるものなんです。でも何百種類もの愛を取り揃えてあります。どんな種類をお探しですか？
　　お客：みんなが私のことを本当に心から気にかけてくれているって感じたいんです。
　　店主：つまり今，他の人が心から気にかけてくれていないと感じるんですね？
　　お客：みんながそう思っていると言っても，私は，それを本当には信用できないんです。私は，人から気にかけてもらう資格がないと感じます。
　　店主：その資格があると感じるには，どんなものがお入り用ですか？
　　お客：多分，自分にその価値があると思うことでしょう。つまり，私は価値のある人間だと。多分，私が本当に必要としているのは，価値だろうと思います。

第7章　単独セッション，連続シリーズの中間期

店主：ちょうどその商品が揃っていますよ。自己の価値，というのがあります。
お客：それはよかった。私がほしいのはそれです。それをたくさんください。
店主：自己の価値の特別ブレンドをあなたに作ってあげましょう。どんな材料をまぜたらいいかな？（パントマイムで準備を始める）
お客：少し自尊心も入れてもらえますか？　今それがちょっと少ないんです。つまり，きちんと自分自身を愛していないと思うんです。それに，ええと，自己愛もありますか？
店主：もちろん。自己愛を少し混ぜて，そして少し自尊心もふりかけましょう。これが，他の人があなたのことを好きで，愛していると感じるための最初のステップです。
お客：ありがとう。いつから使いはじめることができますか？（パッケージを手に取る）
店主：ちょっとお待ちください！　最初に，支払い方法を決めてもらわなくては。あなたはこの商品のために何を手放しますか？

　店主とお客の間の交渉は短くてもよいし長く続いてもよい。魔法のお店の交渉にはごくありふれたものから，たいへん意味の深いものまで，幅広い交渉の仕方があるが，詩的な感覚から見て公平な交換が行なわれるようにすることが重要だ（Blatner, 1988 b）。私は，通常，ほしい性質を使う際に自分の中で「じゃまな」面を譲り渡すことと，お店が求める性質を「寄付する」こととの区別をはっきりするようにしている。いずれも対価として支払うことができる。前者の交渉は［クライエントが自分についての］洞察をより深め，後者の寄付はクライエントに自分の中のよい性質に気づかせることになる。この交渉部分は，一種の個人心理療法のミニセッションにもなり得るので，通常，私が店主を演じる（とくに，低機能クライエントのグループ治療を行なっているとき）。しかしこの場合，グループメンバーの誰かに店主のアシスタントになってもらっている。それは彼らを積極的に参加させ，そしてより相互協力的なプロセスを作り出すためだ。
　魔法のお店は，抽象的な考えができ，そして個人を中心とした活動を続けられるグループに行なう場合，最も効果的だ。**魔法のお店**はたくさんの言葉と認識力を中心とした活動になる傾向があるので，ドラマの要素をより多く含ませることでそのバランスをとることができる。たとえば，譲り渡すものを単に言葉で言うだけではなくて，ある性質，あるいは自分のある面を譲り渡すところをお客に視覚的に，身体で表わすようにさせたりする。活動の初めから楽しい雰囲気を作っておくと，演技を活発にさせ，想像力を刺激することができる。店主は風変わりな人物になってもよい。また，お店は森の奥深くに隠れていて，そこに行くには，品物をぜひとも買いたいお客が，大きな苦労をして歩いて行かなくてはいけないとか，お店のさまざまな性質はローシ

ョン，パウダー，液体などいろいろな形で売られているというのでもよい。サイコドラマティストの中には，**魔法のお店**のこのような想像性を強調する人もいる。たとえば，エバ・レーブトン (Leveton, 1991) は，グループの中の 1 人ひとりに，店を作らせる。そして店主とお客の両方ともを，人間でない神秘的な別の生物で演じさせて，この活動の愉快で象徴的な側面を強調する。

私は，**魔法のお店**の後に，クライエントが自分が購入した性質を使わなくてはいけない場面を演じさせる（これは必ずしも同じセッションの中で行なう必要はない）。クライエントはその演技の中で自分がその性質を購入したことを明らかにする。たとえば，「主張」を購入したクライエントが，主張する必要のあるドラマの状況におかれる。彼はまず自分が購入した霊薬を取り出し，それを自分にふりかける。活力を得た彼は，今，目の前にある状況に直面することができる。観客は彼が買ったものに効果があるかどうかを見ることができる！　この演技は架空の設定で行なわれているとはいえ，抽象的な感覚を具体的にしたり，内面の変化を想像することからその変化を現実化するというような両者の間をつなぐ橋の役割を果たす。

葛藤を発見する

「家から出よう」と部屋の右側に並んだ人たちがいっせいに叫ぶ。「そういう時期なんだ。私は24歳。やらなくっちゃ」。

「まだだ。今じゃない。少なくとも家に住んでいる方が慣れている。大きな変化はまだ無理。まだ強さが足りないんだ」。部屋の反対側に並んだグループは同じ強さの確信をもってそれに反論する。

鬱病の若い女性ジーナが部屋の真ん中に座っており（第5章131頁に記述），彼女の個人的な板挟みの窮地がグループのメンバーによって演じられている。最初のセリフで，彼女はキャスター付きの椅子を右の方に転がすが，次のセリフにも同じように影響を受け，今度は左の方に動く。

「私は思ってるより強いんだ」と右側にいる誰かが言う。ジーナはそちらに動こうとはしない。しかし誰かが，「それに今助けてくれる人がたくさんいる。変化に対処するとき，助けを得ることができるんだ」と付け加えると，ジーナはそちらの方向に少し動く。

「助けだけでは足りない。私は自分が怖がりすぎているのがわかっている」「まだ早すぎる。子ども時代を後に残して立ち去ってしまうようなもの。私にはそれはできない。私に必要なものがまだたくさんありすぎる」。ジーナはとっさに自分の感情を反映する言葉を話した人たちの方に，部屋の半分を横切って近づく。

「今がチャンスだ。サンディがルームメイトを必要としている。私は長い間この家を出るという問題に取り組んできた。今こそ行動するときだ」「さあ，前に進もう」「危険を覚悟で」。このグループの多くの人が情熱的に同時にしゃべっている。すると誰かが間に挟んで言う。「それに，私が感情的に必要なことは，お母さんの家に永久にいて

も決して手に入るものではない」。ジーナの椅子はそれ自身が自ら動き出すかのように，この最後の言葉を言った人のところにまっすぐに動いていく。

　葛藤を発見するにおいては，部屋の真ん中で，椅子（できればキャスターが付いている椅子）に主役になる人が座り，現在，解決しようと悩んでいる葛藤について話をする。その葛藤の基本的な2つの側面が明らかになると，グループの全員が加わり，自分たちがそのどちらの側を演じたいのかを選ぶ（通常，心情的に自分により近いと思う方を選ぶ）。2つのグループは［椅子に座っている］主役から同じ距離の両側に立つ。主役はさらに自分のジレンマについてもう少し詳しく話しをし，2つのグループに彼らがとり得る戦術についての情報や示唆を与える。

　葛藤を発見するは，一種の競争として行なわれる。それぞれのグループが自分たちの側に，主役を誘惑しようと試みる。誘惑の方法は，主役の考えや感情を反映する言葉を口に出して言うことだ（それぞれのグループがコーラスのスタイルで交互に発話することもあるので，リーダーはそのときのグループの発声がいっせいになされるように指揮する）。主役は，発話されている言葉がどれくらい自分の気持ちに当てはまっているかに従って，少し動いたりたくさん動いたりと，物理的にそれぞれのグループの方向に動く。このエクササイズは，主役が完全に一方の側にたどり着いた時点で終了する。

　主役はこのプロセスが続行している間，自分の葛藤の多くの側面と，その結果起こることが声高に言われることにより，同時にそれらに対する自分自身の自然発生的な反応を自ら目撃することを通して，自分の考えについてより深く理解するようになる。主役がその椅子をどのように動かすかは，その葛藤にどのように対処しているかを反映している場合が多い。主役の中には部屋の真ん中に長い間とどまり，いずれの側にもほとんど動かない人もいる。また，それぞれの主張に影響されて，両方の方向に大きく動き，いったいどちらの側に最終的に行くのかハラハラさせる人もいる。また少しずつ，しかし着実に一方に向かって進む人もいる。外から大声で言われることはとても強い衝撃となることがある。しかしこの衝撃の強さこそ，主役が認識レベルだけで葛藤を分析することから，自分が本当には感情的・直感的にどのように葛藤に反応するかを発見できるようになる。1人が終わると，グループは一緒に流れをふり返り，その中でとくに意味を感じた発言について，主役に話をしてもらう。

　葛藤を発見するの前に，2つの方向に引き裂かれるような身体的ゲームを行なってもよい。1人の人が文字通りその両側にいる2人の人に引っ張られる。この引っ張り合いを経験した後，真ん中にいる人は自分の葛藤を明らかにし，そして両方の人にそれぞれセリフを与える。今度は言葉も付け加えられ，再度引っ張り合いが始まる。それぞれの側は主役を自分の側に引っ張ろうと競う。

第Ⅱ部 ◆◆◆ 技　　法

　葛藤を発見するの後には，そのエクササイズの中でなされた決定から生まれてくる場面を演じるのが最もよい。先の例において，クライエントのジーナは，自分の母親の家を出る方を最終的に選んだ。そこで彼女に，友だちに自分の決心を話している場面を演技するようにと指示した。この場面を演じた後，「気分がよかった」と彼女が言ったので，さらにもう１つの場面を演じるように言った。それは４か月後の未来に起こるものだ。そこで，彼女とルームメイトのサンディは，一緒に夕食を作っている。これらの演技によりジーナはその決定をした後で，彼女が出会うであろうさまざまな反応を「事前に見る」ことができた。時にクライエントたちは，それらを「実際に体験する」方法として，両方の決定を演じることもある。自分たちの内面の欲求がいずれであるのかをはっきりと理解するためだ。決定をくだすことのむずかしさは，大部分が不確かなことに対する恐れからきている。ドラマによる演技化は未来を予言するわけではないが，私たちの実際の人生において，ある決定をしたらどのような反応が起こり得るかを，実際に表現することで事前に見る，という非常にまれな機会を提供してくれる。

自己開示劇

　私が，**自己開示劇**とよぶ活動において，グループのメンバーは，自分の個人的な課題を演劇作品に創り替える。その芸術的な美しさの部分は副次的ではなく，主要なものであり，完成したさまざまな場面は，**演劇的空間**としてはっきり作られた中で演じられる（これらの場面は，ドラマセラピーセッションで通常発生するプロセス［過程］指向の即興的演技場面と比較した場合，ある意味で**プロダクト**［完成した作品］といえる）。この作品は，グループのメンバーの前だけで上演されることもあるし，外部の観客に向けて上演される場合もある。これは第Ⅲ部で詳しく述べる。

　自己開示劇は，自伝的演劇とは区別される。自分の現実の人生に基づいているところは同じであるが，人前にさらけ出すには強い勇気を必要とし，ともすれば危険を冒すほどの課題を扱うところが違う点である。危険であるのは，それらがすでに解決した過去の問題ではなく，現在の問題だからでもある。たとえば自伝的演劇では，過去の冒険についての物語を，その中身を身近に感じないで，または感情的に観察者の目線で演じることができる（［俳優で脚本家の］スポールディング・グレイ（S. Gray）のやり方［自分の経験をおもしろおかしく独白で演じた］のように）。一方，**自己開示劇**においては，その演技は常に自己の激しい感情と緊張感を伴って行なわれている。

　自己開示劇の中で扱われる問題は，一般的に，それまでクライエントが参加してきたドラマセラピーの中から現われてくる。演じられる場面は，グループの中で行なわれ，エクササイズとして使った技法や，即興場面，または**最高潮に達する場面**などから現われ出てきたもの，あるいは，それらの延長である場合が多い。**自己開示劇**は，

第7章　単独セッション，連続シリーズの中間期

創造的なプロセス［過程］とプロダクト［作品］を通して，主題をさらに押し進め，より深い形でその主題を探究する。

　作品を創り上げる過程は，それ自体が進化していく。作品は，時間をかけて，次第に発達する。通常この過程には，グループ活動外で，自分だけで行なう作業が含まれる。ドラマ的・治療的な題材は実験され，形を変えられ，編集され，そして洗練される。最後に演じられる場面は台本に基づかないで即興的になる場合もあるが，それでも構成は決まっており，リハーサルは行なわれる。また，進行の時間配分も決まっており，最後のセリフや瞬間も事前に設定されている。クライエントは，作品制作の過程において，どのようにして問題を最も明快に示すか，またそれにどう対応するかなどの多くの選択を迫られる。芸術的な美しさを示すよう強調することによって，治療プロセスも強化される。作品を創作するという過程で，内面に蓄えている感情や能力の源を発見し，それを引き出していくという作業も行なわれる。さらに感情に形を与え，ニュアンスや複雑さを伝え，問題の焦点を定めて明確化し，そして力強い自己統御と達成感を手に入れることが同時に行なわれる。

　作品を，自分たち自身のグループメンバーの前で上演するというのが**自己開示劇**の最も一般的な形であるが，その場合でも，演劇的感覚が大いに高まる。舞台照明が設置され，そこにみんなから認められた公式の**聖なる空間**が創造される。そして1人ひとりの場面が上演される。次から次へと上演が続き，その間を中断するのは場面が終わったときに起こる拍手だけだ。それぞれの場面の中身は多様であるが，共同制作という感覚が必ずわき起こってくる。すべてのメンバーの場面を同じセッション（延長する場合もあるが）の中で上演することによって，親密な場がそこに作られ，内なる人生がメンバーと共有される。

　場面を演じているときに，新たに自己をさらけ出すのが普通である。浄化を行なう古代文化の宗教的儀式と同じように，クライエントたちは強力なカタルシスの体験を得る場合が多い。多くの人たちは，あたかも重たい荷物から解放されたかのように，ゆるしや深いレベルの受容，そして救済を体験する。一つひとつの場面の後の拍手には特別な思いが込められる。それは上演作品と演じた本人の両方に対する承認の拍手である。

　場面が，現実の静的な複製物ではなく，動き，移行，また変容の要素を含んでいることが大切だ。観客は，演劇として伝えられる演技者の世界をそこに見るだけではなく，演技者がこの世界と戦い，そしてそれをつかみ取ろうとしている姿をそこに見いだす。また，そこに示される移行あるいは変容が，新しい形の表現を伴って演じられることが多い。その表現の仕方は，そこに表わされている心理過程，洞察，ものの見方に見合ったものとなっている。この変容が今，このとき，目の前で行なわれつつあるのだという即時性を与えるためには，扱われる問題は今演技者が抱えているもので

なくてはならない。この即時性こそその劇が演劇として観客を引きつけ，時には，人をその場に釘付けにしてしまうほどの大きな魅力となるものである。場面の創作そのものが，そしてそこに含まれる移行［演技者らが変容していく過程］そのものが，一種の超越的なはたらきを含んでいる。観客はそれを目撃し，賞賛する。作られた場面はクライエント・演技者の現実の人生より一歩先んじている場合が多い。つまり，この超越は現実ではまだ体験していないことである。しかしその人が，その場面を作り上げ，演じたことにより，ここで超越されたことは実際の人生でも実現することに近づいたといえる。

　自己開示劇には，さまざまな演劇的スタイルと形態がある。理想的には，選ばれたその形式が，演技をする人の好みと技術に合致しているだけでなく，扱われる問題にも合致していることが望ましい。クライエントの中には観客に対して，独白だけで立ち向かう人もいれば，仮面や人形という距離を作り出すものを使用する人もいる。ある人は現実的な場面を（グループのメンバーに他の役を助演してもらって）再演する人もいる。象徴的比喩で自分の物語を語る人もいる。私が教えているドラマセラピーコースのある学生は，夢のような，自由連想のイメージの連続をどんどん変化させて演じた。観客はそれを見て彼の内面世界を垣間見ることができた。また他の学生は，テレビゲームショー「人生のゲーム」の競技者と司会者の役の両方を演じた。司会者の質問は，軽口で，商業主義的な装いでなされたが，それらに答える過程で，彼女は自分の出身や経歴に関して，驚くべき，過酷な事実を明らかにしていった。また環境演劇的な作品もあった。場面の中身に象徴的に関係のある場所や特別な雰囲気をかもし出す場所に観客を連れて行く。ある学生の作品は，その気分が「上昇したり下降したりする」変化を表現するものだったので，エレベーターの中で行なわれた。観客はそれをホールの階段から観劇した。その場面は，エレベーターのドアが閉まるという，ぴったりの終わり方をした。また，自分の身体のイメージに悩んでいた別の学生は，女性用洗面所を自分の舞台装置として使った。上演の大部分は鏡を通して見ることになった（Emunah, 1989）。

　自己開示劇の別のやり方は，参加者が自分で時間をかけて場面を発展させ，練習するのではなく，セッションの中だけで自分たちの場面を作り上げることだ。この方法は，短期間の集中ワークショップに効果的だ。さまざまな小道具，楽器，音楽，布，仮面などが用意され，参加者たちは45分ほどで，1人か少人数のグループで，それまでのワークショップの中で表面化した問題に関して，1つのドラマ場面を発展させる。作られた場面はすべてがグループのメンバーの前で演じられる。明らかに，ここで作成された場面は，時間をかけて発展させた場面と比べると，はるかに単純なものだ。とはいえ，美的要因が高まること，そして儀式的な演劇空間が創られることを体験することができる。

第7章　単独セッション，連続シリーズの中間期

　自己開示劇を行なうとき，その準備をしっかりとすることはとても大事である。というのは非常に個人的な場面を演技するというプロセスには多くの危険を乗り越える力と，勇気が必要となるからだ。**自己開示劇**は，決して未成熟の段階で導入すべきではない。本番当日は，ウォームアップとしてのエクササイズを行なうことがたいへん重要だ。これらのウォームアップは信頼をつくるエクササイズ（**信頼して倒れる**など），声を出すエクササイズ（**声のゲーム**など），そして**グループでミラー**などのエクササイズがよい。このようなエクササイズを行なうことにより，これからの公演で使われるいくつかの感情が，遊び気分の中で承認され，表現される。
　自己開示劇の後で行なうのに最もよいエクササイズは，簡単な儀式である。そこでグループが行なった上演を祝福すること，また強烈で親密な体験を認め合うことで，メンバーの心を１つにする。言葉による話し合いは，ほとんどの場合適切ではない。すでに演劇という媒体を通して多くのことが伝えられてしまっているからだ。この媒体が伝える詩的感情，可能性，そして豊かさは恐ろしいほど力強く，聖なる状態の感覚を生み出し，グループのメンバーを変性意識状態に導いている場合が多い。部屋の中に満たされているこの魔法の力を維持するのが最良であり，言葉に「翻訳」することで，それを拡散してしまわない方がよい。全員がこの体験を吸収し消化する時間をもった後，つまり次のセッションにおいては，言葉による話し合いやふり返りが大事になる。もし演技がビデオで録画されているのであれば（そうした方が望ましい），それ以降のセッションはそのテープを鑑賞し，そしてさらに話し合いを一緒に行なうという作業が含まれてもよいだろう。**自己開示劇**が与えた多重層の体験の統合は一定の時間をかけてゆっくりと起こるのだ。

画面の中の自分と向き合う

　１人のクライエントがテレビモニターの前に座り，自分を映している画面と向き合う。
　「見てごらんなさい。あなたはあんなに哀れに見えるわ。あなたを見ていると，私はまた同じことをやりたくなる。あなたを傷つけ，飢えさせたくなる」
　７か月後，同じクライエントがテレビモニターの同じ自分の画像に向き合う。
　「あなたの目はとても傷つきやすいように見える。私はその弱さを抱きしめたくなる。あなたを見ていて，私があなたにしてきたことを考えると，本当に悲しくなる。でも二度とあなたを傷つけたり見捨てたりはしないわ。（長い沈黙）あなたが私を信じるのがむずかしいのは理解できる。でも私たちはこの中に一緒にいるの。そしてあなたの顔，私の顔，私はそこに今まで気がついたことのない一種の美しさを見いだすの」

第Ⅱ部 ◆◆ 技　法

　画面の中の自分と向き合うは，自分自身との強力で緊密な遭遇をもたらす。クライエントは部屋の中に通常1人でいる。ビデオカメラがそのクライエントに向けられており，クライエントは自分が話すようすをテレビモニターで見ることができるようにしてある。たいてい自己に関する感情や自尊心の問題が表面化してくる。私は，治療の進行に伴い，クライエントの自己像が変化することを確かめ，記録する方法の1つとしてこの技法を考案した。このような状況で**画面の中の自分と向き合う**を使った例は，第3章のクリスティンの話に出てくる。この技法は控えめに，そして注意深く使わなくてはいけない。というのは，クライエントの中には，この活動に強い不安やむずかしさを感じて画面の中の自分に向き合えない人が数多くいるからだ。

　画面の中の自分と向き合うのバリエーションは，画像を録画してクライエントに後で見せる方法だ★2。クライエントがビデオの再生を見ているとき，その人はそれに反応し，自分自身を相手に生(なま)の対話をくり広げる。録画する部分はその人のある特別な一面でよい。たとえば，ある学生の**自己開示劇**の中で使われたものであるが，1人の女性がテレビの横に立っている。観客は，スクリーンの中に，極度に否定的で自己批判的な彼女の側面が映し出されているのを見る。同時に観客は，生の彼女がその画面に「吸い込まれる」のではなく，その画像に向かって応答しようとするのを見る。さらにこの方法は，第Ⅲ部のジェイミーの挑戦で示すように（第9章314頁），音声だけの録音テープでもできる（クライエントは自分のある側面を録音し，生でそれに対して反応する）。ビデオの画像（あるいは録音された音声）と生の人間との相互交流は，演劇的に魅力的であり，**自己開示劇**のセッションには，申し分なく適合するものとなる。

★2　ドラマセラピストで，ドラマセラピーの中にさまざまなビデオを使う方法を試みたものは，ランディ（Landy, 1986），ペティティ（Petitti, 1989），そしてデクアインとピアソン＝デイビス（Dequine & Pearson-Davis, 1983）らである。

第8章
単独セッション，連続シリーズの終了期

　単独セッションの最後の部分および連続治療シリーズの最後の段階に使用する技法の目標は次の通りである。**与え・受け取る**，**集団で創造**，**グループ内の相互理解**，そして，**ふり返りと祝福**である。**与え・受け取る**と**集団で創造**に分類される技法の大部分は，連続治療シリーズのすべての段階で行なうセッションの終了期に使えるようにと作られている。その多くは，とくに第一段階（劇遊び）と第二段階（場面演技）で使用するときに有用である。**集団で創造**は第7章のカテゴリーの1つである，**グループ内の協力**に類似している。類似点はグループ全体が一緒に劇に参加することだ。また，異なる点は，**グループ内の協力**に分類されている技法は，時間のかかる活動であり，（おめでとうを除く）大部分がセッション全体を使って行なうのに対し，**集団で創造**に分類されている技法は，（演劇の儀式を除いて）時間の短いエクササイズであるという点である。これらはセッション内の短かい時間で行なうように作られており，通常はセッション終了期に行なう。**グループ内の相互理解**に分類される技法は，メンバーたちがお互いをよく知るようになる治療シリーズの後半段階で使用するのに適している。**ふり返りと祝福**に分類される技法の大部分は，第五段階（ドラマ的儀式）での使用に適するように作られている（第五段階のセッションのどの時点で行なってもよい）。

与え・受け取る

手を握りしめる

　この本で紹介したすべての技法の中で，**手を握りしめる**は，おそらく私が最もよく使う技法である。簡潔で，人を結びつける活動であり，親密さと遊び気分のバランスが完全にとれている。これはセッションを終了するのにたいへん効果的であり，私はいくつかのシリーズでは，全セッションの終了時に，儀式のようにこれを導入している。

第Ⅱ部 ◆◆◆ 技　　法

　グループは床の上に円になって坐り，お互い手をつなぎ，目を閉じる。リーダーは初めに自分の隣の人の手をやさしく握りしめる。その人は，自分の手が握られたことを感じたらすぐに，自分の隣の人の手を握りしめる。そして，次々と同じことを続ける。これを2，3周行なったら，リーダーはやさしく「もっと早く」と言って，グループの全員ができるだけ早く次の人の手を握るように指示する。速度を上げて円の中を握手が伝わっていくことで，グループ内に相互のつながりと生命力がもたらされる（そして，それが表現される）。多くのクライエントたちは，次の人の手を握り，それが伝わっていくようすは，グループの心臓が鼓動し，脈を打っているような体験だと表現する。これに，さらに遊び気分を付け加えるために，リーダーは，今までと反対の側の人の手を握りしめ，発信してもよい。そのときメンバーには，最初の手の握りしめはそのまま続けるようにと言う。円の中を2つの手の握りしめが同時に伝わることで集中力はますます高まる。たいてい沈黙は続かず，すぐに笑いが起こる。それは，誰かが同時に両方の手を握られたときが多い。

　この**手を握りしめる**には，数え切れないほどのバリエーションがある。毎回のセッションで終了の儀式として使っているシリーズでは，テーマに合わせたバリエーションを毎回のように導入する。また，クライエントたちに，新しいバリエーションを発明するように頼むこともある。たとえば，手を握ることを，隣の人の遠い方の肩に手を置くことに変えて，伝達することもできる。つまり，**手を握りしめる**のではなくて，**肩を握りしめる**を伝達するのである。もっと愉快な方法は，両足を真ん中に出し一方の足で隣の人の足を軽くたたいて伝達するものや，手を膝に置き，膝の握りしめを伝達するものもある。第5章で記述したクライエントのアンジェラは，体をちょっと押すという方法を考えだした。参加者はお互いにくっついて椅子に坐り，身体の側面を互いに接触させる。各人は順番がくると1回だけ，やさしく自分の身体を隣の人の身体にぶつける。このときむずかしいのは，椅子から落ちないようにすることだ。

　近年私が始めたバリエーションは，本来の**手を握りしめる**を行なった後，メンバーに，座ったままで，できるだけぎゅっと真ん中に集まってもらい，一種の身体の塊をそこに作ってもらって行なうものだ。メンバーは塊の中の自分の隣の人以外の誰か他の人の手をつかむ。手を差し出したり，伸ばしたり，時には引っ張ったりを何度もくり返して他の人の手をつかむ。このように密接な身体的接触は，親密さと相互につながっているという感覚を強めてくれる。［本来の手を握りしめると同様に］ここでも目を閉じ，私は自分がつかんでいる手を握りしめてゲームを開始する。手を握られた人は，自分がつかんでいるもう一方の手を握りしめ，他の人に伝えていく。しばらくしたら，リーダーは全員が少なくとも1回は，手の握りしめを受け取ったかどうかをチェックする必要がある。というのは，時どき，全体とつながっていない閉鎖回路ができているからだ。そのときは最初からやり直す。このバリエーションは，感情的な近さが

かなり高いレベルで達成されたグループで使うと効果が高い。このエクササイズは，グループの感情を高めるのであるが，同時にグループ内にすでに存在している感情を反映したものになっていることが重要である。

手を握りしめるに言葉を使う要素を付け加えるために，隣の人の手を握りしめて伝達するときに，言葉を発するように言ってもよい。言葉（またはもっと長い句，イメージなど）として使うものは，感情，望み，またはセッション内でとくに頼りにしたい，あるいはもっていたいものの表明でもよいし，みんながグループに送る祝福の言葉でもよいだろう。

物体を変形する

スポーリン（V. Spolin）が述べたこの技法では，パントマイムである物体を作る。円を作り，それを隣の人に渡していく。受け取った人はその物体をしばらく自分の手に持ち，それをさらに違う物体に変形して次の人に渡す。後は同じように続ける（ドラマセラピストのバーニー・ワレン（Warren, 1984）は，「魔法の粘土」というイメージを使う。パントマイムを使って粘土をこね，ある物体を作り，それからまた粘土をこねて，もとのボールの形に戻す）。**物体を変形する**は想像力を刺激し，参加者たちに無から何かを作り出すという体験をさせる。これこそすべての創造的な仕事の基本である。

【バリエーション】

以下は**物体を変形する**の３つのバリエーションである。この３つは，幻想と現実とを区別するのがむずかしい統合失調症患者との作業に適していると考えられる。［本来の**物体を変形する**のように］実際には存在しない何かを手渡すというエクササイズでは，彼らに不安を感じさせることがあるからである。しかし次のバリエーションはどのようなグループに対しても効果がある。

■**本物の物体を変形する**　パントマイムで物体を創り出す代わりに，本物の物体を持ち込み，それを変形させる。１人ひとりは，その物体を違う方法で扱う。たとえば，１本の棒が，円になったメンバーの中を手渡されていく。ある人は，それを自分が運転する車の変則シフトに変える。次の人はそれをバトンに変える。次は孫の手に変える。わかりやすい簡単な物体（たとえばボール，帽子，カツラなど）で，たくさんの違った品物を思い起こさせるものであれば，想像力を刺激する助けとなる。手にふれることのできる物体を扱うことで，完全に想像上の物体を手渡していくことには困難を感じると思われるクライエントも，創造的なプロセスを簡単に行なうことができる。**本物の物体を変形する**は，それを扱う人に一種の主体的な力を与えてくれる。というのは，このエクササイズは，想像力を用いれば，（この世界を）理解する仕方は無数

にあるということを象徴的に表わしているからだ。

■**新聞を変形する**　新聞がメンバーの間で手渡される。1人ひとりが，その新聞を何かとして使ったり，その形を何かに変えたりする。前述の技法のように，ある物体を作り出すこともできる。しかし，一般的にこのエクササイズでは，自由連想的な発想が多く見られ，新聞が具体的なものになることは少ない。1人ひとりは，新聞を受け取ると自分の直感に従って行動する。たとえばある人は，そこに複数の穴を空ける。次の人は新聞をしわくちゃに丸める。次の人はそれをビリビリに破いてしまう。ある「高機能」の［患者の］グループで，新聞を燃やしてしまった人がいた。でも次の人はその灰を使って自分の顔に絵を描き，破壊に対してそれを変容させて対抗するということを象徴的に表現した。

■**物を手渡す**　このバリエーションは，渡されるものが完全に想像上のものであるという点においては，本来の**物体を変形する**に似ている。しかし，そこに一定の決まりと具体性が付け加えられる。その物質がどんな種類のものであるかがまず決定され，それがメンバーの円内に回される。たとえば私が，それはとても熱いと言いながら（そしてみんなにそれ見せながら）このゲームを始める。1人ずつ，この熱い物質を急いで隣の人に渡していく。1周したあたりで，私かグループの誰かによって，それは凍りつくもの，重たいもの，ネバネバしたものなどに変形される。このバリエーションは，私が一番よく使うものである。というのは，このゲームを通して，グループ内での気分の共有と相互交流がたいへん高まるからであり（その物質は，しばらくの間，そのままの形を保ちながら，1人が受け取りそして次の人に手渡される。常に変形されるのではない），手渡される物質に反応して，みんなの表情が次第に高まってくるからだ。ほとんど情動を示さないクライエントたちであっても，ここでは表情が豊かになり，参加態度が高まることが多い。とくにねばっこいものや，どろどろした物質（グループのお気に入りの1つ）を手渡すパントマイムをするとき，その反応が強くなる。この方法は，本来の**物体を変形する**のウォームアップとして，手軽に使うことができる。

顔の表情を渡す

円の中の1人が両手で顔を覆った後，自分の顔の表情を変え仮面のようにして作り，その顔を見せる。かぶった仮面はある特定の表情をしている。その人は顔を隣の人に向け，その仮面を外し，隣の人の顔にその仮面をつけるパントマイムをする。仮面をつけられた人は，ただちに同じ顔の表情を作り，それから同じ表情／仮面を次の人に渡していく。このバリエーションとしては，顔の表情をまねる人が，短い間，相手と**ミラー・エクササイズ**のときのように，しばらくの間目と目を合わせ，表情をまねるというものがある。表情を渡す人は，まねをする人が正確にその表情をまねてつ

けたときに，その表情を取り去るのである（この形では，仮面を渡すというパントマイムは使わない）。円の中の最後の人が最初の顔の表情をまねてつけたときに1周目が終了する。今度は次の人が違った顔の表情を渡すことを始め，2周目が始まる。

顔の表情を渡すのウォームアップとしては，メンバーが数分の間リラックスし，顔の筋肉を動かす練習をする。次に，1人がある顔の表情を作り，それをグループ全体で即座にミラーする。この練習を行なうことで，グループのメンバーは人の表情をまねる練習ができる。顔の筋肉の構造を正確にまねすることに集中するのではなく，表情の雰囲気と感じをとらえるように強調するのがよい。

パントマイムの贈りもの

円になって座り，グループの各メンバーが1人ずつ，他のメンバーに贈りものを渡す。渡す相手の決め方は，名前を書いた紙を帽子などに入れて，くじ引きをしてもよいし，贈りものをする人を自分で選んでもよい。品物はパントマイムで作って渡す。お金や本当に役に立つかどうかは関心の対象外である。贈りものはその人の好みや必要なもので，物質的なもの（たとえば，スカーフ，スキー，車），比喩的なもの（たとえば，暖かさと心地よさを表現するショール，自由を表現する小鳥），または人間の性質（たとえば，愛，主張，希望）などでもよい。ここで使われる贈りものは，グループがともにし，これまで行なってきた旅路の中に出てきた特定の場面やテーマと関連しているものが多い。

贈りものをもらう人はそれをパントマイムで受け取る。受け取った人は何が贈られたのかを理解していることを，その贈りものを扱う動きで示す。

集団で創造

魔法の箱

魔法の箱を使うという，デービッド・リード・ジョンソンによって開発されたこの技法（Johnson, 1986）は，セッションで起こったことを象徴的に**包み込む**方法だ。想像上の箱が（しばしば天井から取り出され，あるいは前のセッションが終わるときに決めておいた場所から取り出され）円の中心に置かれる。クライエントたちは，セッションに関連した感情，経験，感覚，洞察，恐れ，願望などを箱の中にしまう（あるいは，セッションの開始時であれば，前にしまったものを取り出す）。これらのものは次のセッションでまた開けられるまで，この箱の中に安全に保存される。

演劇の儀式

　演劇の儀式は，技法ではなくてプロセスである。これには，数え切れないほどの方法がある。特定の状況に合うように，あるいはシリーズの中で出てきたテーマと象徴的に関連するように，特定の儀式が考案される。これらの儀式は，仲間と別れる，また治療を終了するという問題に直面しなくてはいけないシリーズの最後において，とくに重要な意味をもつ。**演劇の儀式**では，お互いに共感できる比喩を用い，その中に，今までの複雑な感情を具象化する。そうすることで，クライエントたちが，それらの複雑な感情を包み込み，また表現する助けとなる。グループは，埋葬，再生，たき火，罠に閉じ込められた場所から自由へ旅立つこと，親密さを求めての旅，などを演技化することが多い。一般的に**演劇の儀式**は，グループが共同で即興的に作るものだ。しかしセラピストがデザインすることもできるし，あるいはクライエントたちが意識的に事前に準備をしてもよい。

　演劇の儀式はそれぞれがとても独自なものになり，一般に「自由な流れ」（その中には，無意識から発生するイメージが含まれる）の中で行なわれるので，これ以上具体的な解説をすることがむずかしい。リーダーたちは自分の想像力と創造力を用いてこのプロセスを進めなくてならない。

物語作りと物語り

　スポーリンの**物語作り**＜story-building＞の技法では，グループリーダーが，オーケストラの指揮者のように，グループの1人ひとりに指示をし，指示を受けた人は即座に前の人の話が終わったところから話を続ける。このやり方だと，参加者たちには，機転と即興的な反応が求められる。1人の話が文の途中で止められたとき，次に指示された人は，その物語を「流れるように」話し続けなくてはならない。**物語作り**は，演技者たちが話しの抑揚，調子，表現などにも十分に注意を向けていると，とくに楽しいものとなる。多くの即興演劇集団は，実際の上演においてこの技法を使用する。**物語作り**は，ちょうど**感情のオーケストラ**のときのようにグループの全員が密集して立っている状態で指揮されることが望ましい。

　物語り＜storytelling＞においては，メンバーは円になり，そのうちの1人が自分で作った物語を話しはじめる。その人は，いつでも好きなときに自分で話をやめることができる。隣の人はその話を引き継ぎ，前の人が話し終わったところから次の話を続ける。そして，最後の人が物語を終了する。**物語り**は，**物語作り**と比べて，緊張感が少ない。1人ひとりが，どれくらい長く話をするかを自分で決め，どこで話を止めるかも自分で決める。物語の中身は，完全に自由で，何の話でもよいし，また最初に一定の方向性を与えることもできる。たとえば話すべきテーマやその種類（たとえ

第8章 単独セッション，連続シリーズの終了期

ば，おとぎ話）などを決めておいてもよい。

　円になって座る代わりに，グループのメンバーが円になって横たわることもできる。そのときは頭を円の中心の方に向ける。目は閉じておいてもよい。話し手が話をやめたいときには，自分の隣の人の身体を押すか，軽くたたく。押された（たたかれた）人は，すぐに話を続けなくてはならない。

　物語作りと**物語り**は，**観察と集中**の分類に入れることもできる（セッションとシリーズの開始期），そして**グループ内の協力**の分類に入れることもできる（セッションおよびシリーズの中間期）。ここに分類されている理由は，（シリーズの初期の段階において）セッションの終わりに使われることが多いためだ。これはちょうど就寝前の子どもにおはなしをすることに似ている。これらの技法は，くつろぎと親密さを促進するために使うことができる。

【バリエーション】

■**1人一言ずつ**　グループは物語を作っていく。あるいは単に会話を続けてもよい。その際，1人一言ずつしか発言できないことにする。たとえば最初の人が「私たちは」と言い，次の人は「ある」，3人目の人は「1つの」という風に続けていく。とくに多くの形容詞がそこに使われた場合，話の展開がどうなるのかハラハラし同時にたいへんおもしろい。時どき文章を終わらせるように参加者に注意をする必要がある。文を終了することで，話の中身に論理性を与える助けとなる。私はこの技法をセッションの終了時に使うことが多く，メンバーに，自分たちのグループについて（その感情，関係の変化，希望など），この方法で話をするように頼む。**物語り**のこのやり方は，きちんとした文で話すことや人の話を注意深く聞くことが困難なグループに対しては使うべきでないが，それ以外のグループでは，たいへん効果的である。

　1人一言ずつのバリエーションは，**知ったかぶり博士**のやり方だ。3人の人が一緒になって**知ったかぶり博士**を演じる。グループのメンバーは博士に質問する（たいていは心理学的な，また哲学的な内容である）。それに対して，彼らは，**1人一言ずつ**の要領で返事をする。私は，この**知ったかぶり博士**を，生の即興劇の上演に取り入れたことがある。観客は，著名な博士（3人の精神疾患患者で構成されている）に，精神衛生や人生について質問をする！

■**物語を語って演じる**　このバリエーションは，スポーリンが考案したもので（**物語り**＜Story-Telling＞とよんでいる），1人が既成の話，または新しく作り上げた話を物語る。その人が，話を物語っているときに，グループの他の人たちは，その話をドラマとして演じる。基本的にはパントマイムで演じるが，時折会話を使うこともある。このバリエーションは子どもと行なうとうまくいく。スポーリンが指摘しているように，物語る人が，演技者たちに少し自由度を与え，自発性を発揮できるようにするの

＊ 267 ＊

がよい。そうすることで，彼らは話の丸写しをするだけではなくなる。

　この技法は，初期の段階に最も適しているが，私は，第三段階（ロールプレイ）と第四段階（最高潮に達する演技）のときにも使っている。そのとき，物語る人は，重要な人生の経験あるいは出来事について個人的な独白をしている。演技をする人たちは，話を文字通りに演じるのではなく，たいてい抽象的に演じる。たとえば，その背後にある感情や雰囲気を，動きを使って象徴的に表現する。これは，次の**プレイバック**に似ている。

■**プレイバック**　1人が現実人生の話をする。それを他の数人の人たちが演技化する。この演技化は，話の文字通りの解釈でなくてもよい。むしろ演技者たちは，その人の話の感情的本質をとらえようとする。これは，**プレイバックシアター**とよばれる複雑な作業で，ジョナサン・フォックス（J. Fox）（Schattner & Courtney, 1981）によって開発されたサイコドラマ，ドラマセラピー，演劇を混ぜ合わせた，複合的なプロセスである。生の上演では，フォックスは観客に，個人的・社会的な問題に関する物語を話してもらうようにすすめる。そして，これらの話が，特別に訓練を積んだ俳優と音楽家の一団によって「プレイバック［再現］」される★1。

　プレイバックは，組織の発展をうながすための建設的な方法として応用できる。組織，研究施設，コミュニティーグループなどで，自分たちの問題を，楽しいドラマとして演じてもらい，それを変容させてもらうことができる！

■**お互いに物語を語る**　**お互いに物語を語る**は，精神科医リチャード・ガードナー（Gardner, 1981）によって，子どもの治療のために開発された技法であり，クライエント［子ども］は，セラピストのインタビューと質問に導かれて，ある話を作り上げる。子どもの話が終わると，セラピストは似たような，あるいはそれに相当するような話を物語る。その話の中には，治療的な解決が含まれており，クライエントに建設的な選択肢を提供することができる。

■**個人的な物語を語る**　1人が現実の人生の話を物語る。しかし，一人称の代わりに三人称を用いて話す。これにより，距離が増大し（Landy, 1986），内面をさらけ出す作業が楽になり，人生の出来事とそれを物語ることに関して，自分が高いところから見ているかのような高次レベルの感覚に達することができるようになる。

　物語りに関しては，キーンとバリー＝フォックス（Keen & Valley-Fox, 1989）が，自分自身の人生についてくわしく質問をする方法を提案している。これは，無意識の脚本に従うのではなく，意識的に自伝を創作する方法である。自分の物語がどうであるのかは，話をしてみなくてはわからないといわれている。実際に話をすることを通して，私たちはそれまで意識していなかった［自分の中にある］神話の中身を理解しは

★1　フォックスの方法によるプレイバックシアターが国際的にいくつも形成されている。

じめるのであり，その時点から積極的に自分の物語を形づくることを始めるのだ。自伝的な物語を語るときは，ある時点で，三人称から一人称に戻るようにと語り手に指示してもよい。そうすることで距離が減少し，話の内容に強い感情的なつながりを体験できるようになる。

物語を作る

英国のドラマセラピスト，アリダ・ガージー（Gersie, 1991, Gersie & King, 1990）の仕事の多くは，世界中の現存する神話や物語を使って，人々が死と喪失，愛，希望などの普遍的なテーマや戦いに対処できるようにする，ということが焦点となっている。ガージーは，1つのグループに対してある話を語った後，彼らを小グループに分け，その物語の中で自分たちの心を動かした部分をドラマ化させることもある。また最初に語る物語に刺激を受け，それをもとに個人的な物語を作り，それを演技に作り上げることもある。ガージーの方法は，1つの技法として限定されるものではなく，むしろ彼女が長年にわたって思慮深く発展させてきた，ドラマセラピーのプロセスとしての複雑な連続作業である。

幸運なことに／不幸なことに

バトラとアリソンが開発したこの技法（Butler & Allison, 1978）では，円になった人たちが順番に1つの物語を話す。その際，「幸運なことに」と「不幸なことに」という言葉を交互に使いながら，新しい文を作っていく。物語の代わりに，グループに関係のある問題について，単に会話を続けなさいと指示してもよい。**幸運なことに／不幸なことに**は愉快なゲームであり，また創意と自発性を作り上げる。これには，また，カタルシスの効果もある。というのは，少し誇張した形ではあるが，人生には常に上昇と下降があることについて考えさせてくれるし，さらに，同じ出来事を肯定的な観点と否定的な観点から見ることができるという可能性に気づかせてくれるからだ。

全体（または機械）の一部

スポーリンが作った，この技法では，最初にメンバーの1人が大きな生物や無生物の一部としての動きを開始する。グループの中の誰かが，その物体がどんなものであるかがわかったら，すぐに動きに加わり，全体のもう1つの部分として動く。これをグループ全員が加わるまで続けて行なう。演技者たちは，最初動きだけを使って始めるが，後で音を付け加えてもよい。

全体の一部は基本的に，よく知られているスポーリンの**機械**と同じである。そこでは，1人が簡単な機械的な動きをくり返す。1人ずつ，他の人も加わり機械にさま

ざまな部品を補っていく。動きと音をリズムに合わせて使う。全員が入ったら，リーダーは機械のテンポを早めることもできる。次に，動きをゆっくりと落とし，最後は完全な停止状態まで行く。停止したときが，このセッションの終わりとなる。

　全体（または機械）の一部のバリエーションは，グループを半分ずつに分けて行なう。各小グループは，特定の種類の機械，または別の無生物的な物体を作り上げ，もう一方の小グループに，それを動かして見せる。見ているグループはそれが何かを当てる。もう1つのバリエーションは，**場面に加わる**と似ているが，参加者は演技されている場面に加わって，それまでの演技に相互作用をもたらす演技者になるか，その場面の中にある無生物の物体となる。この**無生物の物体**は共同で作ることもできる。たとえば，2人か3人が，今場面の行なわれている居間にある家具の1つになる。このバリエーションは，もとの**全体（または機械）の一部**と比較すれば，セッションの終わりに使うことは少ない。

　以上のような愉快なエクササイズに，感情的な要素も付け加えようと考え，私は，**感情機械**という活動を作った。その機械はある特定の感情を製造する。

グループ像

　全体の一部と同じように，**グループ像**も，グループのメンバーが1人ずつ参加し，最後は全員で1つの大きな全体を作る作業である。**グループ像**では，全体が1つの像になる。多くの人の身体を使って，興味深い，抽象的な形態を制作する。身体同士はどこかでお互いにつながっている方がよいと示唆しておくのがよい。そのグループが後で自分たちの作品について感想を言えるように，完成した像は，インスタントカメラで撮影してもよい。

　このバリエーションは，円の形になって同じ作業をするものである。1人の人が円の中心に行き，ある姿勢を作って，そのままの状態で静止する。次の人は，中央にある像（つまり中央にいる人）の身体の一部を，1か所だけ変化させることができる（たとえば腕を違った位置に置くなど）。次の人も，別の部分を変化させることができる。3番目の人は，その像に加わり，最初の人に関連のある姿勢やその人を補うような姿勢をとる。円の順番に従い，これを続けていく。常に，3番目の人は像の一部になる。

　もう1つのバリエーションは，像に命が宿り，ほんの短い間，動作を行なう（音を出してもよい）というものである。そして，その像は前とは少し違った形となって再び止まり動かなくなる。グループリーダーは，**動け**，**止まれ**，とリズムをもって何度か大きな声で指定をしてもよい。また，感情やテーマを声で指定すると，それに合った像を作ったり，作り変えたりする刺激になる。

グループで詩を書く

　1人が，オリジナルの詩の出だしの1行を1枚の紙に書く。その人は何を書いたかがわからないように，自分の書いた部分を折り曲げ，次の人に渡す。1人ずつ新しい1行を付け加え，その部分を折り曲げて，円の隣の人に手渡していく。グループの全員が詩を1行ずつ書いたら，その詩全体を大きな声で読み上げる。グループは共同でその詩のタイトルを決める。順番がくるまで長い時間待たずにすむ方法として，全員がいっせいに詩を書きはじめ，横の人に渡す。こうすると，終了したときには，グループの人数と同じ数の詩が完成している。

　グループで詩を書くは，特定のテーマが与えられているとき，あるいは，詩の行の最初の言葉が決められているときに（最後の1行は決めない方がよいかもしれない），一番効果がある。たとえば，グループリーダーが，この詩は，苦しみがもたらす感情の深さと成長についての詩ですと宣言したり，それぞれの行を，「ふり返ってみると…」という言葉で始めるようにと言うなどである。グループが自分たちの創作作品に誇りを感じているようすがうかがえれば，リーダーは次のセッションに，完成した詩をタイプで打って持ってくるのもよいだろう。

　詩歌セラピストたちは，**グループで詩を書く**のさまざまなバリエーション，およびそれに関連した技法を使用している。

グループ内の相互理解

詩的な連想

　1人がグループの中の誰かのことを考える。他の全員は，次のような質問をして，その人が考えている相手は誰かを当てようとする。

　「もしこの人が＿＿＿＿＿＿＿＿＿だとしたら，何だと思いますか？」
この下線部分は種別であれば何でもよい。たとえば果物，動物，色，季節，音楽の種類，車の種類など。質問に答える人は，自分が選んだその個人を心の中で思い描き，その連想に従って，またその個人をどう思っているかに従って返事をする。1，2周，全員が質問をした後で，メンバーはその人が誰であるかを推量する。そして質問に答えていた人は，誰のことだったかをメンバーに発表する。

　詩的な連想は，お互いをよく知っている8人から12人のグループの場合に最もうまくいく。参加者は，直感的で抽象的な考えができなくてはならない。返事をするときの基準は，事実よりも形のない姿・考えを反映したものの方がよい。たとえば，「この人はどんな種類の車なんでしょう？」という質問への答えは，その人が実際に

はキャデラックを運転していても,「フォルクスワーゲンのカブトムシ」という答えであってよい。人々が他の人々からどのように理解されているか,そしてみんなが自分自身をどのように理解しているかを発見することは,たいへん興味深い。その人が誰であるか,グループの全員がすぐにわかる場合もあるし,全員が違った人を思い浮かべている場合もある。

　独創力は,質問に答える人だけではなく,質問をする人にも試される。質問に使う新しい分野が常に発明されなくてはいけない。たとえば,「もしこの人が自然の景観であったら…」「布地であったら」「家具であったら」「靴の種類であったら」「顔の表情であったら」「句読点であったら」など。質問も答えも想像力を使うので,その結果はたいへん詩的な感じの言葉のやりとりになる。そのため,返事を書きとめ,短くまとめてみんなに読んで聞かせてみてもおもしろい(たとえば,川,ターコイズ色,シカ,夕暮れ,セミコロン)。これは,これらの言葉で描写されている人への贈りものとなる。このゲームの後には,簡単に詩を書く作業を行なうことができる。その詩の中で,イメージや比喩を使って,メンバーがお互いについて感じていることをさらに表現する。

　このゲームのアイデアは,私が子ども時代に発見したものだ。母と私は,よく特定の親戚や友人たちから連想する食べ物や品物を「作り上げた」。結局,私たちは知っているほとんどすべての人にそのような名前をつけた。私たちは,なぜそのように感じるか,合理的な理由づけは一度もしなかった(実際,言葉で解釈をしようとすると,そのイメージを汚してしまった)。私たちはただ,叔母さんは新鮮な苺,叔父さんは茶色の革製の財布,従兄弟はコーンフレークなどと**感じた**だけであった。意見が一致しないと,両方に「カチッと」はまって納得させるようなイメージを見つけるまで,もっと一生懸命に考えた。私たちはこのゲームを何年もの間続けた。今まで,私はこのゲームを一度もやめようとしたことはないように思う。

正しい／間違い発言

　「私には姉と妹1人ずつの2人の姉妹がいます。私たち3人全員は,癒しに関係のある仕事についています」

　「私には1人の兄がいて,私より2歳年上です。彼は優秀なプラズマ物理学者です」

　私はこの2つの発言を,同じように強い確信をもって話す。しかし現実生活の中では,発言の一方は正しく,もう一方は間違いである。聞いている人は,どちらの発言が正しいかを当てる(上の例では,2番目の発言が正しい)。グループで行なう場合,1人ひとりが順番に,2つの発言をする。グループのメンバーは発言の中身や言い方のプロセスをもとに推量する。ここでいうプロセスとは,たとえば,嘘を言っているときに無意識に目をそらす人がいる,などの話し手の非言語的表現である。

第8章　単独セッション，連続シリーズの終了期

　参加者は自分で発言を選ぶので，ゲームは軽やかで遊び気分のある形で進行し，またたいへん親密な雰囲気を作り出すときもある。この**正しい／間違い発言**を行なう過程で，発言者が内に秘めた大きな秘密を明らかにすることがある。発言の内容は，だいたい過去の経験，家族の事実，または単に個人的な好みなどに関することだ。2つの発言は相互に関係をもつ必要はない。グループのメンバーは軽い（趣味や好きな食べものなどの）内容から始めることが多い。それから次第に，もっと個人的な分野に進んでいく。どの程度のことを明らかにするかにかかわらず，**正しい／間違い発言**を通して，メンバーは，必ずお互いのことをよりよく知るようになる。

　青少年たちのグループの多くは，この**正しい／間違い発言**を心の底から楽しむ。その理由は，おそらく嘘をつくというプロセスは，彼らにとって，多くの場合，本当のことを語ることと同様になじみ深いからであろう。さらに，嘘をついてよいと許容されることが気晴らしとなるからだろう。ゲームとして行なっているので，自分の秘密をメンバーと共有することを促進させる。その秘密は十代の彼らにとって，みんなに話したいと待ち望んでいたが，今までその機会がなかったとか，他の人の反応を恐れて話せなかったことかもしれない。しかし，**正しい／間違い発言**は，統合失調症のクライエントに対して使うことはすすめられない。彼らは，幻想と現実（あるいは嘘と本当）との区別に困難を感じており，間違いの発言に不安や恐怖を感じたりするかもしれないからだ。

　この本の中に掲載したすべての技法の中で，**正しい／間違い発言**は，私が，職業的現場以外のところで，自分自身の楽しみのために（！）最も多く使ってきたゲームだ。これは，他の人をよく知るためには素晴らしい方法だと思う。とくに，お互いの実生活についてほとんど知らない交友関係の初期の段階で使うとよい。このゲームは，最初の印象を確かめ，その人に対する考え，投影，そして直感を検証するという非常にまれな機会を与えてくれる。**正しい／間違い発言**は，他者との相互交流の初期に行なうとたいへんおもしろいものであるが，グループ治療で使うのは，メンバーがお互いについてある程度の親密さを獲得してからの方がよい。

　間違った発言をまるでそれが正しいかのように話すという過程は，参加者たちに，**演技をする**という体験の味見をさせてくれる。そこには，スタニスラフスキの言葉（Stanislavski, 1936）を使うと，**魔法のもしも**＜magic if＞［もしも自分がこの状況におかれたらどうするだろうかと考えて演技する手法］が発生する。このゲームで発言をするとき，その人は，その発言が真実であると，（**そのふりをする**のではなく）完全に**想像するようにする**。これは役を演じるときや即興劇で架空の状況に自身をおくときに使われるプロセスと同じである。最初に記した発言をするとき，私は現実にはいない2人の姉妹がいることを心に描く。さらに，私は自分が姉妹の真ん中の子どもであるという絵を思い描く。**正しい／間違い発言**のこのようなプロセスは，**別人になって自**

第Ⅱ部 ◆◆◆ 技　　法

己紹介（第6章184頁参照）に類似している。いずれの場合でも，間違った発言（あるいは空想）は，真実の発言と同じくらい，その人のことを表現している。

他の人になって答える

　グループは，円になって座る。1人が円の中心に入る。その人は，グループの1人ひとりに特定の質問をする。しかし，質問をされた人は返事をせずに，その人の右側に座っている人が，質問をされた人が答えるであろうと思われることを，代わりに答える。ここで重要なのは，質問をしている人が話しかけている人の目を見続け，言葉で返事をしている人の目を見ないことだ。たいてい最初は，セラピストが中心に入り，ゲームのやり方と，質問の調子を作り上げる。

　他の人になって答えるは，グループがお互いについてどのように考えているかを調査し，お互いをどれくらい知っているかを点検するのに素晴らしい技法である。さらに内面をさらけ出し，さまざまなことに直面することをうながし，お互いの対立を解消し，グループ全体としての統一感や共感を促進してくれる。私は最初，**他の人になって答える**を，6人のグループに対する特別集中セッション用として考案した。彼らは，成人4人の兄弟姉妹たちとその2人の配偶者であった。全員20歳代で，昔はお互いにたいへん親しかったが，今は関係がむずかしくなっており，自分たちの関係がもう長い間行き詰まっていると感じていた。誰もが，自分からは話そうとせず，全員が自分は誤解されている，他の人には失望している，他の人を信じられないと感じていた。しかし，彼らは，他の人のことについて（あるいは，他の人として）話すことには意欲的であった。結局私たちは，3時間のセッションをずっと**他の人になって答える**だけで通した。最終的には全員が他のすべての人として答え，そして質問者になる機会をもつことができた。回答者が一巡するごとに時間をかけた話し合いがなされ，その中で，答えが正確かどうかについての意見の交換が行なわれた。この過程を経て，押さえつけられていた感情，心にいだいていた恨み，誤解，過去に起因した対立が解き放たれ，そして長年にわたって変化してきた家族の相互関係に関連したいろいろな問題を吟味することができた。もちろんセッションの終了までに，それまでの対立すべてが解決したわけではなかった。しかし，相互のコミュニケーションは可能となった。6人の参加者は，これらの問題を自分たちで取り組んでいくことができるとの自信を感じ，また自分たちの相互関係を変化させることができるとの明るい展望をもって帰っていった。

　このように**他の人になって答える**は，家族との作業に理想的な方法である。また，お互いをよく知っていて，お互いに直面することや内面をさらけ出すことに耐えられる人たちのグループにたいへん有効な方法だ。これらのグループが，個人間の対立やコミュニケーションが遮断されている状態に取り組むときに，とくに効果を発揮する。

第8章 単独セッション，連続シリーズの終了期

　他の人になって答えるを使って最良の経験をしたグループは，密接な関係をもって働いている［病院やセラピーの］スタッフたちであった。このゲームでは，参加者たちがお互いの役を演じることにより，感情や考えが共有されるだけでなく，楽しい気分やユーモアの感覚が作り出される。何周か行なった後，参加者たちは意図的に座席を交換し，グループの誰か特定の人として答える（あるいは，特定の人に自分として答えてもらう）ようにすることが多い。

　他の人になって答えるを発展させる1つの方法は，グループ全員が他の人の役を引き受ける際に，言葉だけで行なうのではなく，ドラマ化して相互交流が生まれるように行なう方法である。この一例が，第3章のクリスティンの物語の中にある。もう少し構成の決まった形では，ドラマの役を演じることは少なくなるが，1人ひとりの背中に，グループのメンバーの名前を貼り付け，他の人が自分にどう応対するかで，自分が誰を演じているかを判断して当てる（つまり，自分の背中に誰の名前が書いてあるかを当てる）方法もある。

グループを彫刻する

　この技法の基礎は**彫刻**と同じだ。**彫刻**では，1人がグループの他の人を彫刻して配置し，特定の姿勢をとらせ，静物としての活人画を作る。**グループを彫刻する**では（サイコドラマの**アクションソシオグラム**［集団内のメンバーの相互関係を図示したソシオグラムを実際の人間を使って表わすもの］と同様に），1人の希望者が，自分のイメージするグループの動的な関係を彫刻として作り上げる。これはかなり複雑な仕事になることがある。メンバーの一部は，お互いの身体をくっつけたり，グループ全体から離れて配置されたりする。また，全体としての像は部屋の真ん中や部屋の端などに配置される。彫刻する人は，グループ全体を彫像として作り上げた後，自分自身もその像の一部になる。

　グループを彫刻するでは，グループのメンバーを，これまで避けてきたグループ内の人間関係にかかわる問題に直面させることが多い。この技法は，1人の人が他の人からどのように見られているかをたいへん直接的に表わす情報を与えることになるので，すべてのメンバーが，どんなことが現われてきても，それに耐え，話し合いができる状態に到達して初めて使うことのできる方法だ。さらに，多様な見方が表現されるように，数人または全員に時間を与えて，彫像を作らせるのも大変よい方法だ。

　もう1つの方法は，「グループの真髄」を表現する彫像を創ることだ。この場合，グループは1つの存在として表現され，特定の個人間の関係や役割は描写されない。そのため，各個人がどのように見られているかの情報はグループを彫刻するよりも少なくなる。造られる彫像は，完全に抽象的なものでもよい。それは，彫刻をする人が，そのとき・その場で連想した，そのグループに対する感情の雰囲気やイメージを表現

したものになるはずである。

秘密

　秘密は，すでにお互い親密になり信頼し合うようになったグループで行なうのが適切だ。全員が，今までグループには教えていない，しかし，今なら話してもよいと思う秘密を紙に書く。書いた紙は帽子の中に入れる。次にメンバーは，くじ引きのように紙を1枚引いて声に出さずにそれを読み，その秘密が自分のものだと想像するように努力する。**まるでその秘密が自分のものであるかのように**，1人ずつ，グループのメンバーに対してその秘密を公表する。グループのメンバーには，公表する人への支持や共感を与えるように指示してもよいし，それが本当は誰の秘密であるか当てるように言ってもよいし，またすべての公表が終わるまで，単に聞いているように指示してもよい。リーダーが決めた方法がどれであっても，秘密の公表が終わったら必ず話し合いをする。秘密の本当の持ち主が明らかにされ，それまでの反応に対する「プロセシング」が行なわれる。このプロセシングは，自分の秘密を公開し，他の人がそれを話すのを聞いて，また他の人の秘密を自分のものとして話して，参加者たちがどのように感じたかに関して行なう。

　長年実践を行なってきて，私がこの技法を使ったのは，わずかに3度か4度である。その理由は，一般的に自己をさらけ出すことは，その人自身が直接行なうのが最良であると考えるからだ（確かに，時にはドラマの場面という状況や**正しい／間違い発言**などのゲームの流れの中で［他人を介して］さらけ出すこともあるが）。秘密の公表をグループの他の人にゆだねるということは，クライエントによっては，自分がコントロールをするという感覚を他者にゆだねて，失ってしまうように感じられることもあり，この過程が，潜在的にセラピーに反するものになる可能性がある。もう1つの落とし穴は，明かされる秘密が，人によってたいへん親近感を覚えるものになったり，大して重要でないものになったりするという点だ。グループの中で自分をさらけ出すこととそれに続く話し合いをどれくらい進めていくかは，たいへん微妙な問題で，さまざまな危険を孕んでいるきわどい作業である（Yalom, 1985）。

　まれではあったが，私がこの**秘密**を行なうことを選んだとき，そのグループは前向きな反応をした。グループのメンバーが他の人の秘密を自分で体験し，そしてそれを自分のものとして表現したとき，共感の度合いが高まった。人が何かを隠し，それを恥じるということが，誰にでも起こる感情だということがはっきりと表現された。演技のレベルもたいへん素晴らしかったが，さらに素晴らしかったのは，共有の仕方の質であった。ある意味で，そこで公表された秘密は，私たち全員の所有物になり，そして確実に私たちの中に包み込まれたのだった。

　秘密をもっと気安く，安全に行なえるようにしたバリエーションは，普通ではない

第8章　単独セッション，連続シリーズの終了期

体験（あるいはその他の情報）を全員が紙に書くというものである。このときに書く情報は，自分がこの体験をしたことをグループの他のメンバーが知らないものを選ぶ。この秘密が読み上げられると，メンバーは，その1つひとつが誰の体験かを推量する。これは，多人数のグループのレクリエーションや社会的な集まりで，お互いをまだよく知らないときに，メンバー同士を打ち解けさせる方法として使うことができる。

ふり返りと祝福

あの場面を当てよう

　グループに，連続治療シリーズをふり返り，今まで作られたたくさんの多様な場面を思い起こしてもらうための，楽しい方法を作ろうと思って，私は**あの場面を当てよう**を考案した。メンバーは，今までそのグループが演じた場面の簡単なあらすじが書いてある紙を1枚選ぶ（あらすじは1文か2文で書き，その場面の役を演じたメンバーの名前も記す）。1回に1人ずつ，クライエントは，その場面から1つのセリフ，または1つの瞬間を演じる。できればその場面の本質をとらえたものである方がよい。また使うセリフはその場面の誰の役のセリフでもよいが，その役を演じた人が話したように話す。発表する人はそのときを思い出しながら，その登場人物がとった姿勢をとり，部屋の中のその人がいた場所に行って演じる。セリフはできるだけ短いものがよい。時には，1つの言葉だけで十分な場合もある。1つのセリフ，一瞬の演技の後，その人は動きを止め，そこでグループはその場面がどの場面であったか，誰がその役を演じていたのかを当てる。

　ここでは，連続治療シリーズのすべての段階で演じられた場面が使われる。**あの場面を当てよう**では，初期の段階の想像的な場面だけでなく，後期の段階のより個人的な場面も思い起こされる。これらを見ることで，メンバーは自分たちの幅広い作業を思い出すことができる。またこのときメンバーは認識レベルと同時に感情レベルでも思い出しているのだ。**ドラマを使って**以前の場面を再現することで，そのときの記憶が完全によみがえり，同時にその場面を見ていたときやその中で演じていたときにいだいた感情もよみがえる。場面は，たとえ一瞬の間とはいえ，舞台の上で演じられたように再生される。クライエントたちは，**あの場面を当てよう**について，連続治療シリーズの早回し再生を見ているようだと表現している。たいていのグループは，これらの場面を思い起こす楽しい方法に喜び，また，シリーズの間に演じた場面の分量の多さと多様さに驚く。

　グループが自分たちの行なった作業を正しく評価し受け入れることをさらに助けるために，**あの場面を当てよう**の後に，メンバーに部屋の中を歩き回ってもらい，一定

の時間が経ったときに,誰かの前に立ち止まってもらう。そして（そのパートナーが出演していた場面の中で）自分がとくに楽しんだ場面についてパートナーに話すようにと言う。できれば,その場面は,見ていたときに自分にとって何か個人的な意味をもっていたような場面である方がよい。その後,グループはまた歩き回り,新しい人とペアを作り,同じように話を始める。「自分のパートナーに,その人がグループにいることでとくにあなたが嬉しかったことについて話しなさい」「その人の性質の中であなたが賞賛するものを説明しなさい」などに話す中身を変更してもよい。

　あの場面を当てようはとても効果的であるとわかったので,私は,連続治療シリーズの終わりには,ほとんどいつも導入している。ドラマセラピーの授業では,この場面のふり返りの後に,1人ひとりが約20秒で,自分が取った紙に書いてある技法／プロセスを演じることで,授業で使った技法とプロセスのふり返りを行なう。

再会

　2人の参加者が,未来のある時点でお互いに会っているところを即興で演じる。その状況と時期は具体的に設定する。たとえば,今から5年後の,あるバス停留所で,または空港で,など。演技者たちはその場で,この思いがけない架空の出会いに応じて演じる。相手がすぐに誰だかわかる人もいるし,誰だかわかるのに時間がかかる人もいる。またためらいがちな人もいる。相手が誰だかわかり,挨拶をした後で,彼らはお互いに今自分が元気か,何をしているのかについて話し,そして昔一緒に参加したドラマセラピーグループについての思い出を語る。**再会**が治療シリーズの最後で使われる場合,そこでの会話の焦点はドラマセラピーグループの思い出である。この場面を行なうとき,［話が他のことに展開しがちなので］ドラマセラピストは多くの場合,演技者たちに,焦点がそれであることを気づかせる必要がある。

　治療シリーズの終了にあたって,グループがさまざまな段階,場面,感情や関係をふり返るためのものとして,私は**再会**を考案した。このふり返りが,未来のある時点という［現在をふり返ることができる］有利な場所（想像上の未来ではあるが）から行なわれるので,距離が増大し,ものの見方が拡大する。そのため連続治療シリーズの体験は自分の人生の全体像の中の一定の期間であり,その体験には意味があったという見方ができるようになる。また,この距離により,多くの人々は,自分たちがたどった内面の変化と,成し遂げた進歩を理解し,認めることができる。同時にそのプロセスの中で出会った特別な困難について語り,吟味することができる。一般に,セラピストを含めてグループの他の人たちに関する感情も,会話の中には出てくる（たとえば,「最初のうちはケイトに関しては不愉快に感じていたけど,後では,とても好きになったわ」「ルネを覚えている？　彼女はあんなに…」など）。**再会**の例は,第3章のクリスティンの話に出てくる。

第8章　単独セッション，連続シリーズの終了期

再会をシリーズのもっと早い段階で導入する場合，その焦点は思い出ではなく，自分を未来に投影することである。**再会**をこのように使った場合，**再会は違う年齢のあなた自身**と似たものとなる（または，それを発展したものとなる）。

パラシュート

今まで一緒に緊密な治療作業をしてきた人たちに囲まれながら，パラシュートが次第に膨らんでいく。この光景は，美しい感覚を伴う喜ばしいイメージと感動をもたらす。パラシュートが大きく膨らむにつれ，その物理的な膨張と広がりの与える印象は，連続治療シリーズの最高潮に達する段階にいるグループが感じる上昇感，祝福，そして，生き生きとした感情を体現し，強めてくれる。

パラシュートゲームは，"*The New Games Book*（新しいゲームの本）"（Fluegelman, 1976）に書かれている。部屋の真ん中にパラシュートが設置され，全員にただちにそれをつかむように指示する。メンバーはお互いが等間隔になるように広がり，全員が，調子を合わせて，リズミカルにパラシュートの端を上下に振る。するとパラシュートは上昇し膨れはじめる。

完全に膨らむと，ドラマセラピーグループのリーダーは，メンバーを分類できるさまざまなカテゴリーを大声で指定する。そのカテゴリーに当てはまる人たちは，ほんの一瞬間，パラシュートの下に駆け込み，すぐに自分のもとの場所に戻る。連続シリーズを開始するときに，**グループの分類分け**（第6章182頁参照）を行なっていれば，そのときと同じカテゴリーを言ってもよい。そうすることで，最初のセッションの記憶がよみがえり，自分たちが完全に円を一周したのだ，という感覚が生まれる。次に，グループのメンバーがこの連続治療に参加したこと，そこで彼らが達成したことに関連したカテゴリーを大声で指定する。たとえば，「**自己彫像を作った人は全員**」「**1回もセッションを休まなかった人は全員**」「**電話を使うことを希望した人は全員**」「**他の人の場面でダブルを演じた人は全員**」あるいは「**自己開示劇で仮面を使った人は全員**」など。この方法により，連続治療シリーズをふり返り，1人ひとりの仕事の承認を楽しい気分で儀式化できる。カテゴリーを声で指定する頻度は，一定の間隔で行なう。たとえば，パラシュートが3回上昇するごとなど。そうすることで分類分けの1回ごとが，パラシュートの上昇と下降の回数と重なり，区切りがはっきりする。

グループのメンバーに，真ん中に駆け込んだり，自分の場所に戻るというリズムのある動きと形に慣れさせるために，カテゴリーの言葉を使う前に，準備として，次のようなバリエーションを行なうとよい。パラシュートが3回上昇するごとに，メンバーの中の2人の名前が大きな声で呼ばれる。この2人は，ただちにパラシュートの下をくぐって，パラシュートが上から覆いかぶさる前に，お互いの場所を交換する。

第Ⅱ部 ◆◆◆ 技　　法

　　カテゴリーを指定するゲームの終了時に，グループの全員を一度にパラシュートの下に集めるということを行なってもよい。これは当然ながら，パラシュートができるだけ高く上がっている時点で行なうべきだ。すると，[全員がパラシュートの下に入り] グループは一緒に包み込まれるという魔法のような感覚をたとえ一瞬の間でも体験することができる。

　　パラシュートを使った技法で，気分を高揚させる方法としてすすめられるもう1つの方法は，メンバーにパラシュートの端の自分の場所に戻ってもらい，もう一度パラシュートを完全に膨らます。そして，同時に素速く全員が，パラシュートを自分たちの身体の下に引き込み，その上に座るというものだ。[パラシュートの中に入って] パラシュートはメンバーの身体で押さえられ，丸くふくらんだ子宮の形に似たテントが形成される。メンバーはその中で車座になった状態で座ることになる。最初に感じられた拡大と興奮の活動が，今度は静かで閉じられた親密さへと変容する。治療プロセスのもう1つの側面がそこに反映される。これまでに進展してきた深い親近感，そして安全で包み込まれているような聖なる空間がそこに作り出されるのだ。クライエントたちは，たいていの場合，そうやって数分間座っているだけで満足感を感じる。全員が沈黙のまま，お互いを見つめ合い，自分たちが今共有している空間に満ちている平和な，人をはぐくんでくれる雰囲気にひたされる。

乾杯

　　これは，たいへん簡単な作業だ。参加者たちは，自分たちの達成と成功，希望と夢に対して，お互いに乾杯をする。グループが共有している価値観や，グループの中で発達してきた感情も，乾杯の発声として使われる。乾杯の身体的ジェスチャーは，最初パントマイムで行ない，その後，本物のグラスとアルコールの入っていないシャンパンを使い，**本当に**乾杯をしてもよい。乾杯をパントマイムで行なうにしろ，本当に乾杯するにしろ，グラス同士がふれるカチッという音とシャンパンを飲む音は重要だ。グラスのカチッという音をお互いのグラスを当てて出すことで，みんなは仲間だという感覚が，そして，グループの中のすべての関係は重要だということが象徴的に表わされる。シャンペンを飲む音は，毎回の乾杯の節目となる。**乾杯**は，決まった形で，儀式的に気分を高揚させる方法であり，誇りと感謝を含めたさまざまな感情を相互に認め合って表現し，さらに連続治療シリーズの終了を祝福する場を提供する。しかしながら**乾杯**は，物質乱用者のグループに対しては適切でない。

卒業証書

　　卒業証書，または修了証書がグループの全員に渡される。卒業証書にはその人の名前が印刷されている（太字，正式の字体，装飾文字，またはもっと遊び心のある色を

使った字などで）。そしてそこには，次のような言葉が印刷されている。「あなたは，ドラマセラピーの30セッションシリーズをすべて完了しました。セッションへの出席と積極的な参加に加え，あなたは以下のことを成し遂げました…」。以下の部分は空白である。1人ひとりが，自分独自の卒業証書を作成する。そこには，治療の中で自分が特別に成功したことや達成したことを書き込む。

　卒業証書は，自分が成長し進歩したところをふり返り，認めるというプロセスを促進させる。同時に成し遂げたことを本人に認定する。これはその人の人生にとって重要な技術となるものだ。**卒業証書**は，治療シリーズを無事に完了したという，手にとって見ることのできる証明となる。この具体的な証明という形は，子どもとの作業にとくにふさわしい。また感情障害のあるクライエントたちにとっても，たいへん適している。彼らの多くは，自分たちの人生の中で何かを成功し，完成したという経験が非常に乏しいからである。**卒業証書**を使うことの危険性は，子どもじみて見えることだ。それゆえに，グループのメンバーが自然に，自分たちが一生懸命に取り組んだ作業に対して何か証明書をもらうべきだ，と冗談を言うようになった場合に**卒業証書**を使うとよい。私の経験では，このような発言が出るのはめずらしいことではない。

　それぞれが卒業証書に自分のことを書き込んだ後は，グループは慣れ親しんだ円の形に集まる。1人ひとりに，自分の卒業証書を大きな声で読み上げる機会がもうけられる。これをさらに発展させる方法として，グループの他のメンバーが，その証書に追加の言葉を提案することもできる。その人は自分の証書にそれを書き加えてもよい。儀式の雰囲気をさらに出すために，証書を読んだ後，すべての証書にメンバーがお互いに署名をしてもよい。

グループ記念写真

　連続治療シリーズを終了するときに行なうべきことは，クライエントたちに，自分が体験したこと，そして自分たちが作り出した変化を，自分と**一緒に持っていける**よう手伝ってあげることだ。手にとって思い出すことのできるものを，治療シリーズの終わりにグループのメンバーに渡すことは，このプロセスをわかりやすいものにする。子どもとの作業の場合はとくにそのようなものが必要である。その子どもたちが人生の中で多くの別れを耐え忍んできており，何かの終わりというものに直面するのに困難を感じる可能性のある場合には，さらにそうである。写真は，クライエントたちが持っていくことのできる具体的な思い出としてよい例だ。この**移行をうながす品物**は，別れに伴う痛みを和らげる。また，その人の未来のある時点において，治療体験の記憶が薄れる頃に，困難に直面したとき，その人を支えてくれるかもしれない。**グループ記念写真**では，さまざまにメンバーの配置を変化させ，ときどき彫像のように動きを止める。それをセラピストが写真に撮る。**グループ像**のところで説明した多くのア

イデアをここで使うことができる。劇的な写真が撮れるように，感情的な表現をするように提案してよい。このようにして撮った写真は，グループのメンバーに1枚ずつ贈るか，または写真でコラージュを作って贈ってもよい。

作り直した占いクッキー

　中国の占いクッキーには，楽しさと驚きの要素があって，私はずっとこのアイデアに引きつけられてきた。またそこには，クッキーを開けて，その占いを大きな声で読み上げるときに引き起こされる相互交流のおもしろさもある。しかしながら，使われている従来の言葉は，必ずしもクッキーを開けるときのワクワクした興奮につり合うものばかりではない。それで，私は，**作り直した占いクッキー**を考案した。もともと入っている占いの紙を取り出し（ピンセットを使うとうまくできる），セラピストが書いた新しい紙を入れる。セラピストは自分の創造力を使って，そのグループのテーマや目標に関連する運勢や格言を考えだす。

　個人的には，私はこの**作り直した占いクッキー**を，私が愛する人たちへの特別な贈りものとして使ってきた。その箱の中のクッキーの1つひとつには，「あなたは…」で始まる言葉がタイプして入れてある。…さて，ここで読者のみなさんには，ぜひ心にとどめておいてほしいことがある。それは，第Ⅱ部で述べた技法の大部分が，少し修正を施せば，私たちの個人的な生活・人生でも使うことができるということだ。

第Ⅲ部

上 演

―7人の物語。そして彼らが創り上げた
自分たちの人生についての劇―

第9章 グループと劇の発展

演劇とセラピー

　伝統的に，演劇においては，舞台の上にいる人々は俳優であり，俳優は登場人物を演じる。ところが，まったく異なったパラダイムも存在するのだ。それは，**現実の人々が現実の人生を物語る演劇作品**である。

　そのような演劇作品に参加する人々は，多くの場合，今まで舞台に登場して脚光をあびたことがない。しかも舞台の外であっても，彼らは，人の目にとまるような目立った存在ではなかった。彼らの人生は公共の場から隠されており，彼らの物語は秘密にされていた。そして時には，彼ら自身からも隠されていた。そのような彼らが舞台に上がり，自分の正体と個人的な歴史を**公表する**。

　演技者たちは，囚人，回復途上の薬物乱用者，身体・発達障害をもつ人，戦争の退役軍人，性的虐待の被害者，ホームレスの人などであったり，あるいは移民や難民，人種的少数者，青年，高齢者であったりする。私自身は，精神科病院に入退院をくり返している人たちとこのワークを行なってきた。

　本書の第Ⅰ部と第Ⅱ部では，ドラマセラピーのプロセスと技法が述べられているが，それだけでは，この分野の全体像を十分には伝えられていない。ドラマセラピーのもう１つの重要な側面は公共の場での上演だ。上演は，演劇やセラピーについての考え方を変える。セラピーで演じる場面が，閉じられた部屋から公共の舞台に移る。関係する配役が，クライエントとセラピストから，クライエント／**俳優**とセラピスト／**監督**，そして外部の**観客**へと変化する。上演がもたらす治療的な衝撃力は，プロセス指向のドラマセラピーとは違ったものになり，それより大きくなることがよくある。上演することによる波及効果は，その対象が，グループから地域社会へ，セラピーから教育へ，個人的なものから普遍的なものへと拡大する。

　演劇とセラピーとの融合について，私が最も徹底的に考察をしたのは，劇団**分析を**

第9章　グループと劇の発展

超えてのメンバーとともに活動をしたときだ。これは，1979年に私が創設した元精神疾患患者で構成される劇団だ。私たちは共同で，プロセスと作品，また人生と芸術の関係についてさまざまな実験を行なった。そのうちの何人かと，とくにステイシーとアレックスと一緒に，私はテレビやラジオのインタビュー番組に出演し，クライエント／俳優そしてセラピスト／監督というそれぞれの立場から，また内側からの観点と外側からの観点の両方から，私たちは，演劇とセラピーの融合がもたらす動的で変化に富む（ダイナミックな）力を社会に伝えようと試みた。

　私は，劇団**分析を超えて**の物語とその劇「**内側から外側へ**」によって，ドラマセラピストたちが勇気づけられ，さまざまな特定グループの人たちが演じる演劇を制作するとともにそのような人たちの人生経験に基づいた演劇作品を創作するようになることを望んでいる。

　すでにそのような仕事を行なっているドラマセラピストたちは以下の人たちだ（しかし以下の人たちに限られているわけではない）。デービッド・リード・ジョンソン（Johnson, 1975, 1980）は精神疾患患者と劇を制作し，また同僚のミラー・ジェイムス（M. James）と協力してベトナム戦争退役軍人たちと劇を製作した。デービッド・モーガン・ロビス（D. M. Lovis）とワレン・マクコモンズ（W. McCommons）は，「制限のないシアター」という，発達障害をもつ（および健常者の）俳優からなる劇団を創立した。ジョン・バーグマン（J. Bergman：「アヒルのシアター」の監督）とレイモンド・ゴードン（R. Gordon：今は解散しているセル・ブロック・シアターの監督）（Ryan, 1976）は，囚人たちと劇を製作した。リン・ジョンソン（Johnson, 1990）およびルイ・モフェットとリリアノ・ブルート（Moffett & Bruto, 1990）は，回復期の物質乱用者と劇を製作した[1]。

　「私たちが自分の人生についての物語を作り上げ，自分の存在をドラマにしたとき初めて完全な尊厳と人格の力を獲得する…」（Keen & Valley-Fox, 1989, p.xiv）。自分の人生の物語を発見すること，そしてこれらの物語を演じ伝えることは，私たちを完全な存在へと向かわせてくれる。その中で個人的，社会的，あるいは文化的な真実が明らかになる。

　ここで私は，1年にわたって活動した1つのグループ，そして1つの演劇作品についての物語を語ろう。この小さな体験が，感情的にも，概念的にも，より大きな世界を照らしだすことを期待して。そして個人的なことが，普遍的なことを照らしだすことができるだろうと確信して。ここに私は，7人の無比の個性をもった人たちの

---

[1]　カルフォルニア統合学研究所のドラマセラピー課程の卒業生たちも，自分自身の人生の闘いについて，あるいはセラピストとしての自分の仕事について，上演作品を創作している（論文執筆・研究の一環として行なった者もいる）。エイミー・エリオット（A. Elliot），ジル・シルバーマン（J. Silverman），アルマンド・ボルカス（A. Volkas），バーバラ・ラウシュ（B. Roush），ヒラリー・ハースト（H. Hurst）らである。

第Ⅲ部 ◆◆ 上演——7人の物語。そして彼らが創り上げた自分たちの人生についての劇——

　物語を語ろう。1人ひとりが，私たち人間に共通の苦闘を反映し，そのような苦闘に影響を与える問題を解決しようと取り組んでいる。彼らの生き方は，私自身の生き方に深く影響を与え，そして彼らの勇気と創造力は，私に学びと霊感を常に与えてくれる源となっている。

　精神疾患患者の再罹病率は恐ろしいほど高い。精神治療施設での私の仕事の中で，私は一度は病状が大きく改善し，退院していった患者が施設に戻ってくるのをくり返し何度も見てきた。初めのうちは，このような再発が常にくり返されることに私はたいへん驚いた。しかし，この現象に慣れてくるにつれ，元患者が社会に復帰するにあたり必要とするものを建設的に取り扱う方法はないのだろうか，と考えるようになった。

　再入院を引き起こしている大きな原因は，社会的に孤立していること，および日常生活におけるストレスと挫折に対処できないこと（または対処する意欲の欠如）である。私は，彼らが演劇集団に参加することが，これらの問題の解決に大きく影響するのではないかと考えた。演劇集団というものは，高いレベルの社会的相互交流を作り出し，また所属している，つながっている，親密であるという意識を提供する。これらこそ，すべての人たちにとって，幸福でいるための重要な要素だといえる。また演劇集団は，感情を表現するための創造的な出口を，その活動の中で常に提供している。効果的なドラマセラピープロセスによって，自信と自己価値感を発達させ，そして，外部の観客の前での上演を成功させることにより，それは何倍にも大きくすることができる。おそらく，長い期間，演劇集団に参加することにより，この種類の人たちの中に知らぬ間に蔓延している，自尊心の低さを修正できるかもしれない。

　演劇集団を始めるという考えは，精神疾患患者のニーズにこたえるという目的だけでなく，私自身の希望でもあった。治療施設という環境の外で，長期間にわたって人々と共同作業を行ない，現実の人生に基づいた演劇を制作したかったのだ。私は，プロセスを重視したドラマセラピーセッションにおいて，数え切れないほどの力強いドラマを目撃していた。演劇人ではない人たちが，自分たちの人生の大切なテーマを演じたドラマである。これらの場面は，さらに指導すれば，舞台での上演に値する美学的に素晴らしい作品に発展させることができると私にはわかっていた。また，これらのドラマは，より大きな共同体のための癒しの力として，外部の人たちに**見てもらう必要がある**とも感じていた。このため，施設に収容された人たちと共同体との間の障壁を壊す必要があった。そして，タブーとなっている主題を公に提示し，汚名と先入観を粉砕する必要があった。自分の声を失った人たちは，自分たちにも言うべきことがある，そしてそれを言う方法があるということを発見する必要があったのだ。そして彼ら以外の私たちはそれを聞く必要があった。そのような言葉を聞くことにより，私たちは，お互いに共感を覚えるだけでなく，お互いに同じ人間だということをも理

第9章　グループと劇の発展

解することになるだろう。

　「カリフォルニア芸術協議会」から資金と，サンフランシスコの演劇センター「インターセクション」から場所を提供してもらい，これまでのさまざまな精神治療施設で私が治療ワークをした人たちの中から7人を選んだ。全員が退院したばかりであり，メンバーの多くが何度も入退院と自殺未遂をくり返していた人たちだった。この活動は，彼らにとっても，また私にとっても，大きな挑戦となるものであった。しかしその中で，暗闇を建設的に使うことができるのであれば，（後にあるメンバーが言ったように）「傷を芸術に転換する」方法を［多くの人に］提供できるのであれば，私たちの努力は十分にその価値があるものになるだろう。

　これから記す話は，劇団**分析を超えて**がすでに丸1年の活動を経て，1つのオリジナル劇を制作した後から始まる。この劇団の2年目のグループメンバーたちは，新人と継続している人が混ざっていた。この段階にいたるまでに，このプロジェクトは，複数の団体（カリフォルニア芸術協議会，サンフランシスコ財団，ゼレバック家族基金）から資金を得て，その活動すべてへの援助を得ていた。1週間に2度のワークショップのセッション，上演前のリハーサル，月1回の個人セッションとグループセッション，加えて演劇制作にかかわる諸費用すべてが授与された。このプロジェクトに提供された関係者の努力は驚くべきものだと思われるかもしれないし，この仕事のいくつかの側面は従来と比べて型破りのように見えるかもしれない。重篤な鬱病や心が不安定な参加者たちとともに公演のための演劇作品を制作するという仕事のむずかしさははかりしれないものになる可能性がある。それにもかかわらず，私たちが注ぎこんだ努力のすべては，このプロジェクトがもたらした成果によって十分に報われたのである。

分析を超えて――グループの初期のプロセス

最初の二段階

　そこにはステージと客席との間の仕切りはない。劇場全体がむき出しになっており，窓のない巨大な1つの空間だ。壁の色は黒だが，部屋はさまざまな色のステージライトで演劇的に照らしだされていた。私はそのオープンスペースの中を歩く。その空間に入り，その空間との関係を見つけようとする。ちょうど，これからすぐ後に，私が演技者たちに会い，同じように彼らとの関係を作る道を探しだそうとするように。

　私がよく知っている4人のメンバーが，最初に入ってくる。彼らは1年前にこの劇団が創設されて以来のメンバーだ。彼らは，1か月の間をおいて，また戻ってこ

第Ⅲ部 ◆◆◆ 上演──7人の物語。そして彼らが創り上げた自分たちの人生についての劇──

れたことを喜んでいた。アレックスは若々しい40歳のアフリカ系アメリカ人の男性。彼は私と抱き合って挨拶をする。ラティシャは美しい27歳のアフリカ系アメリカ人の女性、彼女は体での表現は少ないが、上品に微笑み、私が抱き寄せて挨拶するのを受け入れる。ラテン系のステイシーと白人のスーザンはともに30歳だ。ステイシーは浅黒い肌をし、スーザンは色白だ。しかし2人とも同じように髪を短く刈り込み、華奢な体つきで、活発さと神経質さの中間のエネルギーを醸している。すぐに新しいメンバーたちが入ってくる。彼らとはいくつかの施設で行なった短い活動で知り合っただけの仲だ。新しい3人は全員不安げで、殻に閉じこもっている。ジェイミーはみんなの中で最も若い。背が高く、痩せている22歳のゲイの男性で、ニューヨークから引っ越してきたばかりだ。彼の燃えるような赤い髪は、内気で控えめな彼のものごしとは矛盾するように思える。カリンは23歳のアジア系アメリカ人の女性、そしてラリーは、46歳の白人の英国人男性だ。2人とも人目を引くほどに魅力的だ。ラリーの態度は堅いが、カリンはためらいがちで、まわりのようすを見ている。3人はお互いに離れて、劇場の入り口の近くに立っている。

　私は自分の気持ちに気がついている。古いメンバーたちの技術を認め、彼らの相互関係を尊重してはぐくみ育て、そして彼らのために新しい課題を作ってあげたいと思っている。同時に、新しいメンバーが心地よく感じ、そして今から始まるプロセスにしっかりついていけるように手助けをし、彼らが今後も参加を続けられるようにする必要がある。そして、ほどなく、演技者たちの動的な相互関係に基づき、この7人の新しいアイデンティティが創り上げられなくてはいけない。数か月の間、私たちの活動の中心は、グループの結束を作り、技術を積み上げることであり、最終的な演劇の作成にはほとんど注意を向けない。

　最初のセッションとその後に続くすべての初期のセッションは、遊び気分の相互交流が中心になる。この段階で中心となる目標は、結束力をもつグループへと発達させることであり、上演する作品を発展させることはもっと後のことになる。ウォームアップのエクササイズを行なうことで、彼らが開始期にもっていた孤立感を取り除く。前からのメンバーたちは、同じことのくり返しではなく、新しいことを始めたいという希望をもっているので、私はさまざまな新しい技法を考案する。この4人のメンバーが示してくれる軽やかな気分があるので、新しいメンバーにとってはバカバカしいと思えるかもしれない作業もできる。たとえば、ウォームアップの1つで、単純にぐるぐる歩き回りながら、出会った相手の名前をお互いに口に出して言う。そして次第に、まるでみんなは耳が遠いかのように声を大きくしていく。別のウォームアップは、**高速で握手**と手のジェスチャーを組み合わせたものだ。パーティーの会場の設定で、メンバーは他の人とお互いに握手をするように言われる。しかし相手の手は、その人の実際の手ではなく、1人の後ろにもう1人の人が立っていて手のジェスチ

ャーだけを演じているというものだ。これらの初期のセッションは成功し，高いレベルの相互交流を作り出した。受け身的で居心地の悪いものであった初めの雰囲気は，活動的で活発なものに変わる。

　グループの半分の人にはすでに1年の経験があったので，私たちは急速に，ドラマ場面を演じるという第二段階（場面演技）に進んでいく。グループの反応がとくによいのは，**事前計画をした即興劇**である。あるセッションで，**でたらめ語**を使って議論をし，その後，議論が次第に白熱していく場面を演じる。アレックスとラティシャは夫と妻を演じる。彼らが即興劇の中でよく使う関係であり，前回のシリーズに一緒に参加したこと，そしてグループの中では2人だけがアフリカ系アメリカ人であることに基づいた結びつきを示している。ラティシャは，夫が自分に前もって相談しないで客を招いたことに対して，夫に詰め寄るという演技をするとき，とくに表現力が豊かである。2人は台所で言い争いをするが，その争いの間中，隣の部屋には自分たちのお客がいるということを驚くほどわかりやすく想像させる。私は，**感情を指定する**も導入する。演技を見ているグループのメンバーは，たくさんの種類の感情を大きな声で言う。その感情を，演技者たちは自分たちの相互関係に取り入れる。次に，私は新しい要素を付け加える。演技者たちが場面を演じているときに，もう1人の人が，現在表現されている（あるいは抑圧されている）感情を身体の動きや身振りを通して表現する，という要素だ。この動きは，光を当てたシートの向こう側で行なわれる。だから観客は，その人の影を見ることになる。この方法により，全員がそれぞれ多面的な演劇小作品を演じ，またそれを目撃することができる。

　ウォームアップ，そして初期のセッションの場面へのかかわり方が高いにもかかわらず，休まずに定期的に出席するということが試練となる。3回目のセッションには，たった4人しかこない。5回目のセッションでも数人が欠席する。明らかに，私が毎回参加をすることの大事さ（そして，私が提案したグループのモットー「休んだ言い訳をしないように毎回出席するのが一番」も含めて）をいつも言うだけでは十分ではなかった。

　グループ全体の問題を定期的に扱うために，毎月の最後のセッションは，すべてグループによる話し合いに当てられている。8回目のセッション，これは最初の「月例」のセッションであるが，そこで私たちは大きなテーブルのまわりに座る。私は最初に，鬱状態のときや引きこもり状態のときに，この集まりにくることがむずかしいのはよく理解できるとメンバーに話す。そしてグループ全体で自分の仲間のメンバーが欠席したときに引き起こされる感情，同時にこれまでグループで行なってきたプロセスに関連した感情をみんなで共有するようにとすすめる。何人かは，他のメンバー（がもっていると思える技術）と比べて，自分が未熟な気がすると話す。他の何人かは，何かにきちんと参加したという積極的な経験がほとんどないと話す。つまり，メ

第Ⅲ部 ◆◆◆ 上演——7人の物語。そして彼らが創り上げた自分たちの人生についての劇——

ンバーには今までの人生で自分自身で何かに参加し続けるとか，誰か他の人に頼りながら参加し続けるといったことのいずれも経験したことがないのだ。ここで私たちは，他の人をがっかりさせたり，誰かにがっかりさせられるという恐れの感情を話し合い，共有する。また，その回のセッションは，ラリーの誕生日を祝う「サプライズケーキ」で締めくくられた。この連続シリーズの中では，すべての重要な出来事や祝い事が，その存在を認められ，儀式としてお祝いされる。

　全員が，次の数セッションから参加するようになり，しかも時間より早くくるようになる。私がさらに喜んだことは，まもなくグループが自ら，いつもセッションの30分前に近くのコーヒー店で集まるように決めて，それを実行しはじめたことだ。

　ようやく，初期に発生しやすい試練と出席が不定期になるという問題を乗り越えたと判断しつつも，この旅が，ゴツゴツした岩だらけの荒れた道ではないにしても，確かなものは1つもなく，とても繊細で壊れやすい道であることにあらためて思いいたる。また私は，この段階で，メンバーが私という存在に大きく頼っていることを知る。町の外で学会発表を行なうため，私はある1つのセッションを中止する。戻ってくると，メンバーは内に引きこもる雰囲気となっている。ステイシーが入院し，カリンはこのグループ活動からドロップアウトすることを決めていた。グループが後退してしまったという試練に立ち向かうため，さらには私自身の失望を埋め合わせるために，私は普段では行なわないようなダイナミックなセッションを行なう。むき出しの劇場空間の中で大きく広がりのある動きを使い，熱気にあふれた相互作用を作ろうとする。その後，長い時間をかけて感情を込めた，円になってミラーを変えるのゲームを行なう。その中で私たちの喜びと恐れが言葉を使わずに演技として表現される。

カリンが恐れたこと

　カリンがたいへん注意深くそして繊細であることは，それまでにわかっていたが，それでも彼女がグループから去ってしまうこと，そしてその決定を私に直接言わないで，アレックスに伝言をしただけであったことに驚きを感じる。辞めるまでの最後の数週間，彼女はグループと多くの関係ができていたように思え，またほとんどいつも演技をするプロセスをたいへん喜んでいたのだ。私は，彼女がグループにいてくれること，そして彼女に大きな才能があることをたいへん喜んでいた。彼女にはグループのみんなに分かち与えるたくさんのものが備わっていると思え，またグループにいることによって多くの重要な意味で彼女自身のためにもなるであろうと思えた。

　彼女の決定が変更可能かどうかは別として，私は彼女の態度を理解したいと思い，もし必要ならば，彼女に締めくくりの場を提供したいと思う。彼女が欠席した翌朝，私は彼女に電話をする。

　静かなためらいがちな声で，彼女は答える。「あー，こんにちは。私が辞めると決

第 9 章　グループと劇の発展

めたこと，その伝言を受け取られましたよね」。

「ええ。受け取ったわ。あなたとお会いして，そのことについて話をしたいと思ってます」

彼女の声の調子は緊張する。「もう決心をしたんです。そのことについてはもうたくさん考えました。私の担当の医者にもそのことついてはすでに話をしてあります。決心を変える可能性はありません」。

「そのことはわかっています。それでも，あなたと直接会って話をし，あなたの下した決定についての考えや感じていることを聞きたいの」

私は，か弱い，ためらいがちな声を聞く。「わかったわ」。

私たちはその日の夕方に会う。カリンは数分遅れて入ってくる。長いスカート，サンダル履き，そして黒のフェルトの帽子という姿。彼女は私の向かいに座る。私たちのミーティングは，まず長い沈黙から始まった。その間，彼女は私を見る。それもまっすぐに私の目を見つめ，それは 1 週間前に信頼していた人をそこに探しているような目つきだ。彼女が私を信頼していたのはわかっている。やがて私は彼女に，言葉に出さないで，1 つの質問を伝える。カリンに対しては，言葉を使わずに気持ちを伝えることが最良だ。

「私，このグループが好きだったわ。今までそこに入っていたことを嬉しく思います。私が思っていたより，ずっとよかったし，ずっとむずかしくなかったわ。とても楽しかった。普段はあんな風に楽しめないと思うくらい。でも今は辞める必要があるの」

私はまた尋ねる気持ちで彼女に向かう。言葉には出さない。

「私は，どんな舞台にだって決して出るつもりはないわ。知らない人ばかりの観客の前で私が演技をするなんて，絶対にありえない。上演の前にまだたっぷり時間があると言われるのはわかっている。でも，どれくらいの時間があるか，もう計算したの。たった，あと 5 か月で私ができるようになるなんて絶対にありえない」。彼女は話をしている間，私をしっかり見つめている。彼女の表情は，固くそしてもろい。「それで，今のうちに辞めた方がいいと考えたわけ。公演の直前や，劇を制作しはじめてから辞めたら，それはいけないことだわ。グループのためにも今辞めるのがきっといいの」。

彼女はとても熱心にそして自信たっぷりに話すので，私の中の一部も彼女が正しい，と信じるようになる。そう，彼女はきっと最後までやれないだろう。だから今辞めるのが一番よいのだ。しかし，彼女の話にはもっと話されていないことがある，今までの彼女の話しにはもっと他の解釈の仕方がある，ということも私にはわかる。そこにはほどいていくべき複雑な感情のもつれがあり，明らかにされるべき謎がある。

「演技をすることについて，あなたが恐いと思ってることを私に話して」。私はやさ

第Ⅲ部 ◆◆◆ 上演──7人の物語。そして彼らが創り上げた自分たちの人生についての劇──

しく言う。

「私は，ただ目立ちたくないんです。人の目にふれたくないんです。どこでも，通りを歩いているときでも，私は人から隠れたい気がするんです」。彼女の声の調子には，今や，切迫したようすが感じられる。「たくさんの人の前で，私が舞台の上にいるところを見られるのは絶対困ります。公演に出ることは，私を人の目に曝すことになる。それは，私がやりたくないことそのものなのです」。

「もっと話して。あなたが目立ちたくない，ということについて」

やっと，待ち望んでいた糸口を私は手に入れる。「もし私がもっと細かったら，状況は違うでしょう。でも，今のような私のそのままを見せるわけにはいきません。公演が始まるまでに，少なくとも40ポンドは痩せる必要があるでしょう。本当は，公演の少なくとも3週間前までには，誰もが，私がそこまで成し遂げられるということに確信をもてるためには」。彼女は話を止め，少し考える。「最初，私はゆっくりと体重を落とすつもりだったんです。公演をするまでに，少なくとも23週間はある，と計算しました。ということは20週間あるわけで，つまり1週間にたった2ポンドずつ体重を減らせばよかったんです。それだったらできると思いました。でも今はそんなに体重を減らすなんて決してできないと気がついたの」。

私は耳で聞くだけでなく，私の目でも彼女の話を聞き，そして待つ。

「体重は，減るどころか，増えてるんです。思いっきり飲み食いをしてるんです。とくにこのドラマセッションの後に。家に帰ると，たらふく食べているの。でなかったら，薬をやってるの」。彼女は私の表情をしっかり見つめる。まるで今の打ち明け話の効果を調べるように。彼女のようすには，自分が私を驚かせたり困らせたりすることを望むと同時に恐れている，ということがはっきりと表われている。それでもなお，心の深いところで彼女が求めているのは，静かで動揺しない，しかし共感的な反応だ，と私は感じる。そして私は，彼女が望んでいるその通りの反応をする。

「公演のことをとても心配しているので，私はそんなに飲み食いをしてしまうのだと思う。このグループに参加する前に，自分に言い聞かせたの。最優先の課題は減量よって。グループにいるせいで体重が増えるのなら，私は続けていくことはできないわ」

彼女が語る中身にも，話の焦点をこの問題だけに絞っていくプロセスにも，明らかに強迫観念がある。どんな問題が潜んでいるのだろう，と私は思う。

「グループの他のことで，あなたにとって問題となるものはある？ 公演のことを別にして，何か。あなたが心配しているのは？」

彼女は私を注意深く見る。私が安全な場所であるかどうかを確かめるように。私は，彼女が自分の安全を心配しているだけでなく，私の安全をも心配していると感じる。彼女は，今から自分が足を踏み入れようとしている地面が崩れないこと確かめようと

第9章　グループと劇の発展

している。再び私は言葉を使わないで，ここは大丈夫だと彼女に保証する。
　「グループのみんなは，1つの役を演じても，場面が終われば，一瞬のうちに自分自身に戻ることができるように見える」。と彼女は，抑揚のない調子で話を始める。
　「私にはそれができない。先週，私はたまらなく辛かった。私が小さな女の子の役を演じた場面をみんなが見て笑い，その後，私のことをなんて素晴らしい女優だと言ったときよ。だって，私はおもしろくしようとか，演じているという気がしなかったの。私は，その少女になっていると感じていた。そしてその後で，私がまだ小さな女の子のままであることに気がついて，恐怖でいっぱいになった」
　私は私の目が彼女の両手を握っているかのような気分になる。
　「劇の役を演じていて，自分が誰だかわからなくなるのであれば，演じることが恐くなるのは当然です」
　彼女はうなずく。「ちょうどこんな感じなの。役を演じ終わると，私はカリンに再び戻ることになっているのだけど，私にはカリンが誰なのかわからないんです。そして，私が戻るべき人間がそこにいないんです」。
　今度は私がうなずく。私の心は彼女に開き始める。そして，彼女に押し寄せている無数の感情に対して，またこの劇づくりのプロセスが彼女にもたらした複雑で困難な課題に対して共感をする。そして，これらすべてを体験することで，彼女がこのように素晴らしく真剣で立派な人になったことに，私は喜びを感じる。
　この会話をすること，さらに自らのことを打ち明けることによって，彼女の気分はますます和らいでくる。私はただ彼女の話を聞いて，理解した。分析をしたのではなかった。しかしようやく，彼女が言葉による返事を必要としていると私は感じる。
　「あなたが自分としてのカリンを探し出し，そして戻るべき自己がそこにいると感じられるように助けるわ。でも，時間はかかります。あなたには演技の才能がたくさんある。でも，そう思うこと自体があなたにとっては恐ろしいことだということもわかります。あなたの演技が上手なのは，感受性が強いということも理由の1つなのです。あなたは自分を役と同化し，共感をもつことがとても上手にできる。そのため，あなたはたくさんの役を上手に演じることができるのです。あなたが取り組む必要のあるのは，自分の演じる役から距離をとることなのです」
　「ある意味では，自分が上手な女優だと考えると，得意な気持ちになります。しかしどちらかというと，自分がすぐに何にでもかぶれて熱狂してしまう変人のように感じてしまう。自分が演じる役にいつの間にか変わってしまうのです」
　「あなたは，少女とか先週演じた先生とか，自分が演じるどんな役でも，その中の特定の性格と同一化しているのです。でもこれらの役は，あなたの中のさまざまな側面にふれているだけであって，あなたのすべてではないんですよ。プロの俳優は，自分がある役や感情を演じるとき，その役や感情につながるようなある1つの自分自

第Ⅲ部 ◆◆◆ 上演——7人の物語。そして彼らが創り上げた自分たちの人生についての劇——

身を発見しているのです」

彼女は一心に話を聞いている。

「もっと時間が経てば，場面が終わったとき，そこに吸い込まれて空っぽになると感じるのではなくて，たくさんの役を完全に演じられるという才能があることで，自分が大きくなったと感じることができるようになると思いますよ。自分が演じる役を通して，カリンとは何者かということをたくさん発見することになるでしょう。たくさんの役を演じることが，最終的には自己を作り上げる助けになります。そうしたら，カリン，あなたは役の中に吸い込まれないで，役を演じることがだんだんできるようになりますよ」

私は，彼女が理解できなくなっていると感じる。今，話したこれらの予測には，仮説が多すぎる。現時点での彼女の体験と合わない。それに，将来のことを話すのは，グループを辞めるという彼女の決定を否定するように思えるだろう。

今考えなくてはいけない問題がたくさんある。第一に，彼女の自己境界線が弱く，自己の定義づけが貧弱であること。自己という意識がほとんどない場合，演技をすることは大きな恐怖となる。毎回の劇の役がその人より大きくなってしまう。自己がより明確に区別された全体となってしまえば，この関係は逆転する。自己が演じる役より大きくなるので，役を包括することができる。これに関連しているのが，移行に伴う問題だ。役から抜け出すという問題だけでなく，私たちのグループセッションという相互交流のある環境から，彼女のアパートでの孤独な状態へ移行することに伴う問題だ。

しかし，この時点で取り上げるべき最も大事な問題と私が感じるのは，彼女が演技を恐れていることと，食べ物と薬に浸っていることだ。彼女の論理に従えば，後者の問題がグループを辞める理由になっている。そうすることで彼女は，自分の恐怖に直面することを避けることができる。さらに，私は次のことも理解している。つまり，私の目的は，みんながこのプロジェクトに責任をもって参加できるように手伝うことであり，そうさせることが結果として彼らの利益になると信じている。私はそのような目的のために自分の力を注ぐと決定したのだ。

「もし私たちのグループが別の作り方だったら，つまり，ワークショップだけで，演技や，上演をしないというグループであったら，あなたにとって事情は変わってくるかしら？」と私は思い切って言ってみる。

「そうなっても，まだとてもむずかしかっただろうけど，でも多分できたと思います」

「演技をすることがあなたは本当に恐いのね」

「今，私が痩せていたら，恐くはないのだけれど。痩せていたら，私は何でもできます。本当は，それに夢中になってしまうと思う。そして減量もできるでしょう。何

第9章　グループと劇の発展

年もの間拒食症だったんです。私は，今のあなたよりずっと細かったのです」。彼女は私の反応を確かめる。しかし何も反応がないので，話を続ける。「体重は90ポンド[約41キロ]以下だった。そのときは本当に素晴らしい感じだった。でも今のように太ってしまうと，その反対の気分です。自分がグロテスクに感じられる。本当にひどい格好だと知っているし，人から見られたくないのです」。

彼女の語り口は，映画のエレファント・マンの場面を一瞬思い出させる。しかし，私の目の前に座っているのは1人の美しい女性だ。彼女の完全に形の整った容姿，滑らかな浅黒い肌，大きく表情豊かな薄茶色の目，そして長い真っ黒の髪が驚くほど美しい顔を形づくっており，それらに比べれば，彼女の少し太り気味の体重などは，無視できるものだ。しかし，ここで決して言ってはいけない言葉は，「カリン，でもあなたは素敵に見えるわ」ということだと私にはわかっている。

「私の両親は2人とも生まれつき細身で，完全な容姿だった。私のお母さんはブロンドで昔モデルをしていた。お母さんは，細身で上品な子どもたち，小さな雪のようなバレーダンサーがほしかったの。でも，私も私の妹も2人とも太っていてとてもアジア人の雰囲気が強かったの。お母さんは私たちをどう扱っていいのかわからなかった。彼女は私たちを恥ずかしく思っていたんだわ」

「私は誰にもこのことを話しません。つまり，私が自分をこんなにグロテスクだと思ってることを誰も知らないという意味。もし誰かに言ったとしても，みんなは他の人と同じようにただ減量したいだけなのだと思うに違いない。だから，私が自分を気の違った変人だと思っているなんて，誰にもわからない。彼らはきっとこう言うに決まっている。『でも，カリン。あなたは綺麗よ』そう言われると，私は叫び声をあげたくなる。そう言われると，私は髪の毛を長くしておかなくてはいけないし，細身でなくていけない。そうしていないと，私はもう綺麗ではないということなの。まわりの人は本当の私のことを知らないし，本当の私を見ていないの」

私は，勝ち目のない状況にはまりこんだ気分になる。もし私が「そう，もしグループに残るためには減量することが不可欠だと感じるのなら，それを達成するよう努力してみたら」と言えば，彼女は，私が彼女の自己評価に同意していると思うだろう。もし私が「カリン，自分の体重に関する感情は，別に扱ったほうがいいわ。そして，**分析を超えてに**参加するかどうかは，そのことに影響されない方がいいわよ」と言えば，彼女は，私がすべてを誤解したと思うだろう。彼女が作り上げた強迫観念的ですべてを不可能にしてしまう状況——減量ができなければ上演に参加できない，また参加すれば減量ができない——は，彼女を縛り上げてしまう。思い切って危険なことに取り組めば，肯定的な結果をもたらすかもしれないという経験の可能性を奪ってしまっている。私は，この縛られた状況を回避する道を探す。

「もし，まだ上演の心配をしないで，今はプロセスだけに集中するということなら，

第Ⅲ部 ◆◇◆ 上演──7人の物語。そして彼らが創り上げた自分たちの人生についての劇──

どうなのかしら?」と私は尋ねながら、[今日]この話し合いに最初に来たときの立場から、彼女が少しでも変化したかどうかに注目する。
「駄目だわ。私はステージでは決して人から見られたくない」
「それでは、人に見られなかったらいいの?」
彼女は私を不審そうに見る。
「もしもあなたが、マントか何かを着て、覆われていて、誰もそれがあなただとわからない、ということだったら? またはあなたの声だけが聞こえて姿は見えないという状態ならどうかしら?」
彼女は驚いたようすで、今までの警戒心がなくなる。
「それも演技のうちに入るんですか?」
「演技とはこうしなくてはいけないものだという先入観は、私にはありません。私たちの劇は、どんなものでもあり得るのです。満足させなくてはいけない劇作家なんて私たちにはいないし、完全に私たちの自由なの。ひょっとしたらその劇は、声や影や反響音や仮面だけでできている劇かもしれない。まだ何も決まっていない状態ですよ」。私が誠意をもって話す中身そのものに、自分自身驚かされる。私が作業をともにしている7人の現実を取り入れるため、今まで限られていた私自身の考えが、今明らかに拡大しつつあるところなのだ。
「私、エレファントマンの役ならできるわ」
状況が少し進展しはじめた。
「映画のように、それとも、違った形で?」
「あの映画を2度見たんです。自分がエレファントマンになってしまったようで、何日もの間、自分が誰だかわからなくなった。あの役なら私は演じられる」
「それは、とても力強い場面になると思うわ」
「ただ、私の知っている人には誰からも私が演じているところを見られたくないんです」
私は、後ではっきりと出てくるであろう問題の兆候をそこに感じる。否定的な形で見られることを恐れるだけではなく、積極的に成功した光の下でさえ、人から見られることは恐怖であるという彼女の感情。
「あなたが変装していれば、誰にもそれがあなただとはわからないわ」
「それだったら私はできるかもしれない。そんなことができるとは知らなかった」
「カリン、私はあなたのことが好きで、あなたと一緒にこの仕事をすることが気に入っています」。私はゆっくりと話す。まるで、私の言葉のスピードを調整することで、彼女がその言葉をしっかりと理解することを助けてくれるかのように。「それに、あなたはグループに対して大きな貢献をしてくれています。さらに、今までのグループ活動の多くの時間を、あなた自身が本当に楽しんできたように思えます。私にとっ

第9章　グループと劇の発展

て最も大事なのは、そのプロセス、私たちのプロセス、私たちなのであって、上演することではないのです。確かに、演劇の上演を予定しているけれど、それはもっと後の話です。そしてその演劇の上演は、私たち1人ひとりの状態と、1人ひとりのニーズ、それに1人ひとりができる・できないことに合わせられる。私たちは、このプロセスのすべてを通して、たとえ困難な時期であっても、最後まで、一緒に取り組むことができるのです」

彼女は注意深く聞いている。彼女の顔つきは少し和らいだ。そして彼女は少し安心したように見える。

「また受け入れてもらえます？」

「もちろん」。初めて、彼女は微笑んでいる。

「もし私に他の問題が出てきたり、とても心配になったら、そのことをあなたと話すことができますか？」彼女の言い方は真剣でもあり、少し茶目っ気もある。

私はうなずく。「そうすることが、大事なの。私たちは、困難な時期があっても、その中でお互いを理解し、協力してそれを乗り越えようと試みることができるわ。何かが乗り越えられないように思えたとき、自分1人で辞めようと決めないでもいいのよ。それが、責任をもってかかわる、やり続ける、ということなの。たとえ、一番辛い時期に遭遇しても」。

「やってみます。本当に」

彼女はちょっとの間静かになる。

「でも私の担当のセラピストに、もう辞めると話してしまった。彼女は何も言わなかったけれど、驚いたようすではなかった。私は今まで、何か始めたことはすべて途中で辞めてしまってたんです」

「多分、今回は今までと違うようになるわ」と私は静かに言う。

「私は、あなたが、どうしてこれだけの時間と努力を費やして私に話をしたのかわかりません。私のことを忘れてしまう方が、ずっとたやすかったでしょうに」

「私はあなたのことを忘れたくなかったの」

彼女はまた静かになる。

「私のことを信じてくれるようすだけれど、どうしてそうなのか私には理解できません」

このカリンとの話し合いをすることで、私は、毎月行なっている個別ミーティングには重要な意味があるということに確信をもつ。グループのメンバー全員で共有している苦しみや葛藤は、かなりの程度まで、グループによるプロセス（およびグループの「月例会議」）の中で扱うことができる。しかし他に数多くの問題があり、とくに1人ひとりに異なった問題があるので、それら全部をグループのセッションの中で扱うことは不可能だし、また、参加者は感情的に圧倒されてしまうだろう。もし私が、1

第Ⅲ部 ◆◆◆ 上演——7人の物語。そして彼らが創り上げた自分たちの人生についての劇——

人ひとりの参加者にこの旅を最後まで進んでほしいと思うのであれば，1人ひとりに，個人的に配慮し，そのために時間を使うことが私の仕事の一部になることは間違いない。

メンバーの積極的な参加と健康を維持するという困難な課題

グループは第三段階に入る

　グループのメンバーは，カリンと退院をしたばかりのステイシーに会えて明らかに安心したようすだ。ステイシーは，入院のきっかけとなったストレスについて説明をし，グループに，今参加しているのは「そのことをしっかりと見つめたいからだ」と言う。メンバーは彼女が次のように話をしたとき，彼女の言いたいことをすぐに理解したようだ。「たとえ自分が誰であるかはっきりわからなくても，これからは，私でない誰かであるようなふりはしないわ」。カリンは，とくにステイシーのこの言葉に引きつけられる。彼女が，共感と同化の間の薄い境界線を歩いていることが私にはよくわかる。

　私たちは定期的に劇場の演劇を見に行く。目的は，グループが演劇にもっと興味をもつように，そしてお互いの関係がより緊密になり，また地域とのつながりも増えるようにするためだ。最初に劇を一緒に見に行ったとき，カリンはたいへん喜んでいるように見えた。彼女は，女優の1人が太っているという事実に驚愕する。「彼女は上手だった」とショーの後，彼女は感心して言う。「それに，彼女の体の大きさは，劇の中ではまったく問題にならなかった。そんなこと誰も気にしていなかった」。

　次のセッションで，私たちは，先日見たショーに基づいて**事前計画をした**即興劇を開始する。そのショーは，奇妙な広場恐怖症のカップルに関しての劇であった。それぞれのグループは，常軌を逸している風変わりなカップルとソーシャルワーカーを演じることが課題だ。ソーシャルワーカーは，カップルの家を訪問する。アレックスとスーザンは，貧困の極みにあるカップルが猫用の缶詰を食べて生活している，という演技をする。ラリーが，真面目なソーシャルワーカーを演じ，生活保障を付与すべきかどうかを決定しようとするが，彼はその家で目撃したことにショックを受ける。この役は彼の即興劇の中ではくり返し出てくる役だ。アレックスとスーザンは，精神錯乱になる瀬戸際の人物像として，素晴らしい演技で私たちを楽しませてくれる。そのカップルは長年の間に猫の性質と行動様式を身につけてしまっている。彼らは前足で掻き，舌で舐め，お互いに対してミャーミャーと鳴き合いながら，お互いに戯れたり攻撃したりを交互に行なう。その間，彼らの犬は家の中で彼らを追いかけ回す。その犬はカリンが驚くべき正確さで演技する。

第9章　グループと劇の発展

　4人の演技が終わり，みんながよかったと褒めたとき，カリンは自分がまだ犬のままでいるような気がするという。それに対してみんなは笑う。しかしセッションの後，私は彼女と話をする。私たちは，彼女が犬とどのような関係をもっているか，彼女の中のどの部分が犬を通して表現されたか，そしてその役になる前，彼女がどう感じていたのかなどを詳しく調べる。最終的に私は，彼女は十分にその**役を解かれた**と感じる。しかし，今後のセッションにおいては，彼女の場面を完全に発展させずに彼女が役として演技をする時間を短くする必要があるかもしれないと気がつく。彼女が帰る前に，自分のアパートに戻ったときに，彼女が行なえる自らをはぐくむ活動を何にするかも話し合いで決める。

　私たちのウォームアップは楽しい相互交流を作り上げることを中心として，毎回変化した形で引き続き行なわれる。さまざまな色のクレープペーパーで作ったネックレスの一束をみんなに渡し，他の人たちの首にできるだけたくさんそれを掛けるというゲームを行なう。ただし自分は他の人から「ネックレスを付けられる」ことをできるだけ避ける，というものだ。攻撃的感情は，羽のはたきを剣に見立てた戦いに使うことで間接的に表現される。パーティーという舞台設定を頻繁に使い，打ち解けたようすでお互いが混ざり合うようにと導く。メンバーは現実の人生において，このような付き合いを，今なお不器用で上手にできていない。あるパーティーで交流しているという設定の中で，メンバーにある1つの制限を課す。つまり，彼らは1つのことをしてはいけないことになっている（たとえば，微笑んではいけない，目を見てはいけないなど）が，それでも，ごく自然にふるまうようにと指示をする。別のパーティーでこのような相互交流の練習をしたとき，その最後に，私はジュースがいっぱいに注がれているプラスチックのコップをみんなに配る。そしてみんなに，次のセッションにそのカップを持ってくるようにと言う。そのとき，コップの底に名前の書いてある人のために何か簡単な贈りものをそのコップに詰めて持ってくるようにと頼む。

　ちょうど，グループが1つのまとまった存在のように感じられはじめ，全員が毎回出席するようになったときに，ステイシーがまた入院する。彼女が入院したことは，グループのみんなにとって，後退してしまう可能性がいつでもあるということを思い出させる苦い体験となる。後退することは彼らが今までいつも経験してきた現実である。ジェイミーとラリーの2人がそのことに最も心を揺さぶられる。突然，異常な雰囲気の静けさを保っていたラリーが，次のような発表を行なう。

　「僕はみんなに話したいことがある。僕は社会復帰施設に滞在することを禁止されたばかりなんだ。朝ベッドから出なかったという理由で。また，ボランティアでやっている仕事にきちんと参加するという約束を破ったからだ。今はすべてのことがどうなるかわからないので，僕は，このグループを続けられるかどうか自信がない」

　メンバー全員が，このことの中に相互に関連した変化と動きを感じる。1つのこ

とが崩れると，他のことまで崩れていく原因になるかもしれない。しかし彼らは，自分たちの仲間にこのようなことが起こらないようにするつもりだ。

「ラリー，あなたは私たちと一緒に活動すると約束をしたんだ。私たちにとって，あなたがそれを守ってくれることはとても重要なんだ」

「あなたの人生の一部で何かを失敗したからといって，他のすべてのことをダメにすることはない」

「このことについて，いくつか場面を作ってみよう」

カリンは，ラリーにベッドから出てくるように説得をするカウンセラーの役を演じる。その後，彼らは役割交換をする。ラリーは，カウンセラーを演じた後，もう一度自分自身を演じる。今度は**ダブル**として，起き上がらず，その日のことに取り組むことを拒否したときの自分の内面の考えを声に出して言う。役を引き継ぐという技法を使って，メンバー全員がラリーのかかえているジレンマを同じようにもっていることを表明し，ラリーのそのときの感情をそのまま認め，そして他の選択肢を提供する。このようにして第三段階にグループが入っていくことは，私たちグループの今のプロセスにとって適切であるだけでなく，間もなく現実人生の体験に基づいた演劇を発展させる必要がある私たちにとっても，たいへん適切なことである。

ステイシーの真実

私は入院しているステイシーを訪ねる。彼女は，自分がグループから辞めさせられるのではないかと，とてもおびえている。また戻ってきてよいと，私がきちんと安心させると機嫌がよくなったようだ。ステイシーは，その病棟のすべての活動に積極的に参加していた。つまり，決められた形の中ではたいへんに元気であるが，形がないと崩れてしまう。彼女の人生の中には，**分析を超えての**グループを除いては，きちんとした形の生活がなく，さらに自分のアパートから引っ越さなくてはいけなかったことによるストレス，そして自分の家族を最近訪問したことなどが，今回の入院の原因となっていた。緊急入院病棟は，彼女にとって一種の2番目の家（もっと正確に言えば，不幸なことに，1番目の家）となっていた。

彼女はほんの数日で退院をした。しかし，次のセッションには出てこなかった。翌日，私は彼女から混乱した中身の電話を受け取る。彼女が比喩ばかりを使って話をすることから，まだ危機的な状態であることがわかる。彼女は赤ん坊が泣いている，死にそうだ，この惑星から立ち去るというような話をする。幻想や象徴の話から現実を見つけだすのはむずかしい。彼女の言ったことを総合すると，彼女は退院時に与えられた計画，社会復帰施設で事前に決められた面接に行き，勤めを始めるという計画に従わないで，自分の養父母のところに行って滞在をした。ステイシーは，危機的な状況でないときは，たいへん良心的で責任感のある人であることを知っているので，私

第9章　グループと劇の発展

はかえって余計に心配になる。

　彼女の感情的な状態と，車をもってないことを考慮して，私は養父母のところまで彼女を迎えに行き，近くのコーヒー店に連れていく。グループのメンバーの脆弱さと，治療施設の外で彼らと一緒に演劇を制作しようという私の目的を考え，私は再びこのプロジェクトがもたらす巨大な責任に圧倒される。私は，ステイシーがとりとめのない話をするのを聞く。赤ん坊には世話が必要だ，何か忘れてしまったお告げ，責任があまりにも重いことなどについて彼女は話す。私には，その話をしている間に彼女がゆっくりと，私との関係や私たちグループとの関係に戻る道を探している，ということがわかる。混乱した話の中から，いくつかの情報がはっきりとし，2つの困った事実が表面化する。最初の事実は，ステイシーが本当の赤ん坊を一緒に家まで連れて行った，ということだ。彼女の話からすると，病院で若い女性と友だちになった。その女性が，入院している間，自分の赤ん坊の世話をしてもらうために両親に預けた。ステイシーはその女性に，自分が先に退院したら，彼女が退院するまでその赤ん坊の面倒をみると約束をした。私はステイシーの思いやりに感動すると同時に，彼女の行動の中に見える感情の転移という側面に気がつく。彼女は自分の幼年期に祖父母によく預けられ，面倒をよくみてもらえず，また虐待も受けていた。

　もう1つの事実は，彼女がスピード［覚醒剤］をしばらく使っているということだ。

　私が心の中で，彼女を再入院させることを考えていると，彼女はこう言う。「今まで本当のことを言うと，いつも病院に戻されていたの」。真実というテーマ，つまり幻想や仮想の中から現実を選びわけるということが，ステイシーにとってはいつも大事で中心的な課題だ。彼女の言葉の中の比喩は，彼女の真実を表現したり，隠したりする。覆っているいくつもの層が取り除かれて，自分自身や他の人に対して，現実であることを伝達しそうになると，彼女は危険が迫っているという感覚を体験する。そして，まったく当然のことであるが，このことが，自己開示の劇で彼女が扱うことになるものであった。

　ステイシーが，この危機を再入院しないで乗り切ることができれば，そのときの潜在的なメリットは，危険よりもはるかに大きく重要だ。私たちは協力して，ステイシーが赤ん坊をその母親の両親にまず返し，その後で，覚醒剤の問題に取り組むための計画を作る。駐車場の暗い片隅で，彼女は儀式として，私の目の前で注射器の針を壊す。

　彼女は，退院したときに約束をしたことがらを守り続けることに同意する。私はこれらの同意事項を，病院の処方箋の形で書きとめ，彼女はそこに達成したかどうかを書き入れると約束する。それから私は，彼女を現在に連れ戻す方法として，グループのようすについて話をする。短い時間ではあるが彼女の目は輝き，私はそこに，過去1年間一緒に作業をしてきた愉快で，活気に満ちた若い女性の姿を一瞬とらえる。

しかし、彼女が今到達した静かで明晰な状態は、まだ脆弱なものだ。彼女が立っている場所はまだ危ういので、彼女に次の数日間は毎日私に電話をするようにと頼む。

彼女は私たちの計画を守る。「でも現実であると思えることが何もないの」と彼女は報告してくる。「私はただ体を動かしているだけです」。3日目になって、グループのセッションが終わったそのすぐ後に、変化が現われる。「私の家族に会ったことが、私の落ち込みの原因だわ」と彼女は宣言する。「私は彼らと離縁します」。この勇ましい決心は前にもなされ、多くのセラピストもそのことをすすめたが、今まで一度も守られたことはなかった。いつもこの決心の後に、また家に戻り、自分が決して手に入れることのできないものを探そうと無益な努力をするのだった。「昨晩あなたについての夢を見ました」と彼女は続ける。「あなたは病院の私のベッドの横に座っていた。私は熱っぽい、半分寝ている状態で、あなたが私の否定的な考えをやっつけているの。時どき私があなたに、まだ起きているのと聞くと、ええ、起きているわ、と答えました」。

ステイシーやグループの他のメンバーと私の間で感情転移が起きていることは否定できない。それはまるで、グループのメンバーたちが険しい危険な崖をよじ登っており、彼らが必死で握り締めているロープが私であるかのようだ。このような要の役を演じていると、臨床的にも倫理的にも多くの配慮をする必要がでてくる。私は、みんなが私に頼るようにするのではなく、独り立ちの姿勢をはぐくむようにする必要がある。つまり援助者であって、救助者ではないように。健康であることの責任は最終的に患者自身にかかっている。とはいえ、クライエントが子ども時代に満たされなかった欲求には、対処しなくていけないし、クライエントはそれを修復するような体験をした方がよい★2という信念が私にはあり、またクライエントたちが一度危機的な状況を乗り切ることができれば、その後、彼らに本来備わっている健康な状態に向かって進む意志と能力が出てくるとも信じている。だから、彼らがもとの状態に滑り落ちていかないように、私が手助けをすることには十分に正しい根拠があると考えている。私はこれらの問題を、コンサルタントと継続的に話し合う。グループと一緒に進んでいる私の旅の背後では別のプロセスが進行している。私が直感的に行なった選択を、臨床的指導＜supervision＞を受けながら、検査し分析することは、そのプロセスの中の重要な要素である。

★2 とくにウィニコット（Winnicott, 1958）は、クライエントの幼児期の環境が原因である失敗をもとに戻すことがセラピーの領域だと見なす。クライエントの退行欲求をかなえることは（少なくとも、治療の初期段階においては）、幼児期に十分に親からの養育を受けなかったことが原因である発達不足に対処し、修復することを建設的に行なう1つの方法である。

第9章　グループと劇の発展

架空の入院と実際の入院

病院とセラピーの場面

　クリスマスシーズンが急速に近づいているために，その悪影響がグループのみんなを次つぎに襲う。とくに，ジェイミーの鬱病はますます深刻になる。新しい恋人からふられた後，自殺をしたい気分になったので，彼は入院することにする。これが原因で，グループの他のメンバーは，再入院の恐れをまた強く感じるようになる。私は，病院の中での場面を演じることを提案する。恐怖をしっかり見つめてそれを統御できるような創造的な方法を見つけようとする方が，それを避けるよりはよい。

　「本当にカッコイイ病院を創りましょうよ！」とカリンは，楽しそうに言う。
　「そう，薬(ヤク)のときのように気分がメロウに［気持ちょ〜く］なるところにしましょうね」とスーザンが調子を合わせる。
　「じゃ，病院の名前は，マリン・メロウ［気持ちょ〜い］記念病院にしましょう」とステイシーは皮肉のきいた名前を考える。
　「私を入院させて。私，それが必要だから！」とラティシャは入院を希望し，他のみんなはそれを聞いて笑う。こんな形で彼女が最近のセッションで見せた引きこもりと不安の症状を自分で認めたので，みんなは少し安心したのだ。
　ラティシャが，深刻な話題について冗談を言ったので，その楽しい雰囲気にラリーが加わってくる。「よろしい。入院を認めよう。私は，ドクター・カッコイイだ」。
　ドクター・カッコイイは，新しい患者を中に入れてリラックスした恍惚の状態に導き入れる。
　「いい気分になってきたかい，可愛い人？」と，彼は気乗りしない調子で言う。「私を可愛い人，なんて呼ばないで下さい」と彼女は，役になったまま，反論する。「そう，それでいいよ。君が感じていることを話してくれ，可愛い子ちゃん。さあ，今度はグループセラピーを行なうのでついてきて」。
　「温水浴槽で行なわれます」と，ステイシーがステージの外から叫ぶ。
　即座に4人がステージに駆け上がり，想像上の温水浴槽に入る。みんなは，とてもくつろいだ雰囲気になる。とくにカリンはのんびりと次のように言う。「入院して，もう2年になるわねえ。他のところは，どこにも行きたくないわ」。
　アレックスは，マッサージ師として入ってくる。グループセラピーが終わったら，新しい患者に「マッサージをする」予定だ。
　「薬の時間です」とスーザンがステージの外から叫ぶ。患者全員は，マリン・メロウ病院で処方される唯一の薬をもらいに駆け寄ってくる。薬は，覚醒剤のバリウムだ。

第Ⅲ部 ◆◆◆ 上演──7人の物語。そして彼らが創り上げた自分たちの人生についての劇──

　グループ全員は，この風刺劇に完全に引き込まれ，お互いのユーモアとウィットを楽しんでいる。彼らが喜んでいる理由は，明らかに自分たちがよく知っている話題を扱っていて，でも普段は，そのことをあからさまに話せないからだ。入院することを冗談にして話し，それを演技することは気分を解放する。入院についてまわる感情的な負担や汚名が，それを秘密にしておかなくてはならないとか，恥であるという気分も含めて，解消される。

　私たちは，病院の場面をもう1つ演じる。今度は，もっと現実的なものだ。グループのみんなは，「本当はどんなようすか」を描写することに大いに意欲を燃やしているように見える。アレックスは，新しく入院させられる患者の役になることを申し出る。他のみんなは即座に患者が入院手続きをするところの場面を作り，そこでアレックスの精神状態を病院の治療スタッフ全員が評価をする。

　「先生，患者のカルテはどこですか？」ラティシャは，アレックスの頭越しに尋ねる。「アレックス，これは試験ではないからね。だから十分にリラックスしてね」。ステイシーは質問を始める。「あなたは今どこにいるかわかりますか？」返事をほとんど待たないで，彼女は続ける。「合衆国の大統領は誰ですか？」。
　新しい患者に「時間と場所の概念が備わっている」ことに満足して，今度はカリンが問診を引き受ける。「さてアレックス，今から言う表現があなたにとってどういう意味をもつのか私たちに語ってほしい。時間をかけずに，何かを考える前に言って下さい」。彼女は権威をもって話しをする。「転がる石には苔が生えない。ガラスの家に住んでいる人は石を投げてはいけない」。
　スタッフのみんなは少し飽きてきたようなようすをする。何人かは，そろそろ昼飯だと言って，どこでご飯を食べるかなどと話を始める。
　「これくらいで，結論を出せると思う」とラリーが場の主導権をとり，場面に備わっていた風刺の雰囲気を発展させる。「私はこの患者に，よく知られている三角形の斜辺理論を使ってみたいと思う。さて，アレン〔アレックスの姓〕さん，これからの質問は，幾何学上の図形に関するものだ。円，三角形，四辺形，これらの図形の中で，君に家を思い出させるのはどれだろうか？」。ラリーは立ち上がりそして動きを止める。まるでこの質問の聡明さを味わっているかのように。「さて，どの図形が君自身を思いださせるのだろうか？」「僕は，四角四辺の堅物ではないね」とアレックスは答える。しかし，その言葉に笑ったのはアレックスだけである。

　私は，グループが，現実描写の中に風刺を織り込んでいく能力と，即興という形式の中で協力して作業をしていく技術に大いに感銘を受ける。このとき初めて，私はこれから上演をするであろう演劇の一端を垣間見ることができたように思える。
　次のセッションでは，ラリーが精神科医を演じ，ラティシャ，カリン，スーザンの3人が1人の患者役を演じた。使われた形式は，グループのみんながよく知って

第9章　グループと劇の発展

いる**物語り**の技法を発展させたものだ。1人が話を終えたら、他の人がすぐにそこから次の話を始める。この医者と患者の場面において、3人は1人の人物を演じ、前の人の中身と調子を次の人が引き継いで（そしてそれを拡大して）いく。グループの全員が、この患者の（一部の）役を順番に演じる。この役には、仲間の演技者たちの言語的、非言語的両方の言葉をしっかりと聞き、そしてそれに反応するという能力が要求される。

ラティシャ：「私には人を信頼することがとてもむずかしいの。あなたを信頼できるのか、テレビを信頼できるのか、私にはわからない…」
カリン：「または神を、私自身の考えを信頼できるのか。そして私にはたくさんの感情がわき起こる…」
スーザン：（感情的な情動をますます強めながら）「それらの感情を表現するのはとてもむずかしい、でも自分の中にこれ以上閉じ込めておいたら私はもう爆発しそう」
ラティシャ：「だから、私今感じていることのすべてをあなたに話します…」
カリン：（強い決心をもって言う）「現在、私が、感じているすべてのことを今からあなたに話します」
スーザン：「やっと、私は自分の中身をさらけ出す準備ができたようだ。あなたに話せると思う」
ラリー：（自分の時計を見て、それから落ち着いたようすで話す）「どうやら、今週はこれで終わりだね。今感じていることを覚えておくように。そして来週は、今終わったところから継続できるようにしてここにきたまえ」

これらの場面を見ていて、私はメンタルヘルス、そしてメンタルヘルスを維持するシステムについて、グループのみんながもっている洞察力にたいへん感心する。この洞察力は、広範囲な個人的体験に基づいており、辛辣なユーモア、巧妙に作られた相互作用、そして強力な感情表現を導きだしている。私は、このトピックに関連した演劇を創作するという考えにとても興奮する。しかし、私が同時に理解していることは、私たちの劇が**内側**にいるということがどんなようすであるかについてだけであってはならないということだ。グループのメンバーが個々に成長するためには、その劇は**外側**について、この施設から旅立てばメンバーに何が起こるかについても語らなくてはならない。つまり、グループのメンバーがどこにいたかだけではなく、どこに向かっているかについても含めなくてはいけないのである。

ジェイミーが病院から戻ってきたので、次のセッションのグループの雰囲気は前よりよくなる。ラリーはジェイミーの鬱病と強い一体感をもっていたが、ジェイミーが戻ったことにより、彼のエネルギーが高まる。ラリーは普段、落ち着いた権威ある人物を即興劇の中で演じることが多かったが、このときそれとは目立って変化した役を

＊　305　＊

演じる。彼はいたずら好きで，反抗的な6歳の男の子の役になり，お母さんが彼のためにスーツを買おうとしていることに抗議をする。この役で示される態度は，ベッドから起き上がるのを拒否したときの場面で示された，小児的反抗を思い出させるものである。

この場面の後の話し合いでグループのメンバーは，子どもの頃の記憶をお互いに話し，分かち合う。彼らは「スーツに詰め込まれている」ような感覚をもったり，自分には不自然だと思えるような行動をするようにと親から期待されたりしていた。これに関連して行なったいくつかの演技，とくにカリンの記憶の場面は驚くべきものであった。カリンはごく初期の子ども時代から，動物が大好きであったが，彼女の父はハンターであった。彼女が演じた場面で，彼女は父親がその日に殺した動物の肉を夕食で食べるようにと強制される。彼女の表現では，「まるで小鹿のバンビを食べているような気がする」ということだ。社会的関連のある問題だけでなく，個人の問題，それも現在と過去を含む問題に取り組む能力をグループが獲得しはじめている，ということに私は気がつく。

ジェイミーの心の痛み

クリスマスの4日前，ジェイミーがまた病院に戻る。彼の報告では，バーである男を誘ったが（その男は他のパーティー会場に着くとすぐに彼を捨てた），その男との「悪い体験」の後，錠剤を飲みすぎたということだ。彼は，「そのときの心の痛みを再び感じたくなかった」のだ。この未遂は，命にかかわるものではなかった。しかし，この行動のために彼は病院に戻され，自殺をしないという規則を破ったことを理由に，社会復帰施設から追い出された。そして，（もしもう一度自殺未遂を行なえば）次のステップは州立病院に長期間収容されると彼は伝えられる。

私が知りたいと思うのは，彼が他人からの拒否を体験したとき，その下には，どれくらい深いレベルの別の痛み，別の拒否を感じているのかということだ。つまり，感情的に深い影響を与えた幼児期のどのような体験によって，恋人からの拒否や，出会ったばかりのよく知らない人からの拒否でさえをも，耐えられないものにしてしまうのか，ということである。また私は，私の彼への期待が非現実的であったのかということも知りたかった。ひょっとしたら，このような人々と，公共の場で上演する演劇を作り上げるのは無理なのかもしれない。もし私が，「この劇の出演者たちは病院に収容されない」ということに，ましてや「生き続ける意思を持つ」ということにすら期待できないのであれば，はたして，そのような催し物を計画できるであろうか？

ジェイミーは，自分が演劇グループに参加することはきわめて重要だと主張し，なんとか病院から外出許可を認められる。彼は，このグループから追い出されたくはないし，またグループのメンバーをがっかりさせたくもない。彼がグループに対してこ

第9章　グループと劇の発展

のしらせを伝えると，メンバーはしばらく黙っていた。私には，暗い劇場空間の中をさまざまな考えが泳ぎ回っているのを感じ取ることができるほどだった。「みんなはジェイミーを信頼できるか？　結局，彼は私たちにはどうでもよい人になってしまうのか？　グループの中に信用できる人なんているのか？　私自身は信頼に足る人なのだろうか？　もしジェイミーが，週末にたいへんだったからといって，薬を飲みすぎたのであれば，自分はどうなのか？　自分のこの前の週末だってたいへんだった。来週はもっとひどいかもしれない」。私たちは慣れ親しんだ円の形を作る。まわりとの境界線の感覚と，その中に包み込んでくれる感覚を呼び出す，あの円を作る。

　ラリーが沈黙を破って話し始める。彼は諭すように，イライラしながら，そして独断的な調子で話す。「ジェイミー，君は少し立ち止まって，自分の問題をきちんと見なくてはいけないよ。そして最終的には，その問題に取り組まなくてはいけない」。この先生のような役割を演じることで，ラリーは自分を守るための距離をとっている。

　そうではあっても，ラリーはとにかく話し合いの口火を切ってくれた。「そうね，あなたが大丈夫で，今夜ここに戻ってきてくれたことを本当に嬉しく思うわ」とラティシャが言う。他の人たちも同じように支持の気持ちを付け加える。ジェイミーが過去1年間，自分の家のようになっていた社会復帰施設に戻ることを許されないという事実が，みんなの間に大きな心配事として浮かび上がる。

　他の者たちが，ジェイミーの現実的な苦境に焦点をあてている間，カリンは，突き刺すような目つきで彼を見つめている。まるで彼の内部にある，その傷ついた場所に手を伸ばそうとしているかのようだ。「ジェイミー」と彼女はようやくやさしく，そして慎重に話しかける。「次に同じことが起きたら，私に電話をして。朝の3時でも4時でもかまわないから私に電話をして」。

　「ジェイミー，そうだよ」とアレックスが勢いよく言葉を続ける。「僕にも，いつだって電話をしてくれてかまわないよ。いつでも話しができるよ。僕たち，友だちじゃないか」。

　またしばらく沈黙が続く。この瞬間，グループが重要な局面にあることを私は感じる。ジェイミーの鬱状態を取り込むこと，その重みを引き受けることは，下に沈むということを意味する。彼から離れていながらも，彼を自分の中に包み込んでおくということは，沈まないで浮かんでいる，水面の上にいることを意味する。

　何かを取り込むときに発生する力は強力だ。ジェイミーの状態はみんながよく知っている領域だ。彼らはみんなそこにいたことがある。そこは恐ろしい場所で，でも同時に行きたい場所でもある。命を求め，生き続けることは闘いだ。そしてその闘いを投げ捨て，そのバランスを無感覚の方へ，死の方へ傾けることは，いつでもそこに存在している誘惑なのだ。自己と他者の間の境界を維持すること，また他者と分離しつつも全体とつながりを保つことは不断の闘いなのだ。

第Ⅲ部 ◆◆◆ 上演——7人の物語。そして彼らが創り上げた自分たちの人生についての劇——

　私が話しはじめるとみんなは私の方を見つめる。「他の誰かが，自分がたどってきた道と同じ道を今通過している，また自分にとても密接で，よく理解できる痛みの感情を，その人が今感じているという話を聞くのはたいへん辛いことです。その中身を深く理解し，そしてその人を助けようとすることが，恐ろしい気分にさせるのも確かです。私はここにいるみんなが，これらをやりおおせているのを見て——お互いを助け合いつつ，自分自身をもいたわっている，その両方をやりおおせていることに感動しています」。
　おそらく，他の人との同一感を感じつつも分離した状態を保てる，という考えに安心したためであろう，話し合いの調子と中身が次のレベルに移行する。ここから後の話し合いでは，私は発言を免除された謙虚な聞き手となり，このグループの人たちが話し合いをするのを聞く。彼ら全員は，完全な暗闇がどんなものであるかを知っているので，お互いに自分が知っているものを分かち合う。それは，私や他のどんなプロのセラピストでも決してできないことである。私には辛い経験があったし，またその後，そのような苦しさをもっと十分に知ることにもなるのだが，しかし絶望の穴の底まで，命を終えたいと思うほどのところまで下りたことは一度もなかった。ここは，彼らが自分たちで助け合う場面だ。
　「ジェイミー」とカリンが話しはじめる。「私も同じことをしようとしたわ。自分自身を永遠の眠りにつかせようとした。それはほとんど成功した。でも，まわりが私を生き返らせたの。今ではそうしてくれてよかったと思ってる。もしあのとき死んでいたら，失ってしまっていたであろうすべてのことを時どき考えるの。痛みは確かにある。でも喜びもあるわ。豪華でなくても貴重なもの，たとえば自然とか，美しいものを見るとか。生きるには勇気が必要。でもその価値はあるのよ」。
　「ジェイミー，私は本当に自分があなたのような気がする」。今度は今まで黙っていたステイシーが話す。「私も，すべてを終わらせようとしたことがあるわ。何回も。でも私は歩み続ける。なぜって最後には私たちの努力が報われる，その価値がきっとあると期待しているの。それに，その道筋には，人を驚かす贈りものがあるのも知っているわ。新しい友だちとか。しばらくの間そういう贈りものがまわりに見えないと，それが本当はそこにあるということをずっと覚えておくのがむずかしくなる。すべてのことには目的があり，そして意味があると私にはわかっている。たとえそれを私たちが発見しなくちゃいけないとしても」。
　「私も自分をなくしてしまおうとしたことがある。一度は薬で，一度は手首を切って，一度は車の前に飛び出して。それがどんな感じか私にはわかる」とスーザンは言う。「でも私は，そういう気分になったとき，ずっとそんな風じゃない，ものごとは変化するということを思い出そうとしているの」。
　次から次に，彼らは自分が自殺をしようとした体験を打ち明けていく。ジェイミー

第9章　グループと劇の発展

は，話している人を食い入るように見つめる。

「ジェイミー，僕のお父さんは自殺したんだよ」とラリーは秘密を明かす。彼の声の調子は緊張しているが，異常なほど静かだ。「僕もそうしようとしたことがある。でも今は，違ったやり方をしようとしている。そしてゆっくりだが自分が強くなってきている気がする。あきらめないということは大きな努力を必要とするむずかしいことだ。でも，たいていの場合，ちくしょう，お父さんと同じことなんか決してしやしないと思うようにしているんだ」。

「私たちはあきらめないように，お互いを助け合えると思う」とラティシャが言う。みんながうなずく。

次に進む時だ。

私は，大きな模造紙のロールを広げる。その紙は部屋の半分ほどに敷かれる。そこにクレヨンや油性ペンなどを配置する。私は，みんなに紙のまわりに集まり，自分の取り分を決めるように指示する。私の作った宣言文をまずその紙の上に書き，それを他の人たちが自分の心に思い浮かぶままの言葉で完成させる。

　　このグループは_____。
　　○○（このグループのメンバーの1人の名前を入れる）は_____。
　　私は自分が_____をできるようになりたい。
　　私たちの劇上演は_____になるだろう。

私は，考えを引き出すような文をみんなに提案する。そして，恐怖を感じさせない言い方で，今までほとんど語られなかった話題をみんなに対して切り出す（この連続シリーズが始まる前に行なわれた個別ミーティングのとき以来ほとんど語られていない話題）。それは，「演劇を上演する」という話題だ。しかし大事なのは，その内容よりも活動のプロセスだ。「さあ，自分用にもっと大きなスペースを取って。もっと大きく書いて！」と私は叫ぶ。「自分の取り分を拡大して。みんなは貪欲なの。自分の言葉を書き込むためにもっと広いスペースを取って」。

［一緒に行動することで］相互作用という魔法の力をもつ要素がそこに付け加わり［遊び気分が広がって］，メンバーの間から笑いと活気が出てくる。全員が，攻撃的とまではいかないが自己主張をしはじめ，そのような態度が許されている雰囲気を楽しみはじめる。私も自分が即興で動いているのがわかる。エクササイズのこの部分は事前に準備をしたものではない。「今度は，紙全体のまわりを歩きましょう。トイレの壁に書いてある落書きのように，そこに書いてある言葉を読み上げましょう。読んだ内容に，自分の意見を言いましょう。それを書き入れましょう」。みんなは歩き回り，身体を

第Ⅲ部 ◆◆◆ 上演——7人の物語。そして彼らが創り上げた自分たちの人生についての劇——

伸ばし，言葉を紙の上に書きつける。落書きのイメージはみんなの気分を刺激し，のびやかな気分にさせる。書き込んだ言葉は誰の書いたものであるのか，結局わからないのだから。詩，ユーモア，ウィットの雰囲気に富んだ言葉がたくさん目に入る。しかし，グループの仲間たちに対する賞賛の言葉が最も多い。ジェイミーは**本当に立派な人間だ**。カリンには**才能がある**。ステイシーは**今生まれ変わっているところだ**。すぐに，これらに応答する書き込みが始まる。対話がいっぱいに発展し，床の紙の上には色や対話がますます密に書き込まれ，感情と熱気がこもってくる。

　私たちは，ステイシーのアパートに向かって出発する。休日になったら行なおうと予定していた食べものを持ち寄るパーティーのためだ。今日はクリスマスの2日前。グループのメンバーは元気よく劇場を出たが，ステイシーのアパートに到着すると，引きこもった気分になる。ラリーは部屋の隅に孤立している。カリンは，一緒に食べることやグループの写真に入ることを拒否して，グループのみんなから離れている。ラティシャは，タバコを立て続けに吸い，とても緊張しているように見える。ジェイミーのことを考えているのかもしれないし，グループの1人が再入院したのだから，グループの状態が変化したことを恐れているのかもしれない。つまり私たちは，**元精神疾患患者のグループではなくなった**，と。

　夕食が終わる。部屋のすべての隅には誰かがいるのに，真ん中は空っぽのような感じがする。アレックスがシャンペンを持ってきているので，私は乾杯をしようと提案する。そうすればみんなを集めてお互いにもっと近寄らせることができる。「素晴らしい7人のために」と私が音頭をとる。それぞれのグラスはお互いのグラスとふれ合って音を立て，すぐにお互いの目が合うようになる。突然，今が重要な区切りであることに私は気がつく。過去12週間に達成したことをグループの全員に思い出してもらうよい機会だ。私はもう一度乾杯を言う。「みんな1人ひとりに，おめでとう！　みんなはプロセスの最初の半分を達成しました！　みんなは約束したことの重要な部分をすでに成し遂げました。それもとても素晴らしく！」この言葉によって，メンバーは新しい見方ができるようになる。みんなは「私は今まで**続けられたんだ**」と考えないで，「私は最後まで続けられるだろうか？」と悩んでいたのだ。

　部屋の雰囲気も変化した。他の人たちもそれぞれの乾杯の言葉を言いながら仲間に加わる。1人ひとりが乾杯の発声をするにつれ，遊び気分のゲームをやってるような雰囲気が作り出され，そのつど，全員のグラスが他の全員とカチッと音を立てる。

　ようやく「演劇を上演する」ということが，何か謎めいた抽象的なものではあるにしろ，少なくとも考えとしては容認できるものとなったので，私はさらにもう1つ，乾杯の言葉を言う。「最も情熱的で，独創的で，感情を揺り動かし，心を騒がし，おもしろく，力強い…」(形容詞をたくさん重ねるにつれ，みんなから笑いが出てくる)「…もうすぐ上演される**分析を超えての劇に乾杯！**」思わず自然に，グループの全員

が大きな拍手をする。

　上演をすることに関しての恐れ，希望，そして考え方について話し合いをした後，ステイシーが，実は密かに作詞作曲をしていると言い，最近書いた歌を披露してくれる。彼女は少し手をふるわせながら，ギターを手に取る。そして次のような歌詞が，素晴らしく美しいメロディーを伴って歌われる。

　　私はあなたのもとにくる　友よ
　　パーティをしようとあなたは言う
　　でもあなたのパーティーは受け入れてくれるかしら
　　あなたを私の友と呼んだこの気持ちを
　　でも　今度もまた　私は夢を見ていただけだった
　　きっと　永遠に夢を見続けるのでしょう

　すでに時間はずいぶんと遅くなっている。集まりを終わるために，私はグループのみんなが小さな円になり，円の中心の床にジェイミーが横たわるようにと指示する。ゆっくりと，私たちは彼を持ち上げる（**人を持ち上げる**）。その後，彼を抱え，そして揺り動かすことで，今日のセッションで作られた共感的で親密な雰囲気がもう一度よみがえる。

　私はジェイミーを病院に連れて帰る。彼は何も言わない。私たちは，門限の直前に到着する。車から降りる直前に，彼は私を抱きしめそして言う。「今日は，僕の人生の中で，家族が一緒にいる初めてのクリスマスだった」。

共有された体験

　グループのメンバーがクリスマス休暇の間，どれほど危うくなるかがよくわかっていたので，私はさらに追加の行動予定を提供する。個別ミーティングを追加し，即興劇の上演を観賞する外出予定を立て，さらに課題を出す。その中には，出版された劇の台本を練習すること（他の人と集まる必要が出てくる），そして自分の心に浮かんでくるさまざまな思いの流れに沿った独白のセリフを書くことである。

　スーザンが，バスに乗っているときの自分の心の中の思いを伝える独白を書いたと発表する。その独白をドラマの場面に作り替えて，グループのメンバーはバスの乗客になる。1人ひとりが静かに自分自身の世界に没頭している。スーザンも黙っているが，彼女の心の中の思いがテープで流されるので聞くことができる。彼女の荒々しい心の状態と静かな表面上のようす（そして彼女を取り巻く静かな雰囲気）という鋭い対照が，ドラマとしての緊張感を生み出す。

　「私はここにいる人たちの1人なのかしら，それともそう見えているだけなのかし

第Ⅲ部 ◆◆◆ 上演——7人の物語。そして彼らが創り上げた自分たちの人生についての劇——

ら？　みんな，離ればなれだ。私は本当に1人ぼっちに感じる。誰も私に話しかけてくれない。私はここの一員ではない。私はよそ者なんだ。たいへんだ，みんなが私のことに気がついている。私がみんなとは違うって。みんなは私を嫌っている」

「落ち着いて。私の降りる停留所まで待てばいいんだ。他の人のことは無視しよう。広告を読もう。（彼女は上を見上げる）コトシハ　シチニンニ　ヒトリズツ　ニュウインサセラレル。何てことだ。落ち着いて」

独白は続いていく。そこにはスーザンをいつも襲っている感情の激しさ，不安，そして妄想が反映している。この場面は他の人にも意味をもつ。グループのメンバーは，バスに乗ることを精神的な苦悩だとよく話してきたし，また，公共の場所で，自分がよそ者だと感じるとも話してきた。

グループは話し合いを続け，共通の体験を演じた。それが息抜きとなり，またユーモアを引き出す。そこでは，人それぞれの考え方やふるまい方を，少し冗談めかして取り扱っている。グループセラピーのパロディが演技され，その中でスーザンはもう一度セラピストを演じて中心的な人物となる。彼女は，深刻な障害をもつ人たちのグループをなんとか導いていこうと格闘する。ここで**感情を指定する**の技法を使う。私が声に出して指定する感情はどんなものであれ，セラピストも含め全員で即座に表現する。いつもと同じようにメンバーたちは，場面を演じる際に，自分がもっている感情や神経症の症状を十分に演技の中に取り入れる。

最後の感情として「恐怖」が指定されると，みんなはよく知っているこの感情を，とても喜んで大げさに表現する。しかしこの場面の最もユーモアに富んだ部分は，スーザンがこの混乱に対して，恐怖におびえた声で次のように言ったときだ。「こんなにたくさんの人が私に頼っている…。このグループを導かなくてはいけないのに…それなのに，私にはどうしていいかわからない…」。

あるとき私がセッションに行くと，ちょうどみんなは自分たちの入院時のようすを説明していた。ステイシーの物語は，とくに演劇的な可能性を秘めた内容だ。彼女は，街灯が傾いていて倒れそうだと感じて，それを支えようと奮闘し，それを何時間も続けた。最後に警察が到着した。親切な警官たちは，彼女にその街灯が倒れそうではないということを説得できなくて，一緒にそれを立て直す手伝いをした。ようやくその街灯がもとの場所に戻ったということに彼女が納得すると，警官たちは彼女を車で病院に連れて行った。

物語ることからそれをすぐにドラマへと移行することは，グループにとってごく自然なことになっていた。私たちはその場面を演技にしてみる。アレックスとジェイミーの演じる警官が，街灯が**あたかも倒れそうであるところを演技する**瞬間は，おもしろいと同時に人の心を動かす。2人がステイシーの現実の中に入っていくとき，そこには（2人とステイシーとの間に）親密さと相互理解が生まれる。

第9章　グループと劇の発展

　私はどの場面が演劇として上演できるか，どの場面が相互に関係があるか，表面化しているテーマは何か，そしてこれらのテーマをより深く探検できるようにグループを指導するにはどうしたらよいかなどの評価をする。精神治療施設での体験を思い起こしてみんなで共有することは，グループのメンバーにとってはカタルシスをもたらす体験となる（そして外部の観客にとっては教育的な体験となる可能性をもっている）が，過去をあまりに強調しすぎてはいけない。治療的観点からも，演劇的観点からも，現在の問題に取り組むことが最重要となる。あるセッションで，（2つのグループに分かれて）施設を**出る**ときにみんなが直面する困難な課題に関して討論をした後，それを場面として作ることにした。
　アレックスは，昔の友だち（スーザンとラティシャが演じている）に偶然出くわす場面を演じる。友人たちは，彼が神経衰弱になって入院していたことを知らない。友人たちが彼に，今までどこにいたのかと質問をしても，長いことその答えを避けようとする。質問を，賢くユーモアのあるやり方ではぐらかす。ようやく最後になって，彼は友人たちがどのように反応するのかを恐れながらも，本当のことを言う。
　ステイシーは，親戚（カリンとラリーが演じる）の家族のところに帰るところを演じる。親戚は，ステイシーが今にも再び壊れてしまうのではないかと思っているような態度で彼女を扱う。場面の中で，彼女は自分の中に引きこもってしまう。彼女に，親戚のそのような扱いにどう対処するかを示す場面をもう一度演じるように提案をすると，彼女はどうしてよいかわからなくなってしまう。ここでは，他のメンバーが提案してくれたことがステイシーにとって新しい選択肢となる。この選択は，彼女の現実生活にはまだ導入されていない。ステイシーは，がんばって今度はもっと積極的な態度でその場面をもう一度演じる。まず彼女は，家族にそんなに気を使って自分を扱う必要はないと説明する。そして自分の部屋で1人になって，彼女は自分自身に対して大きな声でこう言い聞かせる。「みんなは私がいつまた『壊れてしまう』のかわからないと心配しているけれど，私は3か月前に入院したときと同じような，か弱い人間ではない。他の人には私の達成した変化がわからなくても，その変化は確かにここに存在している。そして私は，他人の予想や考えに自分を合わせ『自分をおとしめて生きる』必要はない」。
　劇団「黒人レパートリーシアター」のアーティストたちをゲストとして招き，グループのメンバーに，仮面制作のセッションを行なってもらう（その劇団の作品を間もなくみんなで観る予定だ）。グループは初めて，「外部の人間たちの」指示に，熱意をもって反応をする。このようなことができるようになったのは，講師たちがもっている感受性と温かさのおかげでもあるが，同時にグループのメンバーたちが，外部に向かって，地域に向かって踏み出す準備がますます整いはじめており，また演劇の技術を向上させたいという興味が大きくなってきていることにもよるものだ。他人を受け

第Ⅲ部 ◆◆◆ 上演——7人の物語。そして彼らが創り上げた自分たちの人生についての劇——

入れることのもう1つの側面は，他の文化を受け入れるという点だ。異なった人種のリーダーたちや手本となる人たちに接することは，きわめて重要なことだ。

この講師たちを定期的に招待する。またその他の多様な文化と演劇手法を代表する演劇アーティストたちも招き入れる。これは，グループに新しい技術を教えるためだけでなく，私たちが作り直しているいくつかの場面を批評してもらうためでもある。そろそろ，内側に閉じこもっているさまざまな人間模様をこれほどたくさん取り扱っている私たちの題材を，地域社会の人たちに見てもらう段階にきている。

この時期，困難と危機が起こらずにいることと，メンバーから肯定的な報告がなされていることを私はありがたく思う。ラリーとステイシーはパートの仕事を見つけた。アレックスは黒人レパートリーシアターでボランティアを始めた。ステイシーと同じように，彼は私たちの演劇上演についてやる気を表明するようになった。私は，彼がグループの中にいてくれることに，深い感謝の念をいだいている。その最も大きな理由は，彼が一番安定していて，頼りになるメンバーであることだ。カリンが役を演技した後で感じる恐怖感は少なくなった。そして，私とグループのメンバーによって「そのまま」の自分として受け入れられているという感覚があるので，彼女は，自分には演劇上演を「やり遂げる」準備ができていると感じている。

私はエネルギーを，劇を作り上げて行く方向へ移しはじめる。ところが間もなくして，演技者たちに，彼ら自身の問題が持ち上がり，私はその手当てをしなくてはいけないことになった。ラティシャは，鬱状態になり引きこもる。スーザンは，ステイシーとカリンが仲良くなっていくので，そのことに極端に嫉妬し，その感情を行動に表わしてしまう。奇妙な電話をかけて2人をおびやかし，自己破滅的な行動をとるようになる。仲直りセッションを3人の間で行ない，スーザンとの個人ミーティングを何回かもつ。ジェイミーには，また誰かの声が聞こえはじめる。私は，気持ちを滅入らせるこのような出来事に負けないで，肯定的な側面を見るように努める。全員が，さまざまな気分や危機があるにもかかわらず，すべてのセッションに参加している。全員が，再入院をしないでなんとか過ごしている。グループには演劇上演に向けての勢いが感じられる。何が起ころうとも，ひとたび幕が上がった以上，ショーは続けていかなければならないという暗黙の了解が。

苦しみを芸術に変える——最高潮に達する場面

ジェイミーの挑戦

ジェイミーは自分に聞こえる声の主は「ロッキー」だという。そして，ロッキーが自分に自殺をしろと指示をするという。彼がその声色をまねて話すことから，私はち

第 9 章　グループと劇の発展

ょっとした実験を思いつく。次のジェイミーとの個人セッションにテープレコーダーを持って行き，ロッキーの話をしているのを一緒に録音することを提案する。

ロッキーの役を演じているジェイミーは次のように話しを始める。「いいじゃないか。さっさとあれをやっちまえよ。それで全部終わりになるんだから。もう苦しみはなくなるさ。あの上にあるスプリンクラーが見えるだろう？　あそこにシーツを結びつけて，そこから首を吊るだけでいいんだよ。さあ，さっさと終わりにしようぜ。手伝ってあげるよ。君は 1 人じゃないんだから。俺も一緒にいてあげるから」。

2, 3 分後，ジェイミーは録音テープを聞きたがる。彼がたった今録音したものを一緒に聞いていると，彼の気分はロッキーに「飲み込まれた」かのように，むっつりとなり，引きこもってしまう。

私は彼に，受け身的にロッキーの話を聞くのではなく，返事をしてみたらどうかと提案する。

私たちは，もう少しロッキーの狡猾な独白を録音する。そしてまた再生する。今度は，ロッキーへの返事を探そうと格闘して，ジェイミーは少し活気を取り戻すが，やはり言葉が出てこずに立ち往生する。彼は，ロッキーの言葉に引き込まれ，有効な返事ができない。

1 週間後，ジェイミーは私に台本を手渡す。「劇のためです」と彼は言う。明らかに，ロッキーがその夜彼を訪れ，ジェイミーはその時点で，ロッキーが自分に言ったこと，および，それに対するためらいがちな彼の返事も一緒に記録したのだ。

次のセッションでジェイミーの場面作りを開始する前に，私はグループのみんなに事前の注意事項として次のように話をする。「今からとても密度の濃い場面を作りはじめます。それは，直接向き合うのはとてもむずかしいけれど，とても重要な内容です。自殺をするという考えを扱います」。

「ああ，そのことね。自殺やあの声なんてたいしたことではないですよ」。彼らはすぐに，ユーモアと皮肉を込めて返事をする。「私たちは，そんな日常茶飯事のことなら扱えます」「毎日起こることさ！」。グループはこれまでに，人生の中の隠された暗い側面に直面する能力を向上させていた。

私はジェイミーに，ロッキーの登場を引き起こした状況がどんなものであったかについて考えてもらう。彼はラティシャを選んで，社会復帰施設から退去させられた，と自分に伝える病院の看護士役を演じさせる。

「ジェイミー」とラティシャは即興で演じる。「残念だけれど，今，社会復帰施設から電話があって，あなたがこの前自殺未遂を行なったので，もう施設ではあなたを受け入れないと連絡がありました」。

落胆したようすでジェイミーは受話器を取り，長距離電話をかける。

第Ⅲ部 ◆◆◆ 上演——7人の物語。そして彼らが創り上げた自分たちの人生についての劇——

「もしもし，母さん？」
長い間（ま）。
「母さん？」
返事がない。
「母さん，そこにいるの？　ジェイミーだけど」
　動揺したようすで彼はゆっくりと受話器を下ろす。「母さんは電話を切ってしまった」と彼はひとりごとをいう。「みんなが僕を拒否しているように思える」。
　私は，あの声のテープを再生しはじめる。
「いいじゃないか。さっさとすべて終わりにしろよ。あの上にあるスプリンクラーが見えるだろう？　あそこにシーツを結びつけて，そこから首を吊るだけでいいんだよ…」
　ジェイミーは黙っている。ロッキーを演じている彼の声がテープから続く。
「君はもう1人じゃないんだから」
「水の中で剃刀を差し込んだらどうだい。前に錠剤でやって，うまくいかなかったのは知っているだろう。だから俺の言う通りにしな。俺と一緒になろうよ」
　私は，「俺と一緒になろうよ」と「君はもう1人じゃないんだから」という言葉が耳に飛び込んできて，ジェイミーの双子の兄弟が，8年前に自動車事故で死んだことを思い出す。
「いいじゃないか。さっさとすべてを終わりにしろよ。一度やってしまえば，すべて終わりになるんだから。悩みもなければ，心配もない」
　ジェイミーは一心に聞いている。しかし，彼の返事は，か細い声で「いや」とか「放っておいてくれ」と時どき言うだけだ。私は彼に，もっとたくさん，もっと大きな声で話して，もう少し強くやり返すようにと言う。
　ジェイミーを見ている私の目の隅には，グループの他の人たちがジェイミーを見ているようすが映っている。彼らの中では内面に向かう動きが始まっており，それは，この引きこもりの状態が定着する前に，介入をするようにと私に告げている。私は場面を停止させ，どんな返事をすればよいかをメンバーに聞く。しかし，全員が黙っている。今，グループのメンバーにとっては，自分たちの無力感，またジェイミーと同一化している感情を乗り越えることが決定的に必要だ。そしてジェイミーにとっては，グループのメンバーが自分を支持していると感じることが決定的に必要だ。しかし，今は（ジェイミーとグループとの間に）距離がありすぎる状態，または距離が少なすぎる状態の両方が［それぞれ否定的なかたちで］同時に発生してしまっている。ここで私は数週間前に行なった話し合いを思い出す。私はグループのメンバーに舞台に入るようにと指示をする。
　私は全員に，ジェイミーが病院からセッションに戻ってきた日のことを思い出させる。そして，彼らがそのとき行なったように，ジェイミーに手を差し伸ばして迎え入れるように言う。そして，「私は」という言葉から始まるセリフを1行か2行言うようにとも指示する。
　グループのメンバーは，むき出しの舞台の上の片側にかたまることにより，そのと

第9章　グループと劇の発展

きの話し合いの状態に戻る力と，自分自身の人生の中で自殺の崖っぷちにいたときの状態へと戻る力を自分の中に見つけ出す。セリフは全員でいっせいに発話される。苦しみと絶望の中から生まれてはいるが，粘り強さと信頼感を表明するそのセリフは，ジェイミーに対して語られるというよりは，彼がそれをつかんでくれるだろうという願いを込めて，彼に投げ与えられる。ジェイミーは一言一言を吸収するかのように，一心に聞いている。ジェイミーが戻ってきた日の話し合いの魔法と力がまたそこに呼び戻される。いや，演劇の中によみがえったといえる。

　ジェイミーは今まで，ロッキー，またはそれが表わしている死というものに頼ることによって，自分は1人ではないと感じていたが，もし，そのロッキーを頼る必要がないのであれば，おそらく[ロッキー（死）に対して]反撃することができるだろう。

　グループはまだかたまって立っており，声を出すのをやめ，今は黙って待っている。ここで私は録音テープをまた再生しはじめる。

　「黙れ」とジェイミーは叫ぶ。「僕はやりたくない」。そしてその次に，今まで書かれたどんなセリフをも超える1つのセリフが生まれ出る。「君は僕の一部分だ。そして，ほんの一部分，小さな一部分にしかすぎない」。このセリフは，初めてその声が自分の一部であること，外部から起こっている現象ではないことを認めるものであった。ロッキーという部分は，乗り越えられる彼の一部であり，彼は彼自身の他のいくつかの部分と協力して返事をしたのだ。

　もっと多くの言葉が前面に出てくる。ようやく，ロッキーとの対話が始まる。私は看護士役のラティシャに，ジェイミーを劇中のグループセラピーに呼び出すようにと指示をする。ロッキーの誘惑の声は続いている。そのため，ジェイミーは，2つの方向に引っ張られている。私はジェイミーに，ゆっくりとこの場面を終わらせるようにと言う。いずれの方向でもよく，自分が望む方に。

　「そっちに行くのはやめな」とロッキーは大きな声で言う。「俺と一緒にいて，すべてを終わらせようよ」。

　「いやだ！」とジェイミーは，今まで私が聞いたことのないような声で叫ぶ。その声には力と確信が込められている。ただ一言に詰め込まれてはいるが。「僕は生き延びる。僕はやってみせるぞ」。

　「もっと大きな声で，もっと力強く。ジェイミー」と私は舞台の外から声をかける。

　「僕はやってみせる。僕は生き延びる」と彼は鳴り響くような声で言う。「僕は生きていたい。看護士さん…今そちらに行きます！」。

　ジェイミーの場面を作る作業は，演劇とセラピーが交差する地点をはっきりと照らし出す。この**最高潮に達する場面**（第2章参照）を作り出そうという演劇的目標は，セラピー上の目標と一致する。ジェイミーには，あの声に対する返事を探し出し，その返事を確信をもってそして力強く発言する必要があった。この場面は，この時点でのジェイミーの個人的な旅にとって適切なものであり，同時に私たちの劇の一部ともなっている。それは，一登場人物が直面している現在の苦闘を反映しているだけでなく，グループの全員が抱え，日々続いている苦闘を反映している。さらに重要なこと

第Ⅲ部 ◆◆◆ 上演——7人の物語。そして彼らが創り上げた自分たちの人生についての劇——

は，この場面は，万人に共通の苦闘を表現している。あきらめるのか，それとも続けていくのかということを。

　もしこの場面を私たちの劇の一部にすることができるのであれば，1人ひとりの登場人物の苦闘についての**最高潮に達する場面**も劇の中に取り入れることができるのではないか？　第一幕は，登場人物たちがどのようにして精神科の病院に入院させられてきたか，これらの施設の中はいったいどんなようすなのか，そして病院から退院したときに彼らが直面する問題とはどんなものなのかといった中身にすることができるだろう。第二幕は，個人の問題をより深く探ってみることができる。

　私は個別ミーティングにおいて，彼らが自分たちの人生の苦闘を，自分たちの演劇の題材になる可能性があるものとして見つめることができるように，手助けを始める。これを行なう私は，公演用の劇を作り上げようとしている監督であるだけではなく，自分の苦しみをつかみ取って，それを伝達可能な芸術作品へと形づくり，変容させること自体が，癒し［のプロセス］であると確信しているセラピストでもあるのだ。

虐待と現実の否認：人を荒廃させる二重奏

　カリンは，父親との間で起こった最近の危機について私に話す。父親は，彼女が家に戻ってこなくてはいけないこと，そして「お前の人生がどこに向かっているのかという私の質問」に答えるようにと言った。彼女がそれを拒否すると，父親は激怒し，親子の縁を切ると言い放った。

　カリンは，私からの指導をほとんど受けないで，この人生場面をドラマに作り変えることができる。彼女は，現実の人生で起こった電話の会話をもとにセリフを書く。彼女はラリーに父親の役をさせて，彼の声をテープに録音する。この場面で観客は，カリンと父親の両方の声を聞くことになる。

　次に彼女は，父親との電話の後にかかってきた母親との電話もその場面に付け加える。母親は，たった今起きたことについては何も言わない。母親が現実を見ようとしないようすを描いた脚本が書かれ，それが録音される。

　場面の中で，私たちは初めてカリンと父親との会話を聞く。

父親：「お母さんと私は一日中座りこんで，お前のことを考えているんだ。カリフォルニア大学バークレー校のコースリストを見ていた。どうして科学のクラスに登録をしなかったんだ？　私たちは，お前の授業料を喜んで支払うと言ったじゃないか」
カリン：「そのコースには興味がなかったの。それは今のところ，私の人生でやりたいことではないの」
父親：「だったら，人生でお前は何をやりたいのだね？　お前には仕事の経験はないし，計画もない。私たちは，お前にしばらくテキサスに帰ってきて，質問に答えてほしい。飛行機代を払うし，お前の犬を預けておく費用も払うから」

第9章　グループと劇の発展

カリン：「できないわ。それも，今私がやりたいことではないんです。そうすることは私にとって一番いいことではないと思う」
父親：「やれやれ，お前がそのような態度だと，もう今後は財政的援助をしてやることはできないよ」
カリン：「わかったわ，お父さん。もしお父さんがそうしたいのであれば，私はかまわないわ」

　突然，何の警告もなく父親は怒り狂いはじめる。「だったら，お前はもう私の娘ではない。私もお前の父親ではない。私にとっては，お前はもう死んだも同然だ。お前からの連絡など，二度とほしくない」。

　彼女からの返事を待たないで，父親は次のように付け加える。「そして，お前のような生き物をこの地球上に作り出したことを，私は毎日後悔するつもりだ！」そして彼は，受話器を叩き付けるように切る。

　カリンはステージの上で凍りついたまま動けない。演技をすることで，本当にそのときの感情をよみがえらせたのだ。私は彼女に，今の感情を声に出して言ってみるようにと頼む。

　「お父さん…どうして？　ああ神さま，私には剃刀が必要だわ」。彼女は，おののくような調子で言う。「そうじゃない。私は自分を撃ってしまおう。私は気が変になりそう。私は病院に入ってしまおう。ちくしょう，私はどれもやりたくない」。彼女は自分の体をつかみ，揺らしている。まるでその痛みを和らげようとしているかのように。「本当に痛みを感じる。中絶をしたような，そんな感じがする」。

　明らかに，この場面に取り組めば，ジェイミーの取り組みと同じようなものになるだろう。それはカリンに力を与え，その苦しみを抱えたままでいられる助けとなり，そして痛みを自分で統御し，超えていく助けとなるだろう。

　むずかしい課題はさらに増える。電話がまた鳴り，今度は母親との会話を私たちは聞く。母親が，「電話料金が高くならないように」早目にさようなら，と言った後，カリンはただ1人とり残され，自己を破壊させようという考えが押し寄せてくることに，自分だけで直面しなくてはならない。

　「あの2人は狂ってるわ」と彼女は，思わず言ってしまう。

　それから，彼女は泣きはじめる。「ちくしょう。どうしてあの2人は私を愛してくれないのかしら？　今まで私は一度も愛する価値がなかったのかしら？」。彼女は椅子を怒りにまかせて蹴り，自分の腕を激しく動かす。「ちくしょう，ちくしょう，ちくしょう」。彼女はわめきちらす。

　グループは緊張し，じっとしている。

　腕の激しい動きが終わると，再び自分の体をつかんで揺すりはじめる。

　私は彼女のそばに立って，そのまま待っている。場面としても，自分のためにも，次にどのように進んでいくかを彼女が知っていると信頼して。

　「[狂っているのは]あの2人ではない。私でもない。私たちなんだ。でも，私は彼らが望むような幻想を演じてあげることは絶対にしない。私は気が狂いたくはない。病院にも入院したくない」こう言って，彼女は立ち上がり，ゆっくりと歩きはじめる。

第Ⅲ部 ◆◆◆ 上演——7人の物語。そして彼らが創り上げた自分たちの人生についての劇——

「私は強くなるわ。私は,彼らが望むような幻想を演じることはしない。これは今,私の人生なんだ」
　この即興劇という形態を使って,グループの見守る中,カリンは,自分を両親から分離しはじめ,このからまった家族の網の目から自分を引き離し,新しい選択をしようとしている。
　「私は強くなるわ。痛みを一緒に抱えていくわ。感じなくなったり,自分を失ったりしない。私は痛みを感じるようにする。それを抱えて生きていくわ。今から私は生きるのよ」。彼女の声の調子はまだ力がなく自信もない。
　私は,彼女にそのセリフをくり返すようにと言う。
　「私は生きるのよ。自分のために」。彼女の声の調子は強くなり,確信の響きを帯びてくる。「私は生きるのよ。自分のために」。
　グループは大きな拍手をする。

　セッションの終了時,カリンは録音テープを自宅に持って帰りたいと願い出る。自分の返事のタイミングを練習するためだと言う。父親が大声を響かせて彼女を拒絶する声を,彼女が自分のアパートで1人で何度も聞くことが心配な私は躊躇する。私がどうして躊躇してるかの説明をすると,彼女はこう言う。「実際は,それを練習すればするほど,その**致命的な**影響力が少なくなってくるんです。つまり,自分自身の痛みに対しての免疫を作り上げるようなものです」。私は,**美学的な美しさと安心の距離**が彼女の中に表われていることを知り,心を打たれる。カリンは,場面を自分で制御することにより,もはや無力な犠牲者ではなくなっている。創造的なプロセスが,このような自己統御力を引き出したのだ。私は彼女に録音テープを渡す。
　カリンが虐待と現実からの逃避に取り組み,闘う中で,もう1つの場面が生み出されてくる。それは,子どもの頃の記憶に基づくものだ。

　「お母さん,もう私たち出て行くんでしょ?」とカリンは声をふるわせながら言う。カリンは今子どもの自分を演じている。「お父さんがお母さんにもう一度暴力をふるったら,家を出てモーテルに行こうってお母さん言ったでしょ」。
　「カリン,学校に行く用意をしなさい」と,ラティシャの演じる母親が,感情のない機械的な返事をする。
　「学校なんて,私,行けないわ」。彼女は,恐怖におびえて泣く。「お父さんは私の犬を撃ち殺したわ! それに,いつも酔っ払って私たちに暴力をふるっている。お母さん,お願いだからモーテルに行きましょうよ。お母さん言ったでしょ…」。
　「お父さんは,すまなかったと謝っているわ。だから,今からは,きっといいお父さんになるわ」と母親が口を挟む。「だから,学校へ行く用意をしなさい。カリン,覚えておいて。私たちは幸せな家族なのよ」。

第9章　グループと劇の発展

　ステイシーは，カリンが演じるさまざまな場面に強い一体感を覚える。彼女にも，家族の中での虐待，アルコール依存，現実の否認という過去がある。中でも，現実の否認という問題が最も有害だ。というのは，［現実の否認が］自分で感じている感覚や考えが本当ではないといつも彼女に思わせてしまうからだ。ステイシーは，カリンの勇気に触発されて，自分自身の人生の場面を作り出す。カリンの場面作りの方法に従って，現在のドラマの前に，子ども時代のトラウマについての場面が演じられる。

　「素敵な家族でのお出かけが，何ということになったのでしょう！　あなたは，また酔っ払ってしまい，憎たらしいと思った子どもをワニのいる池に投げ落としたのよ」と，ステイシーの母親を演じているカリンが言う。「あなたは，私を困らせるためにそんなことをしたんでしょう」。
　「うるせー。黙ってくれないか」と父親役のラリーが言い返す。「僕は子どもと遊んでいただけなんだ」。
　「あれが子どもと遊んでいるですって？」とカリンは非難の調子を強めて言う。
　口論はますます激しくなる。そのとき，ステイシーが慰めてもらおうと母親のところにくるが，父親から地面に叩き付けられ，すぐに大声で泣き出す。
　「ステイシー，お父さんはお前を傷つけるつもりではなかったんだからね」と母親は言いながらステイシーの側にひざまずき，打ち身になったところ調べる。「出血してるわ。病院に行ってここを縫ってもらわなくてはいけないわ。じゃあ，どうやってけがをしたかを，今から覚えてちょうだいね」。
　ステイシーは泣きながら，床の上に横たわっている。
　「お前は，お姉さんと遊んでいたんだよ…」
　「お姉さんはここにいないわ。」とステイシーは泣きじゃくりながら言う。
　「それはかまわないの。これはお話だから。お母さんが寝る前にあなたに話すようなお話なのよ。いい，お前は階段の上でお姉さんと遊んでいたのよ…」
　「家には階段がないわ」
　「そしてお前は，上から下まで落ちてしまったの。いい，お母さんが話してほしいように，上手に話ができれば，お母さんは本当にあなたを好きになるからね」
　「本当？」
　「ええ，本当よ。さあ，お話をもう一度練習しましょう…」
　数分後，2人は病院の診察室にいる。アレックスが医者の役になり，小さなステイシーにどうやってけがをしたのかを尋ねる。
　母親が監視して見つめる中で，ステイシーは話そうと努力する。しかし言葉が1つも出てこない。「ええ…あの…あの…」。
　「お話をして。何が起きたのか？」。医者はもう一度尋ねる。
　「ああ，ああ…」
　医者は困ったようすで母親を見る。「お子さんはしゃべれないんですか？」
　私はそのセリフのところで場面を終わらせる。

第Ⅲ部 ◆◆◆ 上演──7人の物語。そして彼らが創り上げた自分たちの人生についての劇──

現実の人生で，ステイシーは，子ども時代の大部分の間，場面緘黙［ある特定の社会的状況で話すことができなくなる心理的障害］だったのだ。

現在に戻った場面の中で，ステイシーは，母親の友人2人にコーヒーを運んでくる。友人たちが彼女の調子を尋ねると，即座に母親が彼女の代わりに返事をする。このように数回，話を遮られ，ステイシーはついに会話をするのをあきらめる。

「ステイシー，今あなたは何をしているの？」とお客がもう一度尋ねる。母親が「あ，この子，今，作業療法士をしているのよ」と答えるのを聞き，ステイシーはびっくりしてしまう。

お客が帰ると（帰り際にお客は，皮肉にもステイシーと話ができて楽しかったと言うのであるが），ステイシーは母親と対決する。

「お母さんはどうしてあんな嘘をついたの？　私が作業療法士だなんて」

「それはね，ステイシー」と母親は切り返す。「あなたは作業療法の患者として長い間治療を受けていた。だから，もしあなたが何かを話すとすれば，それくらいしか話せないと思ったのよ！」。

上演にいたるプロセス

上演への思い

一緒に作業を初めて4か月目が終わろうとしている。場面に込めるメンバーの感情はますます強くなってきており，それに従い上演に対する思いも強くなってくる。グループが，はっきりとした枠組みを求めるようになったので，私は「脚本」を作成する。これからでき上がる演劇の大枠の構成となる脚本は，上演する演劇により具体的な形を与え，グループの全員にさらに自分たちの考えを発展させるような刺激を与えることになる。

型どおりに脚本を配るのではなく，私はメンバーの意欲をかき立てるようなゲームを作る。メンバーは，できるだけたくさんの脚本をわしづかみにし，その中から自分の名前が書いてある脚本を手に入れるのだ。この愉快な，相互交流的なウォームアップで，脚本を見て心配する気持ちが，メンバーに起こらないようにし，気分的に重圧感を覚える可能性のある瞬間に対して，いく分か軽やかさを添えることができる。その後，**背中で押し合う**を行なって，さらにメンバーの心配は和らぐ。しかし座り込んで脚本を読みはじめると，ラリーとラティシャは，傍目からわかるほどに緊張していく。そしてカリンは，突然，「不安発作に襲われそうだ」と大きな声で言う。私がこたえる前に，彼女は部屋の外に出ていく。そこで，私は15分の休憩を宣言する。

「円を作りましょう。立ったままで」と休憩の後，私は言い，合図をして，全員を小さな塊として集める。カリンは，ジェイミーとスーザンが支えてくれたおかげで，

第9章　グループと劇の発展

ずっと落ち着いたようすになる。「私の言う通りにして，私がするようにしてください」と言って，全員がよく知っている**グループでミラー**を開始する。

私は，「私は怖い」と叫び声を上げ，走り出す。私の言葉と動きを，即座に7人の人がくり返す。私たちが表現する恐れは，非常な恐怖にまで高まり，私たちはお互いから大げさに逃げ合い，散らばってしまう。

私が「ショーを中止しよう！」と叫ぶと，メンバーはその言葉を一緒にくり返し，そしてその言葉を少しずつ変化させる。ようやく，このプロセスをみんなが楽しんでいるようすがはっきりとでてくる。「ショーは中止になった！」「最後までやれなかった」「ショーはとり止めだ！」。

ほっとした気持ちが，失望と後悔の感情に変わっていく。そこで私たちはショーを復活させる。「よし，やっぱりやろう！」「私たちはやり遂げるんだ！」心配の感情は，興奮の感情に道を譲る。

グループでミラーの後，ラティシャとラリーに，観客の席に座り，劇団**分析を超えて**による上演を見ている人になってもらう。

中西部訛りで話す保守的な男の役を演じているラリーは，ラティシャにボソボソと次のように言う。

　「このショーに出ている連中は［頭を指さして］ここがおかしいっていうでねーか！本当かい？」
　「出演者たちは全員，感情的な障害の経験があり，入院したことがあります」。ラティシャは落ち着いて説明する。「でも今は，退院して病院の外側にいて，回復しているところです。彼らを変人として見るのはよくありません」。
　「一度おかしくなったんなら，ずっとおかしいんじゃねーか？　そう思うんだがね」
　「あのですね，私は妹を見にきたんです」とラティシャは丁寧に答える。
　ラリーは驚いた表情をする。「へぇー。ショーに知っている人，出てるの？　あんたの妹さんはここがおかしいのかね？」。
　「今は違います」とラティシャは姉として答える。「今はとても立派にやっています。そろそろ，ショーが始まります。舞台を見てください。何か学ぶことがあるかもしれませんよ！」。

この即興劇は続いていく。グループの他のメンバーが，観客の役を交代し，全員が観客を演じるまで行なう。自分の知ってる人を演じる人もいれば，見知らぬ人を演じる人もいる。

このセッションの3つのワークは，劇を上演することに関してメンバーがいだく心配にとても効果的に対処してくれたので，それからの2か月間のリハーサル中，なくてはならないものとなる。1) 休みをとるときの形（グループはその瞬間を「不

第Ⅲ部 ◆◆◆ 上演——7人の物語。そして彼らが創り上げた自分たちの人生についての劇——

安発作の時間だ」と叫びながら開始する）。2) ミラーのエクササイズを行ない，その中で恐怖感を表現する。3) 即興劇で演技者が観客の役を演じる。（誰か特別の人に，あるいは，一般の観客に）自分たちが見られることを出演者たちが心配しているので，この技法はその実際のようすがどんなものかを体験させてくれる。またそれだけでなく，美しいこと，そして内容がきちんと伝わることの両方が大事だということをわからせるはたらきもする。

その後に続くセッションで，脚本に示された場面が実際に演じられ，グループのメンバーたちはお互いに，鋭い批評をし合えるようになってくる。場面演技を美的な観点から審査すること，そして他の人が演技の内容を批評し意見を言うことを許容すること，これらの能力が高まったのがはっきりとわかる。

演劇的な観点から場面を発達させ，それを洗練する過程に，またとくに最後のセリフを考案する過程に，治療上の課題がはっきりと表われてくるものだ。ステイシーとカリンは，自分たちが子どもの頃に取り囲まれていた相反する意味をもつ二重のメッセージの影響力の重大さにますます気がついていく。ジェイミーは，自分が自殺をしようと考えるようになったのは，自分がまわりから放棄され，拒否されて受け入れてもらえなかったという思いに深い関係があると理解しはじめる。ラリーは，自分が人生に精一杯取り組むことをどれほど恐れているのかを見つめるようになる。私は，演劇上の目標と治療上の目標が自然にからみ合って行くそのようすに，ずっと心を打たれ続けている。

リハーサルの過程

私たちのセッションがリハーサルの段階になると，ラティシャは，引きこもりと抵抗の態度が強くなり，私たちが話し合いをしているときに目を閉じていたり，他のメンバーの場面のときに自分だけ本を読むような状態にまでなってしまう。彼女を参加させようと私が努力しても，彼女は敵対的な態度をとる。

次の「月例」ミーティングでカリンは，ラティシャが参加しないのは困ると言いはじめる。私は，ラティシャがこのようなことを直接言われるのは耐えられないのではと心配をして，演劇集団の中で不安感が発生するのはやむを得ないことだと話す。このような話をすることで，ラティシャが体験していることはごくあたりまえのことだと思えるようにする。そしてグループの1人ひとりに，自分の不安感を表明する自分独自の方法を考えるようにと言う。次に不安感を作り出す要素と，その不安感に対してどのように対処したらよいかについて考察をする。メンバーは，自分がそういうとき，他の人からどのように**反応してもらいたいか**，意見を出し合いその気持ちを共有する。ラティシャの顔に現われていた緊張感は，このグループでの話し合いをしている間に和らぎ，最後に彼女は次のように話す。「私は劇を上演することがとても恐

第9章　グループと劇の発展

いの。不安になると，私はたくさんの空間が必要になる。じゃましないでもらうことが一番いいの。だから，みんなは私に言って，それで大丈夫だ，私も大丈夫だって」。

　次のセッションで，ラティシャは自分の場面をどんなものにするか，いくつかの可能性を試してみる気持ちになった。グループは，彼女が神経衰弱になったのは，仕事に戻ったことが引き金だったことを彼女に思い出させる。彼女も「仕事」という言葉を聞くだけで飛び上がってしまうような気になることを認める。「外からのプレッシャーが，私を駄目にする原因だわ」と彼女は言う。この言葉で，私は劇を上演するという圧力に彼女が上手に対処するのはとてもむずかしいだろうと考える。しかし，彼女は，こう付け加える。「でも，仕事をもっていることは，状態がいいということのしるしだと思われているし，病院から退院した後，正常になったということを証明する徴でもあるのよ」。

　グループのメンバーは一列になって，ラティシャの前に並ぶ。私は彼らに，**物語り**の**1人一言ずつ**の要領で，大きな声で言うように指示する。「ラティシャ—あなたは—本当は—外に—出かけて—仕事を—見つけることを—考え—なくては—ならない！」。

　彼女は笑っているが，顔の半分には，恐怖の表情が見えている。私たちは，彼女が新しい仕事に取りかかる場面を始める。事務所のセットが作られる。ラティシャは，受付に座っている。ラティシャに電話が嵐のようにかかってくる間も，新しい仕事が絶え間なく彼女の机の上に運ばれる。コピーする書類，タイプする書類，整理する書類など。3人の同僚が同時にその仕事は昼食前までに終わらせる必要があると主張し，そのプレッシャーは最高になる。何の前ぶれもなく，ラティシャは電話を床に投げつけ，身体を翻して外に出て行く。

　「あのやり方が正しくないことは知っています。多分，この次はきっと変えてみせます」と彼女は静かに言う。グループのメンバーは，ラティシャの我を忘れた行動は「**本物**」ではないかと恐れていたが，その言葉を聞いてホッとする。私は，もう一度場面を作るように提案し，そこで，「この次」の場面を演じてもらう。

　私たちは同じ場面を再度演じる。3人の人が彼女に仕事を矢継ぎ早に持ってくると，彼女は立ち上がって彼らの方を向く。静かに，そして毅然として彼女は言う。「すみませんが，この仕事は私が戻ってきてからになります。今お昼で，私の昼食の時間です」。そして彼女は，そこから歩いて行く。威厳をもったその態度に，グループのみんなは，応援をし大きな拍手をおくる。

　セッションの最初の部分は，今なお相互交流のあるゲームが中心である。リハーサルの段階に入った今もそうだ。バレンタインデーにはメンバーに，セッションの合間に，グループの他の人にプレゼントをこっそり，誰にも見られないで渡すようにと言

第Ⅲ部 ◆◇◆ 上演——7人の物語。そして彼らが創り上げた自分たちの人生についての劇——

う。さらに他のセッションでは，グループ内の緊張と攻撃的な雰囲気を，**シャボン玉戦争**で外に出して解放する。ゲストアーティストの訪問と，地元の演劇作品を見に出かけることも同じように続いている。

　この外出は，グループに広い領域の演劇にふれる機会と，さらに枠のない相互交流の場を提供している。ある日曜日，自伝的な演劇を見た後，私たちは近くの公園まで歩いて行く。グループにはエネルギーが満ちており，生き生きとしている。彼らが楽しそうにおしゃべりし合っているのを見て，私は彼らがこのようにたやすくお互いに打ち解けていること，これまでに作り上げ密接に結び合った彼らの友情，そして彼らがもっているグループとしてのはっきりとした一体感に驚きの念を覚える。

　「私たちの劇は本当に力強いものになると思う。私たちが扱っている内容は，他の演劇作品の中には存在していない」とスーザンは喜びに満ちた顔をして言う。

　「その通りだわ。この内容に，みんなは本当に驚くでしょうね」とステイシーは顔をほころばす。「きっと『劇団**分析を超えて**による恐怖の映画ショー』みたいになるわ」。みんないっせいに笑う。

　「僕，そのときのことが目に浮かぶようにわかるよ。ルネが観客に静かに，ショーは2，3分遅れで始まりますと告げる。それから彼女はゴールデンゲートブリッジに急いで，僕たちを捕まえにくる」とジェイミーは冗談を言う。そして私が笑っているかどうかを確かめる（ゴールデンゲートは，悪名高き自殺の名所だ）。

　「ところで今日，劇場に行く途中」とカリンが，（グループのメンバーと私を）からかう話しを付け加える。彼女は，私が常に強調している，きちんと責任をもって参加し続けるということに関して話をする。「ステイシーと私が遅れないようにと急いでいたんです。車の中で私たちはこう考えたの。もし事故にあったらどうなるだろう？私たちは，ルネがグループに対して次のように言っている場面を想像したんですよ。『今，カリンとステイシーは事故にあいました。彼らの欠席は許します。でもここにいるみなさんは，これがいつも欠席のよい理由になると思わないようにしてほしいですね。車の事故にあえばいいんだ，と。彼らは今昏睡状態ですが，病院に連絡をして，火曜日のリハーサルには彼らが参加できるように手配しました』」。

　もう少しおふざけやからかいをした後，私たちの話は真剣なものになる。元精神疾患患者が，**自分の病歴を公にする**ことの功罪を検証する話になる。私たちの劇を通して何を伝えたいのかについて話す。メンタルヘルスとその病気，メンタルヘルスシステム，グループの人たちの人生。そして人間としての苦闘に関して。「この演劇は，病院のシステムの内側にいることが本当はどんなことかを示すべきだ」とアレックスが言う。「そして，そこから出るのがどんなことなのか…」「外の世界に入って行くのが」とステイシーとラティシャが挟む。スーザンは「この劇は，自分自身の内側にいるということがどんなことかも描き出すべきだわ」「そして内面から外に向かって移

第9章　グループと劇の発展

動する，他者に向かって移動することがどんなことかも」とカリンがより正確に表現する。「その移動は，私たち自身を開示することによって行なう」。

この話し合いで，私たちは劇のタイトルを次のように決める。「**内側から外側へ**」と。

カリンが次のセッションに，詩を携えて現われる。彼女は，私たちの劇が罪と責任をすべて過去に，とくに自分たちの両親に負わせているという印象を与えたくないとの思いを込めて，自分の両親へ伝える一編の詩を書いた。驚くべき美しさと力強さの備わった言葉で，彼女は，虐待が世代から世代へと伝わっていくようすをほのめかしている。

　　…こんなにも長く　私は　愛の欠乏という重荷を抱えている
　　では　これは私たちの遺伝なのかしら？
　　無限の二重らせんの中の　もつれた紐たちが
　　長いきらびやかな鎖となって　私たちにまとわりついた
　　私たちをずっと一緒につなぎとめる
　　ネックレスのように
　　くびきのように？
　　私は知っている　あなたも自分の両親のことを全く知らなかったのだ
　　また　両親もその両親のことを全く知らなかったのだ…

カリンの詩を除いて，すべての場面は即興で演じられることになる。つまりすべての上演で，新しいセリフの生まれ出る余地がある。そうすることで，舞台の上には即時性が作り出され，それが演劇的には大きな魅力となり，治療プロセスとしては常に新しい中身を切り開いていくことになるのだ。しかしそれぞれの場面の構成と最後のセリフだけは，前もって設定する。

劇全体の構成が次第に明らかになる。第一幕は，精神科病院への入院から始まる。第一場で，グループ全員が，新患者であるアレックスの評価をチームで行なうセラピストたちになる。第二場で，ステイシーが警官たちによって病院に運ばれてくる。この警官たちは，彼女が傾いた街灯をもとに戻すのを手伝った。次に続くいくつかの場面では，内部がどんなようすであるのかが描かれる。病院の内部，そして患者の心の中。第三場は，グループセラピーセッションの場面で，スーザンがセラピスト役を演じる。観客は，さまざまな感情を声に出して指定し，すべての演技者がその感情を取り入れて演じる。第四場では，スーザンが自分自身の役で登場し，バスに乗って自分の精神科医とのセッションに向かいながら，感情と観念の嵐が押し寄せてくることに対処している。この場面は次につながり，第五場の医者と患者の場面となる。そこで

第Ⅲ部 ◆◆◆ 上演──7人の物語。そして彼らが創り上げた自分たちの人生についての劇──

は，ラリーが精神科医を演じ，スーザン，ラティシャ，そしてカリンが1人の患者を3人で演じる。第一幕の最高潮に達する場面は，病院から退院する問題を扱う。第六場では，アレックスが，どこに今までいたのかと尋ねる友人たちと直面し，第七場では，家に戻ったステイシーが，自分の家族たちとの気まずい雰囲気に直面する。

第二幕は，個人の苦闘について探索する。それぞれの場面は，主役による前おきの言葉で始まる。第一幕の最後に登場していたステイシーが，そのまま第二幕を開始し，自分を押さえつけていた相反する意味をもつ二重のメッセージについてのいくつかの場面を演じる。けがをした理由について嘘をつくように言われた子どもの頃の場面。次に，母親が彼女の代わりに返事をしてしまう現在の場面。次の場面で，今度はカリンが，相反する意味をもつ二重のメッセージと虐待に対処する苦闘を見せてくれる。カリンは子ども時代を演じ，そこで，たった今行なわれた激しい虐待を母親が否定する。すぐその後に大人になってからの場面として，両親が自分を拒否し，自分の心がかき乱れるような電話を受ける演技が続く。劇の内容は，感情的な強さがますます深いレベルに達し，ジェイミーが，自分の自殺をすすめる声と対決する場面となる。次にカリンが自分の詩を読みあげる。彼女がそれを読んでいるとき，小さな子どものカリン，そして，現在のカリンのスライドが，彼女の後ろに大きく映し出される。このスライド映像は，グループの1人ひとりの子ども時代と大人になってからのスライド画像を短時間ずつ見せるものへとつながっていく。ラリーの場面では，最初，ベッドから早く出るようにと言っているカウンセラーに反抗している彼の姿が，ユーモラスに描かれるが，人生に直面しようとする彼の苦闘の深さが次第に明らかになってくる。ラティシャの場面でも同様であり，新しい仕事に対処するむずかしさから始まり，それは，人生のプレッシャーに対処する苦闘へとつながっていく。

第二幕の1つひとつの場面で，出演者たちは，自分たちの苦闘を**描写する**だけでなく，ステージ上でこれらの苦闘と本当に**取り組んでいく**。まず，苦しみと，苦しみに対する自己破壊的反応に直面し，次に新しい，健全な方法での対応が行なわれる。これらの新しい対応の仕方は，出演者たちが，次に現実生活で行なうステージのための，青写真とまでいかなくても，予告編の役を果たすことになる。

「**内側から外側へ**」のフィナーレでは，出演者が舞台に1人ずつ入場し，自分の場面で言った力強いセリフの1つ（多くの場合それは最後のセリフ）をくり返して言う。そのセリフは，自分たちは打ち勝つという強い意志を反映している。舞台の上にいる他の出演者も加わり，同じセリフを声を合わせてくり返し，そのとき，舞台に入ってくる演技者が始めた身ぶりや表情を同じように演じる。ラティシャが最後に登場する。そして，「この次はきっと変えてみせる！」と宣言する。出演者全員が，彼女のこのセリフをくり返す。声の大きさと力強さは次第に，可能な限り大きくなっていく。そのまま出演者は，お互いに近づき，腕を組み合い，観客の方に向いて同じセリ

フを最後にもう一度叫び，最後に全員がお辞儀をする。

　第二幕の各場面は，グループでリハーサルをするだけでなく，個別セッションの中でも練習をする。個別セッションでは，微妙なニュアンスを吟味し，そこに現われる感情や洞察をさらに発展させる。重要なセリフを強調し，さらに自然に新しいセリフを言うことを奨励する。

　演劇界の著名な監督たちを招待し，リハーサルを見てもらう。彼らの参加により，専門家の批評を聞くことができるだけでなく，外部の人に見られることにグループが慣れる機会ともなる。

　これらのセッションを行なう以外に，私は1人で場面間のつながりがドラマとしてもっと強力になる方法を模索する。場面転換をスムーズにし，劇の演劇的力を高めるために，音楽，照明，スライドなども使う。私はステイシーと一緒に，劇の場面に関係のある，力強い音楽を選ぶ。これらの音楽は，観客が劇場に入るときや休憩時間，そして場面の間のつなぎにもかけることにする。ステイシーは，この演劇制作の全分野に積極的に参加をしている。

　私はグループの1人ひとりを写真に撮る。「**内側から外側へ**」は，出演者1人ひとりの等身大の大写し写真を映写することから開始される。その間，ジミー・クリフとゲイリー・ブライト・ブラマーズの歌，"Sitting Here in Limbo（どっちつかずで座っている）"★3がかかる。

　第一場が始まる直前の最後のスライドは，グループ全員の写真を映し出す。

　上演の3週間前，私は黒人レパートリーシアターの講師の中で，グループがたいへんよい反応を示した1人［名前はノーマン］を舞台監督として雇う。さらに，照明と音響の技術者も雇う。私たちは，1週間に3～5日のリハーサルを開始し，セッションの長さも1日3時間となる。興奮と緊張の両方が高まる。私は，上演に伴う多くの仕事を行なうために，グループのメンバーにいろいろな手伝いを頼む。プログラムを印刷したり，切符や軽食を用意し，小道具を揃えるなど。このような仕事は，建設的な方法で，不安感をいくらか解消してくれる。

　演劇監督としての私の役割が，この時点でとくに強調されはじめる。というのは，私はこの舞台制作が成功するようにと心の底から望むようになっていたからだ。しかし私のもう1つの役割，つまりセラピストとしての役割も，上演直前のこの期間に，十分に果たすように最大の注意を払う。この時期グループは，感情的に危険な瀬戸際に立っている。ものごとを破壊してしまう，失敗をつい起こしてしまうということが起こりやすい時期であり，これはグループの中に常に起こる可能性がある。このことをよく理解し，それを回避するようにしなくてはいけない。観客が，つまり外部の世

★3　©1971年　ポリグラムインタナショナル社。

第Ⅲ部 ◆◆◆ 上演——7人の物語。そして彼らが創り上げた自分たちの人生についての劇——

界が，自分たちを拒否するのではないかという恐れは巨大なものである。同時に，そこには，失敗をしたいという意志がある。自分のこれまでの歴史をくり返したい，なじみのあるところにとどまりたい，という脅迫観念がある。作品が成功するかどうかは，[活動の全体像や流れを理解するという]プロセスが継続していくかどうかにかかっている。プロセスがきちんと進んでいくように正確な注意を払わなければ，演劇の上演自体が危うくなる。私は，自分の経験からこのことがよくわかっている。昨年，劇「エピソード」の最後のリハーサルで，**劇団分析を超えて**のメンバーの1人が突然現場から出て行ってしまった。彼はその劇の全体にわたってたいへん重要な役をいくつか演じていた。その経験があったので，今年は，作品を仕上げるためにできるだけの時間を去年と同じように費やしてはいるが，プロセスに費やす時間や努力を犠牲にすることは一切していない。

　メンバーがあまり意識していなかったさらに大きな恐れは，成功するという恐れだった。グループセッションや，追加の個別セッションを行なう中で，私は成功することに関するメンバーの考えを理解しはじめる。もし劇の上演が成功したら，私に対する他の人たちの期待は変わるのだろうか？　私にあまりに多くのことを期待するために，結局，私は彼らをがっかりさせるのではないか？　私を支援してくれている組織は，私が成功したらもう支援が必要ないと思って，私を見捨てるのではないか？　私が外側だけ成功しても，内側では，なお不十分でみじめに感じるとしたらどうなるのか？

　すべての恐れの感情は吟味され，認められ，そして演じられる。そうすることで，それらの感情がもつ力を少なくし，自分たちでもっと上手に管理できるようになる。グループセッションでそれらの恐れを演技として外に出すことにより，自分だけでその感情を爆発させる危険を少なくできる。私たちは劇のリハーサルを行なうだけでなく，劇を上演するときにわき起こる感情のリハーサルも行ない，本番の日に表面化するかもしれない感情に対しての準備を行なう。私たちはさらに時間を先に進めて，上演直後に起こるかもしれない感情の嵐を演技し（また対処し）てみる。上演すること自体が，プロセス全体の一部分として見なされるよう，大きな見方ができるようにする。そのプロセスとは，劇の上演が終わってからもずっと先まで続くものとしてとらえる。劇の上演は，グループのプロセスの絶頂ポイントであり，その後には，そのことをお互いに親しく共有し，ふり返り，祝福する期間が続くことになる。

本番当日

　ついにその日がくる。上演開始前に集中ウォームアップをグループで行なう。私たちは，声，体の動き，言葉を使って，準備ができているという感情を表現する。信頼のエクササイズを行なうことにより，グループ内の，親密な，支え合いの感覚が，強

第9章　グループと劇の発展

まり反映される。私は本番前に，みんなはすでに，達成したものを現実に手に入れているとお祝いの言葉を述べる。みんなは，ここまで到達した。グループとしての親近感が，こんなに強くなり，それを経験している。そして，外部の観客に対して上演をする準備が現実にできている。私たちは沈黙して，しばらく一緒に座り，それから**グループで抱擁**の形を作る。彼らの顔は生き生きとしている。彼らは，失敗に対してより，成功に向けての準備がはるかにできている，ということが私にはわかる。

　舞台監督のノーマンは，本番の間中，グループと一緒に舞台裏にとどまる。一方私は，照明調整室で，音響と照明の技術者たちの仕事を手伝う。今や，すべてを**手放す**ときだ。劇は，もうグループのみんなの手中にあるのだ。私が舞台裏にいなくても，彼らは上演をすることができるだろうと私は確信する。また，たとえ距離があっても，彼らは私の支持を感じるだろうとも信頼する。私は，観客が到着して入ってくるのを見ている。劇場は大勢の人でいっぱいだ。座席案内係が満席になったと連絡してくる。照明が暗くなり，劇場は静かになる。"Sitting Here in Limbo"の曲が始まる。出演者たちの等身大のスライド画像が，暗闇のステージの上に明るく照らしだされる。1人ずつ，そして，出演者全員の写真が，観客をまっすぐ見つめて現れる。突然，自分の心臓の鼓動が聞こえてくる。私自身が不安を感じている。しかし，舞台に明かりがともると，そこには全員がいる。私がこれほどまで深く心を注ぎ込むようになったあの7人が。ステージの上にライブで。彼らは第一場を開始する。

　私は，舞台の上で話されるセリフを聞いて安心するだけでなく，観客の笑い声を聞いて，そして彼らが流す涙を見て安心する。各場面の後の拍手がとても力強い。劇が終わりに近づくにつれ，観客は釘づけになり，出演者が「この次はきっと変えてみせる！」と最後に叫び，お辞儀をしようとすると，観客は全員立ち上がって大喝采をおくる。

　観客は，曲が会場いっぱいに響き渡っても，なお立ち尽くして拍手を続ける。

　これは，上演された劇に対してだけでなく，舞台上で自分たちの人生の苦闘と勝利を演じ，観客に共有させてくれた現実に存在する人たちに対しての拍手喝采でもあった。

第10章 自己開示劇

　演劇作品上演の最後に，出演者たちは舞台に現われ，その創造的な偉業に対して拍手喝采を受ける。見ている人からこのような承認をその場で直接受けることができるのは，パフォーマンス・アート［上演形式の芸術］だけに限られている。非パフォーマンス・アートにおいては，鑑賞者／観客がその芸術作品を鑑賞するとき，作品を創った芸術家は，必ずしも，そこにいるとは限らない。絵画，写真，あるいは詩などは制作した人たちから離れて，それらの作品を体験する場合が普通だ。しかし，パフォーマンス・アートにおいては，芸術家とその芸術作品は，同時に目撃され，その2つが乖離してしまう可能性は非常に少なくなる。演劇芸術においては，作品を作り上げる道具が芸術家自身の身体であるという事実があるので，作品と人との間のからみ合いはさらに強まる。

　生(なま)の拍手喝采を受けているとき，通常の役者たちであれば，舞台上の役を脱ぎ捨て，**自分たち自身**として拍手への答礼をする。しかし，自己開示劇＜Self-Revelatory Performance＞，あるいは自伝的演劇★1においては，脱ぎ捨てるべき役はない。出演者たちは，上演の間中，自分自身として**カミングアウト**［自分の内面や隠されていたことを公にする］を続けている。ゆえに，拍手はますます直接的な意味をもつ。芸術家とそこにいる人間との間の境界は，限りなく薄いものになる。さらに，舞台裏には劇作家もいない。出演者たちは，作品を実現させる人たちであるだけでなく，作品を作り出した人たちでもある。彼らへの拍手は，その創造的な作品に対してだけでなく，その作品を作るために彼らが通過したプロセスに対して，自分たちの内面を開示したこと，そして人間である彼ら自身に対しての喝采でもある。

　観客のこのような反応は，達成感と，さらに自分たちが受容されたという感覚で出演者たちを満たしてくれる。受容されるという力強い体験は，出演者たちが，社会から否定的な烙印を押される経験をした人たち（たとえば，精神疾患の患者，障害者，

★1　自己開示劇と自伝的演劇の区別については，第7章を参照。

高齢者，同性愛者）であるとき，そしてそういう彼らの本質が観客に対して明らかにされたときには，ますます強いものになる。出演者たちの過去の役割（そのことのために否定的な烙印を押された）と現在の成功した役割，その2つを観客は同時に見つめる。観客がこのように認めてくれることに対する出演者たちの反応は，気持ちのよい興奮であり，誇りであり，自分たちの本質を肯定するものとなる。この反応は，仲間の出演者たちと自分たちの経験を話し合い，共有し合うことでさらに強まる（Emunah & Johnson, 1983）。

　作品は，演技者が個人的に達成したものを表わすだけでなく，演劇的な意味においても成功することが不可欠だ。ここでいう「成功」とは，必ずしも，完璧に磨き上げたとか，淀みなく流れるような作品ということを意味しているのではない。また，**伝統的な**演劇作品の基準を満たすという意味でもない。その意味は，一般的に認められている美的感覚を基準として，卓越したレベルまで達成するということだ。つまり芸術作品は，主張を伝え，刺激的であり，魅力的でなくてはならないという基準だ。「ここでは主張の伝達が最も重要だ」とアーサー・ロビンズは書いている（Robbins, 1988）。「というのは，どんな媒体を使っているのであれ，完成した作品は，それが生命をもっている真実として，私たちを感動させるときにのみ，芸術となるのだから…象徴的な形が複数のレベルの伝達すべき内容をもっており，それらの個々の部分のもつ意味を超えた，ある大きな意味を伝達するとき，作品はその主張を芸術的な美しさとともに伝達できるレベルに到達している」(p.95)。

　作品は，制作プロセス自体がたいへんむずかしい課題であったと理解している演技者の友人たちだけの拍手を受けるのではなく，外部の劇評家たちからも拍手を受ける価値をもっていなくてはならない。このような芸術的な美しさのレベルまで到達しないままで観客から称賛を受けたとしても，それは，舞台にいる人たちを支持するという意味をもつだけであり，演技者たちが示した才能に対しての真の反応とはなり得ない。人間だけに対しての（つまり彼らが創作した作品を除外する）拍手は，相手を子ども扱いしているとまでは言わないにしても，見下した態度となる危険性を孕んでいる。さらに，（舞台上の特定の人々のグループに対して）十分な成果を期待しないという，それまで観客がもっていた感覚をさらに強化することになる。そのような作品では，観客の先入観を変化させることはできない。これらのことよりもっと大きな影響は，観客によるそのようなお世辞めいた反応によって，演技者たちが得た喜びというものが長くは続かないということである。そのような経験がもたらす長期的な影響力は，治療上，マイナスになる場合が多い。それとは対照的に，演劇的に成功した作品上演によって生み出される自尊心，自己像は，その影響力が肯定的で，深い内面にまで到達するものとなる。

　自己開示劇の最も重要な部分は，伝統的な境界線――俳優［演技者］と自己，俳優

第Ⅲ部 ◆◆◆ 上演——7人の物語。そして彼らが創り上げた自分たちの人生についての劇——

と観客，演劇と現実人生——これらの境界線がなくなり溶け合っていることだ。そのため，そこには真実と即時性が生み出され，それらが演劇的に感動的なものになり得る。劇場に緊張感が漂っているのが手に取るようにわかる。というのは，そこでは現実の人間が，自分たちの苦しみを表現し，自分たちの現実人生の苦闘に取り組んでいる姿があるからだ。演劇に存在する通常の距離は，この自己開示劇においては，極度に少なくなっている。通常は，役者が登場人物を演じ，観客たちはこの**登場人物**との共感や同一感を味わい，カタルシスと洞察へ導かれるが，この自己開示劇では，舞台にいる**現実の人々**に共感を感じ，同一感を感じることにより，はるかに直接的なカタルシスとより深いレベルの自己分析が観客の側に発生する。

　相互に探査をし合い，浄化をし合うという形は，グロトフスキの**聖なる演劇**を思い起こさせる。そこでは，俳優たちが自分の「最も深い中核的部分」をさらけ出すことにより，観客を同じような心理的・精神的［霊的］な探査の旅へと誘う。グロトフスキ（Grotowski, 1968）は，自伝的演劇について述べているのではないが，次のように言っている。俳優は「自己を透徹する演技を行ない」，外側の仮面を剥ぎ取り，社会的役目をうち捨て，真実の本質に到達しなくてはいけない。グロトフスキはさらにこう言っている。「自分を与えられるかどうかの問題だ。人は最も深い親密さに到達したとき，自信をもって，自分を完全に分かち与えねばならない。ちょうど，愛において自分自身を与えるように」（p.38）。俳優が行なう仕事は奉納であり，グロトフスキの言葉を使えば，変容を目指しての**生け贄になること**だとすらいえる。

　自己開示劇は，新しい種類のセラピーであるだけではなく，新しいジャンルの演劇でもある。それは，グロトフスキ，アルトー（A. Artaud），「リビング・シアター」，その他の実験的演劇の多くの演出家や劇団の成果の上に作られたものだ。彼らは，演劇の境界を超えることを試み，俳優たち自身の内面的プロセスを探査し，俳優と観客との関係について多くのことを試みた。彼らの見解では，演劇の果たす機能は，娯楽を提供することではなく，観客が必要としている感情的・精神的なニーズにこたえることであり，人生の質を豊かにすることであった。ルース＝エバンス（Roose-Evans, 1970）は，その著書『世界の前衛演劇（*Experimental theatre from Stanislavski to today*）』の最後に次のような予言をした。「さらにもう一つの障壁が取り除かれることもあり得ないことではない。プロとアマチュアの間の壁だ…そのとき演劇は，一日の仕事の終わりに，くつろいだ少数の人たちが楽しむものではなくなり，時間にゆとりのできた何千人という人たちの意味のある活動になるであろう…ドラマやダンスというものがプロの手から離れ，一般の人々のもとに復帰するのを目撃することも可能となろう」（p.153）。

　アマチュアの俳優による自己開示劇は，プロの俳優を使わないで「現実の人々」を使うネオリアリストの映画と比較することができる。劇評家のマイケル・ガランツ

(Gallantz, 1981) は，劇団分析を超えてによる作品「内側から外側へ」の批評として，次のように書いた。「『内側から外側へ』が提起した最も刺激的な質問は間接的にしか尋ねられないものである。現実の人生はいつ芸術に変化するのか？　この質問は劇を鑑賞しているときにはまるで考えないかもしれない。というのは，ショーそのものが多くの演劇的技術と素晴らしさに満ちているからだ。この作品は，きびきびとした動きで，場面のタイミングもよく考えており，録音テープ，スライド，準備した部分と即興の部分の組み合わせ，そして（多くの場合）月並みな結論を避けている。時にはその演技そのものも光り輝く。とくに次の場面がよい…（その場面が引用されている）…しかしこの作品の強さをさらに高めているのは，舞台で演じている人たちが，自分の現実の人生の物語を私たちに語っているという事実だ。確かにネオリアリストの映画と同じように，即時・即興を優先したために劇の滑らかな進展が犠牲になっているところもある…『内側から外側へ』が真実を表明しているという否定し得ない事実が，その演劇の生命の一部となっている」(p.28)。

演劇界では過去10年間に，自伝的演劇が大いに広まった。現実人生の体験に基づいて物語を語る方式であり，その演技技術は，演技者［俳優］のその瞬間の体験に基づいている。現実人生で起こったことを材料に使うとき，そこには，（演技者と観客の両方にとって）芸術的に素晴らしいものができるかもしれない，そして癒しがもたらされるかもしれない，ということが強く意識される。この意識は，同じ時期に発展したドラマセラピー分野から影響を受けてきたともいえる。

自己開示劇が落ち込む可能性のある最も大きな落とし穴は，それが演劇であれドラマセラピーであれ，自己陶酔に陥ってしまうかもしれないという点だ。この落とし穴を乗り越えるには，個人的なものは，必ず普遍的なものへとその質が変化しなくてはいけない。ある特定の演技者の体験は，必ずより幅広い人間の体験を照らし出さなくてはいけない。その劇は，単に「演技者のためによい」ということだけにとどまってはならず，多数の観客を啓発し，感動させ，そして霊感を与えるものとならなければならない。演技者の要求を満たすためだけの作品と思われるものは，治療的な成果という観点からも限られた効果しかもたないことが多い。作品の芸術的美しさを高度なものにしていくというプロセスを通すことで，初めてそこに明晰さと統御の感覚を獲得することができる。そのプロセスには，内面の題材の発掘，拡大，彫刻，修正，独創的で力強い伝達方法の発見，そしてこれらすべてを洗練することが含まれている。このようにして，芸術的な美しさを完成させようという流れと，治療的な効果を高めるという流れは，相互に深くからみ合う。

これと関連している落とし穴は，停滞してしまうことだ。実際の人生の脚本を舞台でくり返してしまうという類のもので，そこでは演劇が現実人生を映し出すだけで，そこに光明を与えることがない。自己開示劇が演劇的・治療的に強い力をもつのは，

第Ⅲ部 ◆◆◆ 上演——7人の物語。そして彼らが創り上げた自分たちの人生についての劇——

動いている・移行しているという感覚，また新しい領域や理解の仕方へ向かおうとする闘いの感覚がそこに存在するときである。また取り扱われる体験が広くて遠い視点から全体を見て観察され，そして種々の見方や領域が入り交じった仕方で意識に取り入れられるときなのだ。演技者は，内側から外側へ，そして外側から内側へという両方向から，自分自身を考察しなくてはいけない。

　ユーモアを使うことは，バランスのとれた見方を表明し，普遍性を導き出す1つの方法だ。感情的に激しい物語に，ユーモアが織り込まれると，そこには1つの美しくそして安心させる均衡が獲得される。ユーモアの要素を入れることで，演技者，観客の両方が，強い感情を伴う自己開示に耐えられるようになる。劇の中にユーモアがあると，強い感情の刺激からの休息になるだけではない。演技者が自分の苦しみから少し退いて自分自身を笑うことができたり，自分の状況が他の人にも当てはまるんだと笑うことができたりすると，それを観て理解した観客にとって，演技者の苦闘がもたらす感動はその分だけ強まる（このようにユーモアが感動を強めるのは，演技者のユーモアの感覚がその強さを示しているときであり，自分を防衛するために使ったユーモアのときではない）。ジェイムズ・ヒルマン（Hillman, 1983）は，その著書 *Healing Fiction*（癒しの小説）"の中で次のように書いている。「欠点と最も上手につきあう方法は，ユーモアや自己への皮肉を使って，それを笑いの中に流し込むことだ。欠点を笑い飛ばすことで，欠点から発生する屈辱感は我慢できるものとなり，それ以上の回復や償いを求めようとはしなくなる。欠点があるという自覚は，お互いが同じ仲間であると思えるようになれる1つの方法といえるだろう。もう1つ，確実にこのような共同体意識をもつことのできる方法が，人間味に満ちたユーモアの感覚をともに体験することである」(p.109)。

　構成と即興［前もって決めてあることと，その場で作ること］の2つを組み合わせることが，自己開示劇を豊かにする大きな助けになる。決められた構成をもつことは，作品の美しさと安定を作り，それを洗練するために必要となる要素だ。また，即興的部分を残しておくことにより，舞台の上での即時性の観念を高めてくれる。人が舞台の上で，現実の問題について伝えようとしているだけでなく，**生**で苦闘していることを証人として見守ることは，演劇的な観点からも観客の気持ちを張りつめさせる。即興の演技は，演技者をその**現実の瞬間**に立たせることを助ける。これは，どの演劇においても重要なことであるが，とくに自己開示劇においては決定的に重要な意味をもつ。

　さらに即興演技は，演技者と上演されている作品との間でダイナミックなプロセスを促進する。毎回の演技が，その演技者の人生に対して影響を与え，その内容を変化させ，次に演技者の人生における変化が，演技そのものに影響を与え，その内容を変化させていく。つまり，本質的に，演技をすることと演技者の個人的プロセスとは，相互作用を起こしながら，同時に発展していくのである。（第9章で詳述した）ジェ

イミーの場面においては，上演するたびに新しいセリフが発話された。ある上演において，突然ジェイミーは例の自殺をすすめる声に対して叫んだ。「僕がゲイだからといって，それが何だって言うんだ！」。このとき初めて彼は，自分が，母親の拒否，そして社会全体からの大きな拒否の原因を，自分の同性愛に結びつけた。さらに感動的であるのは，この新しいセリフが，彼が自分自身と自分の性的傾向を受け入れはじめたことを反映していたことである。彼は，自分の性的傾向をそれまで隠し続けていた。ジェイミーは，**同性愛であることを公表する**心の準備ができたとき，それを実行する究極的な形を発見したのだ。それは，自分の性的傾向を公に認めるという瞬間を，舞台の上で，大勢の人々の前で永遠に刻み込むという方法であった。

　演劇が公共の場で行なわれるものであるとはいえ，それは高度に親密な行為でもある。上演するたびに，演技者と観客との間に特別な相互作用が作り上げられる。「劇の上演とは，偶然性をもつ出来事だ。それは本来，詩的な瞬間なのだ。つまり観客が存在することによって，最後の変化が発生し，その化学的な凝結が現われ出てくる。劇の上演は，一種の愛の行為といえる…」と，ジャン・ルイ・バロー（J.-L. Barrault）は主張している（Aaron, 1986, p.104）。自己開示劇では，演技者と観客との間の精妙な相互作用が，深い交わりの感覚へと拡大する。劇団**分析を超えて**の上演が終わった後，観客たちは劇場の広間で，演技者たちとの交流会に招かれた。このときに話された中で最も多かった発言は，演技者たちとの親近感であり，演技者たちの苦闘に，思わず一体感をもったという感情であった。大部分の観客は，演技者たちの体験はほとんど知らなかったので，見知らぬ人たちに関する演劇を見にきたつもりであった。しかし，演技を見ることにより，観客たちは，自分たち自身の内面の苦しみと喜びを思い起こす結果となったのである。

　自己開示劇では，そこで扱われる題材がすべて現実の人生から取られたものだ，という明確な説明を受けているにもかかわらず，観客たちはなお，たった今見た劇は本当のことですか，ということを何度も質問する。この驚くべき質問は，演劇とは作りものであるとこれまで長く考えられてきたからであろう。架空のものではない内容が演じられているとき，演劇がこれまで常に与えてきた感情的なカタルシスの強さはさらに強まる。みんなが共有する，明かりを落とした聖なる劇場の空間において，観客は舞台上の人々の苦しみに対して，自分自身の苦しみに対して，そして人間の在り方に対して，ともに涙を流すことができる。多くの精神科医が「**内側から外側へ**」を観た。彼らは，長年自分たちの患者の心の痛みに慣れっこになってしまっていた（これは，人が抱えている問題を取り扱う仕事を長期にわたって行なうときの，職業的な安全対策である）が，この演劇を観ることにより，演技者・患者たちの現実を新鮮な観点から観ることができ，長年流していなかった涙を流すことができたと言っていた。

　演技者にとっても，観客と同じ感情を分かち合ったという感覚をもつことで，外側

第Ⅲ部 ◆◆◆ 上演──7人の物語。そして彼らが創り上げた自分たちの人生についての劇──

の世界との心のつながりを作ったという感覚を得ることができる。この心のつながりは，それまで自分たちが他の人と異なっている，遊離していると感じる経験をしてきた人たち，病院や施設に収容されたり，隔離されたりしてきた人たちにとって，とくに重要な意味をもつ。演技者たちは，心のつながり，達成感，そして受容された気持ちを同時に感じる。それと合わせて，この旅路のすべてを分かち合ってきた仲間の演技者と監督に対しての愛が急速に高まる。この2つの感覚は，彼らの内側に畏敬ともいえる思いを発生させる。演技者たちが，観客の拍手がなおその耳にあふれたままで，ステージから立ち去るとき，彼らは稀有で，聖なる感覚を体験する。それは，栄光という感覚だ。

　しかしこの栄光という感覚は短い命だ。演技者たちがステージ［舞台］を立ち去るとき，実は，彼らは無意識に新しい治療的なステージ［段階］に入っているのだ。そのステージは，これまでで最も大きな難問を突きつける。それは，公演後に発生する鬱［ふさぎこみ］に取り組み，成功の果実を自分に統合するという難問である。

第11章
公演後の鬱に対処し，成功を自分に統合する

　公演は，クライマックスとなる行事であり，素晴らしい解放感，爽快感，そして充足感をもたらす。しかしこのような興奮が集中，連続して発生した後には一種の空虚感が発生する。この最高潮にいたるまで精力を注いだ準備の月日は，演技者たちの生活を奪ってしまったとはいわないまでも，その生活をかなり占領してきた。出産後の鬱の気分に，ある面では似通っているが，芸術作品の完成の後に襲ってくる虚脱感は，すべての分野の芸術家にとってなじみ深いものだ。完成した芸術作品がいったん解き放たれて**自由**になってしまうと，芸術家は，新たな創造的衝動，あるいは，そのような機会がいつ現われるのか，あるいは現われるかどうかもわからないまま内面が枯渇した状態におかれ，再び「真っ白な石板」に立ち向かわねばならない。中でも演劇にはもともと限られた時間で上演するという一過性の性格があり，そのことが虚脱感の感覚をよりいっそう強めてしまう。公演が終わると，その作品はもうそこには存在せず，演技者たちの達成感を無形で目に見えないものに変えてしまう。さらに演劇に内在している，協力して行なうというプロセスは，仲間の演技者たちとの親近感と感情的な結びつきを育てるものだが，公演が終了した後には，その結びつきそのものも失われてしまうため，喪失感はますます巨大なものとなってしまう。

　自己開示劇には，公演後の経験をさらに複雑にする，もう1つの要素がある。演劇という方法を使って自分の現実人生の諸側面を他者と共有するということには，自己の統御力の獲得と，自己の力の拡大ということが不可避的に伴ってくる。自己開示劇では自分の苦しみと闘いを創造的な方法で他者に伝達するだけでなく，現在通過している，あるいは追及している変化についても明らかにするわけであり，演劇による演技化を行なうことで，その変化を具体的に表わすことができ，統合化することができる。そして自己像の修正を導くことになる。特定の人々のグループにとって，人生の変化を舞台上で表明することは，演劇としての公演に成功することと相まって，決して小さくはない，劇的な自己像の変容を生み出す。この変容は，否定的な自己像を今までもっていて，失敗を続けてきたという長い歴史をもっている人たちにとっては，

第Ⅲ部 ◆◆◆ 上演——7人の物語。そして彼らが創り上げた自分たちの人生についての劇——

とくに深く大きいものとなる。

　自己像の変容の仕方は，観客の中に強い感情を引き起こした力を自分の中に感じることからも影響を受ける。自分は演技者であり，観客ではない，ものごとに影響を与える人間であり，犠牲者ではない。自分には，笑いを，涙を，そして考察を引き起こす力があるのだと感じることができる（Emunah & Johnson, 1983）。それまで無力であると感じてきた人たちや，人から世話を**受け取る**側であり，与える側ではなかった人たちにとって，演技者という役割はきわめて力強く感じられるものだ。

　ところが一度公演が終わってしまうと，この新しい積極的な自己像はおびやかされる。実際，「舞台装置を取り壊し，小道具や衣装を片づけ，観客，つまり，その生命を失ってしまった空虚な舞台空間を目撃すると，その情景は，患者の心の中では新しい自己像の分解，または破壊と関連づけられてしまう」（Emunah & Johnson, 1983, p.237）。公演後に発生する鬱［ふさぎこみ］は，新しい自己像を失うという恐れとともに，社会的な引きこもりや，物質乱用，あるいは感情を直接表現してしまう行動へとつながっていく可能性がある。以前に精神疾患を患ったことのある人たちとの公演活動においては，短期の再入院あるいは自殺未遂でさえもめずらしいことではない（Johnson, 1980；Emunah & Johnson, 1983）。演劇の公演がどんなに力強いものであれ，自分の外部状況（家族，経済状況，住宅事情など）までも変えたのではないと思いいたり，上演後の虚脱感はさらに深まることになる。

　このときの極度のストレスは，新しく獲得した自己像が分解してしまいそうだと感じることに関してだけでなく，さらに複雑なことには，今までの否定的な自己像［もとの自分］も喪失するのではないかという恐れに関してのものだ。成功は，なじみのないことであり，それまでの経験とは矛盾している。さらに，成功することは，通常無意識のレベルで，負担の大きい体験として感じられている。そのため今度は成功後，自分に課せられる高い期待を恐れるようになる。それは，公演の成功という勝利が，これから先も保っていかなくてはならない水準としてはあまりにも大きい，とクライエントである演技者が感じてしまうからだともいえる。内面において，成功したことに対する闘いが引き続いて発生する。この闘いは，公演前の数週間の間に，つまり成功の可能性に近づくとき（そしてこの可能性を故意に妨害する場合もある）や，公演が終わった後の数週間の間に，最も劇的で有害な影響を与える恐れのある形で発生する。公演後，成功は想像ではなく現実となっており，2つの自己像が混乱する。その混乱を解決しようとして，古い自己が自分の存在を［前面に出そうと］再度主張することもあるのだ。

　このような公演後の鬱と闘うこと，そして，新しい自己像を統合しようとすることは，豊かな治療上の場を作り出しており，そのためドラマセラピストの最大の配慮が必要となる。演劇の公演は，全体のプロセスの一部として，そのクライマックスでは

第11章 公演後の鬱に対処し，成功を自分に統合する

あるが，フィナーレではないものとして見ることが必要だ。公演後の出演者たちの体験を認め，理解するという作業が必要となる。よく行きとどいた支援，そしてその体制を提供することで，自己破壊的な行動が起こる可能性を少なくできる。公演前のリハーサル段階の集中と肩を並べるぐらいの集中したセッションのスケジュールを立てることが望ましい。公演後のこれらのセッションで強調することは，お互いの感情と心配を共有すること，そして共同で成し遂げたことを祝福することである。感情を共有するには，言葉とドラマの両方のプロセスを使う。祝福の作業とは，特別に一緒に出かけたり，その成果を理解し合ったりすることであり，同時にドラマ的儀式も行ない，クライマックスの出来事を心に刻み込むことだ。劇の公演には，短期的で一過性という本質があるので，そこで達成したことを思い出させる具体的なものがあることがとても重要である。そのために役立つものは，公演を記録したビデオや写真，作品についての批評や記事，そして公演という出来事に関連したことをドラマにして演じることなどだ。最後に，演劇を作成した仲間と，その後も継続して親密で，強い結びつきのある関係を続けていくことが，公演後の段階では決定的に大事な要素となる。

　公演後の時期は，その焦点が終了と祝福であり，ドラマセラピー連続治療シリーズの第五段階に相当する。グループの体験したプロセスが，全体としてふり返られ，まとめられる。クライエント／演技者が，公演までのすべての経験の中でたいへん困難な課題に直面し，そして成長したことをドラマセラピストが認め，同時にその人の自己像の古いもの，新しいものを合わせて認めることは，この成功をクライエント／演技者が統合していくための大きな助けとなる。過去の自己と，今新しく発展している自己は，同時にその存在を認められ，クライエント／演技者に，そのいずれかを捨てなくてはいけないとの思いを少なくさせる。

　公演後の時期には，上演回数が次第に少なくなっていく期間もある。**分析を超えて**がその公演期間を終了した後は，施設，お祭り行事，各種の会議で，規模の小さい上演を時折行なう時期が続いた。密度の濃い公演スケジュールから，すべての上演を完全に終了するまでをゆっくりと移行することにより，公演後の鬱に対処し，成功感覚を自分に統合するプロセスを進めやすくする。一方，公演期間を延長したり，「ショーの巡業」に出かけたりすることで，演劇への責任やかかわりが増加していくことは，治療的には逆効果となり得る。そのように機会が増えるのは，作品が成功したことを示すことにはなるが，クライエント／演技者にとっては，葛藤を生み出す。そのためドラマセラピストにも，自分は劇の演出家とセラピストのどちらであるのかという葛藤が生じる。演出家としては，作品を発展させ，洗練する機会を得て，より多くの人に観てもらうことに魅力を感じる。しかし，セラピストとしては，そのような場合，クライエント／演技者に心理上起こり得ることを考え，注意深い配慮をすべきところだ。クライエント／演技者らに対する要求を増やすことは，成功に伴って発生す

＊ 341 ＊

第Ⅲ部 ◆◆◆ 上演——7人の物語。そして彼らが創り上げた自分たちの人生についての劇——

る期待感への心配をますます増やす可能性がある。クライエント／演技者たちは，これからは他の人たちから，ついに「やり遂げることができた」人だと見られてしまい，「内面はなおとても壊れやすい」人としてはもはや見てもらえないことに恐怖を感じる。また彼らは，自分たちがようやくとらえた成功への足がかりが壊れてしまうのではないか，ということも恐れる。公演が続行していけば，そこには結局どこかで失敗するという可能性が潜んでいるからだ。彼らが，「やり遂げた！」と完全に言えるのは，最後の公演が終わったときだけなのだ。

「やり遂げた！」という最終的な成功の宣言，そして終了の言葉を言うことは，次のステップの準備として必要なことであり，これがあって初めて新しいプロジェクトに出立する力を得ることができるものである。やがて，この自己開示劇の作品の作成・公演という活動で体験した成功は，この活動グループの外で，他の新しい冒険を始めるための自信と推進力を与えてくれることになる。**分析を超えての多くのメンバー**は，劇の公演が終了した後の数か月間に，市民劇団が行なう劇のオーディションを受けたり，パートの仕事を見つけたりした。公演そのものは，その人の外部の現実を変えることにはならないが，公演後の統合の期間中に，その人の現実人生に前向きな変化を起こすように導くことができる。

まとめると，この第1期ともいうべき公演によって体験した成功は，その後，出演者たちによって消化されなくてはいけない。そうして初めて，出演者たちはこの［演じることから現実へという］プロジェクトをさらに先に進めることができるようになる。つまり，グループのメンバーには，自分たちが創り上げたものの成功に追いつく時間が必要だということだ。彼らは，達成したという自分の勝利，密接な関係を作り上げたグループの一員になることができたという勝利，そして，自分たちのそれぞれの場面で表明された勝利，これらの勝利に追いつく必要がある。舞台上で表明した人生の変化は，舞台の外で，実際に生きられる必要があり，現実人生に取り入れられる必要がある。第9章で描写した「**内側から外側へ**」の場面において，ジェイミーは声と闘う。彼がロッキーと名づけた声は，自殺をするようにそそのかす。最後の上演が行なわれてから約2か月後のある夜，ジェイミーは，新しい恋人からふられ，この声が彼のところに戻ってきた。翌日，彼は勝利の表情を見せながら，次のセッションに来た。「昨晩，ロッキーが戻ってきたよ」と彼は報告をした。「でも僕は，劇の場面の中にいるふりをしたんだ。すると，ロッキーは逃げて行っちまった。すっげー怖がってさ！」。

「自分の人生の場面より，ドラマの場面の方がはるかに上手に演じられます」とジェイミーは言っている。これは，本書の冒頭で引用したこのクライエントの言葉だ。そして6か月後，彼はこう言っている。「僕の人生での演じ方は，ようやくドラマに追いついてきました」。ステイシーとカリンたち，クリスティンとショーンたち，そ

第11章　公演後の鬱に対処し，成功を自分に統合する

の他の多くのクライエントたちの発言は，ドラマセラピーの本質をはっきりと照らし出しており，彼らと同じように，ジェイミーの舞台上の演技は，最終的には，現実人生の演技の中に変換されていった。そして，彼を人生の次の舞台へ連れて行ってくれたのは，まさにドラマの演技の中で彼自身が作り上げた人物だったのである。

結び

　本書では，ドラマセラピーの基本的な概念，プロセス，そして技法に焦点をあて，グループ作業で行なう精神科治療を中心に記述してきた。しかしながら，ドラマセラピーが適用できる範囲，その影響力の及ぶ範囲は，それよりもはるかに大きい。それは，個人から地域社会を対象に，また臨床現場から現実世界を対象にと広げることができる。

個人とのドラマセラピー

　ドラマセラピーは，ほとんどの場合，グループで行なわれるものであるが（芸術形式としてのドラマが集団で行なうという特質をもち，またクリエイティブアーツセラピーはグループで行なうという伝統がある），最近，個人や家族を対象に，綿密な治療を行なう方法として注目を集めている。個人に対してドラマセラピーを使うことで，これまでの通常の心理療法の中に，活動的で創造的な楽しい方法を取り入れることができる。癒しのプロセスの中に，知的なかたちで［言葉を使って］クライエントが参加するようにうながしながらも，それと同じ程度に，クライエントが感情や身体を使って参加するようにとうながすのだ。ロールプレイとドラマを使ったプロセスは，伝統的な言葉によるセラピーと違和感を感じさせないような滑らかな統合が可能だ。演技化することで，話し合いが活性化され，話し合いは演技化をうながす。それぞれの様式は，他方を増幅するようにはたらき，クライエントに，より深いレベルの感情と気づきをもたらす。

　治療様式を変更する際，その変化をことさら目立たせる必要はない。たとえば，クライエントが前の晩に父親と電話で話し，心が乱れたという話を始めたら，セラピストがクライエントに電話機を渡し，そこで起きたことを話してもらうのではなく，どんなようすであったかを見せてくださいと提案する。ドラマという方法は，クライエントの体験を現在の時点に呼び寄せ，そのときに感じた**感情的な**体験との結びつきを強くする。また，このとき行なう電話での話は，実際の出来事の再現ではなく，仮にこうであったら，という仮定でも行なうことができる。クライエントは，この方法を使わない通常のセッションであれば，セラピストに対してただ話して伝えたであろう感情を，［ドラマという架空のかたちで直接］父親に対して表明することになる。いずれの場合でもドラマを使ったプロセスではそのセッションの場に，現実の人生や現実の人

生で感じた感情が，すべてのニュアンスをともなって現われ出てくる。その際に発生する1つの重要な副産物は，セラピストが，クライエントの人生のドラマの観客または演技者としてそのドラマに参加することで，クライエントに対する高度なレベルの感情移入を経験することが多い，ということだ。

　個人を対象としたドラマセラピーは，治療分野に限定されない。子どもたちはごく自然に，劇遊びをその生活の場面に取り入れており，そのような子どもたちの本能と知恵から，私たち大人は，誰でも簡単に使えるこの芸術様式の価値の大きさを教えられる。私たちは，人生のすべての時期を通して，さまざまな新しい役を試してみようとする，自分を他の人の立場に置いてみる，活発に感情を表現する，自分の中で眠っている部分を活性化させる，遊び・夢を見る，先を予測する・ふり返る，そして人生のリハーサルを行なうなど自由な心をもっていることが大事だ。

　俳優たちは，演じることが自分たちの人生に与える癒しの力を知っている。女優のジェラルディン・ペイジは，心理学者ブライアン・ベイツとのインタビューの中で次のように言う（Bates, 1987）。「演技をすることは解き放つことです。それは，苦しみをつかみ出し，そこから美しいものを作り出す方法です」。ベイツはそれに加えて次のように言う。「俳優たちは，私たち大多数の者が遭遇することのないさまざまな体験をしており，それらを自分のものにし，有効に活用している…必然的に，俳優たちは自分の意識的な人生の中に，より多くの自分自身を表現している。有益な面と否定的な面の両方にわたって」（p.66）。またベイツは，個人の成長にとって演技をすることが重要な意味をもつことを強調し，こうも言う。「他の人になって歩くだけでも，世界は違って見え，違ったものに感じる。ましてや，別の人になって——性格も変えて——他者と交流することは，啓発的で，多くの気づきを与える体験だ。ペルソナ［表面上の顔］を変えることで，自分の人生を変えることができる」（p.94）。

家族を対象とするドラマセラピー

　家族に対してドラマセラピーを行なうことは，ある意味では，多くの家族セラピストがすでに発見してきたことの延長といえる。つまり，治療に行動的手法としてのドラマの技法やロールプレイを導入すると，重要な情報が導き出され，またセラピーセッション自体が活発になる。さらに，言葉を使わない，創造性を刺激するプロセスは，家族間の年齢差を埋める橋渡しの効用がある。

　人生で私たちが演じる役は，もともと家族の中で作り出された役割から発展してきている。自分の家族の中で演じつつあるこれらの役が何であるかに気づくことは，自己の発展に深く影響する可能性がある。家族のメンバー全員が無意識に共同で作り上げている脚本や自分の役割を点検し，改めることは，家族が健全になる方法の1つとなり得る。気づき，表現力，そして柔軟性は，精神上の健康にとって基本となる要

素である。[ドラマの技法やロールプレイは]これらを，治療の外で，まさに家庭の中で発展させ，育成することを可能にする。カップルが，激高したけんかの真っ最中に，その役割を交換したらどうなるだろうか？　最初に出会ったときの場面を再演したら？　将来のシナリオを即興で演じたら？　あるいは1日だけ，子どもたちが親を演じ，親が子どもを演じたらどうなるだろう？　家族の全員が，定期的に，自分が考える家族間の動的な関係に沿って，(**彫刻の技法のように**)お互いを影像に作り上げたらどうだろう？　夕食の後にはジェスチャーゲームが行なわれたら，また映画の内容ではなく，家族の1人ひとりが，その日に一番大事であると思った感情や経験をパントマイムで演じたらどうだろう？　あるいは，重要な世界の出来事を演技化したら？そして，ちょうどブラトナー（Blatner & Blatner, 1988）が提案している「遊びとしての劇の技術」のように，ドラマ的儀式やいつも決まって行なう通過の儀礼が，家族生活の網目の中によく配慮された形で作られ，織り込まれていたらどうだろうか？

地域社会の中のドラマセラピー

　ドラマセラピーは，個人，家族，グループだけでなく，地域社会にも適用することができる。現代の地域社会は，さまざまなグループに分化していることが多い。そこには恐怖，敵対，偏見があふれている。都市は疎外感に満ちている。暴力団の抗争，麻薬戦争が少数民族系の若者を死に追いやっている。大家族が少なくなり，世代間の意識格差は大きくなっている。高齢者は疎んじられ，孤立している。ドラマセラピーは，そのような障壁を壊し，理解と尊敬をうながし，お互いの相違点をわかり合い，共通点を祝福する方法を提供する。

　ドラマセラピーは，ソシオドラマの分野を利用し，発展させている。地域社会の各グループが，サイコドラマ的に具体的な社会問題に取り組むためだけでなく，単に新しい方法でお互いに交流するために，また自分たちの関心事を芸術的に表現するために集うことがあってもよいのではないだろうか。相互交流と共有体験は，まずグループの中で発生するが，次に上演を通して，社会全体に拡大していく。たとえば，ドラマセラピストのアルマンド・ボルカス（A. Volkas）は，サンフランシスコ・ベイエリア地区でホロコースト生存者のユダヤ人の子どもたちと，戦後世代のドイツ人たちを集め，実践を行なった。また，演劇「十代のキックオフ」では，十代の若者たちが，薬物乱用についての劇を演じた。一方で，「ステージブリッジ劇団」は，年をとっていくことについての固定観念を打ち消す演劇作品を作った。その出演者は70歳以上の人たちである。

　今，数えきれないほどの子どもたちが性的な虐待を受けている，エイズで亡くなる人たちもますます増えている。何百万人もの人が家もお金も失っている。自分自身と向き合うこと，自分の秘密を明らかにすること，解決とまではいわないまでも，共感

を探し出すこと。今，これらのことが最も必要とされている。演劇という共有された，共同で参加する空間において，地域社会は自分自身の姿を自分の目で見ることができ，変化を起こす力を手に入れることができる。

社会におけるドラマセラピー：1つの夢

　ドラマセラピーの対象とその影響力は，地域社会を越えて拡大する。今日の世界が直面している最も大きな課題の1つは，平和を達成することだ。1つの国の中で（あるいは，国と国の間で），お互いに相入れない立場のグループ同士が，小さな子どもの頃から，青年期にいたるまで，共同のドラマセラピーグループに参加していることを想像してみよう。たとえば，アラブ人とイスラエル人で構成されているグループのメンバーは，定期的に，役割交換を行ない，グループの中で自分自身の苦しみと他人の苦しみを表現し，希望と夢を分かち合い，さまざまな解決策を試し，お互いの間に緊密で思いやりのある関係を発展させる。そして共同して，現実人生の出来事に基づいた演劇を創るのである。

　攻撃的な衝動は，実際の行動に移されるのではなく，時どきドラマで演技される。ランディは，全地球的なドラマを計画しようとしたある男の話を紹介している（Landy, 1986）。そのドラマは，核戦争の勃発を創造的な方法で阻止するために演技化された。ランディは言う。「銃が発射され，銃弾が飛び出せば，破壊が起こる。銃が発射され，"ズドン"と書かれた旗が現われると，その暴力的な衝動は，笑いの中に発散される。もしもわれわれが，自分たちの個人的，政治的な戦争を演劇の中で演じることになったならば，われわれも，破壊を現実に引き起こす行動を上手に回避することができるかもしれない」(p.235)。

　ドラマセラピストが，外交官同士の役割交換を行なうためや，軍備交渉の最中に「フリーズ！」と叫ぶために招かれることは，おそらくあり得ないだろう。しかし，それでもなお，ドラマセラピストの技術やツールは，いつの日か政治的な領域に取り入れられるかもしれない。ドラマセラピストは，国際問題の専門家ではないが，人々が，お互いの見方・考え方を理解するのを助けることにおいては専門家である。さらにドラマセラピストは，行動・考え方のパターンを探し出す，歴史を検証する，未来に向けての気持ちを投影する，異なった応対の仕方を探し出す，頭だけで考えて知性化してしまうことから感情と結びつけることに移行する，または感情だけの状態から客観的な考察に移行する，これらのことを援助することにおいても専門家である。私は，これらの分野での専門知識と技術の力は，個人，社会の両方に適用できると信じている。ドラマセラピーは，個人的な癒しだけでなく，集団としての変容をも含むものだ。

　たった1つの役に固まってしまった人たちもいれば，その役が常に新しくなり拡

大していく人たちもいる。活発で，年老いることを知らない人とは，人生を通して変化する人であり，それまでの役を解消し，新たな役を作り上げ，経験に深く影響され，その考え方を変更していく人である。演劇"Marat ／ Sade（マラー／サド）"［マルキド・サド演出のもとにシャラントン精神疾患患者によって演じられたジャン＝ポール・マラーの迫害と暗殺］（Weiss, 1970）の中で，マラーはこう言っている。「重要なことは，自分の内側から外側に出ることだ。そして，世界を新鮮な目で見ることだ」（p.46）。

　ドラマセラピーが，個人，家族，グループ，地域社会，あるいは社会のいずれに適用されても，それが意図することは，私たちをつなぎとめ，私たちの発展を阻んでいる束縛をゆるめることだ。ドラマセラピーの真髄は，解放される，拡大する，大きな見方を体験する，ということである。さらに，ドラマセラピーの本質は，私たち自身の中で眠っている部分を発見し，自分に統合し，本当の自分とはどんなものかという概念を拡げ，そして本来備わっている自己と他者との関係を見つけ出すことだ。

　演じることから現実へ向かうとき，その演技は，娯楽，逃避，あざむきのためではない。解放，発見，再生のためである。それは，精一杯演じることであり，十分に感情を感じながら演じることであり，しっかりと意識して演じることである。そのとき，自分の中の深みから新たなものを導きだし，それを自分が使えるものに鍛えあげていく。安全に包み込まれたドラマセラピーのセッションで開始した演じることは，やがてそこから広く解放された現実という舞台へと拡大する。

引用文献

◆は邦訳が出版されている文献（355～358頁参照）

Aaron, S. (1986). *Stage fright: Its role in acting.* Chicago: University of Chicago Press.
Adler, A. (1924). Progress in individual psychology. *British Journal of Medical Psychology,* 4: 22–31.
Adler, A. (1939). *Social interest: A challenge to mankind.* New York: Putnam.
Adler, A. (1963). *The practice and theory of individual psychology.* Paterson, New Jersey: Littlefield, Adams.
Adler, J. (1969). *Looking for me.* 16mm film. Distributer: Berkeley Extension Media Center, University of California, Berkeley, CA.
Alexander, F. & French, T. M. (1946). *Psychoanalytic therapy: Principles and applications.* New York: The Rothald Press.
Artaud, A. (1958). *The theatre and its double.* (M. C. Richards, Trans.). New York: Grove Press.
◆1 Barker, C. (1977). *Theatre games.* London: Methuen.
Barnett, M. (1973). *People not psychiatry.* London: Allen and Unwin.
Bates, B. (1987). *The Way of the actor: A path to knowledge and power.* Boston: Shambhala.
◆2 Beck, A. (1976). *Cognitive therapy and the emotional disorders.* New York: International Universities Press.
Blatner, A. (1988a). *Acting in: Practical applications of psychodramatic methods* (2nd ed.). New York: Springer Publishing.
Blatner, A. (1988b). *Foundations of psychodrama: History, theory, and practice* (with A. Blatner) (3rd ed.). New York: Springer Publishing.
Blatner, A. (1991). Role dynamics: A comprehensive theory of psychology. *Journal of Group Psychotherapy, Psychodrama, and Sociometry,* 44: 33–40.
Blatner, A. & Blatner, A. (1988). *The art of play: An adult's guide to reclaiming imagination and spontaneity.* New York: Human Sciences.
Blatner, A. & Blatner, A. (1991). Imaginative interviews: A psychodramatic warm-up for developing role-playing skills. *Journal of Group Psychotherapy, Psychodrama, and Sociometry.* 44: 115–120.
Bradshaw, J. (1988). *Bradshaw on the family: A revolutionary way of self-discovery.* Pompano Beach, FL: Health Communications.
◆3 Brook, P. (1968). *The empty space.* London: MacGibbor and Kee.
◆4 Buhler, C. (1962). *Values in psychotherapy.* New York: Free Press of Glencoe.
Butler, L. & Allison, L. (1978). PlaySpace. Unpublished pamphlet. (Available from PlaySpace, Polytechnic of Central London, 309 Regent St., London W1R 8AL, England).
◆5 Campbell, J. (1988). *The power of myth* (with B. Moyers). New York: Doubleday.
Chaikin, J. (1984). *The presence of the actor.* New York: Antheum.
Cole, D. (1975). *The theatrical event: A mythos, a vocabulary, a perspective.* Middletown, CT: Wesleyan University Press.
Collomb, H. (1977). Psychosis in an African society. In C. Chailand (Ed.), *Long-term treatments of psychotic states.* New York: Human Sciences.
Corey, G. (1986) *Theory and practice of counseling and psychotherapy.* Monterey, CA: Brooks/Cole Pub. Co.
Corsini, R. & Wedding, D. (1989). *Current psychotherapies* (4th ed.). Itasca, IL: F. E. Peacock.

Courtney, R. (1964). *Drama for youth: A handbook for young people in youth clubs and schools.* London: Pitman.
Courtney, R. (1967). *The Drama studio: Architecture and equipment for dramatic education.* London: Pitman.
Courtney, R. (1968). *Play, drama, and thought: The intellectual background to drama in education.* London: Cassell.
Dass, R. (1989). *The listening heart.* Paper presented at the California School of Professional Psychology Colloquium Series, Alameda, CA.
Dayton, T. (1990). *Drama games: Techniques for self-development.* Deerfield Beach, Fl.: Health Communications, Inc.
Deikman, A. (1982). *The observing self: Mysticism and psychotherapy.* Boston: Beacon.
Dequine, E. & Pearson-Davis, S. (1983). Videotaped improvisational drama with emotionally disturbed adolescents. *The Arts in Psychotherapy,* 10: 15–21.
Ellmann, R. (1969). *The artist as critic: Critical writings of Oscar Wilde.* New York: Random House.
Emunah, R. (1983). Drama therapy with adult psychiatric patients. *The Arts in Psychotherapy,* 10: 77–84.
Emunah, R. (1985). Drama therapy and adolescent resistance. *The Arts in Psychotherapy,* 12: 71–80.
Emunah, R. (1989). The use of dramatic enactment in the training of drama therapists. *The Arts in Psychotherapy,* 16: 29–36.
Emunah, R. (1990). Expression and expansion in adolescence: The significance of creative arts therapy. *The Arts in Psychotherapy,* 17: 101–107.
Emunah, R. & Johnson, D. R. (1983). The impact of theatrical performance on the self images of psychiatric patients. *The Arts in Psychotherapy,* 10: 233–239.
◆6 Erikson, E. (1950). *Childhood and society.* New York: Norton.
Erikson, E. (1958). The nature of clinical evidence. In D. Lerner (Ed.), *Evidence and inference.* Glencoe, Ill.: The Free Press.
Fluegelman, A. (1976). *The new games book.* Garden Way, NY: Dolphin Book.
Ford, D. & Urban, H. (1963). *Systems of psychotherapy: A comparative study.* New York: Wiley.
Fox, J. (1981). Playback theatre: The community sees itself. In G. Schattner & R. Courtney (Eds.), *Drama in therapy, Vol. 2* (pp. 295–306). New York: Drama Book Specialists.
◆7 Fox, J. (Ed.). (1987). *The essential Moreno: Writings on psychodrama, group method, and spontaneity.* New York: Springer Publishing.
Freud, A. (1928). *Introduction to the technique of child analysis.* New York: Nervous and Mental Disease.
Gadon, E. (1989) *The once and future goddess: A symbol for our time.* New York: Harper & Row.
Gallantz, M. (1981, May–June). *ArtBeat Magazine,* p. 28.
Gardner, R. (1981). Dramatized storytelling in child psychotherapy. In G. Schattner & R. Courtney (Eds.), *Drama in Therapy, Vol. 1.* New York: Drama Book Specialists.
Gersie, A. (1991). *Storymaking in bereavement: Dragons fight in the meadow.* London: Jessica Kingsley.
Gersie, A. & King, N. (1990). *Storymaking in education and therapy.* London: Jessica Kingsley.
Goffman, E. (1959). *The presentation of self in everyday life.* Garden City, NY: Doubleday.
◆8 Goffman, E. (1961). *Encounters: Two studies in the sociology of interaction.* Indianapolis: Bobbs-Merrill.
◆9 Goffman, E. (1967). *Interaction ritual: Essays on face-to-face behavior.* Garden City, NY: Anchor Books.
◆10 Goldman, E. & Morrison, D. (1984). *Psychodrama: Experience and process.* Phoenix, AR: Eldemar Corp.
◆11 Grotowski, J. (1968). *Towards a poor theatre.* New York: Simon and Schuster.

◆12 Haley, J. (1973). *Uncommon therapy: The psychiatric techniques of Milton H. Erickson, M.D.* (1st ed.). New York: Norton.
Haley, J. (1980). *Leaving Home: The therapy of disturbed young people.* New York: McGraw-Hill.
◆13 Halifax, J. (1982). *Shaman, the wounded healer.* New York: Crossroad.
Hillman, J. (1983). *Healing fiction.* Barrytown, NY: Station Hill Press.
Hodgson, J. & Richards, E. (1967). *Improvisation.* London: Methuen.
◆14 Horney, K. (1939). *New ways in psychoanalysis.* New York: Norton.
Irwin, E. (1981). Play, fantasy, and symbols: Drama with emotionally disturbed children. In G. Schattner & R. Courtney (Eds.), *Drama in therapy, Vol. 1.* New York: Drama Book Specialists.
Irwin, E. (1983). The diagnostic and therapeutic use of pretend-play. In Schaefer, Charles, & K. O'Conner (Eds.), *Handbook of play therapy.* New York: Wiley.
Irwin, E. & Shapiro, M. (1975). Puppetry as a diagnostic and therapeutic technique. In I. Jakob (Ed.), *Transcultural aspects of psychiatric art,* Vol. 4. Basel, Kargero.
Jennings, S. (1983). Models of practice in dramatherapy. *Dramatherapy,* 7: #1: 3-8.
Jennings, S. (Ed.). (1987). *Dramatherapy: Theory and practice for teachers and clinicians.* Cambridge: Brookline Books.
Jennings, S. (1990). *Dramatherapy with families, groups, and individuals: Waiting in the wings.* London: Jessica Kingsley
Johnson, D. R. (1980). Effects of a theatre experience on hospitalized psychiatric patients. *The Arts in Psychotherapy,* 7: 265-272.
Johnson, D. R. (1981). Some diagnostic implications of drama therapy. In G. Schattner & R. Courtney (Eds.), *Drama in therapy: Vol. 2.* New York: Drama Book Specialists.
Johnson, D. R. (1982a). Principles and techniques of drama therapy. *The Arts in Psychotherapy,* 9: 83-90.
Johnson, D. R. (1982b). Developmental approaches to drama therapy. *The Arts in Psychotherapy,* 9: 183-189.
Johnson, D. R. (1984). Representation of the internal world in catatonic schizophrenia. *Psychiatry,* 47: 299-314.
Johnson, D. R. (1986). The developmental method in drama therapy: Group treatment with the elderly. *The Arts in Psychotherapy,* 13: 17-33.
Johnson, D. R. (1991). The theory and technique of transformations in drama therapy. *The Arts in Psychotherapy,* 18: 285-300.
Johnson, D. R. (1992). Drama therapy in role. In S. Jennings (Ed.), *Drama therapy: Theory and practice. Vol. 2.* London: Routledge.
Johnson, D. R. & Munich, R. (1975). Increasing hospital-community contact through a theater program in a psychiatric hospital. *Hospital and Community Psychiatry,* 26: 435-438.
Johnson, L. (1990). Perspective: Creative arts therapies in the treatment of addictions: The art of transforming shame. *The Arts in Psychotherapy,* 17: 299-308.
Johnstone, K. (1989). *Impro.* London: Routledge.
◆15 Jung, C. (1964). *Man and his symbols.* Garden City, NY: Doubleday.
◆16 Kahn, M. (1991). *Between therapist and client: The new relationship.* New York: W. H. Freeman.
Keen, S. & Valley-Fox, A. (1989). *Your mythic journey: Finding meaning in your life through writing and storytelling.* Los Angeles: Jeremy P. Tarcher.
King, N. (1975). *Giving form to feeling.* New York: Drama Book Specialists.
Kipper, D. A. (1986). *Psychotherapy through clinical role playing.* New York: Brunner/Mazel.
◆17 Klein, M. (1932). *The psycho-analysis of children* (A. Strachey, Trans.). London: Hogarth Press.
◆18 Kohut, H. (1971). *The analysis of the self: A systematic approach to the psychoanalytic treatment of narcissistic personality disorders.* New York: International Universities Press.
◆19 Kohut, H. (1984). *How does analysis cure?* (A. Goldberg, Ed.). Chicago: University of Chicago Press.

Laplanche, J. & Pontalis, J. (1973). *The language of psychoanalysis.* New York: Norton.
◆20 LaBerge, S. (1985). *Lucid dreaming.* New York: Ballantine Books.
Landy, R. (1986). *Drama therapy: Concepts and practices.* Springfield, IL: C.C. Thomas.
Landy, R. (1990). The concept of role in drama therapy. *The Arts in Psychotherapy,* 17: 223–230.
Landy, R. (1993). *Persona and performance: The meaning of role in theatre, therapy, and everyday life.* New York: Guilford.
Langley, D. (1983). *Dramatherapy and psychiatry.* London: Croom Helm.
Leveton, E. (1991). *A clinician's guide to psychodrama* (2nd ed.). New York: Springer Publishing.
Lowenfeld, M. (1935). *Play in childhood.* London: V. Gollancz.
◆21 Mahler, M. (1975). *The psychological birth of the human infant: Symbiosis and individuation.* New York: Basic Books.
Mangham, I. (1978). *Interactions and interventions in organizations.* New York: Wiley.
Maslow, A. (1967). The creative attitude. In R. Mooney & T. Razik (Eds.), *Explorations in creativity.* New York: Harper and Row.
◆22 Maslow, A. (1968). *Toward a psychology of being* (2nd ed.). Princeton, NJ: Van Nostrand Reinhold.
◆23 Maslow, A. (1971). *The farther reaches of human nature.* New York: Viking Press.
◆24 May, R. (1961). *Existential psychology.* New York: Random House.
◆25 May, R. (1975). *The courage to create.* New York: Norton.
McCall, G. J. & Simmons, J. L. (1978). *Identities and interactions: An examination of human associations in everyday life.* (Rev. ed.). New York: Free Press.
McNiff, S. (1988). The shaman within. *The Arts in Psychotherapy,* 15: 285–291.
◆26 Mead, G. H. (1934). *Mind, self and society from the standpoint of a social science behaviorist.* Chicago, IL: University of Chicago Press.
Miller, A. (1983) *For your own good: Hidden cruelty in child-rearing and the roots of violence* (H. Hannum & H. Hannum, Trans.). New York: Farrer, Straus, Giroux.
Miller, A. (1986). *Thou shalt not be aware: Society's betrayal of the child.* New York: Meridian Books.
◆27 Minuchin, S. (1974). *Families and family therapy.* Cambridge, MA: Harvard University Press.
Moffett, L. & Bruto, L. (1990). Therapeutic theatre with personality-disordered substance abusers: Characters in search of different characters. *The Arts in Psychotherapy,* 17: 339–348.
Moreno, J. (1941). *The words of the father.* Beacon, NY: Beacon House.
Moreno, J. (Ed.) (1945). *Group psychotherapy: A symposium.* Beacon, NY: Beacon House.
◆28 Moreno, J. (1946). *Psychodrama: Vol. 1.* Beacon, NY: Beacon House.
Moreno, J. (1953). *Who shall survive? Foundations of sociometry, group psychotherapy and sociodrama* (2nd ed.). Beacon, NY: Beacon House.
Moreno, J. (1959). *Psychodrama: Vol. 2.* Beacon, NY: Beacon House.
Moreno, J. (1969). *Psychodrama, Vol. 3* (with Z. Moreno). Beacon, NY: Beacon House.
Moreno, J. (1972). In J. Hodgson (Ed.), *The uses of drama: Sources giving a background to acting as a social and educational force.* London: Methuen.
Moustakas (1967). *Creativity and conformity.* Princeton, NJ: Van Nostrand.
Petitti, G. (1989). Video as an externalizing object in drama therapy. *The Arts in Psychotherapy,* 16: 121–126.
Piaget, J. (1962). *Play, dreams and imitation in childhood.* London: Routledge and Kegan Paul.
Pitzele, P. (1991). Adolescents inside out: Intrapsychic psychodrama. In P. Holmes & M. Karp (Eds.), *Psychodrama: Inspiration and technique.* London: Tavistock/Routledge.
Robbins, A. (1988). A psychoaesthetic perspective on creative arts therapy and training. *The Arts in Psychotherapy,* 15: 95–100.

◆29 Rogers, C. (1951). *Client-centered therapy: Its current practice, implications and theory.* Boston: Houghton Mifflin.
◆30 Rogers, C. (1961). *On becoming a person: A therapist's view of psychotherapy.* Boston: Houghton Mifflin.
◆31 Roose-Evans, J. (1970). *Experimental theatre from Stanislavski to today.* New York: Universe Books.
Rossi, E. (1985). *Dreams and the growth of personality: Expanding awareness in psychotherapy* (2nd ed). New York: Brunner/Mazel.
Russell, J. (1975). Personal growth through structured group exercises. In R. Suinn & R. Weigel (Eds.), *The innovative psychological therapies: Critical and creative contributions.* New York: Harper and Row.
Ryan, P. (1976). Theatre as prison therapy. *The Drama Review.* 20: 31–42.
Sarbin, T. (Ed.). (1986). *Narrative psychology.* New York: Praeger.
Sarbin, T. & Allen, V. (1968). Role theory. In G. Lindzey & E. Aronson (Eds.), *The handbook of social psychology* (2nd ed.). Reading, Mass: Addison-Wesley.
Satir, V. (1988). *The new peoplemaking.* Mountain View, CA: Science and Behavior Books.
Schattner, G. & Courtney, R. (1981). *Drama in therapy, Vols. 1 & 2.* New York: Drama Book Specialists.
Schechner, R. (1973). *Environmental theater.* New York: Hawthorn.
Scheff, T. (1981). The distancing of emotion in psychotherapy. *Psychotherapy: Theory, Research and Practice,* 18: 46–53.
◆32 Schön, D. (1983). *The reflective practitioner: How professionals think in action.* New York: Basic Books.
Schutz, W. (1967). *Joy: Expanding human awareness.* New York: Grove Press.
Seabourne, B. (1963). The action sociogram. *Group Psychotherapy,* 16: 145–155.
Slade, P. (1954). *Child drama.* London: University of London Press.
Spolin, V. (1982). *Theatre game file.* Evanston, IL: Northwestern University Press.
◆33 Spolin, V. (1983). *Improvisation for the theatre: A handbook of teaching and directing techniques.* Evanston, IL: Northwestern University Press.
Spolin, V. (1985). *Theatre games for rehearsal: A director's handbook.* Evanston, IL: Northwestern University Press.
Spolin, V. (1986). *Theatre games for the classroom: A teacher's handbook.* Evanston, IL: Northwestern University Press.
Stanislavski, C. (1924). *My life in art.* Boston: Little, Brown.
◆34 Stanislavski, C. (1936). *An actor prepares.* New York: Theatre Arts.
Sternberg, P. & Garcia, A. (1989). *Sociodrama: Who's in your shoes.* New York: Praeger.
Strauss, P. & Goldfischer, M. (1988). *Why me? Coping with grief, loss, and change.* New York: Bantam.
Wagner, B. (1976). *Dorothy Heathcote: Drama as a learning medium.* Washington, DC: National Education Association.
Ward, W. (1957). *Playmaking with children from kindergarten through junior high school* (2nd ed.). Englewood Cliffs, NJ: Prentice Hall.
Warren, B. (1984). Drama: Using imagination as a stepping-stone for personal growth. In B. Warren (Ed.), *Using the creative arts in therapy.* Cambridge, Mass.: Brookline Books.
◆35 Way, B. (1967). *Development through drama.* London: Longmans.
Weathers, L., Bedell, J., Marlowe, H., Gordon, R., Adams, J., Reed, V., Palmer, J., Gordon, K. (1981). Using psychotherapeutic games to train patients' skills. In R. Gordon & K. Gordon (Eds), *Systems of treatment for the mentally ill.* New York: Grune and Stratton.
Weiss, P. (1970). *The persecution and assassination of Jean-Paul Marat as performed by the inmates of the asylum of Charenton under the direction of the Marquis de Sade.* (6th ed.). New York: Pocket Books.
Wethered, A. (1973). *Drama and movement in therapy: The therapeutic use of movement, drama and music.* London: McDonald and Evans.
Willet, J. (Ed.). (1964). *Brecht on theatre.* New York: Hill and Wang.

◆36 Winnicott, D. W. (1958). *Collected papers, through paediatrics to psycho-analysis.* New York: Basic Books.
　Winnicott, D. W. (1960). The theory of the parent-infant relationship. *Maturational Processes,* 37–55.
　Yablonski, L. (1975). *Psychodrama: Resolving emotional problems through role-playing.* New York: Basic Books.
　Yalom, I. (1985). *The theory and practice of group psychotherapy* (3rd ed.). New York: Basic Books.
　Zweben, J. & Hammann, K. (1970). Prescribed games: A theoretical perspective on the use of group techniques. *Psychotherapy: Theory, Research, and Practice,* 7 (1), 22–27.

邦訳が出版されている文献

◆1　Barker, C. (1977).
　　バーカー，C.(著)／米村　晢・内村世紀(訳)　1988　シアターゲーム──ゲームによる演技レッスン　劇書房

◆2　Beck, A. (1976).
　　ベック，A.(著)／大野　裕(訳)　1990　認知療法シリーズ　認知療法──精神療法の新しい発展　岩崎学術出版社

◆3　Brook, P. (1968).
　　ブルック，P.(著)／高橋康也・喜志哲雄(訳)　1971　なにもない空間　晶文社

◆4　Buhler, C. (1962).
　　ビューラー，C.(著)／井上　厚・他(訳)　1966　心理療法──治療における価値の問題　誠信書房

◆5　Campbell, J. (1988).
　　キャンベル，J.・モイヤーズ，B.(著)／飛田茂雄(訳)　1992　神話の力　早川書房

◆6　Erikson, E. (1950).
　　エリクソン，E.(著)／草野榮三良(訳)　1954　幼年期と社會　日本教文社

◆7　Fox, J. (Ed.). (1987).
　　フォックス，J.(編著)／磯田雄二郎(監訳)　横山太範(訳)　2000　エッセンシャル・モレノ──自発性，サイコドラマ，そして集団精神療法へ　金剛出版

◆8　Goffman, E. (1961).
　　ゴッフマン，E.(著)／佐藤　毅・折橋徹彦(訳)　1985　ゴッフマンの社会学2　出会い──相互行為の社会学　誠信書房

◆9　Goffman, E. (1967).
　　ゴッフマン，E.(著)／浅野敏夫(訳)　2002　儀礼としての相互行為──対面行動の社会学　新訳版　法政大学出版局

◆10　Goldman, E. & Morrison, D. (1984).
　　ゴールドマン，E.・モリソン，D.(著)／高良　聖(監訳)　2003　サイコドラマ──その体験と過程　金剛出版

◆11　Grotowski, J. (1968).
　　グロトフスキ，J.(著)／大島　勉(訳)　1971　実験演劇論──持たざる演劇めざして　テアトロ

◆12　Haley, J. (1973).
　　ヘイリー，J.(著)／高石　昇・宮田敬一(監訳)　2001　アンコモンセラピー──ミルトン・エリクソンのひらいた世界　二瓶社

◆13　Halifax, J. (1982).
　　ハリファクス，J.(著)／松枝　到(訳)　1992　シャーマン──異界への旅人　平凡社

◆14　Horney, K (1939).
　　ホーナイ，K.(著)／安田一郎(訳)　1972　精神分析の新しい道　誠信書房

◆15　Jung, C. (1964).
　　ユング，C.・他(著)／河合隼雄(監訳)　1972　人間と象徴──無意識の世界　河出書房新社

◆16　Kahn, M. (1991).
　　カーン，M.(著)／園田雅代(訳)　2000　セラピストとクライエント──フロイト，ロジャーズ，ギル，コフートの統合　誠信書房

◆17　Klein, M. (1932).
　　クライン，M.(著)／小此木啓吾・岩崎徹也(監修・編訳)　西園昌久・牛島定信(監修)　衣笠隆幸(訳)　1997　メラニー・クライン著作集2　児童の精神分析　誠信書房

◆18　Kohut, H. (1971).
　　コフート，H.(著)／水野信義・笠原　嘉(監訳)　近藤三男・滝川健司・小久保勲(共訳)　1994　自己の分析　みすず書房

◆19　Kohut, H. (1984).
　　コフート，H.(著)／吉井健治・渡辺ちはる(監訳)　幸　順子・他(共訳)　1995　自己の治癒　みすず書房

◆20　LaBerge, S. (1985).
　　ラバージ，S.(著)／大林正博(訳)　2005　明晰夢──夢見の技法　新装版　春秋社

◆21　Mahler, M. (1975).
　　マーラー，M.・他(著)／高橋雅士・織田正美・浜畑紀訳他(訳)　2001　精神医学選書　第3巻　乳幼児の心理的誕生──母子共生と個体化　黎明書房

◆22　Maslow, A. (1968).
　　マスロー，A.(著)／上田吉一(訳)　1998　完全なる人間──魂のめざすもの　誠信書房

◆23　Maslow, A. (1971).
　　マスロー，A.(著)／上田吉一(訳)　1973　人間性の最高価値　誠信書房

邦訳が出版されている文献

◆24　May, R. (1961).
　　メイ，R.(編)／佐藤幸治(編訳)　1966　実存心理入門　誠信書房

◆25　May, R. (1975).
　　メイ，R.(著)／小野泰博(訳)　1981　創造への勇気　誠信書房

◆26　Mead, G. H. (1934).
　　ミード，G. H.(著)／稲葉三千男・滝沢正樹・中野　収(訳)　2005　現代社会学大系10　精神・自我・社会　復刻版　青木書店

◆27　Minuchin, S. (1974).
　　ミニューチン，S.(著)／山根常男(監訳)　1984　家族と家族療法　誠信書房

◆28　Moreno, J. L. (1946)
　　モレノ，J. L.(著)／増野　肇(監訳)　2006　サイコドラマ——集団精神療法とアクションメソッドの原点　白揚社

◆29　Rogers, C. (1951).
　　ロジャーズ，C.(著)／保坂　亨・諸富祥彦・末武康弘(共訳)　2005　ロジャーズ主要著作集2　クライアント中心療法　岩崎学術出版社

◆30　Rogers, C. (1961).
　　ロジャーズ，C.(著)／諸富祥彦・末武康弘・保坂　亨(共訳)　2005　ロジャーズ主要著作集3　ロジャーズが語る自己実現の道　岩崎学術出版社

◆31　Roose-Evans, J. (1970).
　　ルース＝エヴァンズ，J.(著)／佐多真徳・石塚浩司(訳)　1975　世界の前衛演劇　荒竹出版

◆32　Schön, D. (1983).
　　ショーン，D.(著)／佐藤　学・秋田喜代美(訳)　2001　専門家の知恵——反省的実践家は行為しながら考える　ゆみる出版

◆33　Spolin, V. (1983).
　　スポーリン，V.(著)／大野あきひこ(訳)　2005　即興術——シアターゲームによる俳優トレーニング　未來社（原著Improvisation for the theater第3版の抄訳）

◆34　Stanislavsky, C. (1936).
　　スタニスラフスキイ，C.(著)／山田　肇(訳)　1975　俳優修業　未来社

◆35　Way, B. (1967).
　　ウェイ，B.(著)／岡田　陽・高橋美智(訳)　1977　ドラマによる表現教育　玉川大学出版部

◆36　Winnicott, D. W. (1958).
　ウィニコット，D. W.（著）／北山　修（監訳）　2005　ウィニコット臨床論文集　小児医学から精神分析へ　岩崎学術出版社＜原著Collected papersの抄訳＞

索引

◆◆ あ ◆◆

アーウィン（Irwin, E.）　5
アクションソシオグラム　275
アドラー（Adler, A.）　29
アドラー（Adler, S.）　8
アリソン（Allison, L.）　269
アルコール依存症　55, 56, 61
アルトー（Artaud, A.）　10
アレン（Allen, V.）　15
安全基地　30

◆◆ い ◆◆

異化効果　9
一次過程　32
インナーチャイルド　31, 33, 58, 122, 141, 142

◆◆ う ◆◆

ウェイ（Way, B.）　160
鬱（病）　56, 75, 91, 111, 131, 215, 225, 250, 289, 303, 307, 314, 339

◆◆ え ◆◆

エムナー（Emunah, R）　49, 98, 99, 103, 131, 169, 190, 223, 236-238, 258, 333, 340
エリクソン（Erikson, E.）　3, 27
エリクソン（Erickson, M.）　98
円　25, 95, 108-110, 113, 116, 176, 177, 192-195, 199, 202, 203, 262, 264, 265, 270, 290
エンカウンターグループ　194
演劇　xv, 2, 7, 26, 27

◆◆ か ◆◆

ガージー（Gersie, A.）　269
ガードナー（Gardner, R.）　268
過小距離　viii, 10, 11
仮装　v, 7
家族療法　31, 54, 226, 239
過大距離　viii, 10, 11
カタルシス　viii, 10, 20, 23, 34, 233
仮面　v, 7, 9, 10, 23, 178, 245, 246, 258, 279
仮面作りや仮面劇　20
ガランツ（Gallantz, M.）　334
ガルシア（Garcia, A.）　144
観察する自己　35, 37
感情障害　52, 54, 155, 159, 195, 232
感情転移　32, 302
感情（の）表現　9, 35, 37, 92, 93, 97, 104, 137, 159, 165, 170
感情抑制　9, 35, 159
監督　19, 21, 82, 100, 101, 119, 140, 285, 329

◆◆ き ◆◆

キーン（Keen, S.）　17, 268
キッパー（Kipper, D. A.）　144
虐待　56, 133, 214, 215, 284, 301, 318, 328
キャンベル（Campbell, J.）　24
境界性人格障害　54, 55, 68
拒食症　55
距離　5, 6, 9, 10, 13, 16, 35, 42, 49, 57, 59, 83, 132, 136, 137, 140, 142, 145, 147-150, 238, 258, 268, 320
キング（King, N.）　160
緊張型統合失調症　180
緊張病　69, 75, 86

※ 359 ※

◆◆ く ◆◆

クライエント中心療法　xv, 33
クライン(Klein, M.)　5
クリエイティブアーツセラピー　23, 27, 90, 246
グレイ(Gray, S.)　256
グロトフスキ(Grotowski, J.)　10, 334

◆◆ け ◆◆

劇遊び　xv, 2-7, 26, 27, 38, 40, 56
ゲシュタルト療法　26, 160

◆◆ こ ◆◆

行動主義　27, 34
コートニー(Courtney, R.)　3, 26
ゴードン(Gordon, R.)　285
コール(Cole, D.)　23
ゴールドマン(Goldman, E.)　144
個人劇　6
個人心理学　29
子ども劇　3, 27
コフト(Kohut, H.)　33
ゴフマン(Goffman, E.)　xiii, 14, 15
コミュニケーション　34, 211

◆◆ さ ◆◆

サービン(Sarbin, T.)　15, 16
再現演技　20
最高潮に達する演技　47, 83
最高潮に達する場面　48, 59, 63, 65, 67, 69, 87, 103, 132, 256, 317, 328
サイコドラマ　xv, 2, 13, 19-22, 27, 47, 144, 160

◆◆ し ◆◆

シアターゲーム　8, 20, 39, 40, 160, 206, 207, 210, 240
シェイクスピア(Shakespeare, W.)　14
ジェイムス(James, M.)　285
シェーン(Schön, D.)　xiv
ジェニングズ(Jennings, S.)　7, 52
シェフ(Scheff, T.)　viii, 10
自我　3
自己開示　93, 211, 242, 245, 301
自己開示劇　244, 256-260, 279, 332-335, 337
自己実現　31
自己主張訓練　46
自己省察　10
自己像　36, 88, 243, 260, 333, 339, 340
自殺　61, 63, 64, 122, 142 216, 306, 315, 324
自傷　55-58, 137
自然治癒力　7
実験劇場　10, 11
実践劇　6
自発性　5, 19, 21, 31, 39-42, 56, 230, 234
自閉症　173
シモンズ(Simmons, J. L.)　15
シャーマニズム　23
シャーマン　23, 24-26
社会病質　76
集団精神療法　19
シュッツ(Schutz, W.)　192, 194
主役　19, 20, 47
受容　63, 98
昇華　3
象徴劇　6
ジョンストン(Johnstone, K.)　160
ジョンソン(Johnson, D. R.)　5, 101 127, 180, 235, 265, 285
ジョンソン(Johnson, L.)　285
心的外傷後ストレス障害　159
信頼　56, 75, 88, 92-94, 114, 116, 119, 194-201, 305
神話　17

◆◆ す ◆◆

スターンバーグ(Sternberg, P.)　144
スタニスラフスキ(Stanislavski, C.)　8, 9, 66, 67
ストラスバーグ(Strasberg, L.)　8
スポーリン(Spolin, V.)　8, 40, 160, 181, 206, 210, 221, 232, 235, 263, 269
スレード(Slade, P.)　6

◆◆ せ ◆◆

精神分析　viii, 27, 32
聖なる演劇　334
聖なる空間　257
聖なる俳優　10

索引

摂食障害　159
潜伏期　6, 99

◆ そ ◆

躁鬱病　54, 169
創造性　19
ソーンダイク (Thorndike, S.)　viii
ソシオドラマ　19, 21, 22, 346
ソシオメトリー　19
即興劇　15, 20, 39, 41, 62, 124-128, 165, 166, 218, 225, 228, 232, 249, 289, 298, 320

◆ た ◆

第三の勢力　28
第四の壁　12
ダス (Dass, R.)　17
ダブル　19, 47, 58, 104, 145, 146, 226 232, 250, 300

◆ ち ◆

チェーホフ (Chekhov, M.)　8
チャイキン (Chaikin, J.)　v

◆ つ ◆

包み込み　35, 37, 137, 139, 140

◆ て ◆

抵抗　35, 92, 94, 96, 99-101, 190, 212, 238
テレ　71
転移　56

◆ と ◆

同一化　3, 8
投影　3
投影劇　6
統合失調症　54, 217
トラウマ　20 31, 32, 69, 70, 74, 83, 85, 86, 141, 155
ドラマ・イン・エデュケーション　27, 239, 240
ドラマ的儀式　xv, 2, 23, 27, 49, 51

◆ な ◆

ナラティブ心理学　16

◆ に ◆

二重のメッセージ　328
人形劇　20
人間性心理学　xv, 27, 28
認知療法　34

◆ は ◆

バーカー (Barker, C.)　160
バーグマン (Bergman, J.)　285
バーネット (Bernett, M.)　viii
はぐくみの親　129, 141, 228, 251
発展的変容　5
バトラ (Butler, L.)　269
場面演技　41, 42, 44, 113, 116, 129, 213
バリー＝フォックス (Valley-Fox, A.)　17, 268
バロー (Barrault, J.-L.)　337
反抗　99, 189, 190
パントマイム　20, 177, 178, 205, 222, 229, 245, 263-265, 346

◆ ひ ◆

ヒースコット (Heathcote, D.)　240
ピツェレ (Pitzele, P.)　15
非定型妄想性障害　68
美的 (な) 距離　viii, 10

◆ ふ ◆

ブーラー (Buhler, C.)　30
フォックス (Fox, J.)　268
物質乱用　12, 340
物質乱用者　44, 159
ブラドショー (Bradshaw, J.)　141
ブラトナー (Blatner, A.)　4, 5, 13, 101, 144, 231, 346
ブラトナー (Blatner, A.)　5, 231, 346
ブランド (Brand, M.)　vi
ブルート (Bruto, L.)　285
ブルック (Brook, P.)　xiii
プレイバックシアター　268
ブレヒト (Brecht, B.)　9
フロイト (Freud, A.)　5
プロセシング　42, 44, 46, 102, 192, 276

◆◆ へ ◆◆

米国ドラマセラピー学会　xiv, 23
ペイジ（Page, G.）　345
ベイツ（Bates, B.）　vi, 23, 198, 345
ヘイリー（Haley, J.）　98
変容　32, 101, 127, 235

◆◆ ほ ◆◆

ホジソン（Hodgson, J.）　160
補助自我　19, 71, 145
ボルカス（Volkas, A.）　346
ボルスクスキ（Boleskusky, R.）　8
ポンタリス（Pontalis, J.）　96

◆◆ ま ◆◆

マクコモンズ（McCommons, W.）　285
マクニフ（McNiff, S.）　23
マコール（McCall, G. J.）　15
マズロー（Maslow, A.）　28-31, 40
魔法のもしも　8, 273
マンガム（Mangham, I.）　13, 14, 45

◆◆ み ◆◆

ミード（Mead, G. H.）　13, 45
ミヌーチン（Minuchin, S.）　98
ミラー　80, 171-177, 209, 259, 264, 290, 323, 324
ミラー（Miller, A.）　33, 141

◆◆ む ◆◆

ムスターカス（Moustakas, C.）　30

◆◆ め ◆◆

メイ（May, R.）　30, 31, 33
瞑想　13
メソッド　8, 66

◆◆ も ◆◆

妄想型統合失調症　169
物語り　3, 20, 266, 267, 305
モフェット（Moffett, L.）　285
模倣　3
モリソン（Morrison, D.）　144
モレノ（Moreno, J.）　13, 15, 19, 29, 47, 71, 147

◆◆ や ◆◆

役のレパートリー　13, 36, 37, 233
薬物乱用　284
薬物乱用者　56
役割交換（ロールリバーサル）　9, 22, 63, 81, 99, 145 154, 216
役割理論　16, 19, 26
ヤブロンスキ（Yablonski, L.）　144

◆◆ ゆ ◆◆

遊戯療法　3, 5, 27
夢　v, vi, 32, 47, 173

◆◆ ら ◆◆

ライフサイクル　25, 35
ラプランシュ（Laplanche, J.）　96
ランディ（Landy, R.）　viii, 4, 10, 13, 15, 16

◆◆ り ◆◆

リチャーズ（Richards, E.）　160
リミナリティ　24

◆◆ る ◆◆

ルース＝エバンス（Roose-Evans, J.）　334

◆◆ れ ◆◆

レーブトン（Leveton, E.）　144, 254

◆◆ ろ ◆◆

ローエンフェルド（Lowenfeld, M.）　5
ロール・ダイナミックス　13, 14
ロールプレイ　xv, 2, 13, 17, 20, 22, 27, 44, 213
ロールリバーサル→役割交換を見よ
ロジャーズ（Rogers, C.）　xv, 30, 31, 33
ロッシ（Rossi, E.）　vi
ロビス（Lovis, D. M.）　285
ロビンズ（Robbins, A.）　333

◆◆ わ ◆◆

ワイルド（Wilde, O.）　7
ワレン（Warren, B.）　263

訳者あとがき
――翻訳を終えて

　架空の世界で役を演じることで，現実を変えていく力をもつことができる！
――本書を通して，読者のみなさんはこのことを実感されることと思います。

　本書は Renée Emunah 著 "Acting for Real-Drama Therapy: Process, Technique, and Performance" の全訳です。ドラマセラピーは，現在主にアメリカ，イギリス，オランダなどで活発に行なわれているものですが，原著はアメリカの数々の書評で絶賛された本であり，ドラマセラピーを教える海外のあらゆる機関で定番テキストとして使われています。出典分野，理論，事例，セッションの詳しい進め方，多くの具体的な技法，そして自己開示劇上演のプロセスなど，実践的，臨床的にあらゆる角度からの考察を総合的に行なっているので，日本にドラマセラピーを正式に紹介する最初の本として，まさにふさわしいものです。ドラマセラピーを学ぶための本を一冊だけあげてほしいと言われれば，アメリカのドラマセラピストたちみんなが，この本をあげると思います。ドラマセラピーの専門家やそれをめざす方にとってはもちろんのこと，演劇とは無縁だと思っている他分野の専門セラピスト，対人援助者，教育や人的開発，社会教育などに従事する専門家の方たちや，心理療法とは無縁だと思っている演劇関係者，そして親御さん方にも，きっと大きな示唆を与えてくれることでしょう。また，どんな分野・状況であれ，人生を真摯に生きようとする挑戦者，そして人間の心が，自ら力強く回復する可能性を信じている方々すべてに贈りたい本です。

　人は誰でも，本来的に「演技者」の素質をもっています。特別な人がするものだと思われている「演技」は，実は誰もができるものなのです。またドラマセラピーの中には，「治療」という側面だけでなく，「楽しさ」や「遊び」という基本的要素もあります。そして，役を演じることと，信頼と共感に基づいたグループ内での交流という絶妙な組み合わせによって，あらゆる人々によりよいコミュニケーションやQOL（人生の質）の向上をもたらすものです。本書を読まれたみなさんは，ドラマセラピーに実際に参加すること，また少なくともそこで起こることやその効用を知ることは，誰にでも興味がもてることだとおわかりいただけたのではないかと思います。自分の本当の姿と向き合い，自己を拡張する，そして仲間と心のきずなを作り上げる――このことは，まさに私たち多くの現代人が必要としていることではないでしょうか。

　ドラマや演劇をセラピーと結びつける概念は，古代から存在しますが，体系的な研

究分野としてドラマセラピーが確立されたのが，ここ30年ほどと歴史が浅いこともあり，わが国への導入が遅れていました。また著作についても，他の芸術療法やサイコドラマに関するものは出版されているのに対し，本書の翻訳を私が思い立った2年前には，ドラマセラピーの本はわが国にはまだ一冊もない状態でした。そこで私は欧米で基本図書となっている本書のすべてをなんとか日本に紹介したいという一念で，原著の翻訳に取りかかりました。

　本書の意義を高めているのは，セッションで起こるクライエントの内面の変化を明らかにしていることです。クライエントと一緒に，音楽療法士が楽器を演奏したり，ダンスセラピストが踊ったりするように，ドラマセラピーにおいても，ほとんどのドラマセラピストは，自ら相手役・共演者として演じ，セッションを進めていきます。ルネ・エムナー博士も演劇・演技のバックグランドをもち，クライエントとともに演じます。ドラマセラピーのプロセスの中で，クライエントにとてつもなく大きく深い変化がおきても，時間とともに刻々と移り変わるクライエントの心のようすやセッションの状況をしっかりつかみ，認識し，言語化していかなくては，それを第三者に伝えることは困難です。彼女は，才能に恵まれたドラマセラピストですが，それは実際のセッション内で示されるばかりでなく，筆の上でも素晴らしい表現力で万人にわかるようにドラマセラピーの全貌を明らかにしました。さらに特筆すべきことは，第Ⅲ部の上演指向のドラマセラピーについてです。長期のセッションシリーズの中から醸成していく自己開示劇を創り出した意義は大きく，また公演が成功した後の鬱に対処し，成功を統合するプロセスまでもが解説されています。彼女が主張する「ドラマセラピーは個々の技法の寄せ集めではなく，プロセスそのものである」ことが，ここでも見事に提示されています。

　翻訳作業の中で，繰り返し読むたびごとに新たな発見があり，新しい感動がありました。ルネのクライエントに対する愛，共感，回復への祈りの心が，ひしひしと伝わってきます。この本は，クライエントのかすかに光る「健康の存在を教えてくれるパイロットランプ」にドラマセラピストが到達し，それを大きな光に変えていくプロセスとその方法が書かれたもの，といういい方もできます。つまり，どのような状況・立場の人であれ，1人の人間の心が別の人間の心に到達し，そこで創り出された交流によって，癒しや希望に導いていく道のりを示している本なのです。

　1ページごと，1行ごと，1つひとつの言葉ごとに，私はルネとともにいました。作業を続けた自宅で，図書館で，喫茶店で，新幹線で…。彼女の内に秘めた強い意志と柔らかで繊細な心，頭脳明晰な判断力と洞察力，彼女の放つ威光と共に私はずっといました。 私がクライエントと共にいるセッションと，彼女がクライエントと共にいるセッションが，自分の中で重なり，また彼女の心に私の心が重なり，ちょうどドラマセラピーの中のように，私はまるでルネの「ダブル（分身）」になった気分で，

訳者あとがき―翻訳を終えて ◆◆◆

彼女のワーク，精神，人格のすべてと一体になったような密度の濃い体験をさせていただきました。

もちろん，常に客観的に彼女の言葉をできる限り正確に「ミラーして」等身大で伝えることを心がけました。他の書物から引用している部分を訳す際は，できる限りその原著にもあたりました。1つの言葉の適切な訳語を思いつくのに数か月かかったこともあります（たとえばSelf-Revelatory Performanceですが，revelatoryの動詞revealには，啓示する，表現する，暴露する，露出するなどの意味があり，しかし，disclose, expose, expressとは意義が異なり，新しい自分を見つけることも含みます。そこで「開く」と「示す」にそれらの意味を込めて，「自己開示劇」としました）。また，「わかりやすく」を第一にしましたので，同じ原語も文脈によって，別の言葉に訳しているところもあります。ルネと相談をして訳語を決めたものもありました。また訳注は，読書の流れを止めないですむように，簡潔にその場で記述する方法をとりました。訳語や訳文に関してご指摘があれば，読者のみなさんにご教示いただければ幸いです。

さて，ドラマセラピーの技法・アプローチは，本書で紹介されているもの以外にもあります。個々のドラマセラピストが，異なるアプローチを使ったり，組み合わせたりしていますが，ルネの最大の功績は，統合5段階モデルの構築です。これは治療の進展具合と流れを測る道しるべとなりセラピストへの大きな助けとなります。セッション回数が少ないときは，状況に合わせて5段階中の第一，第二または第三段階が中心となりますが，5段階を通過する長期の治療セッションとともに，短期のセッションでも，クライエントに沿った流れを創り出すことができれば，効果は発揮されます。たとえ数回，ときには1，2回のセッションであっても，心の奥深くに潜んでいる問題が表出され，癒しにつながることが，私自身の実践でも数多く見られます。臨床現場などで実践することが可能な専門家の方は，ぜひ取り組んでみてほしいと思います。ドラマセラピーが多くの治療現場で利用され，クライエントのみなさんに提供できるようになるきっかけを本書が作り出すことを期待します。また一方で，ドラマセラピーは，治療分野を超えた多くの場で応用可能であり，一般の方々にも役に立つものです。米国ドラマセラピー学会（NADT：The National Association for Drama Therapy）のドラマセラピストたちの活動領域は，医療だけでなく，福祉，教育などさまざまです。ルネ自身も，日本語版への序文に書いているように，幼児のEQ（こころの知能指数）開発のためなど，その活動の幅を広げています。

現在，日本においてもドラマセラピーのニーズは，潜在的に多いと考えられます。全国で私がこれまで行なってきた講演・セッションや大学の授業などの受講者たちの反応や感想から，その効用を強く肌で感じています。そしてドラマセラピーに触れて

興味をもってくださった方々の中から，1人でも多くが，RDT★1を目指してくれることも私の希望です。また，集団精神療法についての基本的文献が近年揃って国内で出版されたことは意義深いことだと思います。2000年に『エッセンシャル・モレノ——自発性，サイコドラマ，そして集団精神療法へ』（磯田雄二郎監訳）★2，2003年に『サイコドラマ——その体験と過程』（高良聖監訳）★3が出版され，さらに2006年『サイコドラマ——集団精神療法とアクションメソッドの原点』（増野肇監訳）★4が出版されました。これで，現在のドラマセラピーにも大きな影響を与えたサイコドラマの偉大な著作が日本語で手に入るようになったわけです。また，ルネが教鞭をとるCIIS〔カリフォルニア統合学研究所（大学院大学）〕と立命館大学大学院応用人間科学研究科が学術交流協定を締結したことで，幸いにも本書の翻訳中（2006年7月）に初来日した彼女の講演が立命館大学で行なわれ，ワークショップ（イーストウエスト対話センター主催）も開催されました。

このような流れのなか，ドラマセラピーの基本文献である本書の発刊により，集団精神療法の大きな流れがさらに促進されることを期待しています。

最後にこの場をお借りして，ここまでにいたる私の活動やこの翻訳を励まし，序文を書いてくださった明治大学の高良聖教授に心からお礼申しあげます。
また毎夜遅くまで編集作業をしてくださった北大路書房の北川芳美さんに感謝いたします。

2007年2月15日
尾上明代

★1　NADT公認のドラマセラピスト（RDT：Registered Drama Therapist）の資格をとるには，多くのトレーニングを経て，種々の必要条件を満たすことが必要です（詳しくはNADTのホームページ：http://www.nadt.org/をご参照下さい）。
★2　Fox, J.(Ed.)　1987　*The essential Moreno.: Writings on Psychodrama, group method, and spontaneity.* NY: Springer Publishing.
★3　Goldman E., & Morrison D.　1984　*Psychodrama:experience and process.* Phoenix, AR: Eldemar Corp.
★4　Moreno, J. L.　1946　*Psychodrama.* Vol.1. Beacon, NY: Beacon House.

＊原著者紹介＊

Renée Emunah（ルネ・エムナー）

23年の歴史をもつCIIS〔カリフォルニア統合学研究所（大学院大学）〕のドラマセラピー修士課程の創設者であり，責任者。米国ドラマセラピー学会前会長。
演劇・演技にバックグラウンドをもち，臨床心理で博士号をもつ。さまざまな対象・場におけるドラマセラピー経験は25年以上に及ぶ（精神病院において成人・青年のグループワークを14年間，また子どもとの個人セッションも実践。長い臨床および教授経験に加えて，米国内の種々の団体においてコンサルティングも行なう）。
アメリカにおけるドラマセラピーのパイオニアの1人で，最初の公認ドラマセラピスト4人のうちの1人，米国ドラマセラピー学会認定ドラマセラピストトレーナー。
この分野での寄与・功績を称えられ，米国ドラマセラピー学会のGertrud Schattner 賞，「元精神疾患患者への斬新な仕事」に対するサンフランシスコ市区長会賞など，多くの賞を受賞。また彼女の活動は，多くの新聞記事，ラジオ・テレビのインタビュー番組でも特集され，学会発表や，大学・研修の場で国際的に活躍している。

＊訳者紹介＊

尾上　明代（おのえ　あけよ）

国際基督教大学卒業後，アナウンサーとしてＮＨＫ，テレビ朝日等のニュース・教育番組を担当する。1998年に文化庁芸術家在外派遣研修員として渡米。イリノイ大学演劇学部客員講師を経て，カンザス州立大学大学院でドラマセラピーを，明星大学大学院で教育学を学ぶ。教育学修士。
国内第一号の米国ドラマセラピー学会公認ドラマセラピスト（RDT）。
大学等の教育現場，臨床現場，企業等においてドラマセラピーを実践するほか，全国各地で講演活動も行なう。
ドラマセラピー教育・研究センター代表。
2007年より，立命館大学大学院教授。
著書に「心ひらくドラマセラピー　自分を表現すればコミュニケーションはもっとうまくいく！」（河出書房新社，2006年）がある。
ホームページ　http://dramatherapy.hopto.org/

ドラマセラピーのプロセス・技法・上演
――演じることから現実へ――

2007年3月5日　初版第1刷発行	定価はカバーに表示
2010年2月20日　初版第2刷発行	してあります。

著　者　　R．エムナー
訳　者　　尾　上　明　代
発行所　　㈱北大路書房
〒603-8303　京都市北区紫野十二坊町12-8
電　話　(075) 4 3 1 - 0 3 6 1 ㈹
Ｆ Ａ Ｘ　(075) 4 3 1 - 9 3 9 3
振　替　0 1 0 5 0 - 4 - 2 0 8 3

Ⓒ2007
制作　ラインアート日向・華洲屋　印刷／製本　㈱シナノ
検印省略　落丁・乱丁本はお取り替えいたします。

ISBN978-4-7628-2540-8　　　　Printed in Japan